中国石化员工培训教材

销售企业安全处(科)长岗位培训教材

中国石化员工培训教材编审指导委员会　组织编写
本书主编　黄训洁

中国石化出版社

内容提要

《销售企业安全处(科)长岗位培训教材》为覆盖石油石化主要业务的系列培训教材之一，是按照《基于岗位职责生成的石化销售企业主管安全处(科)长岗位职责》，紧密结合油品销售企业实际，同时考虑到“四新”技术的应用并采用了新的国家标准编写而成。内容包括：安全生产管理概述、安全生产日常管理工作、危害辨识与风险评价、直接作业安全管理、油库安全管理、加油加气站安全管理、成品油管道安全管理、设备安全管理、电气安全管理、消防安全管理、安全检测、建设项目安全管理、事故与应急管理、环境保护与职业卫生等内容。

本书是销售企业安全处(科)长岗位资格培训的必备教材，也可作为销售企业相关管理人员的参考书。

图书在版编目(CIP)数据

销售企业安全处(科)长岗位培训教材 / 黄训洁主编.
—北京：中国石化出版社，2014.1
中国石化员工培训教材
ISBN 978-7-5114-2467-9

Ⅰ.①销… Ⅱ.①黄… Ⅲ.①石油销售企业-企业安全-技术培训-教材 Ⅳ.①F426.22

中国版本图书馆 CIP 数据核字(2013)第 262597 号

中国石化出版社出版发行

地址：北京市东城区安定门外大街 58 号
邮编：100011　电话：(010)84271850
读者服务部电话：(010)84289974
http://www.sinopec-press.com
E-mail:press@sinopec.com
北京科信印刷有限公司印刷

*

787×1092 毫米 16 开本 20 印张 490 千字
2014 年 1 月第 1 版　2014 年 1 月第 1 次印刷
定价：58.00 元

《中国石化员工培训教材》编审指导委员会

《销售企业安全处(科)长岗位培训教材》编委会

主　任：王　强　寇建朝

委　员：杜红岩　闫　进　黄训洁　周建辉

主　编：黄训洁

副主编：周建辉　陈安谊

编写人员(按姓氏笔画排序)：

丁勇胜　叶远锡　刘孝超　闫德林

陈安谊　郭为民　郭建新　杨建飞

胡建华　游建武

序

中国石化是上中下游一体化能源化工公司，经营规模大、业务链条长、员工数量多，在我国经济社会发展中具有举足轻重的作用。公司的发展，基础在队伍，关键在人才，根本在提高员工队伍整体素质。员工教育培训是建设高素质员工队伍的先导性、基础性、战略性工程，是加强人才队伍建设的重要途径。

当前，我们已开启了建设世界一流能源化工公司的新航程，加快转变发展方式的任务艰巨而繁重，这对进一步做好员工教育培训工作提出了新的更高要求。我们要以中国特色社会主义理论为指导，紧紧围绕企业改革发展、队伍建设和员工成长需要，以提高思想政治素质为根本，以能力建设为重点，积极构建符合中国石化实际的培训体系，加大重点和骨干人才培训力度，深入推进全员培训，不断提高教育培训的质量和效益，为打造世界一流提供有力的人才保证和智力支持。

培训教材是员工学习的工具。加强培训教材建设，能够有效反映和传递公司战略思想和企业文化，推动企业全员学习，促进学习型企业建设。中国石化员工培训教材编审指导委员会组织编写的这套系列教材，较好地反映了集团公司经营管理目标要求，总结了全体员工在实践中创造的好经验好做法，梳理了有关岗位工作职责和工作流程，分析研究了面临的新技术、新情况、新问题等，在此基础上进行了完善提升，具有很强的实践性、实用性和较高的理论性、思想性。这套系列培训教材的开发和出版，对推动全体员工进一步加强学习，进而提高全体员工的理论素养、知识水平和业务能力具有重要的意义。

学习的目的在于运用，希望全体员工大力弘扬理论联系实际的优良学风，紧密结合企业发展环境的新变化、新进展、新情况，学好用好培训教材，不断提高解决实际问题、做好本职工作的能力，真正做到学以致用、知行合一，把学习培训的成果切实转变为推进工作、促进改革创新的实际行动，为建设世界一流能源化工公司作出积极的贡献。

二〇一二年七月十六日

前言

根据中国石化发展战略要求，为加强培训资源建设、推进全员培训的深入开展，集团公司人事部组织梳理了近些年培训教材开发成果，调研了企业培训教材需求，开展了中国石化员工培训课程体系研究。在此基础上，按职业素养、综合管理、专业技术、技能操作、国际化业务、新员工等六类，组织编写覆盖石油石化主要业务的系列培训教材，初步构建起中国石化特色的培训教材体系。这套系列教材围绕中国石化发展战略、队伍建设和员工成长的需要，以提高全体员工履行岗位职责的能力为重点，把研究和解决生产经营、改革发展面临的新挑战、新情况、新问题作为重要目标，把全体员工在实践中创造的好经验好做法作为重要内容，具有较强的实践性、针对性。这套培训教材的开发工作由中国石化员工培训教材编审指导委员会组织，集团公司人事部统筹协调，总部各业务部门分工负责专业指导和质量把关，主编单位负责组织培训教材编写。在培训教材开发和编写的过程中，上下协同、团结合作，各级领导给予了高度重视和支持，许多管理专家、技术骨干、技能操作能手为培训教材编写贡献了智慧、付出了辛勤的劳动。

《销售企业安全处(科)长岗位培训教材》为专业技术类型的教材，可作为销售企业安全处(科)长岗位培训教材，也可以作为油品销售企业管理人员、工程技术人员参考书。本教材在编写过程中采用了新的国家标准，具有一定先进性。本书从提高安全管理人员的安全管理水平和安全管理业务素质出发，基本满足安全管理人员的知识需求；针对性和实效性较强，通俗易懂，观点明确。本教材主要内容包括：安全生产管理概述、安全生产日常管理工作、危害辨识与风险评价、直接作业安全管理、油库安全管理、加油加气站安全管理、成品油管道安全管理、设备安全管理、电气安全管理、消防安全管理、安全检测、建设项目安全管理、事故与应急管理、环境保护与职业卫生等内容。

《销售企业安全处(科)长岗位培训教材》由中国石化销售江西培训基地负责组织编写，主编黄训洁(中国石化销售江西培训基地)，参加编写的单位有中国石化销售江西培训基地、江西石油分公司、山西石油分公司、浙江石油分公司、北京石油分公司。其中第1章由郭为民、杨建飞(江西石油分公司、中国石化销售江西培训基地)编写；第2章由游建武、丁勇胜(江西石油分公司)编写；第3章、第10章、第13章由陈安谊(中国石化销售江西培训基地)编写；第4章、第6章、第12章由郭建新(山西石油分公司)编写；第5章、第8章由闫德林(北京石油分公司)编写；第7章由叶远锡(江西石油分公司)编写；第9章、第14章、第15章由胡建华(浙江石油分公司)编写；第11章由刘孝超(中国石化销售江西培训基地)编写。全书由黄训洁、周建辉、陈安谊统稿。本教材已经由集团公司人事部组织审定通过，主审杜红岩(集团公司安全监管局)、闫进(集团公司安全监管局)，参加审定的人员有王鸿宇(安徽石油分公司)、郑相华(广东石油分公司)、刘启发(湖北石油分公司)、许倩(中国石化出版社)。审定工作得到了江西石油分公司、安徽石油分公司、广东石油分公司、湖北石油分公司等单位的大力支持；中国石化出版社对教材的编写和出版工作给予了通力协作和配合，在此一并表示感谢。

由于本教材涵盖的内容较多，且各企业在设备、工艺、管理等方面也存在一定差异，编写难度较大，加之编写时间紧迫，不足之处在所难免，敬请各使用单位及个人对教材提出宝贵意见和建议，以便教材修订时补充更正。

目　　录

第1章 安全生产管理概述

1.1 安全生产管理基本理论与方法

1.1.1 安全生产的理念

安全与危险是相对的，它们是人们对生产、生活中是否遭受健康损害和人身伤亡的综合认识。按照系统安全工程的认识论，无论是安全还是危险都是相对的。

1.1.1.1 安全

安全，泛指没有危险、不出事故的状态。人们常说“无危则安，无缺则全”。《韦氏大辞典》对安全的定义为：“没有伤害、损伤或危险，不遭受危害或损害的威胁，或免除了危害、伤害或损失的威胁”。

生产过程中的安全，就是预知生产过程中的各种危险，以及为消除这些危险所采取的各种手段、方法和行为的总称。安全有两方面的含义：一是预知危险，二是消除危险，二者紧密相连，缺一不可。

系统工程中的安全概念，认为世界上没有绝对安全的事物，任何事物中都包含有不安全因素，具有一定的危险性。安全是一个相对的概念，危险性是对安全性的隶属度，当危险性低于某种程度时，人们就认为是安全的。安全工作贯穿于系统整个寿命期间。

1.1.1.2 本质安全

本质安全是指通过设计等手段使生产设备或生产系统本身具有安全性，即使在误操作或发生故障的情况下也不会造成事故的功能。具体包括两方面内容：

(1) 失误—安全功能

指操作者即使操作失误，也不会导致发生事故或伤害，设备、设施和技术工艺本身具有自动防止误操作的功能。

(2) 故障—安全功能

指设备、设施、工艺发生故障时，还能暂时维持正常工作或自动转变为安全状态。

上述两种安全功能应该是在设备、设施和技术工艺的规划设计阶段就被纳入其中，而不是事后补偿，是设备、设施和技术工艺本身固有的安全功能。

本质安全理念是从物的安全状态角度出发，通过追求企业生产流程中人、物、系统、制度等诸要素的安全可靠和谐统一，使各种危害因素始终处于受控制状态，进而逐步趋近本质型、恒久型安全目标。

本质安全强调以系统为平台，透过繁复的现象，去把握影响安全目标实现的本质因素，找准可牵动全身的那“一发”所在，纲举目张，通过思想无懈怠、管理无空档、设备无隐患、系统无阻塞，实现质量零缺陷、安全零事故。

人的本质安全相对于物、系统、制度三方面的本质安全而言，具有先决性、引导性、基础性地位。

人的本质安全包括两方面基础性含义。一是人在本质上有着对安全的需要。二是人通过教育引导和制度约束，可以实现系统及个人岗位的安全生产无事故。

人的本质安全是一个可以不断趋近的目标，同时又是由具体小目标组成的过程。人的本质安全既是过程中的目标，也是诸多目标构成的过程。

本质安全型的员工可通俗地解释为：想安全，会安全，能安全。即具备自主安全理念，具备充分的安全技能，在可靠的安全环境系统保障之下，具有安全结果的生产管理者和作业者。

本质安全型企业，是指在存在安全隐患的环境条件下能够依靠内部系统和组织保证长效安全生产。该模型建立在对事故致因理论研究的基础上，建立科学的、系统的、主动的、超前的、全面的事故预防安全工程体系。

本质安全是生产经营活动中“预防为主”的根本体现，也是安全生产的最高境界。

1.1.2　安全生产、安全生产方针

1.1.2.1　安全生产

根据现代系统安全工程的观点，安全生产是指在企业生产过程中，通过人、机器设备、物料、环境的有效和谐运作，使生产过程中潜在的各种事故风险和伤害因素始终处于有效控制状态，减少或避免发生各种事故，切实保护劳动者的生命安全和身体健康。

1.1.2.2　安全生产方针

《安全生产法》在总结我国安全生产管理经验的基础上，将“安全第一，预防为主”规定为我国安全生产工作的基本方针。党和国家坚持以科学发展观为指导，从经济和社会发展的全局出发，不断深化对安全生产规律的认识，在十六届五中全会上，提出了“安全第一，预防为主，综合治理”的安全生产方针。同时，在《国务院关于进一步加强企业安全生产工作的通知》(国发 2010—23 号)文件中，强调坚持“安全第一、预防为主、综合治理”的方针，全面加强企业安全管理，健全规章制度，完善安全标准，提高企业技术水平，夯实安全生产基础。

中国石油化工集团公司十分重视安全生产，制定了有关安全生产管理的一系列规章制度，并结合企业的实际情况，适时进行修订，提出了“安全第一、预防为主、全员动手、综合治理”的安全生产方针。

“安全第一”，就是在生产经营活动中，在处理保证安全与生产经营活动的关系上，要始终把安全放在首要位置。当生产经营活动与安全发生矛盾时，生产经营活动必须服从安全。要优先考虑从业人员的人身安全，实行“安全优先”的原则。在确保安全的前提下，努力实现生产经营的目标。

“预防为主”，就是按照系统化、科学化的管理思想，按照事故发生的规律和特点，千方百计预防事故的发生，做到防患于未然，将事故消灭在萌芽状态。虽然人类在生产经营活动中还不可能完全杜绝事故的发生，但只要思想重视，预防措施得当，事故是可以减少或避免发生的。

“全员动手”，就是依靠企业的全体职工，做到人人重视安全生产，人人自觉按规章制度办事，互相监督，杜绝“违章作业、违章指挥、违反操作规程”的现象发生，在企业形成人人讲安全、懂安全、会安全的工作环境。

“综合治理”，就是针对生产经营活动中存在的不安全因素，有计划地采取措施，综合

运用科技手段、经济手段和必要的行政手段，从发展规划、安全投入、科技进步、教育培训、激励约束、安全监管以及追究事故责任、查处违纪违法等方面着手，治理企业环境，改进设备，提高人员素质，做到思想认识上警钟长鸣，制度保证上严密有效，技术支撑上坚强有力，监督检查上严格细致，事故处理上严肃认真。

1.1.3 安全生产管理

安全生产管理是企业管理的重要组成部分。安全生产管理就是针对企业员工在生产过程中存在的安全问题，运用企业内(外)有效的资源，发挥企业全体员工的智慧，进行有效的决策、计划、组织和控制等活动，实现生产过程中人与机器设备、物料、环境的和谐，达到安全生产的目标。

安全生产管理的目标是：减少和控制生产事故，尽量避免生产过程中由于事故所造成的人身伤害、财产损失、环境污染以及次生灾害的发生。安全生产管理包括安全生产法制管理、行政管理、监督检查、生产工艺技术管理、机具设备设施管理、作业环境和条件管理等方面。

安全生产管理的基本对象是企业全体员工，涉及企业中的所有人员、设备设施、物料、环境、财务、信息等各个方面。安全生产管理的内容包括：安全生产管理机构和安全生产管理人员、安全生产责任制、安全生产管理规章制度、安全生产策划、安全培训教育、安全生产档案等。

1.1.4 安全生产管理理论及方法

1.1.4.1 安全生产管理的原理与原则

安全生产管理作为企业管理的主要组成部分，遵循管理的普遍规律，既服从管理的基本原理与原则，又有安全生产管理特殊的原理与原则。

安全生产管理原理是从企业生产管理的共性出发，对生产管理中安全工作的实质内容进行科学分析、综合归纳、抽象与概括所得出的安全生产管理规律。

安全生产原则是指在生产管理原理的基础上，指导安全生产活动的通用规则。

1. 系统原理

(1) 系统原理的含义

系统原理是现代管理学的一个最基本原理。它是指人们在从事管理工作时，运用系统理论、观点和方法，对管理活动进行充分的系统分析，以达到管理的优化目标，即用系统论的观点、理论和方法来认识和处理管理中出现的问题。

所谓系统是指由相互作用和相互依赖的若干部分组成的有机整体。任何管理对象都可以作为一个系统。系统可以分为若干个子系统，子系统可以分为若干个要素，即系统是由要素组成的。按照系统的观点，管理系统具有6个特征，即集合性、相关性、目的性、整体性、层次性和适应性。

安全生产管理系统是企业生产管理的一个子系统，包括各级安全管理人员、安全防护设备与设施、安全管理规章制度、安全生产操作规范和规程以及安全生产管理信息等。安全贯穿于企业生产活动的方方面面，安全生产管理是全方位、全天候且涉及全体人员的管理。

(2) 运用系统原理的原则

① 动态相关性原则。动态相关性原则告诉我们，构成管理系统的各个要素是运动和发

展的，它们相互联系又相互制约。显然，如果管理系统的各要素都处于静止状态，就不会发生事故。

② 整分合原则。高效的现代安全生产管理必须在整体规划下明确分工，在分工基础上有效综合，这就是整分合原则。运用该原则，要求企业管理者在制定整体目标和进行宏观决策时，必须将安全生产纳入其中，在考虑资金、人员和体系时，都必须将安全生产作为一项重要内容考虑。

③ 反馈原则。反馈是控制过程中对控制机构的反作用。成功、高效的管理，离不开灵活、准确、快速地反馈。企业生产的内部条件和外部环境在不断地变化，所以必须及时捕获、反馈各种安全生产信息，以便及时采取行动。

④ 封闭原则。在任何一个管理系统内部，管理手段、管理过程等必须构成一个连续封闭的回路，才能形成有效的管理活动，这就是封闭原则。封闭原则告诉我们：在企业安全生产中，各管理机构之间、各种管理制度和方法之间，必须具有紧密的联系，形成相互制约的回路，才能有效。

2. 人本原理

（1）人本原理的含义

在管理中必须把人的因素放在首位，体现以人为本的指导思想，这就是人本原理。以人为本有两层含义：一是一切管理活动都是以人为本展开的，人既是管理的主体，又是管理客体，每个人都处在一定的管理层面上，离开人就无所谓管理；二是管理活动中，作为管理对象的要素和管理系统各环节，都是需要人掌管、运作、推动和实施。

（2）运用人本原理的原则

① 动力原则。推动管理活动的基本力量是人，管理必须有能够激发人的工作能力的动力，这就是动力原则。对于管理系统，有三种动力，即物质动力、精神动力和信息动力。

② 能级原理。现代管理认为，单位和个人都具有一定的能量，并且可以按照能量的大小顺序排列，形成管理的能级，就像原子中电子的能级一样。在管理系统中，建立一套合理能级，根据单位和个人能量的大小安排其工作，发挥不同能级的能量，保证结构的稳定性和管理的有效性，这就是能级原则。

③ 激励原则。管理中的激励就是利用某种外部诱因的刺激，调动人的积极性和创造性。以科学的手段，激发人的内在潜力，使其充分发挥积极性、主动性和创造性，这就是激励原则。人的工作动力来源于内在动力、外部压力和工作吸引力。

④ 行为原则。需要与动机是人的行为基础，人类的行为规律是需要决定动机，动机产生行为，行为指向目标，目标完成后需要得到了满足，于是又产生新的需要、动机、行为，以实现新的目标。安全生产工作的重点是防止人的不安全行为。

3. 预防原理

（1）预防原理的含义

安全生产管理工作应做到预防为主，通过有效的管理和技术手段，减少和防止人的不安全行为和物的不安全状态，从而使事故发生的概率降到最低，这就是预防原理。在可能发生人身伤害、设备设施损害以及破坏环境的场合，事先采取措施，防止事故发生。

（2）运用预防原理的原则

① 偶然损失原则。事故后果以及后果的严重程度，都是随机的、难于预测的。反复发生的同类事故，并不一定产生完全相同的后果，这就是事故损失的偶然性。偶然损失的原则

告诉我们，无论事故损失的大小，都必须做好预防工作。

② 因果关系原则。事故的发生是许多因素互为因果连续发生的最终结果，只要诱发事故的因素存在，发生事故是必然的，只是时间或迟或早而已，这就是因果关系原则。

③ 3E 原则。造成人的不安全行为和物的不安全状态的原因可归结为四个方面：技术原因、教育原因、身体和态度原因、管理原因。针对这四方面的原因，可采取三种防止对策，即工程技术（Engineering）对策、教育（Education）对策、法制（Enforcement）对策，即 3E 原则。

④ 本质安全化原则。本质安全化原则是指从一开始就在本质上实现安全化，从根本上消除事故发生的可能性，从而达到预防事故发生的目的。本质安全化原则不仅可以应用于设备、设施，还可以应用于建设项目。

4. 强制原理

（1）强制原理的含义

采取强制管理的手段控制人的意愿和行为，使个人的活动、行为等受到安全生产管理要求的约束，从而实现有效的安全生产管理，这就是强制原理。所谓强制就是绝对服从，不必经被管理者同意便可采取控制行为。

（2）运用强制原理的原则

① 安全第一原则。安全第一就是要求在进行生产和其他工作时把安全工作放在一切工作的首要位置。当生产和其他工作与安全发生矛盾时，要以安全为主，生产和其他工作必须服从于安全，这就是安全第一的原则。

② 监督原则。监督原则是指在安全工作中，为了落实安全生产法律法规，必须明确安全生产监督职责，对企业生产中的守法和执法情况进行监督。

1.1.4.2 事故致因理论

事故发生有其自身的发展规律和特点，只有掌握了事故发生的规律，才能保证安全生产系统处于有效状态。人们通过对事故多方面角度的研究，提出了许多事故致因理论，下面简要介绍几种。

1. 事故频发倾向理论

1919 年，英国的格林伍德（M. Greenwood）和伍兹（H. H. Woods）把许多伤亡事故发生次数按照如下三种分布进行了统计分析，发现：

（1）泊松分布。当发生事故的概率不存在个体差异时，即不存在事故频发倾向者时，一定时间内事故发生次数服从泊松分布。这种情况下，事故的发生原因是由于工厂里的生产条件、机械设备以及一些其他偶然因素引起的。

（2）偏倚分布（Blased Distribution）。一些工人由于存在精神或心理方面的毛病，如果在生产操作过程中发生过一次事故，则会造成胆怯或神经过敏，当再继续操作时，就有重复发生第二次、第三次事故的倾向，符合这种统计分布的主要是少数有精神或心理缺陷的工人。

（3）非均等分布（Distribution of Unequal liability）。当工厂中存在许多特别容易发生事故的人时，发生不同次数事故的人数服从非均等分布，即每个人发生事故的概率不相同。这种情况下，事故的发生主要是由于人的因素引起的。进一步的研究结果发现，工厂中存在事故频发倾向者。

在此研究基础上，1939 年，法默（Farmer）和查姆勃（Chamber）等人提出了事故频发倾向（Accident Proneness）理论。事故频发倾向（Accident Proneness）是指个别容易发生事故的稳定的个人的内在倾向。事故频发倾向者的存在是工业事故发生的主要原因，即少数具有事故频发倾向的工人是事故频发倾向者，他们的存在是工业事故发生的原因。如果企业中减少了事故频发倾向者，就可以减少工业事故。

因此，人员选择就成了预防事故的重要措施，通过严格的生理、心理检验，从众多的求职人员中选择身体、智力、性格特征及动作特征等方面优秀的人才就业，而把企业中的所谓事故频发倾向者解雇。

频发倾向理论是早期的事故致因理论，显然不符合现代事故致因理论的理念。

2. 事故因果连锁理论

（1）海因里希事故因果连锁理论

1931 年，美国著名的安全工程师海因里希（W. H. Heinrich）在《工业事故预防》一书中，第一次提出了事故因果连锁理论，阐述了导致伤亡事故的各种原因因素及其与伤亡事故之间的关系。海因里希认为：伤亡事故的发生不是一个孤立的事件，尽管伤害可能在某瞬间突然发生，但发生事故却是一系列原因事件相继发生的结果。

海因里希把工业伤害事故的发生发展过程描述为具有一定因果关系的事件的连锁：

① 人员伤亡的发生是事故的结果。

② 事故的发生原因是人的不安全行为或物的不安全状态。

③ 人的不安全行为或物的不安全状态是由于人的缺点造成的。

④ 人的缺点是由于不良环境诱发或者是由先天的遗传因素造成的。

海因里希将事故因果连锁过程概括为以下五个因素：

① 遗传及社会环境。遗传因素及社会环境是造成人的性格上缺点的原因。遗传因素可能造成鲁莽、固执等不良性格；社会环境可能妨碍教育，助长性格的缺点发展。

② 人的缺点。人的缺点是使人产生不安全行为或造成机械、物质不安全状态的原因，它包括鲁莽、固执、过激、神经质、轻率等性格上的先天缺点以及缺乏安全生产知识和技术等后天的缺点。

③ 人的不安全行为或物的不安全状态。所谓人的不安全行为或物的不安全状态是指那些曾经引起过事故，可能再次引起事故的人的行为或机械、物质的状态，它们是造成事故的直接原因。

④ 事故。事故是由于物体、物质、人或放射线的作用或反作用，使人员受到伤害或可能受到伤害的，出乎意料的、失去控制的事件。

⑤ 伤害。由于事故直接产生的人身伤害。

海因里希用多米诺骨牌现象，形象地描述了这种事故因果关系。在多米诺骨牌系列中，一颗骨牌被碰倒了，将会发生连锁反应，其余的骨牌相继被碰倒。如果移去中间的一颗骨牌，则连锁被破坏，事故过程被中止。海因里希认为：企业安全工作的中心就是防止人的不安全行为，消除机械的或物质的不安全状态，中断事故连锁的进程而避免事故的发生。

（2）现代因果连锁理论的提出

与早期的事故频发倾向、海因里希因果连锁等理论强调人的性格、遗传特征等不同，第二次世界大战后，人们逐渐认识到管理因素作为背后的原因在事故致因中的重要作用。人的不安全行为或物的不安全状态是造成工业事故的直接原因，必须加以追究。但是，它们只不过是其背后的深层原因的征兆和管理缺陷的反映。只有找出深层的、背后的原因，改进企业管理，才能有效地防止事故。

博德(FrankBird)在海因里希因果连锁理论的基础上，提出了现代事故因果连锁理论。

博德的因果连锁理论主要包括以下五个方面：

① 控制不足——管理

事故因果连锁中一个最重要的因素是安全管理。安全管理人员应该充分认识到，他们的工作要以得到广泛承认的企业管理原则为基础，即安全管理者应该懂得管理的基本理论和原则。控制是管理基本职能之一(计划、组织、指挥、协调、控制)。安全管理中的控制是指对人的不安全行为或物的不安全状态的控制，以及对事故的损失和灾害的控制。它是安全管理工作的核心。

由于各种原因，完全依靠工程技术上的改进来预防事故既不经济，也不现实。只有通过提高安全管理工作水平，经过较长时间的努力，才能防止事故的发生。管理者必须认识到只要生产没有实现高度安全化，就有发生事故及伤害的可能性，因此在安全管理工作中必须加强对事故因果连锁中所有因素的分析，提出相应的控制对策。

在安全管理中，企业领导人的安全思想及决策占有十分重要的位置。包括生产及安全的目标，职员的配备，资料的利用，责任及职权范围的划分，员工的选择、培训、安排、指导及监督，信息传递，设备器材及装置的采购、维修及设计，正常及异常时的操作规程，设备的维修保养等。

管理系统是随着生产的发展而不断发展完善的，十全十美的管理系统并不存在。由于管理上的缺欠，就使得出现能够导致事故的基本原因，即我们常说的事故隐患。

② 基本原因——起源论

为了从根本上预防事故，必须查明事故的基本原因，并针对查明的基本原因采取对策。

基本原因包括个人原因及与工作有关的原因。个人原因包括缺乏知识或技能、动机不正确、身体上或精神上的问题。工作方面的原因包括操作规程不合适，设备材料不合格，通常的磨损及异常的使用方法等，以及温度、压力、湿度、粉尘、有毒有害气体、蒸汽、通风、噪声、照明、周围的状况(容易滑倒的地面、障碍物、不可靠的支撑物、有危险的物体等)等环境因素。只有找出这些基本原因，才能有效地预防事故的发生。所谓起源论，强调找出问题的基本的、背后的原因，而不仅停留在表面的现象上。只有这样，才能实现有效的控制。

③ 直接原因——征兆

不安全行为和不安全状态是事故的直接原因。直接原因是基本原因的征兆，是一种表面现象。在实际工作中，如果只抓住作为表面现象的直接原因而不追究其背后隐藏的深层原因，就永远不能从根本上杜绝事故的发生。另外，安全管理人员应该能够预测及发现这些作为管理缺欠的征兆——直接原因，采取相应的改善措施；同时，为了在经济上及实际可能的情况下采取长期的控制对策，必须努力找出其基本原因。

④ 事故——接触

从实用的目的出发，往往把事故定义为最终导致人员伤亡、财产损失的事件。但是，越来越多的学者从能量的观点，把事故看作是人的身体或构筑物、设备与超过其阈值能量的接触，或人体与妨碍正常活动的物质的接触。于是，防止事故就是防止接触。为了防止接触，可以通过改进装置、材料及设施，防止能量释放，通过训练、提高工人识别危险的能力，佩戴个人保护用品等来实现。

⑤ 受伤——损坏——损失

博德模型中的伤害包括工伤、职业病以及对人员精神方面、神经方面或全身性的不利影响。人员伤害及财物损坏统称为损失。

在许多情况下，可以采取恰当的措施使事故造成的损失最大限度地减少。如对受伤人员迅速抢救，对设备进行抢修，以及经常对人员进行应急训练等。

此外，亚当斯(Edward Adams)也提出了与博德因果连锁理论类似的理论，他把事故的直接原因、人的不安全行为及物的不安全状态称作现场失误。

该理论的核心在于对现场失误的背后原因进行了深入的研究。操作者的不安全行为及生产作业中的不安全状态等现场失误是由于企业领导者及安全工作人员的管理失误造成的。管理人员在管理工作中的差错或疏忽、企业领导者决策错误或没有作出决策等失误对企业经营管理及安全工作具有决定性的影响。管理失误反映企业管理系统中的问题，它涉及管理体制，即如何有组织地进行管理工作，确定怎样的管理目标，如何计划、实现确定的目标等。管理体制反映企业领导人的信念、目标及规范，决定着各级管理人员安排工作的轻重缓急、工作基准及指导方针等重大问题。

现代因果连锁理论把考察的范围局限在企业内部，用以指导企业的安全工作。实际上，工业伤害事故发生的原因是很复杂的，一个国家、地区的政治、经济、文化、科技发展水平等诸多社会因素，对伤害事故的发生和预防有着重要的影响。我们要充分认识这些原因因素，综合利用可能的科学技术、管理手段，改善间接原因因素，达到预防伤害事故的目的。

3. 能量意外释放理论

(1) 能量意外释放理论的提出

近代工业起源于蒸汽机的发明，蒸汽机动力系统的能量转换过程是将燃料的化学能转变为热能，并以水为介质转变为蒸汽，将蒸汽的热能再转变为机械能输送到生产现场。电气时代是将水的势能或蒸汽的动能转换为电能，在生产现场再将电能转变为机械能进行产品的制造加工或资源开采。核电站是用核能即原子能转变为电能，再输送到生产现场。依生产的目的和手段不同可以相互转变为各种能量形式——势能、动能、热能、化学能、电能、原子能、辐射能、声能、生物能等，用以做功，构成生产过程。

1961 年，吉布森(Gibson)提出了事故是一种不正常的或不希望的能量释放，意外释放的各种形式的能量是构成伤害的直接原因。因此，应该通过控制能量，或控制作为能量达及人体媒介的能量载体来预防事故灾害。

在吉布森的研究基础上，1966 年美国运输部安全局局长哈登(Haddon)完善了能量意外释放理论，他认为“人受伤害的原因只能是某种能量的转移”。并将伤害分为两类：第一类伤害是由于施加了局部或全身性损伤阈值的能量引起的；第二类伤害是由影响了局部或全身性能量交换引起的，主要指中毒窒息和冻伤。哈登认为，在一定条件下某种形式的能量能否产生伤害造成人员伤亡事故，取决于能量大小、接触能量时间长短和频率以及力的集中程度。根据能量意外释放理论，可以利用各种屏蔽来防止意外的能量转移，从而防止事故的发生。

(2) 事故致因和表现

① 事故致因

在生产过程中，如果由于某种原因，能量失去了控制，超越了人们设置的约束或限制而意外地逸出或释放，必然造成事故。

如果失去控制的、意外释放的能量达及人体，并且能量的作用超过了人们的承受能力，人体必将受到伤害，其原因一是接触了超过机体组织(或结构)抵抗力的某种形式的过量的能量；二是有机体与周围环境的正常能量交换受到了干扰(如窒息、淹溺等)。

因此，各种形式的能量是构成伤害的直接原因。同时，人们也常常通过控制能量，或控制达及人体媒介的能量载体来预防伤害事故。

② 能量转移造成事故的表现

机械能、电能、热能、化学能、电离或非电离辐射、声能、生物能等形式的能量，都可能导致人员伤害，其中前四种形式的能量引起的伤害最为常见。

意外释放的机械能是造成工业伤害事故的主要能量形式。处于高处的人员或物体具有较高的势能，当人员具有的势能意外释放时，发生坠落或跌落事故。当物体具有的势能意外释放时，将发生物体打击等事故。除了势能外，动能是另一种形式的机械能，各种运输车辆和各种机械设备的运动部分都具有较大的动能，工作人员一旦与之接触，将发生车辆伤害或机械伤害事故。

企业生产和人们的日常生活中广泛使用电能，当人们意外地接近或接触带电体时，可能发生触电事故而受到伤害。工业生产中广泛使用热能，生产中利用的电能、机械能、化学能可以转换为热能，可燃物体燃烧时释放出大量的热能，人体在热能的作用下，可能遭受烧灼或发生烫伤。有毒有害的化学物质使人员中毒，是化学能引起的伤害事故。

研究表明，人体对每一种形式的能量的作用都有一定的抵抗能力，或者说有一定的伤害阈值。当人体与某种形式的能量接触时，能否产生伤害及伤害的严重程度如何，主要取决于作用于人体的能量的大小。作用于人体的能量越大，造成严重伤害的可能性越大。例如，球形弹丸以4.9N的冲击力打击人体时，只能轻微地擦伤皮肤；重物以68.6N的冲击力打击人的头部时，会造成头骨骨折。此外，人体接触能量的时间长短和频率、能量的集中程度以及身体接触能量的部位等，也影响人员伤害的程度。

(3) 事故防范对策

从能量意外释放理论出发，预防伤害事故就是防止能量或危险物质的意外释放，防止人体与过量的能量或危险物质接触。

哈登认为，预防能量转移于人体的安全措施是采用屏蔽防护系统，约束限制能量与人体的接触。同时，他指出，屏蔽设置得越早，效果越好。按能量大小可建立单一屏蔽或多重的冗余屏蔽。

工业生产中经常采用的防止能量意外释放的屏蔽措施主要有下列11种：

① 用安全的能源代替不安全的能源。有时被利用的能源危险性较高，这时可考虑用较安全的能源取代。例如，在容易发生触电的作业场所，用压缩空气动力代替电力，可以防止触电事故，还有水力采煤代替火药爆破等。但是应该看到，绝对安全的事物是没有的，以压缩空气做动力虽然避免了触电事故，但压缩空气管路破裂、脱落的软管抽打等又会带来新的危害。

② 限制能量。即限制能量的大小和速度，规定安全极限量。在生产工艺中尽量采用低能量的工艺或设备，这样，即使发生意外的能量释放，也不致发生严重伤害。例如，利用低电压设备防止电击，限制设备运转速度以防止机械伤害，限制露天爆破装药量以防止个别飞石伤人等。

③ 防止能量蓄积。能量的大量蓄积会导致能量突然释放，因此，要及时泄放多余能量，防止能量蓄积。例如：应用低高度位能，控制爆炸性气体浓度，通过接地消除静电蓄积，利

用避雷针放电保护重要设施等。

④ 控制能量释放。如建立水闸墙防止高势能地下水突然涌出。

⑤ 延缓释放能量。缓慢地释放能量可以降低单位时间内释放的能量，减轻能量对人体的作用。例如，采用安全阀、逸出阀控制高压气体；采用全面崩落法管理煤巷顶板，控制低压；用各种减振装置吸收冲击能量，防止人员受到伤害等。

⑥ 开辟释放能量的渠道。如安全接地可以防止触电；在矿山探放水可以防止透水；安放静电接地装置以减少油品管路中的静电蓄积等。

⑦ 设置屏蔽设施。屏蔽设施是一些防止人员与能量接触的物理实体。屏蔽设施可以设置在能源上，如安装在机械转动部分外面的防护罩；也可以被设置在人员与能源之间，如安全围栏等。人员佩戴的个体防护用品，可被看作是设置在人员身上的屏蔽设施。

⑧ 在人、物与能源之间设置屏障，在时间或空间上把人与能量隔离。在生产过程中有两种或两种以上的能量引起事故的情况，例如，一台吊车移动的机械能作用于化工装置，使化工装置破裂造成有毒物质泄漏，引起人员中毒。针对这两种能量相互作用的情况，我们应该考虑设置两组屏蔽设施：一组设置于两种能量之间，防止能量间的相互作用；一组设置于能量与人之间，防止能量达及人体，如防火门、防火密闭等。

⑨ 提高防护标准。如采用双重绝缘工具防止高压电能触电事故；对易燃易爆气体的连续监测和遥控监测以及增强对伤害的抵抗能力；用耐高温、耐高寒、高强度材料制作的个体防护用具等。

⑩ 改变工艺流程。如改变不安全工艺流程为安全工艺流程；用无毒少毒物质代替剧毒有害物质等。

⑪ 修复或急救。治疗、矫正以减轻伤害程度或恢复原有功能；搞好紧急救护，进行自救教育；限制灾害范围，防止事态扩大等。

（4）轨迹交叉理论

① 轨迹交叉理论的提出

随着生产技术的提高以及事故致因理论的发展完善，人们对人和物两种因素在事故致因中地位的认识发生了很大变化。一方面是由于生产技术进步的同时，生产装置、生产条件不安全的问题越来越引起了人们的重视；另一方面是人们对人的因素研究的深入，能够正确地区分人的不安全行为和物的不安全状态。

约翰逊(W. g. jonson)认为，判断到底是不安全行为还是不安全状态，受研究者主观因素的影响，取决于他认识问题的深刻程度。许多人由于缺乏有关失误方面的知识，把由于人失误造成的不安全状态看作是不安全行为。一起伤亡事故的发生，除了人的不安全行为之外，一定存在某种不安全状态，并且不安全状态对事故发生作用更大些。

斯奇巴(Skiba)提出，生产操作人员与机械设备两种因素都对事故的发生有影响，并且机械设备的危险状态对事故的发生作用更大些，只有当两种因素同时出现，才能发生事故。

上述理论被称为轨迹交叉理论，该理论主要观点是，在事故发展进程中，人的因素运动轨迹与物的因素运动轨迹的交点就是事故发生的时间和空间，即人的不安全行为和物的不安全状态发生于同一时间、同一空间或者说人的不安全行为与物的不安全状态相通，则将在此时间、此空间发生事故。

轨迹交叉理论作为一种事故致因理论，强调人的因素和物的因素在事故致因中占有同样重要的地位。该理论认为：可以通过避免人与物两种因素运动轨迹交叉，即避免人的不安全行为和物的不安全状态同时、同地出现，来预防事故的发生。

② 轨迹交叉理论作用原理

轨迹交叉理论将事故的发生发展过程描述为：基本原因→间接原因→直接原因→事故→伤害。从事故发展运动的角度，这样的过程被形容为事故致因因素导致事故的运动轨迹，具体包括人的因素运动轨迹和物的因素运动轨迹。

a. 人的因素运动轨迹

人的不安全行为基于生理、心理、环境、行为几个方面而产生：

i. 生理、先天身心缺陷；

ii. 社会环境、企业管理上的缺陷；

iii. 后天的心理缺陷；

iv. 视、听、嗅、味、触等感官能量分配上的差异；

v. 行为失误。

b. 物的因素运动轨迹

在物的因素运动轨迹中，在生产过程各阶段都可能产生不安全状态：

i. 设计上的缺陷，如用材不当，强度计算错误、结构完整性差、采矿方法不适应矿床围岩性质等；

ii. 制造、工艺流程上的缺陷；

iii. 维修保养上的缺陷，降低了可靠性；

iv. 使用上的缺陷；

v. 作业场所环境上的缺陷。

在生产过程中，人的因素运动轨迹按其 i→ii→iii→iv→v 的方向顺序进行，物的因素运动轨迹按其 i→ii→iii→iv→v 的方向进行。人、物两轨迹相交的时间与地点，就是发生伤亡事故“时空”，也就导致了事故的发生。

值得注意的是，许多情况下人与物又互为因果。例如，有时物的不安全状态诱发了人的不安全行为，而人的不安全行为又促进了物的不安全状态的发展或导致新的不安全状态出现。因而，实际的事故并非简单地按照上述的人、物两条轨迹进行，而是呈现非常复杂的因果关系。

若设法排除机械设备或处理危险物质过程中的隐患或者消除人为失误和不安全行为，使两事件链连锁中断，则两系列运动轨迹不能相交，危险就不能出现，就可避免事故发生。

对人的因素而言，强调工种考核，加强安全教育和技术培训，进行科学的安全管理，从生理、心理和操作管理上控制人的不安全行为的产生，就等于砍断了事故产生的人的因素轨迹。但是，对自由度很大且身心性格气质差异较大的人是难以控制的，偶然失误很难避免。

在多数情况下，由于企业管理不善，使工人缺乏教育和训练或者机械设备缺乏维护检修以及安全装置不完备，导致了人的不安全行为或物的不安全状态。

轨迹交叉理论突出强调的是砍断物的事件链，提倡采用可靠性高、结构完整性强的系统和设备，大力推广保险系统、防护系统和信号系统及高度自动化和遥控装置。这样，即使人为失误，构成人的因素 i→v 系列，也会因安全闭锁等可靠性高的安全系统的作用，控制住物的因素 i→v 系列的发展，可完全避免伤亡事故的发生。

一些领导和管理人员总是错误地把一切伤亡事故归咎于操作人员“违章作业”；实际上，人的不安全行为也是由于教育培训不足等管理欠缺造成的。管理的重点应放在控制物的不安全状态上，即消除“起因物”，当然就不会出现“施害物”，“砍断”物的因素运动轨迹，使人与物的轨迹不相交叉，事故即可避免。

实践证明，消除生产作业中物的不安全状态，可以大幅度地减少伤亡事故的发生。

4. 系统安全工程理论

（1）系统安全理论的提出

系统安全工程创始于美国，并且首先使用于军事工业方面。20世纪50年代末，科学技术进步的一个显著特征是设备、工艺和产品越来越复杂。战略武器的研制、宇宙开发和核电站建设等使得作为现代先进科学技术标志的复杂巨系统相继问世。这些复杂巨系统往往由数以千、万计的元件和部件组成，元件、部件之间以非常复杂的关系相连接；在它们被研制和被利用的过程中常常涉及高能量。系统中的微小的差错就可能引起大量的能量意外释放，导致灾难性的事故。这些复杂巨系统的安全性问题受到了人们的关注。

人们在开发研制、使用和维护这些复杂巨系统的过程中，逐渐萌发了系统安全的基本思想。作为现代事故预防理论和方法体系的系统安全产生于美国研制民兵式洲际导弹的过程中。系统安全是人们为预防复杂系统事故而开发、研究出来的安全理论、方法体系。所谓系统安全，是在系统寿命期间内应用系统安全工程和管理方法，辨识系统中的危险源，并采取控制措施使其危险性最小，从而使系统在规定的性能、时间和成本范围内达到最佳的安全程度。系统安全的基本原则是在一个新系统的构思阶段就必须考虑其安全性的问题，制定并开始执行安全工作规划—系统安全活动，并且把系统安全活动贯穿于系统寿命周期，直至系统报废为止。

（2）系统安全理论的主要观点

系统安全在许多方面发展了事故致因理论。系统安全认为，系统中存在的危险源是事故发生的原因。不同的危险源可能有不同的危险性。危险性是指某种危险源导致事故、造成人员伤害、财物损坏或环境污染的可能性。由于不能彻底地消除所有的危险源，也就不存在绝对的安全。所谓的安全，只不过是没有超过允许限度的危险。因此，系统安全的目标不是事故为零，而是最佳的安全程度。

系统安全认为可能意外释放的能量是事故发生的根本原因，而对能量控制的失效是事故发生的直接原因。这涉及能量控制措施的可靠性问题。在系统安全研究中，不可靠被认为是不安全的原因；可靠性工程是系统安全工程的基础之一。

研究系统可靠性时，涉及物的因素时，使用故障这一术语；涉及人的因素时，使用人失误这一术语。在注重操作人员不安全行为的同时考虑如何通过改善物的系统的可靠性来提高系统的安全性，从而避免事故。系统安全理论认为，人失误是人的行为的结果超出了系统的某种可接受的限度。人失误产生的原因包括两方面：一是由于工作条件设计不当，即可接受的限度不合理引起人失误；二是人员的不恰当行为造成人失误。除了生产操作规程中的人失误之外，还要考虑设计失误、制造失误、维修失误以及运输保管失误等，因而这些术语的含义较以往的人的不安全行为、物的不安全状态深刻的多。一般地，一起事故的发生是许多人失误和物的故障相互复杂关联、共同作用的结果，即许多事故致因因素复杂作用的结果。因此，在预防事故时，必须在弄清事故致因相互关系的基础上采取恰当的措施，而不是相互孤立地控制各个因素。人们对许多事故的调查表明，人失误，特别是管理失误是造成事故的罪魁祸首。所以，当今世界范围内系统安全理论研究的一个重大课题，就是关于人失误的研究。

系统安全注重整个系统寿命期间的事故预防，尤其强调在新系统的开发、设计阶段采取措施消除、控制危险源。对于正在运行的系统，如工业生产系统，管理方面的疏忽和失误是事故的主要原因。约翰逊等人很早就注意了这个问题，创立了管理疏忽与危险树理论 MORT (Managment Oversight and Risk Tree)，它把能量意外释放论、变化的观点、人失误理论等引入其中，又包括了工业事故预防中的许多行之有效的管理方法，如事故判定技术、标准化作业、职业安全分析等。它的基本思想和方法对现代工业安全管理产生了深刻的影响。

约翰逊发展了能量意外释放理论，把变化的观点引进到安全管理中，认为如何事物都在变化之中，管理者应及时发现已经发生的变化并采取相应的措施以适应这些变化。如果不能及时地适应这些变化，则将发生管理失误。企业中各层级的人员都有可能因不能适应变化而失误，使得对能量的屏蔽或控制不足，引起能量意外释放，造成人员的伤亡及财产的损失。因此，人们要注意追踪能量流动，注意能量间的相互作用，建立能量屏蔽及控制能量。

1.2 安全生产法律法规体系

《安全生产法》第四条规定“生产经营单位必须遵守本法和其他有关安全生产的法律、法规，加强安全生产管理，建立、健全安全生产责任制度，完善安全生产条件，确保安全生产”。贯彻执行国家及集团公司安全生产的方针、法律、法规、政策和制度，是各直属企业、安全监督管理机构、安全管理人员及所有从业人员的基本安全职责。

1.2.1 安全生产法律标准体系

安全生产法律标准体系，是指我国全部现行的、不同的安全生产法律规范形成的有机联系的统一整体。

从法的不同层级上，可以分为上位法与下位法。法的层级不同，其法律地位和效力也不同。上位法是指法律地位、效力高于其他相关法的立法。下位法相对于上位法而言，是指法律地位、法律效力低于相关上位法的立法。不同的安全生产立法对同一类或者同一个安全生产行为作出不同法律规定的，以上位法规定为准，适用上位法的规定。上位法没有规定的，可以适用下位法。

1.2.2 法律

法律是安全生产法律体系的上位法，居于整个体系的最高层级，其法律地位和效力高于行政法规、地方性法规、部门规章、地方政府规章等下位法。国家现行的有关安全生产的专门法律有《安全生产法》、《消防法》、《道路交通安全法》、《海上交通安全法》、《矿山安全法》，与安全生产相关的法律主要有《刑法》、《行政处罚法》、《劳动法》、《劳动合同法》、《职业病防治法》、《工会法》、《矿山资源法》、《铁路法》、《公路法》、《民用航空法》、《港口法》、《建筑法》、《煤炭法》等。

1.2.3 法规

安全生产法规分为行政法规和地方性法规。

行政法规的法律地位和法律效力低于有关安全生产的法律，高于地方性安全生产法规、地方政府安全生产规章等下位法。国家现有的安全生产行政法规有《安全生产许可证条例》、

《危险化学品安全管理条例》、《建设工程安全生产管理条例》、《煤矿安全监察条例》。

地方性安全生产法规的法律地位和法律效力低于有关安全生产的法律、行政法规，高于地方政府安全生产规章。

1.2.4 规章

安全生产行政规章分为部门规章和地方政府规章。

部门规章。国务院有关部门依照安全生产法律、行政法规的规定或者国务院的授权制定发布的安全生产规章的法律地位和法律效力低于法律、行政法规，高于地方政府规章。

地方政府规章。地方政府安全生产规章是最低层级的安全生产立法，其法律地位和法律效力低于其他上位法，不得与上位法相抵触。

1.2.5 法律法规对安全生产的基本要求

1.《宪法》

1982 年 12 月 4 日全国人民代表大会公告公布施行的《宪法》是安全生产法律体系框架的最高层级。“加强劳动保护，改善劳动条件”是国家对有关安全生产方面最高法律效力的规定。

2.《安全生产法》

《安全生产法》由九届人大常务委员会第二十八次会议于 2002 年 6 月 29 日通过，自 2002 年 11 月 1 日起施行。是国家根据我国安全生产的实际情况和国家安全生产监督管理体制的调整，为适应加强安全生产监督管理的需要，确定有关安全生产的基本制度和要求，规定针对性、可操作性较强的具体措施，加大对违法犯罪的处罚力度，防止和减少生产安全事故的发生，保障人民群众生命财产安全而制定的安全生产法律。

《安全生产法》分七章，共 97 条。除第一章总则和第七章附则外，在第二章到第六章中，分别对“生产经营单位的安全生产保障”、“从业人员的权利和义务”、“安全生产的监督管理”、“生产安全事故的应急救援与调查处理”和“法律责任”等各方面，都作出了具体的法律规定。

《安全生产法》适用于所有生产经营单位，是从事安全生产管理工作必须遵循的基本大法，也是安全生产法规制度体系中的核心。

3.《劳动合同法》

《劳动合同法》于 2007 年 6 月 29 日经第十届全国人大常委会第二十八次会议表决通过，自 2008 年 1 月 1 日起施行。该法律在强调保护劳动者合法权益的同时，加大了对试用期劳动者保护力度，加重了用人单位违法不订立书面劳动合同的法律责任，并明确政府机关人员不作为给劳动者造成危害应担责赔偿。对员工工作地点、工作时间和休息休假、社会保险、职业危害防护等做了法律必备条款。

4.《消防法》

2008 年 10 月 28 日第十一届人大常委会第五次会议通过，自 2009 年 5 月 1 日起施行。《消防法》的立法目的是为了预防火灾和减少火灾危害，保护公民人身、公共财产和公民财产的安全，维护公共安全，保障社会主义现代化建设的顺利进行。对消防规划、安全设置、建设工程的消防安全、公共聚集场所和群众性活动的消防安全、消防安全职责、消防安全重点单位的安全管理、消防产品电气产品及燃气用具的管理、消防安全的监督检查等做了具体规定。

5.《职业病防治法》

《职业病防治法》于2001年10月27日经第九届全国人民代表大会常务委员会第二十四次会议通过，自2002年5月1日起施行。是为了预防、控制和消除职业病危害，防治职业病，保护劳动者健康及其相关权益，促进经济发展，根据宪法而制定的法律。对用人单位在职业病防治方面的职责、职业病的前期预防、生产过程中职业病的防护与管理、职业病诊断与职业病人保障等做了具体规定。

6.《危险化学品安全管理条例》

《危险化学品安全管理条例》于2011年2月16日国务院144次常务会议修订通过，于2011年12月1日起施行。对生产储存安全、使用安全、经营安全、运输安全、危险化学品登记与事故应急救援等做了具体规定。

7.《突发事件应对法》

2007年8月30日第十届全国人民代表大会常务委员会第二十九次会议通过，自2007年11月1日起施行。其立法目的是为了预防和减少突发事件的发生，控制、减轻和消除突发事件的严重社会危害，规范事件应对活动，保护人民生命财产安全，维护国家安全、公共安全、环境安全和秩序。

1.3 安全生产标准化管理体系

1.3.1 HSE管理体系基础知识

1.3.1.1 相关定义

HSE是健康(Health)、安全(Safety)和环境(Environmental)管理体系的简称，HSE管理体系是将组织实施健康、安全与环境管理的组织机构、职责、做法、程序、过程和资源等要素有机构成的整体，这些要素通过先进、科学、系统的运行模式有机地融合在一起，相互关联、相互作用，形成动态管理体系。

健康是指人身体上没有疾病，在心理上(精神上)保持一种完好的状态。

安全是指在劳动生产过程中，努力改善劳动条件、克服不安全因素，使劳动生产在保证劳动者健康、企业财产不受损失、人民生命安全的前提下顺利进行。

环境是指与人类密切相关的、影响人类生活和生产活动的各种自然力量或作用的总和。它不仅包括各种自然因素的组合，还包括人类与自然因素间相互形成的生态关系的组合。

由于安全、环境与健康的管理在实际工作过程中有着密不可分的联系，因此把健康(Health)、安全(Safety)和环境(Environment)形成一个整体的管理体系，是现代石油化工企业的必然。

1.3.1.2 HSE管理体系实施背景

随着全球经济一体化发展的加速以及信息技术的革命，现有的管理体系难以满足建立现代化企业管理的要求，企业虽有一套现行的有效的管理方式和管理制度，但健康、安全与环境管理有时各行一套，未形成科学、系统、持续改进的管理体系；且在健康、安全与环境管理的思维模式上与国外先进的管理思想存在较大的差距，如普遍缺乏国外的高层承诺和“零事故”思维模式；同时缺乏现代化企业健康、安全与环境管理管理所要求的系统管理方法和科学管理模式。

石油行业是一种高风险的行业，健康、安全和环境风险同时伴生，事故往往是相互关联的，必须同时加以控制；国际上几乎所有大型石油天然气企业都在推行这一先进的 HSE 管理模式，良好的 HSE 管理是进入国际市场的准入证，建立 HSE 管理体系可提高企业剩余，增强国际市场竞争力。

1.3.1.3 HSE 管理体系发展历程及现状

健康、安全与环境体系的形成和发展是石油勘探开发多年管理工作经验积累的成果，它体现了完整的一体管理思想。20 世纪 60 年代以前主要是体现安全方面的要求，在装备上不断改善对人们的保护，利用自动化控制手段使工艺流程的保护性能得到完善；70 年代以后，注重了对人的行为的研究，注重考察人与环境的相互关系；1974 年，石油工业国际勘探开发论坛(E&P Forum)建立，作为石油公司国际协会的石油工业组织，它组织了专题工作组，从事健康、安全和环境管理体系的开发。80 年代以后，逐渐发展形成了一系列安全管理的思想和方法。

由于健康、安全与环境危害的管理在原则和效果上彼此相似，在实际过程中三者又有不可分割的联系，因此很自然地把健康(H)、安全(S)与环境(E)作为一个整体来管理。1991 年，SHELL 公司委员会颁布健康、安全与环境(HSE)方针指南。1919 年在荷兰海牙召开了第一届油气勘探、开发健康、安全与环境国际会议，逐步形成完整的 HSE 概念。

1.3.1.4 中国石化 HSE 管理体系标准

中国石化集团公司于 2001 年 2 月 8 日正式发布了集团公司 HSE 管理体系标准，共 10 个标准，包括 1 个体系、4 个规范和 5 个指南。

1 个体系是指《中国石化集团公司安全、环境与健康(HSE)管理体系》；

4 个规范是指《油田企业 HSE 管理规范》《炼化企业 HSE 管理规范》《施工企业 HSE 管理规范》《销售企业 HSE 管理规范》；4 个 HSE 管理规范是集团公司 HSE 管理体系的支持性文件，是集团公司直属企业实施 HSE 管理的具体要求和规定，描述企业的安全、环境与健康管理的承诺、方针和目标以及企业对安全、环境与健康管理的主要控制环节和程序。其中，销售企业 HSE 管理规范适用于销售企业、管输公司及所属二级单位；施工企业 HSE 管理规范适用于集团公司各施工企业和油田企业、炼化企业分离出来的施工单位。

5 个指南是指《油田企业基层队 HSE 实施程序编制指南》《炼油化工企业生产车间(装置) HSE 实施程序编制指南》《销售企业油库、加油站 HSE 实施程序编制指南》《施工企业工程项目 HSE 实施程序编制指南》和《职能部门 HSE 职责实施计划编制指南》。《中国石化集团公司安全、环境与健康(HSE)管理体系》规定了安全、环境与健康管理体系的基本要求，适用于中国石油化工集团公司及直属企业的 HSE 管理工作。

1.3.1.5 HSE 管理体系要素

中国石化 HSE 管理体系由十项要素构成(图 1-1)。这十项要素之间紧密相关，相互渗透，以确保体系的系统性、统一性和规范性。

图 1－1　HSE 管理系统十要素

1.3.2　安全生产标准体系

国家制定的许多安全生产立法将安全生产标准作为生产经营单位必须执行的技术规范而载入法律，安全生产标准法律化是我国安全生产立法的重要趋势。法定安全生产标准分为国家标准和行业标准，两者对生产经营单位的安全生产具有同样的约束力。

国家标准是指国家标准化行政主管部门依照《标准化法》制定的在全国范围内适用的安全生产技术规范。

行业标准是指国务院有关部门和直属机构依照《标准化法》制定的在安全生产领域内适用的安全生产技术规范。行业安全生产标准对同一安全生产事项的技术要求，可高于国家安全生产标准但不得与其相抵触。

法定安全标准是我国安全生产法律体系的重要组成。我国目前已有近 1500 项安全生产国家标准和近 3000 项安全生产行业标准。

1.3.2.1　安全生产标准的种类

安全系统工程理论认为事故是由人、物、环境、管理四要素引起的，而安全标准是用于预防事故和职业伤害的，因此它必须包含人、物、环境、管理四方面的标准。根据这个原理，安全生产标准分为基础标准、管理标准、技术标准、方法标准和产品标准五大类。

（1）基础标准　指在安全生产领域的不同范围内，对普遍的、广泛通用的共性认识所作的统一规定，是在一定范围内作为制定其他安全标准的依据和共同遵守的准则。其内容包括制定安全标准所必须遵循的基本原则、要求、术语、符号；各项应用标准、综合标准赖以制定的技术规定；物质的危险性和有害性的基本规定；材料的安全基本性质及基本检测方法等。

（2）管理标准　指通过计划、组织、控制、监督、检查、评价与考核等管理活动的内容、程序、方式，使生产过程中人、物、环境各个因素处于安全受控状态，直接服务于生产经营科学管理的准则和规定。如安全教育、培训、考核标准，重大事故隐患评价方法及分级标准，事故统计、分析标准等。

（3）技术标准　指对于生产过程中的设计、施工、操作、安装等具体技术要求及实施程序中设立的必须符合一定安全要求以及能达到此要求的实施技术和规范的总称。如金属非金属矿山安全规程、石油化工企业设计防火规范、建筑设计防火规范等。

（4）方法标准　指对各项生产过程中技术活动的方法所作出的规定。包括两类，一类以试验、检查、分析、抽样、统计、计算、测定、作业等方法为对象制定的标准如试验方法、检查方法、分析方法、测定方法、抽样方法、设计规范、工艺规程、作业指导书、生产方法、操作方法等。另一类为合理生产优质产品，并在生产、作业、试验、业务处理等方面为提高效率而制定的标准。如安全检查帽测试方法、防护服装机械性能材料抗刺穿性及动态撕裂性的试验方法、安全评价通则、安全预评价导则、安全验收评价导则等。

（5）产品标准　是对某一具体安全设备、装置的防护用品及其试验方法、检测检验规则、标志、运输、储存等方面所作的技术规定。是产品生产、检验、验收、使用、维护和洽谈贸易的重要技术依据，对于保障安全、提高生产和使用效益具有重要意义。如煤矿安全监控系统、煤矿用隔离式自救器等产品的规定。

1.3.2.2　安全生产标准体系

我国的安全生产标准体系由煤矿安全、非煤矿山安全、电气安全、危险化学品安全、石油化工安全、民爆物品安全、烟花爆竹安全、涂装作业安全、交通运输安全、机械安全、消防安全、建筑安全、个体防护装备、特种设备安全、通用生产安全等多个子体系组成。现就石化行业涉及的主要安全生产标准子体系进行介绍。

1. 危险化学品安全生产标准体系

包括通用基础安全生产标准、安全技术标准和安全管理标准。通用基础安全生产标准主要包括危险化学品分类、标识等。安全技术标准主要包括安全设计和建设标准、生产企业安全距离标准、生产安全标准、运输安全标准、储存和包装安全标准、作业与检修标准、使用安全标准等。安全管理标准主要包括生产企业安全管理、应急救援预案管理、重大危险源安全监控、职业危害防护配备管理等。

2. 职业危害安全标准系统

包括作业环境安全标准、个体防护标准、职业病鉴定标准等三个领域。在作业环境方面可进一步划分为粉尘、噪声、振动、放射性辐射、高低温等。在职业危害和卫生方面有关的国家标准有：工业企业卫生设计标准、体力劳动强度分级、作业场所呼吸性粉尘卫生标准、职业性接触毒物危害程度分级等。

3. 个体防护装备安全生产标准体系

主要包括头部防护装备、听力防护装备、眼面部防护装备、呼吸防护装备、手部防护装备、足部防护装备、躯干防护装备等每个部分由基础标准、管理标准、技术标准、方法标准和产品标准组成。

1.4　安全生产管理体制

1.4.1　国家安全生产监督管理体制

我国安全生产监督管理的体制是：综合监管与行业监管相结合、国家监察与地方监管相结合、政府监督与群众监督相结合。

在国家与行政管理部门之间，实行的是综合监管和行业监管；在中央政府与地方政府之间，实行的是国家监管与地方监管；在政府与企业之间，实行的是政府监管与企业管理。

我国安全生产监管的基本要求是，企业负责、政府监管、群众监督、劳动遵章守纪。目前我国已基本形成“政府统一领导，部门依法监督，企业全面负责，群众监督参与，社会广泛支持”的安全生产格局。

在国办发〔2011〕47 号《国务院办公厅关于印发安全生产“十二五”规划的通知》中提出“强化安全生产属地监管，建立分类分级监管监察机制”的要求。即中央企业的分公司在安全生产管理工作上，除接受集团公司的领导外，必须接受地方政府的监督管理、执法检查和责任追究。

1.4.2　负有安全生产监督管理职能的部门依法监督检查时行驶的职权

《安全生产法》第五十六条对负有安全生产监督管理职责的部门依法对生产经营单位执行有关安全生产的法律、法规和国家标准或者行业标准的情况进行监督检查，赋予了四项职权。

1. 现场检查权

为了履行日常安全生产监督管理的职权，安全生产监督检查人员需要经常进入有关生产经营单位的生产作业现场进行实地检查，受检单位应当服从并予以配合，提供相关资料，实事求是反映情况。不得设置障碍，拒绝、阻扰、抗拒检查，使监督检查人员无法履行职责。

2. 当场处理权

在安全生产检查中，对生产经营现场发现的一些安全生产违法行为，安全生产监督检查人员可当场进行处理，以免发生生产安全事故。《安全生产法》第五十六条中规定：“对检查中发现的安全生产违法行为，当场予以纠正或者要求限期改正；对依法应当给予行政处罚的行为，依照本法和其他有关法律、行政法规的规定作出行政处罚决定。”该规定指出，现场检查发现安全生产违法行为时，有两种情况应当分别处理：一是不需要给予行政处罚的违法行为，有权当场纠正或者限期改正；二是对比较严重、应当给予行政处罚的违法行为，依法作出行政处罚决定。除了法定当场实施处罚的少数轻微违法行为外，行政处罚通常不能当场作出决定。

3. 紧急处置权

在安全检查中除了发行一般的安全生产违法行为以外，有时会发现事故隐患，特别是重大事故隐患。此时必须采取紧急处置措施，排除隐患或者撤出作业人员，必要时需暂时停止生产经营活动。为了避免发生重大、特大生产安全事故，法律授权安全生产检查人员对检查中发现的事故隐患，应当责令立即排除；重大事故隐患排除前或者排除过程中无法保证安全的，应当责令从危险区域撤出作业人员，责令暂时停产停业或者停止使用；重大事故隐患排除后，经审查同意，方可恢复生产经营或者使用。

4. 查封扣押权

生产经营单位的安全设施、设备、器材是否符合国家标准或者行业标准，处于良好的安全状态，对于确保安全生产具有重要影响。许多事故教训表明，一些生产经营单位擅自采购、使用不符合安全标准的设施、设备、器材，以次充好，导致安全无保证，经常引发事故。因此，法律授权安全生产检查人员对有根据认为不符合国家标准或者行业标准的设施、设备、器材予以查封或者扣押，并应当在15日内依法作出处理决定。

1.4.3　安全生产监督检查人员依法履行职责的要求

《安全生产法》对安全生产监督检查人员履行职责提出了要求。一是坚持履行安全生产监督检查人员执法的行为准则：忠实于法律，不玩忽职守，不徇私情，不贪赃枉法。二是严格按照程序履行职责，规范执法，持证执法，保守秘密。三是监督检查不得影响被检查单位的正常生产经营活动。四是应当将检查的时间、地点、内容、发现的问题及其处理情况，作出书面记录，并由检查人员和被检查单位的负责人签字；被检查单位的负责人拒绝签字的，检查人员应当将情况记录在案，并向负有安全生产监督管理职责的部门报告。

1.4.4　配合安全生产监督管理部门和人员进行监督检查的规定

保证安全生产监督检查人员正常履行职责，生产经营单位配合监督检查是一项法定的义务。生产经营单位不得寻找借口和理由为监督检查设置障碍，法律要求生产经营单位对负有安全生产监督管理职责部门的检查人员依法履行监督检查职责，应当予以配合，不得拒绝、阻扰。否则就是妨碍监督检查人员执行公务，将被追究法律责任。

1.4.5　中国石化集团公司的监督管理体制

集团公司安全、环境与健康管理委员会(以下简称HSE委员会)，是集团公司安全生产管理的最高权力机构，在总经理领导下，对所属企业实行全面监督管理。HSE委员会办公室设在安全环保局。安全环保局是安全、环境与健康工作的对口管理部门，其他职能部门按“谁主管谁负责”的原则，负责相应的HSE工作。

各直属企业建立健全以HSE管理委员会为中心，以部门安全监管和基层安全管理为重点，以公司、直属单位、基层车间、班组为四级监管主体的HSE监督管理机制和基本运作模式，是企业实现安全生产的组织保证体系。

HSE管理委员会，由公司、直属单位行政“一把手”担任委员会主任，党委书记、生产副经理(厂长)任副主任，党政分管领导为成员，并通过专业管理部门和基层车间安全领导小组对本企业、单位的HSE工作实行全面领导和管理。主管HSE工作领导负责综合管理和协调，各分管领导按照“谁主管谁负责”的原则，对分管专业范围内的HSE工作负责。

第2章　安全生产日常管理工作

2.1　安全生产日常管理工作的主要内容

安全生产日常管理工作，主要是指对安全生产职责的履行，对作业现场进行的检查，对违章违纪作出的处罚，对员工进行安全生产教育和培训等活动内容。

2.1.1　安全生产日常管理岗位工作职责

学习贯彻国家安全生产方针、政策、法律、法规、标准、规范和中国石化规章制度，并通过各职能部门组织落实和实施。研究和决定本单位安全工作重大事项，决定年度安全工作部署，对安全生产作出突出贡献的人员进行奖励，对事故责任者进行处罚。

确定本单位安全生产目标；审定安全生产规划和计划；组织制定安全规章制度和安全技术规程；保证安全生产投入，改善劳动条件。健全安全生产管理机构充实专职安全技术管理人员。定期听取安全工作汇报，组织对重大事故的调查处理，决定安全生产工作的重要奖惩。督促检查本单位安全生产工作，及时消除安全隐患。

2.1.2　作业现场日常安全检查

对日常安全生产管理工作的检查，包括安全生产责任制、安全技术措施管理、安全教育、安全检查、安全奖惩、设备检查、隐患排查及控制、事故管理、防火、安全值班制度等方面的检查。

2.1.3　对安全生产过程中违章违纪处罚

按“四不放过”的原则，对责任者进行调查和处理；在处过理中主要方法有三种，即限期整改、禁止作业、处罚，这三种方法有时可以合并使用，如采取禁止作业同时可以对责任人进行罚款处理等。

2.1.4　日常安全生产教育和培训

安全生产教育要做到经常化、制度化。其形式一般有定期的班组安全学习，安全活动日，交接班制度及班前班后会，不定期的事故分析会，事故现场教育，以及其他安全会议等，安全教育的形式可多种多样，除上面提到的举办培训班及利用各种会议形式外，还可用板报等多种形式进行宣传教育。

2.2　安全目标

目标管理是一种程序或过程，它使组织中的上级和下级一起协商，根据组织的使命确定一定时期内组织的总目标，由此决定上、下级的责任和分目标，并把这些目标作为组织经营、评估和奖励每个单位和个人贡献的标准。

安全目标管理是企业员工参与管理的一种形式，是根据企业安全工作目标来控制企业安全生产的一种民主的科学有效的管理方法，企业在制定安全目标管理时，必须在分析外部环境和内部条件的基础上，确定安全生产所要达到的目标并努力实现的一个过程。

安全目标是目标管理在安全管理方面的应用，它是指企业内部各个部门以至每个职工，从上到下围绕企业安全生产的总目标，层层展开各自的目标，确定行动方针，安排安全工作进度，制定实施有效组织措施，并对安全成果严格考核的一种管理制度。

中国石化 HSE 目标：追求最大限度的不发生事故，不损害人身健康，不破坏环境，创国际一流的 HSE 业绩。

2011 年中国石化确定今后一个时期的新的发展目标即："建设世界一流能源化工公司。"

2.2.1 安全目标的实施

安全目标的实施过程，是基层单位依据中国石化 HSE 目标，结合本企业的实际情况制定切实可行的安全目标。坚持以"安全第一、预防为主、全员动手、综合治理、改善环境、保护健康、科学管理、持续发展"的 HSE 方针，保持安全管理整合体系运行有效，确保安全生产管理水平再上新台阶。

2.2.2 安全目标的制定

安全管理目标是实现企业安全化的行动指南。目标管理是以各类事故及其资料为依据的一项长远管理方法，是以现代化管理为基础理论的一门综合管理技术，必须围绕企业生产经营目标和上级对安全生产的要求，结合生产的经营特点，作科学的分析，按如下原则制定安全目标：

(1) 突出重点，分清主次，不能平均分配、面面俱到。安全目标应突出重大事故，工伤频率，作业环境标准合格率等方面指标。同时注意次要目标对重点目标的有效配合。

(2) 安全目标具有先进性，即目标的适用性和挑战性。也就是说制定的目标一般略高于实施者的能力和水平，使之经过努力可以完成，应是"跳一跳，够得到"，但不能高不可攀，令人望目标兴叹，也不能低而不费力，容易达到。

(3) 使目标的预期结果做到具体化、定量化、数据化。如工伤率比去年降低百分之几，以利于进行同期比较，易于检查和评价。

(4) 目标要有综合性，又有实现的可能性。制定的企业安全管理目标，既要保证上级下达指标的完成，又要考虑企业各部门及每个职工的承担目标能力，目标的高低要有针对性和实现的可能性，以利于各部门及每个职工都能接受，努力去完成。

(5) 坚持安全目标与保证目标实现措施的统一性。为使目标管理具有科学性、针对性和有效性，在制定目标时必须有保证目标实现的措施，使措施为目标服务，以利于目标的实现。

2.3 安全工作计划

计划是管理的一项重要职能，任何组织中的各项管理活动都离不开计划。计划通过将组织在一定时期内的活动任务分解给组织的每一个部门、环节和个人，从而不仅为这些部门、环节和个人在该时期的工作提供了具体的依据，而且为解决组织目标的实现提供了保证。

无论是单位还是个人，无论办什么事情，事先都应有个打算和安排。有了计划，工作就有了明确的目标和具体的步骤，就可以协调大家的行动，增强工作的主动性，减少盲目性，使工作有条不紊地进行。同时，计划本身又是对工作进度和质量的考核标准，对大家有较强的约束和督促作用。所以计划对工作既有指导作用，又有推动作用，搞好工作计划，是建立正常的工作秩序，提高工作效率的重要手段。

2.3.1 安全工作计划的分类

按时间可分为长期、中期和短期工作计划；按紧急程度可分为正常、紧急、非常紧急的工作计划；按制订计划的主体可分为自己制订的和上级下达的工作计划；按任务类型可分为日常和临时的工作计划。

2.3.2 编制安全工作计划的原则

编制计划要胸怀全局，计划目标要科学、先进，是跳起来能够摘到的桃子。如果不用跳便可轻易摘到，既不利于企业的发展，也不利于调动经营者和员工的积极性；反过来，如果付出巨大的努力，再跳也摘不到桃子，那么，这样的经营计划具有虚假欺骗性，不完全具有可操作性。

1. 对上负责的原则

要坚决贯彻执行党和国家的有关方针、政策和上级的指示精神，反对本位主义。

2. 切实可行的原则

要从实际情况出发定目标、定任务、定标准，既不要因循守旧，也不要盲目冒进。即使是做规划和设想，也应当保证可行，能基本做到，其目标要明确，其措施要可行，其要求也是可以达到的。

3. 集思广益的原则

要深入调查研究，广泛听取群众意见、博采众长，反对主观主义。

4. 突出重点的原则

要分清轻重缓急，突出重点，以点带面，不能眉毛胡子一把抓。

5. 防患未然的原则

要预先想到实行中可能发生的偏差，可能出现的故障，做好有必要的防范措施或补救办法。

6. PDCA 管理循环的原则

PDCA 是持续改进和不断提升的管理循环。工作计划一旦达到预定目标，便随即进入下一个工作目标。PDCA 的意义就是永远不满足现状。所以管理者必须持续不断地设定新的挑战目标，以带动 PDCA 管理循环。

2.3.3 安全工作计划的制订

做为一个管理者，必须知道自己部门的工作任务与目标，明确方向，知道自己的工作内容，如何来干好这些工作，什么人来干这些工作，工作进度怎么安排，掌握哪些可以使用的资源，这些都取决于一个好的安全工作计划。

1. 工作内容

做什么，工作计划的目标、任务。计划应规定出在一定时间内所完成的目标、任务和应达到要求。任务和要求应该具体明确，有的还要定出数量、质量和时间要求。

2. 工作方法

怎么做，计划采取的措施、策略。要明确何时实现目标和完成任务，就必须制定出相应的措施和办法，这是实现计划的保证。措施和方法主要指达到既定目标需要采取什么手段，动员哪些力量与资源，创造什么条件，排除哪些困难等。

3. 工作分工

谁来做，负责计划工作的实施。事情都是由人来做的。每一项任务都应该有明确的负责人；每一个人都应该有明确的任务及具体的目标。而且在做计划的时候，要事先明确人与人之间的立体交叉的具体协作关系。

4. 工作进度

什么时间做，完成工作计划的期限。这是指执行计划的工作程序和时间安排。每项任务，在完成过程中都有阶段性，而每个阶段又有许多环节，它们之间常常是互相交错的。因此，制订计划必须胸有全局，妥善安排，哪些先干，哪些后干，应合理安排。而在实施当中，又有轻重缓急之分，哪是重点，哪是一般，也应该明确。在时间安排上，要有总的时限，又要有每个阶段的时间要求，以及人力、物力的安排。这样，使有关单位和人员知道在一定的时间内，一定的条件下，把工作做到什么程度，以便争取主动，有条不紊地协调进行。

2.4 安全生产责任制

安全生产责任制是生产经营单位各项安全生产规章制度的核心，是生产经营单位行政岗位责任制和经济责任制度的重要组成部分，也是最基本的职业安全健康管理制度。安全生产责任制是按照职业健康工作方针“安全第一，预防为主”和“管生产的同时必须管安全”的原则，将各级负责人员、各职能部门及其工作人员和各岗位生产工人在职业安全健康方面应做的事情和应负的责任加以明确规定的一种制度。

2.4.1 建立安全生产责任制的必要性

《安全生产法》第四条明确规定：“生产经营单位必须……建立、健全安全生产责任制度……。”

生产经营单位的安全生产责任制的核心是实现安全生产的“五同时”，就是在计划、布置、检查、总结、评比生产工作的时候，同时计划、布置、检查、总结、评比安全生产工作。其内容大体可分为两个方面：一是纵向方面，各级人员的安全生产责任制；二是横向方面，各职能部门的安全生产责任制。

安全生产是关系到生产经营单位全员、全层次、全过程的大事。因此，生产经营单位必须建立安全生产责任制，把“安全生产，人人有责”从制度上固定下来。从而增强各级管理人员的责任心，使安全管理纵向到底、横向到边，责任明确、协调配合，共同努力把安全工作真正落实到实处。

2.4.2 建立安全生产责任制的要求

要建立起一个完善的生产经营单位安全生产责任制，需要达到如下要求：

建立的安全生产责任制必须符合国家安全生产法律法规和政策、方针的要求，并应适时修订；要与生产经营单位管理体制协调一致；要根据本单位、部门、班组、岗位的实际情况，明确、具体，具有可操作性，防止形式主义；要有专门的人员与机构来保障；同时建立安全生产责任制的监督、检查等制度，特别要注意发挥职工群众的监督作用，以保证安全生产责任制得到真正落实。

2.4.3 安全生产责任制的主要内容

包括企业各级生产管理者应对本单位、本部门的安全工作负总的组织管理责任；各级工程技术人员、职能科室和生产人员在各自的职责范围内对安全工作应负起的相应责任。这些责任主要是应知、应会、应遵守的制度、应负的安全责任以及应受到奖罚的条件，这些内容都以责任制予以明确。

2.5 安全检查与监督

安全检查与监督是指对生产过程及安全管理中可能存在的隐患、有害与危险因素、缺陷等进行查证，以确定隐患或有害与危险因素、缺陷的存在状态，以及它们转化为事故的条件，以便制定整改措施，消除隐患和有害与危险因素，确保生产安全。

安全检查与监督是安全管理工作的重要内容，是消除隐患、防止事故发生、改善劳动条件的重要手段。通过安全检查与监督可以发现生产经营单位生产过程中的危险因素，以便有计划地制定纠正措施，保证生产安全。

2.5.1 安全检查的内容

安全检查主要包括安全管理检查和现场安全检查两部分。

1. 安全管理检查主要内容

（1）检查各级领导对安全工作的认识，各级领导班子研究安全工作情况的记录、安委会工作会议纪要(记录)等。

（2）安全生产责任制、安全管理制度等修订完善情况，各项管理制度落实情况，职业健康安全管理体系的建立和符合情况等。

（3）检查各级领导和管理人员安全法规教育与安全生产管理资格教育是否达到要求；检查员工的安全意识、安全知识教育，以及特殊作业安全技术知识教育是否符合要求或规定。

2. 现场安全检查主要内容

（1）按照工艺、设备、电气、仪表、安全、消防、职业卫生、储运、检维修和新改扩建工程项目施工等方面的标准、规范和制度，检查生产、施工现场是否落实，是否存在安全问题。

（2）检查各企业事业单位、股份公司各分(子)公司(以下统称各单位)各级机构和员工的安全生产责任制是否落实，检查员工是否认真执行各项安全生产规章制度和操作规程。

（3）检查生产、检维修和新改扩建工程项目施工等直接作业环节的各项安全保证措施是否落实。

2.5.2 安全检查的方式

安全检查分为外部检查和内部检查。

1. 外部检查

外部检查是指按照国家安全、卫生法规要求进行的法定监督、检测检查，以及政府部门组织的安全督查。

2. 内部检查

内部检查是总部、各单位内部根据生产情况开展计划性和临时性的自查活动。主要有综合性检查、日常检查和专项检查等形式。

（1）综合性安全检查　是以落实岗位安全责任制为重点，各专业共同参与的全面检查。总部对各单位至少每年组织检查或抽查1次，各单位至少每半年组织1次，二级单位至少每季组织1次，基层单位至少每月组织1次。

（2）日常检查　包括班组、岗位员工的交接班检查和班中巡回检查，以及基层单位领导和工艺、设备、电气、仪表、安全、消防、职业卫生等专业技术人员的经常性检查。各岗位应严格履行日常检查制度，特别应对关键装置要害部位的危险点进行重点检查和巡查，发现问题及时报告有关部门解决，并做好记录。

（3）专项安全检查　包括季节性检查、节日前检查和专业性安全检查。

季节性检查是根据各季节特点开展的专项检查。春季安全大检查以防雷、防静电、防解冻跑漏为重点；夏季安全大检查以防暑降温、防食物中毒、防台风、防洪防汛为重点；秋季安全大检查以防火、防冻保温为重点；冬季安全大检查以防火、防爆、防煤气中毒、防冻防凝、防滑为重点。

节日前检查主要是节日前对安全、保卫、消防、生产准备、备用设备、交通、娱乐场所、应急预案进行的检查。特别应对节日期间领导干部、管理人员和检维修队伍值班安排、车辆值班和安全管理，以及原辅料、备品备件、存在隐患的防范措施和应急预案的落实情况进行重点检查。

专业性检查主要是对锅炉、压力容器、压力管道、电气设备、机械设备、安全和卫生装备、监测仪器、危险物品、运输车辆等系统分别进行的专业检查；以及装置开、停工前、新装置竣工及试运行等时期进行的专项安全检查。

2.5.3 安全检查的程序

安全检查工作一般包括以下几个步骤：

1. 安全检查准备

各企业开展安全综合性检查和专项检查，应成立由单位领导负责、有关专业部门专业人员参加的安全检查组织，下发检查通知，确定检查对象、目的、计划和任务等。

2. 实施安全检查

实施安全检查就是通过访谈、查阅文件和记录、现场检查、仪器测量的方式获取信息。

3. 通过分析作出判断

掌握情况（获得信息）之后，就要进行分析、判断和检验。可凭经验、技能进行分析、判断，必要时可以通过仪器、检验得出正确结论。

4. 及时作出决定进行处理

作出判断后应针对存在的问题作出采取措施的决定，即通过下达隐患整改意见和要求，包括要求进行信息的反馈。

各种形式的安全检查，检查人员或检查组都应认真填写检查记录，向被检单位提交《隐患整改通知书》。《隐患整改通知书》的内容有：记录号、检查单位、被检查单位、检查日期、存在问题、原因分析、整改和(或)防范措施、要求整改期限、实际整改完成时间、整改责任人、措施复核人等。

5. 开展安全隐患整改

各级被检单位对查出的隐患要逐项研究，编制整改方案，做到"三定"、"三不交"("三定"：定措施，定负责人，定完成期限。"三不交"：班组能整改的不交车间，车间能整改的不交厂，厂能整改的不交上级)。被检单位要立即进行整改、纠正工作，实施情况和处理情况按时间要求报告安全管理部门。

6. 实现安全检查工作闭环

安全管理部门接到整改、纠正情况报告后，应及时组织有关人员到现场进行复查；对于涉及设备设施的问题，要根据国家标准和设计要求进行效能的测量、验证和考核。对已按要求完成整改、纠正的项目，要及时消项。暂时不能整改的项目，除采取有效防范措施外，应分别纳入技措、安措或检修计划，限期整改。通过复查整改落实情况，获得整改效果的信息，以实现安全检查工作的闭环。

2.6 隐患排查与治理

企业对风险评价中提出的安全隐患，应组织相关技术管理部门，对安全隐患进行评估、编制和实施隐患治理整改计划。

2.6.1 隐患治理的范围

包括危及油库、加油站安全生产的不安全因素；导致事故发生或扩大的储运设施、安全设施隐患；可能造成职业病和职业中毒的劳动环境；可能对大气、地下水资源和社区环境造成严重污染的问题。

2.6.2 隐患评估

隐患评估是为了寻求最低的事故率、最小的损失以及最佳的安全投资效益，也就是说，隐患评估的目的在于提高安全管理的水平和提高经济效益，以期在一定的资金、时间和人员的约束下，达到确保企业安全生产的目的。

1. 隐患自评

企业各级单位应按 HSE 有关标准，对隐患进行自评，自评后的隐患应建立评估报告。其内容包括：隐患概况、评审意见和技术结论、隐患治理方案、整改进度和责任人、资金概预算。

2. 申报和复查

(1) 基层部门(油库、加油站)对安全检查和作业运行中暴露出的隐患，应及时组织相关工程技术人员对隐患进行自评。

（2）上级单位对油库、加油站上报的隐患，应组织有关职能部门的工程技术人员对隐患进行评估论证。

（3）企业 HSE 管理部门和相关部门在接到隐患评估报告后，应适时进行复查，在征求相关部门的意见后，编写出年度隐患项目治理计划表并列入年度综合计划安排整改。

3. 评估

公司 HSE 管理部门对上报的隐患治理计划进行初步审查，根据隐患情况，组织有关专家对隐患治理项目进行评估，作出评估结论。

2.6.3 隐患治理

2.6.3.1 隐患治理分级管理

（1）隐患治理项目由项目所在单位的技术部门负责编制整改方案和投资计划，报上级 HSE 管理部门及发展规划部门审查批准后，由项目所在单位职能部门负责组织实施，批准单位 HSE 管理部门负责监督检查。

（2）公司级隐患项目由省（市）公司负责编制整改治理方案或可行性研究报告，报公司 HSE 管理部门及其他相关部门审查，待批复后，由省（市）公司职能部门负责组织实施，HSE 管理部门配合公司 HSE 管理部门实施项目监督检查。

2.6.3.2 整改资金

企业用于隐患治理的资金主要有四项，企业最高管理者应予以优先安排和保证。

（1）技术措施改造费；

（2）安保基金补助费；

（3）大修更新改造费；

（4）建设项目职业安全卫生设施和环境保护设施专项资金。

2.6.3.3 隐患治理项目的实施

（1）企业的最高管理者是隐患整改的第一责任人，负责隐患项目整改治理方案的审批、整改资金的落实和整改治理工作的责任考核。

（2）企业及其直属单位的技术管理部门负责隐患治理项目（技术措施项目）的计划安排和组织实施；设备部门负责设备隐患项目的组织实施；工程管理部门负责组织隐患项目的工程施工；HSE 管理部门负责隐患治理进度、施工质量、项目完整性的检查监督；计划财务部门负责安排整改资金，保证资金及时到位和专款专用；供应部门按实施计划和质量要求及时完成隐患治理项目所需设备材料的采购供应；业务调度部门负责协调与施工相关的作业安排。

2.6.4 隐患治理项目的验收和考核

2.6.4.1 隐患治理项目的验收

（1）重大事故隐患治理项目由公司 HSE 管理部门或委托有资质的单位进行验收。

（2）验收合格的隐患治理项目，由有关部门（油库、加油站）制定相应的管理制度，纳入正常的管理程序。

2.6.4.2 隐患治理项目的考核

（1）建立隐患治理工作的考核制度，对相关部门和责任人的业绩和表现进行考核。

（2）建立重大隐患治理项目竣工验收审计制度，对隐患项目治理资金的使用情况进行全面审计确保隐患治理按计划完成，保证隐患治理费用能够专款专用。

（3）组织对已完成的隐患治理项目进行实际效能的验证考核。

2.7 重点要害部位管理

重点要害部位应制定安全防范措施，确定兼职安全生产管理人员，建立岗位安全责任制、安全操作规程、工作标准、应急预案。重点要害部位设备设施管理要定人、定机，建立设备设施档案，安装消防自动报警装置及事故应急照明装置，配备足够的消防器材，采取必要的技防、物防等安全防范措施。现场不得堆放可燃物品、易燃易爆物品和与工作无关的物品，操作人员必须经过专业培训，并取得上岗证书，要保持操作人员的相对稳定。

2.7.1 重点要害部位的范围

重点要害部位范围划分，由各企业根据本单位实际情况自行界定，系指以下场所或区域，一般应包括但不限于：油罐区、铁路装卸油栈桥、油品装卸码头、轻油付油场地、加油站(一级)、生产过程中不安全因素多的施工现场、运送危险品的专业运输车辆。

2.7.2 重点要害部位实行分级管理与分级监控原则

企业根据本单位实际情况，由主管生产的领导组织安全管理等相关部门进行重点要害部位的界定分级。一般可将其分为两级。发生火灾时，影响企业的生产或容易造成重大人员伤亡的重点要害部位可定为一级。

（1）分级管理，对重点要害部位实行公司(局、总厂、厂)及二级单位两级管理。企业根据本单位实际情况，对重点要害部位分的级，由二级单位界定，直属公司(局、总厂、厂)审批。一级重点要害部位报集团公司安全与环保监督局备案。

（2）分级监控，对重点要害部位实行二级单位、基层单位(车间、队)和班组三级监控。重点要害部位安全管理监控措施，应急处理预案的制定，由主管生产的领导组织有关部门进行制定。对一级重点要害部位实行单位领导干部定点承包安全管理。

2.7.3 重点要害部位实行“领导干部分级定点联系(承包)”制度

重点要害部位由企业现职处长以上领导干部进行联系(承包)，并设置“领导干部安全联系(承包)责任牌”。对所负责的重点要害部位负有安全监督与指导责任，具体是：指导帮助安全承包点实现安全生产，监督安全生产方针、政策、法规的执行，检查安全生产中存在的问题与隐患，帮助并督促隐患整改，监督事故“四不放过”原则的实施，帮助解决影响安全生产的突出问题。

2.7.4 重点要害部位实行工作联系及反馈制度

局级领导至少每季、处级干部至少每月到联系(承包)点进行1次安全活动，联系点所在单位应及时将参加活动情况反馈到安全管理部门。

（1）活动形式包括参加基层或班组安全活动、安全检查、督促整改事故隐患等。

（2）企业安全部门每季度分别对领导干部联系(承包)到位情况进行1次考核和公布。

考核情况纳入领导干部年度政绩考核中。

2.7.5 重点要害部位的管理要求

1. 直属企业及二级单位监控要求

企业及二级单位应按照安全生产责任制要求，对重点要害部位进行安全监控，应建立档案和台账；建立计算机安全监控管理系统；建立安全检查书面报告制度；制定“机、电、仪、操、管”人员和有关管理部门职责。

2. 二级单位、相关职能处(科室)监控要求

相关部门和职能处室按照安全生产责任制要求，对重点要害部位进行安全监控，制定各项工艺操作规程和要求；制定各种动、静设备、设施、附件完好标准，压力容器、压力管道符合《压力容器安全监察规程》和《压力容器安全管理与监察规定》；严格执行仪表联锁管理规定；各类安全设施、消防设施等齐全，符合有关规程和规定的要求，消防道路畅通。

3. 基层单位监控要求

基层单位部门按照安全生产责任制要求，对重点要害部位进行安全监控，确认安全监控危险点，绘制出危险点分布图，明确安全责任人；重点要害部位设置专职安全员；操作人员应经培训合格并持证上岗。

4. 班组监控要求

基层班组按照安全生产责任制要求，对重点要害部位进行安全监控，严格执行巡回检查制度；严格遵守工艺、操作、劳动纪律和操作规程；每周对安全设施、每天对危险点进行安全检查；及时报告险情和处理。

2.8 安保基金管理

石化工业是国民经济的支柱产业之一，具有易燃易爆的生产特点。为了加强防灾防损工作，减少和避免事故发生，并对企业在遭受自然灾害或意外事故造成财产损失时能够及时得到经济补偿，迅速恢复生产，经国务院批准，中国石化设立安全生产保证基金(以下简称安保基金)，实行行业内部财产保险。安保基金是由总部向所属企事业单位从生产成本中集中的企业安全生产保险基金。

中国石化总部范围内安保基金的收缴、管理、使用和开展相关业务由总部安全监管局负责。安保基金应专款专用，严禁挪用。

2.8.1 安保基金缴纳的范畴

总部所属企事业单位，包括控股、参股的股份制企业和中外合资企业，及其组建的集体、“三产”和分离企事业单位的财产，必须向总部计缴安保基金。

2.8.1.1 属于缴纳安保基金的范围

(1) 固定资产和存货；

(2) 基本建设项目中引进的成套设备；

(3) 新装置建成投料试车，但尚未报转的固定资产。

2.8.1.2 不属于缴纳安保基金的范围

(1) 土地、公路(不包括厂内公路)、运输车辆(不包括施工机具)、船舶(不包括趸船)；

（2）货币、票证、有价证券、文件、账册、图表、技术资料、电脑资料、枪支弹药以及无法鉴定价值的财产；

（3）铁路、道路、涵洞、水闸、堤堰、桥梁及护坡；

（4）林木、花草、牲畜、禽类和其他饲养动物；

（5）违章建筑、危险建筑和临时暂设工程。

2.8.2 安保基金收缴

安保基金计提的依据是企事业单位固定资产原值和存货。每年3月1日和8月15日前，由各直属单位财务资产处对所属二级单位固定资产原值和存货进行盘点，并按规定计提安保基金后，由各直属单位统一汇至总部安监局。

缴纳单位按规定计提的安保基金，按时汇至总部安监局在财务公司开立的安保基金账户。当年安保基金利息和总准备金利息作为当年安保基金收入，计入安保基金总准备金。

2.8.3 安保基金使用

总部集中的安保基金分总部与企业分级使用，即小部分由总部返回企业使用，大部分由总部统筹使用。总部对企业返回安保基金的比例根据企业缴纳的情况定为安保基金实际上缴额的20%和17%。按期足额缴纳安保基金的企业，返回比例为20%；未按期足额缴纳的企业，返回比例为17%。未完成总部安全考核指标的单位不得提取20%的奖励，并将这部分奖励全部用于增补事故隐患治理和安全技术措施支出。企业年末安保基金结余结转下年继续使用。

2.8.3.1 总部统筹使用的安保基金的开支范围和比例

（1）自然灾害及事故损失赔偿费　用于对遭受自然灾害和意外事故造成财产损失的赔偿。由安环局按照总部安保基金《赔偿细则》理赔。

（2）隐患治理补助费　用于企业重大事故隐患治理。治理项目由安环局审批并核定补助费。

（3）安全技术装备和安全技术产品开发补助费　安全技术装备补助费，用于企业配置安全装备，装备配置及补助标准由安环局核定。安全技术产品开发补助费，用于安全技术产品项目开发，新的安全技术产品开发项目要面向石化安全生产，按科技开发项目程序审批并由安环局核定补助费。

（4）安全科研补助费　用于石化安全生产重大科研项目，由安环局按规定核定补助费。

（5）安全教育培训费　用于企业安全生产教育培训。

（6）安全先进奖励费　用于总部对安全生产先进单位和个人的奖励。

（7）工作经费　用于安保基金收缴、财产损失理赔、安全隐患评估、安全评价和相关业务的开展。

以上支出项目，每年前三项支出合计不低于当年支出总额的90%；每年工作经费支出不超过当年安保基金收缴额的5%；其余各项支出在保证以上比例的前提下统筹安排。

2.8.3.2 返回安保基金由企业按规定开支范围和比例使用

60%用于事故隐患治理和安全技术措施；20%用于安全教育培训；20%用于防止重大事故、消除重大隐患和对安全生产有特殊贡献的先进单位和个人的奖励。安全奖励要严格掌握，不得超过规定的比例，结余部分可用于增补事故隐患治理和安全技术措施支出。

2.8.3.3 不属于隐患治理补助的范围

（1）没有在总部投保的设施（设备）隐患；

（2）没有按规定数额足额缴纳安保基金的单位的隐患项目；

（3）办公设施、生活福利设施与生产无直接关系的设施；

（4）新建、扩建、改建工程正式投产三年内发现的隐患；

（5）属于大修、更新、扩建项目（无论成套装置、单体设备或构筑物）。

2.8.4 安保基金监督管理

各企业应严格执行安保基金管理要求，按规定的标准和用途准确计提、及时上缴、正确掌握使用安保基金，切实加强对本单位安保基金的监督管理。监督管理工作要严格按照国家财经法规和安保基金管理要求进行。

安保基金实行分级管理，总部安监局负责安保基金的管理和使用，财务部和财务公司负责安保基金财务监督和银行结算。各企业主管安全部门负责本单位安保基金管理和使用，财务部门负责安保基金的财务监督和银行结算。

为管好、用好安保基金，各企业主管安全部门应设专人（或兼职）负责安保基金管理，建立安保基金分类使用台账、详细的固定资产缴纳台账和管理制度，及时统计、上报有关安保基金资料和报表。财务部门应设有专门的安保基金科目，对每笔安保基金收入和支出有详细记录。各直属单位每次缴纳安保基金时，均应填制一份安保基金缴纳情况表和一份固定资产缴纳台账，连同汇款凭证寄往总部安监局。安保基金支付业务，由直属单位主管安全部门开具拨款通知单，财务处负责拨款。年初，各直属单位主管安全部门根据安保基金使用规定，编制年度安保基金使用计划，经各直属单位安委会审批后执行。年终，各直属单位主管安全部门编制安保基金收支年度报表报安委会审查。

各级单位要组织对下属单位公司计提、上缴安保基金及安保基金返回款的使用情况进行抽查，一年不得少于一次。各企业上缴安保基金的缴纳工作和返回款的使用情况，由各级审计部门实行审计监督。每年一月份审计一次，并写出审计报告，对审计中发现的问题应及时纠正，并将审计报告和对发现问题的整改意见一并通报本单位主管安全部门和上报本单位安委会。

2.9 承包商管理

承包商是指承担工程项目建设任务的单位，包括工程总承包单位、施工总承包单位（以下统称总承包单位、分包单位，以及设计、物资供应服务商、监理公司等单位）。

加强承包商管理旨在控制其作业中的风险，减少和杜绝事故的发生，使其行为符合中国石化的 HSE 管理体系运行控制的要求，促使其能够安全、高效地完成各项施工作业，保证生产能够安全有序地进行。

2.9.1 建设单位及承包商安全管理职责

承包商的安全监督管理坚持“谁发包、谁负责”的原则。由建设单位直接发包的工程项目，建设单位要履行安全监管职责，将承包商纳入本单位 HSE 管理体系，统一标准，统一要求，统一管理，严格考核。实行总承包的项目，总承包单位要承担起对分包单位安全监管的职责，对分包单位实行全过程管理与控制，并对建设单位负责。总承包单位对分包工程的安全生产承担连带责任。建设单位对总承包工程的安全生产负有监管责任。

建设单位安全监督管理部门负责制定本单位承包商 HSE 管理规定和考核细则；对各承包商进行年度 HSE 资格评审；对本单位及承包商的执行情况(包括作业现场)进行监督、检查和考核，并定期公布。

建设单位工程项目管理部门负责监督检查项目安全措施的落实情况，对查出的问题督促承包商整改，并跟踪检查。在项目完工后，建设单位工程项目管理部门负责对承包商 HSE 业绩及表现作出评价，并抄送建设单位安全监督管理部门。

承包商应自觉遵守国家安全生产法律法规，树立与中国石化相同的安全价值取向，接受中国石化的教育培训，执行中国石化和建设单位安全生产禁令及安全生产规章制度，接受建设单位的安全监管及安全、环境与健康管理体系(以下简称 HSE 管理体系)评审。

2.9.2　承包商安全资质评审

承包商应具备与所承担工程项目相应的等级资质。承包商应建立 HSE 管理体系或职业安全健康管理体系，并有 2 年以上良好的安全业绩。

承包商应将本单位承担工程项目的相应施工资质报建设单位工程项目管理部门审核，取得该部门签发的《工程项目承包商施工资格确认证书》。承包商在取得《工程项目承包商施工资格确认证书》后，向建设单位安全监督管理部门申请 HSE 资质审查，并提交以下书面资料：

建筑施工企业的《安全生产许可证》；

HSE 管理体系文件，主要内容至少包括：承包商 HSE 承诺；HSE 管理组织机构；HSE 管理体系文件和规章制度、危害识别、风险评价及风险控制措施；承包商 HSE 培训计划；安全监督管理人员及作业人员的 HSE 培训计划、内容和相关会议纪要；个人职业防护器具的目录和有效检验证书；职业健康体检程序；事故(事件)调查和处理管理规定；其他相应内容。

2 年以上安全事故、事故发生率的原始记录以及安全隐患治理台账；

符合国家法规规定的特殊工种作业人员操作证和安全管理人员资格证的原件及复印件；

建设单位工程项目管理部门签发的《工程项目承包商施工资格确认证书》原件、复印件。

HSE 资质审查合格后，建设单位安全监督管理部门向承包商签发《工程项目承包商 HSE 资格确认证书》。《工程项目承包商 HSE 资格确认证书》每年复审 1 次，连续 3 年复审合格的承包商可将复审周期延长至 2 年 1 次。工程项目实行总承包的，由总承包单位按照上述规定，对分包单位施工资格、HSE 资格进行审查，并将合格分包商名录及资质审查情况报建设单位安全监督管理部门备案审查。

2.9.3　承包项目的实施程序

2.9.3.1　签订合同

对承包商承接的所有工程项目应按照中国石化合同管理要求签订工程合同，合同中应明确双方 HSE 管理工作的内容及应负的责任。为保证 HSE 职责明确，在签订合同的同时，双方应签订 HSE 管理协议。监理单位的 HSE 管理协议应进一步明确其对 HSE 管理人员配备的数量和素质要求。对不能满足HSE要求的监理单位，建设单位可以直接预留部分费用用于第三方安全监理。工程项目实行总承包的，分包合同中应明确双方安全生产方面的权利和义务。对承包商的各项约束性条款，由建设单位负责落实到合同中。工程项目实行总承包的，总承包单位负责将有关条款落实到与分包单位的合同中。

合同在双方确认签订前，应报建设单位安全监督管理部门会审，未经会审的工程项目一律不得开工。为确保安全生产需要紧急抢修临时追加的工程项目，由建设单位安全监督管理部门组织审定安全措施后，方可实施。

2.9.3.2 施工前HSE教育

施工前，承包商应持《工程项目承包商HSE资格确认证书》，到建设单位安全监督管理部门接受全员HSE教育。考核合格后，由建设单位保卫部门向承包商发放“临时出入证”，其有效期应与施工期限同步，最长不超过6个月。

工程项目施工前，承包商要在危害识别与风险评价基础上，编制施工现场应急预案，并将应急预案报建设单位安全监督管理部门备案。实行总承包的，由总承包单位统一组织编制应急预案。各分包单位按照应急预案要求落实本单位应急措施，建立应急救援组织，配备救援器材，并定期组织演练。

2.9.3.3 施工作业基本条件

（1）明确承包商HSE管理工作的第一责任人；

（2）确定承包商现场HSE管理及应急联络人员；

（3）承包商施工方案已报建设单位工程管理部门审核；

（4）承包商应针对施工方案开展危害识别和风险评价，并将风险识别结果及控制措施报建设单位工程项目管理、安全监督部门审核确认；

（5）建设单位工程项目管理部门、项目所在基层单位已向施工单位明确了HSE措施及要求；

（6）建设单位已对全体施工人员进行三级安全教育；

（7）施工用的建筑物、临时设施符合防火、防爆、防毒等要求，消防器材配备齐全，道路畅通；

（8）双方确认作业现场已具备安全作业条件。

2.9.3.4 HSE现场管理要求

（1）使用的机具、工具应符合安全要求；

（2）遵守建设单位的安全生产管理规定，办理相关作业许可证；

（3）进入施工现场应穿戴符合国家标准及建设单位规定的劳动防护用品；

（4）施工作业人员自觉接受建设单位安全监督管理部门、总承包及监理单位的检查和监督。

2.9.4 对承包商的管理、监督和制约

承包单位要监督分包单位项目HSE管理体系的建立与运行，至少每半年对各分包单位项目HSE管理进行1次审核，并提交建设单位安全监督管理部门备查。总承包单位应成立包括各分包单位安全管理人员在内的HSE管理综合检查组，定期对作业现场实施检查，确保各项HSE管理措施落实并有效执行。

建设单位要建立健全承包商安全生产信用体系和奖惩制度，对承包商实施动态管理。积

极探讨安全生产抵押金制度，安全生产奖惩制度和退出机制，以及安全措施费用专费专用制度。

建设单位工程项目管理部门、安全监督管理部门应定期深入现场，监督检查直接作业环节安全措施的落实情况，发现承包商施工人员违反 HSE 管理规定，有权勒令整改或停止作业，向承包商下达“整改通知单”并跟踪检查。对承包商违反 HSE 管理规定的不良行为，应按照合同条款进行处罚。

建设单位应对多次违章或违章情节较为严重的承包商进行通报批评、警告，直至收回《工程项目承包商 HSE 资格确认证书》，责令其停工整顿。对 HSE 管理混乱违章施工导致发生安全事故的承包商，建设单位应按照合同条款对其进行处罚。情节严重的按照有关规定予以清退。

施工过程中发生的安全事故应按照国家有关法律法规及中国石化事故管理规定调查处理。承包商事故要与企业内部事故同样对待、处理和考核，对事故中负有责任的有关人员要严肃追究责任。承包商应建立与中国石化事故管理相适应的管理制度。建设单位对承包商的事故调查处理情况予以监督。

2.10 安全生产教育培训

安全生产教育是事故预防与控制的重要手段之一。安全生产教育是采用一种缓和的说服、教导来提高人的认识，变“人要我安全为我要安全”，使之自愿接受管理、自我约束，从而达到预防事故的目的的一种手段。

我国《安全生产法》对安全生产教育提出了基本要求。其第二十一到第二十三条规定：生产经营单位应当对从业人员进行安全教育和培训，保证从业人员具备必要的安全生产知识，熟悉有关的安全生产规章制度和安全操作规程，掌握本岗位的安全操作技能。未经安全生产教育和培训合格的从业人员，不得上岗作业；生产经营单位采用新工艺、新技术、新材料或者使用新设备，必须了解、掌握其安全技术特性，采取有效的安全防护措施，并对从业人员进行专门的安全生产教育和培训；生产经营单位的特种作业人员必须按照国家有关规定经专门的安全作业培训，取得特种作业操作资格证书，方可上岗作业。

2.10.1 培训计划的编制、实施与管理

按照安全教育培训计划制订的原则，由企业的安全部门与教育部门共同商定企业的安全教育培训计划。

安全教育培训计划方案确定后，应着手编制计划。一般应包括：安全教育培训的目的、培训的目标、培训的对象及人数、培训内容、培训组织、培训方法、培训时间、实施方案、实施地点、费用等内容。

根据制订、批准的培训计划，还应制订出具体的实施方案，包括具体培训人员姓名、单位、培训教材确定、讲课教师确定、讲课地点落实等。

为考察培训效果，必须对培训对象进行考核，考核可采取面试、笔试、实际操作等形式。特种作业人员必须通过法定部门的考试，合格者可取得上岗证。存档内容包括培训人员信息、培训时间、地点、考核结果等，应按安全档案的建档要求进行归档。

2.10.2　培训的对象和内容

安全生产教育培训的对象：与中国石化各企事业单位、股份公司各分(子)公司(以下统称各单位)形成劳动关系的人员及进入生产厂区的临时用工、施工实习人员、技术服务人员、参观人员等。

2.10.2.1　单位领导和管理人员的培训

直属单位领导，应按照国家有关规定要求，参加当地政府和中国石化组织的安全生产教育培训，并取得《安全资格证书》。

各单位安全负责人和安全技术管理人员，除参加当地政府组织的安全培训，并取得《安全资格证书》外，还应参加中国石化组织的石油化工安全专业技术培训。

各单位应根据本单位安全生产特点，组织安全负责人和安全技术管理人员进行安全专业培训，培训由人事、教育部门会同安全部门组织。

其他管理负责人(包括职能部门负责人、基层单位负责人)、专业工程技术人员的安全教育由本单位人事、教育部门会同安全部门，按干部管理权限分层次组织实施，经考核合格后方能任职。

各单位安全负责人和安全生产管理人员初次安全培训时间不得少于32学时，每年再培训时间不得少于12学时。培训的主要内容包括：

(1) 国家安全生产方针、政策、法律、法规、规章及标准；

(2) 石油化工安全生产管理、安全生产技术、职业卫生等知识；

(3) 伤亡事故统计、报告及职业危害调查处理方法；

(4) 应急管理、应急预案编制以及应急处置的内容和要求；

(5) 国内外先进的安全生产管理经验；

(6) 典型事故和应急救援案例分析；

(7) 其他需要培训的内容。

2.10.2.2　生产岗位员工的安全教育

(1) 班组长的安全教育　由各单位人事、教育部门会同安全部门组织实施，安全教育时间不应少于24学时，经考核合格后方能任职。班组长培训的主要内容：

国家安全生产方针、政策、法律、法规和中国石化及本单位安全生产规章制度；

安全技术、职业卫生和安全文化的知识、技能；

本班组和有关岗位的危险危害因素、安全注意事项、本岗位安全生产职责；

典型事故案例及事故抢救与应急处理措施等。

(2) 所有新员工(包括学徒工、外单位调入员工、合同工、代培人员和大中专院校毕业生、有技术岗位的季节性农民外用工等)　上岗前应接受三级安全教育，教育时间不少于72学时，经考试合格后方可上岗。

① 一级(厂级)安全教育由本单位人事、教育部门组织，安全部门协助，时间不少于24学时。安全教育的主要内容：

国家有关安全生产方针、政策、法律、法规；

通用安全技术、职业卫生、安全生产基本知识，包括一般机械、电气安全知识、消防知识、安全文化知识和气体防护常识等；

本单位安全生产的一般状况、性质、特点和特殊危险部位的介绍；

中国石化和本单位安全生产规章制度，企业 5 项纪律（劳动、操作、工艺、施工和工作纪律）；

典型事故案例及其教训，预防事故的基本知识。

② 二级（车间级）安全教育时间不少于 32 学时，安全教育的主要内容：

工作环境及危险有害因素；

所从事工种可能遭受的职业危害和伤亡事故；

所从事工种的安全职责、操作技能及强制性标准；

自救互救、急救方法、疏散和现场紧急情况的处理；

安全设施、个人防护用品的使用和维护；

本车间安全状况及相关的规章制度；

预防事故和职业危害的措施及应注意的事项；

有关事故案例；

其他需要培训的内容。

③ 三级（班组级）安全教育时间不少于 16 学时，员工厂际调动工作后应重新进行入厂三级安全教育。单位内工作调动、转岗、下岗再就业、干部顶岗以及脱离岗位 12 个月以上者，应进行二三级安全教育，经考试合格后，方可从事新岗位工作。安全教育的主要内容：

班组、岗位的安全生产概况，本岗位的生产流程及工作特点和注意事项；

本岗位的职责范围，应知应会；

本岗位安全操作规程，岗位间衔接配合的安全卫生事项；

本岗位预防事故及灾害的措施。

（3）从事特殊工种作业的人员　应按照国家有关要求进行专业性安全技术培训，考试合格、取得特种作业操作证后，方可上岗工作，并定期参加复审，成绩记入个人安全教育卡片。

（4）在新工艺、新技术、新装置、新产品投产前　各单位应组织编制新的安全操作规程，并组织专门培训。相关人员考试合格后，方可上岗操作。

（5）发生事故或未遂事故时　按照《中国石化安全事故管理规定》要求，对事故责任者和相关员工进行安全教育，吸取教训，防止发生类似事故。

2.10.2.3　日常安全教育

各单位要组织基层单位开展以部门、班组为单位的安全活动。安全活动应有针对性、科学性，做到经常化、制度化、规范化，防止流于形式和走过场。班组安全活动应做到有领导、有计划、有内容、有记录，对活动形式、内容和要求，安全部门应有明确规定。单位领导和安全管理人员应对安全活动记录进行检查、签字，并写出评语；安全部门应定期检查。

班组安全活动是班组的一项重要工作，应认真组织，严格考勤制度，保证出勤率，不得无故缺席，有事须经单位领导批准。班组安全活动每月不应少于 2 次每次不少于 1 学时；部门安全活动每月 1 次，每次不少于 2 学时。安全活动时间不应挪作它用。直属企业的领导每季度参加 1 次班组安全活动，二级单位领导及管理人员每月参加 1 次班组安全活动，基层单位领导每月参加 2 次班组安全活动。班组安全活动主要内容：

（1）学习国家有关安全生产的法令和法规；

（2）学习有关安全生产文件、安全通报、安全技术规程、安全管理制度和安全技术知识；

（3）结合事故通报和《班组安全》等安全学习材料，讨论分析典型事故，总结和吸取事故教训；

（4）防火、防爆、防中毒和自我保护能力训练，以及异常情况紧急处理和应急演练；

（5）开展岗位安全技术练兵，组织安全技术表演；

（6）检查安全规章制度执行情况，查找并组织消除事故隐患；

（7）开展安全文化活动，进行安全技术座谈，观看安全教育电影和录像；

（8）其他安全活动。

2.10.2.4 其他人员及外来人员的安全教育

临时用工人员、外来施工人员的身体状况应能适应所从事的工作，实际年龄不得超过60周岁；能按照要求独自完成安全教育答卷、签订《安全承诺书》，并有效识别现场各种警示标识。

临时用工、外来施工和实习人员的厂级安全教育由二级单位安全管理部门负责，安全教育时间不应少于8学时。临时用工、外来施工和实习人员的车间级安全教育由基层车间领导和安全管理人员负责，安全教育时间不应少于4学时。

（1）临时用工、外来施工和实习人员的厂级安全教育主要内容：

① 企业安全生产基本特点；

② 进入厂区应遵守的安全生产规章制度；

③ 所从事工作的危险有害因素及HSE注意事项；

④ 典型事故案例。

（2）临时用工、外来施工和实习人员的车间级安全教育主要内容：

① 车间危险部位（主要生产系统、关键设备）及安全、环保注意事项；

② 车间职业危害因素（包括危险化学品和各种伤害能量）的性质及防护处理注意事项；

③ 着火爆炸、泄漏中毒、环境污染事故的应急处理措施；

④ 安全作业许可证办理的程序及注意事项；

⑤ 生产装置的安全消防、气防卫生器材及设施的位置、使用程序和使用方法；

⑥ 作业活动中应遵守的安全规定。

2.11 安全管理台账

安全台账包括安全组织、安全会议、安全教育、安全检查、隐患治理、事故管理、安全考核与奖惩等7类内容。直属单位、二级单位两级安全监督管理部门和基层单位均应建立安全台账。两级单位的其他职能部门、基层单位及班组应设安全活动记录。

2.11.1 安全管理台账管理部门职责

各级安全监督管理部门负责制定、完善本单位安全台账管理规定。各级安全监督管理部门和归口管理部门负责安全台账的填写与保管。

同级主管安全的领导负责对安全台账进行日常检查。上级安全管理部门在组织月度、季度、年度安全检查时，要结合实际，检查、核实安全台账的记录情况。

2.11.2 安全管理台账的填写要求

2.11.2.1 安全组织台账

（1）直属单位和二级单位的安全组织台账主要内容包括：本单位相应的安全生产委员会、安全组织网络和安全监督管理部门组成人员名单，以及消防工作组织网络。

（2）基层单位安全组织台账主要包括：基层单位安全生产领导小组、安全工程师、安全员、班组安全员，基层单位义务消防队。

（3）安全组织网络直属单位填写到二级单位，二级单位填写到基层单位，基层单位填写到班组安全员。

2.11.2.2 安全会议台账

（1）主要填写本单位召开的安全会议内容，尤其对安全生产工作文件的传达、学习贯彻情况。安全会议台账主要包括会议名称、时间、地点、召集单位和主持人、与会单位和人数、会议内容及处理结果等栏目。

（2）直属单位、二级单位每季度应至少召开一次安委会，基层单位每月应至少召开一次专题安全会议。

（3）每次会议必须有《会议(培训)签到表》。与会人员签字。

2.11.2.3 安全教育台账

（1）直属单位和二级单位安全教育台账应填写领导、管理人员、安全处(科)长、安全监督管理人员、新入厂人员三级安全教育及特种作业人员安全教育培训的考核情况。

（2）基层单位安全教育台账应填写基层单位领导及员工安全教育、新入厂人员三级安全教育、特种作业人员培训取证、岗位安全技术练兵、应急预案演练及外来施工人员的安全教育考核等。

（3）安全教育台账必须包括受教育者姓名、授课内容、地点、时间、考试成绩、授课人姓名等内容。外来人员的培训教育登记台账经本人签名，并保留试卷备查。

（4）教育培训内容填写提纲，具体教育内容和培训教材附后，与台账一同保存。

2.11.2.4 安全检查台账

（1）基层单位每月应至少组织一次安全检查，二级单位每季应至少组织一次安全检查，直属单位每年应至少组织二次安全检查。

（2）各级单位填写上级和本单位组织的检查，必须包括检查日期、检查内容、受检部门、发现的问题、要求整改日期、整改完成日期及检查人签字等栏目。

（3）“检查性质”栏根据情况填写：外部、综合性检查、季节性检查、节日前检查和专业性检查。

2.11.2.5 隐患治理台账

（1）凡发生在基层单位的事故隐患，不论级别和资金来源，均应在基层单位的隐患治理台账中填写。

（2）事故隐患治理台账应设有隐患所在单位、存在部位、计划费用、实际费用、资金来源、计划治理完成时间、实际完成时间及隐患治理后的评估情况。

2.11.2.6 事故台账

（1）按照《中国石化安全事故管理规定》的要求，直属单位、二级单位应建立相应的事故台账，分别记录本单位所发生的事故。

（2）事故台账应包括事故发生所在部门、发生时间、事故类别、事故概况、人员伤亡与财产损失情况和中国石化“四不放过”登记表。

（3）基层单位的事故台账应包括发生在本单位或当事人属于本单位的各类事故。

（4）事故类别按：火灾事故、爆炸事故、人身事故、生产事故、设备事故、交通事故、被抢被盗事件等类别填写。

2.11.2.7 安全工作考核与奖惩台账

应包括考核项目(内容)、被考核部门和个人、主要事迹和存在的问题、考核意见和结果、奖惩情况、考核部门签字及审批部门等栏目。

2.11.2.8 安全活动记录

（1）按照《中国石化安全教育管理规定》的要求，填写单位和班组安全活动开展情况。

（2）班组安全活动每月不少于2次(不包括班组安全周检)，每次不少于45分钟。

2.12 HSE考核与激励

HSE考核是通过记录与统计HSE绩效数据，实施HSE绩效考核，促进全员落实责任，持续提升HSE绩效，同时，建立与国际(OSHA)接轨的HSE绩效记录与统计系统。旨在持续提升中国石化HSE绩效考核管理工作水平，建立与国际石油石化行业接轨的HSE绩效统计管理指标。

2.12.1 HSE考核部门职责

1. 集团公司安全环保部门

负责设定中国石化HSE绩效指标参数；

制定各单位年度HSE绩效考核指标；

统计分析各单位HSE绩效数据，组织年度考评。

2. 各单位安全环保主管部门职责

建立事故报告和记录制度，建立事故台账，按照本规定要求记录和统计本单位HSE绩效；

对二级单位或基层单位进行绩效考核管理；

按照规定要求上报HSE绩效数据。

3. 各单位二级或基层单位职责

按照本规定要求，向上级单位安全环保主管部门上报有关事故(事件)信息。

2.12.2 考核原则

企业应建立HSE职责考核奖惩机制，并分层次制定HSE职责的检查考核制度，建立HSE业绩和表现的考核程序。HSE考核管理坚持“公平、公正、公开”以及“定性与定量相结合”的原则。

企业各级组织及员工应层层签定《HSE责任书》，企业领导、职能部门负责人及全体员工的HSE业绩和表现应与经济责任制考核相联系。企业的HSE职责考核工作应自上而下逐级进行，上级考核下级，同级正职考核同级副职。企业的高层管理者应将HSE职责履行情况纳入个人述职报告，定期向职工代表大会报告，接受员工监督。职能部门负责人应定期向上级主管领导书面报告 HSE 职责履行情况，接受上级主管领导的监督、考核。

基层单位领导应定期向本单位员工报告本人的 HSE 职责履行情况，同时书面报告上级主管领导和主管部门，接受上级考核和员工监督。基层单位应将员工的 HSE 职责履行情况纳入单位经济责任制考核范围，定期考核兑现。

2.12.3 考核内容

HSE 考核内容包括 HSE 表现和业绩两个方面，主要有：

领导干部承包关键装置要害部位(单位)的 HSE 业绩及连带责任；

高层管理者、职能部门对推行 HSE 管理体系的资源保障；

重大隐患治理及措施的落实情况；

安全技术措施、环保、职业卫生等经费的提取及使用审查；

安保基金返回使用；

HSE 绩效指标即安全绩效指标和环境绩效指标，职业健康绩效指标的统计与上报情况；

新建、改建、扩建工程项目职业安全、卫生、环保、消防等“三同时”执行情况；

职能部门及基层单位有关 HSE 管理“五同时”的执行；

事故“四不放过”原则的落实；

全体员工的 HSE 行为，多次重复性不符合行为的整改责任，尤其是“三违”现象及“三违”肇事的处理情况；

HSE 培训及持证上岗等。

2.12.4 考核实施

企业对下级单位的 HSE 职责考核，以书面形式报告企业管理部门，经单位经济责任制考核小组讨论通过后，由人事劳资部门执行。

领导干部的 HSE 职责履行情况应同时纳入企业干部的业绩考核范围，由企业组织部门进行考核。

安全环保局每年通过不定期检查对各单位上报数据的准确性进行核实；各单位安全环保主管部门负责对下属单位上报数据的准确性进行监督检查，如有瞒报、谎报、报告不及时等情况，一经查实，对相关责任人员进行处罚。

HSE 绩效考核结果作为衡量各单位 HSE 管理水平的依据，与各单位 HSE 评优评先挂钩，不纳入各单位及领导班子年度整体考核。

2.12.5 奖惩

企业应制定和实施 HSE 管理工作的考核奖惩制度，以支持检查监督活动，保持 HSE 管理体系的运作。

1. 企业应对具有下列行为的单位和人员进行相应的处理

推诿、扯皮或故意不进行隐患整改、纠正工作；

违章指挥、违章作业、违反劳动纪律；

不履行 HSE 职责，不采取安全措施，导致事故发生；

不履行 HSE 职责，没有按规定要求完成 HSE 工作；

不吸取事故教训，造成事故重复发生；

工作失职、失查，被上级部门查出严重管理问题。

2. 企业应对具有下列行为的单位和人员进行奖励

因及时发现隐患避免重大事故发生；

在 HSE 管理上有突出表现和业绩的人员。

2.13 案例分析

某公司在建原油储罐“10·28”特大爆炸事故

情景：

2006 年 10 月，某公司在建的 $10\times10^4m^3$ 原油储罐内浮顶隔舱刷漆防腐作业时，发生爆炸。该工程是由乙公司承包施工，造成 13 人死亡、6 人轻伤。事故发生后，国务院领导同志高度重视，分别作出重要批示。当地人民政府积极组织现场抢救、事故调查处理和善后工作。国家安全生产监督管理总局迅速派有关人员赶赴事故现场，指导协助事故调查处理工作；某公司和乙公司所在省人民政府也及时派有关部门人员赶赴事故现场协助现场救援、事故调查和善后工作。

有关情况如下：施工单位乙公司成立于 1989 年 12 月，获建设部颁发的防腐保温工程专业承包壹级资质和某省建设厅颁发的安全生产许可证。发生爆炸事故的原油储罐为浮顶罐，全高 21.8m，全钢材质结构。储罐的浮顶为圆盘状，内径 80m，高约 0.9m，从圆盘中心向外被径向分隔成 1 个圆盘舱(半径为 9.6m)和 5 个间距相等、完全独立的环状舱，每个环状舱又被隔板分隔成个数不等的相对独立的隔舱，每个隔舱均开设人孔。事故发生前，储罐在进行水压测试，储罐内水位高度约 13m。2006 年 10 月，乙公司在原油储罐浮顶隔舱内进行刷漆作业的施工人员有 27 人，其中施工队长、小队长及配料工各 1 人，其他 24 人被平均分为 4 个作业组。防腐所使用的防锈漆为环氧云铁中间漆，稀料主要成分为苯、甲苯。当日 19 时 16 分，在作业接近结束时，隔舱突然发生爆炸，造成 13 人死亡、6 人轻伤，损毁储罐浮顶面积达 $850m^2$。

问题：

1. 事故的直接原因是什么？
2. 事故的间接原因是什么？
3. 需要这次事故中吸取的教训和采取的整改防范措施是什么？

简析：

事故发生后，当地人民政府迅速成立了“10·28”特大爆炸事故调查组。经过调查取证，事故调查组初步认定该起爆炸事故是一起安全生产责任事故。

1. 事故的直接原因

在施工过程中，乙公司违规私自更换防锈漆稀料，用含苯及甲苯等挥发性更大的有机溶剂替代原施工方案确定的主要成分为二甲苯、丁醇和乙二醇乙醚醋酸酯，在没有采取任何强制通风措施的情况下组织施工，使储罐隔舱内防锈漆和稀料中的有机溶剂挥发、积累达到爆炸极限；施工现场电气线路不符合安全规范要求，使用的行灯和手持照明灯具都没有防爆功能。初步判定是电气火花引爆了达到爆炸极限可燃气体，导致这起特大爆炸事故的发生。

2. 事故的间接原因

一是负责建设工程施工单位安全管理存在严重问题。安全管理制度不健全，没有制定受限空间安全作业规程，没有按规定配备专职安全员，没有对施工人员进行安全培训；作业现场管理混乱，在可能形成爆炸性气体的作业场所火种管理不严，使用非防爆照明灯具等电器设备，施工现场还发现有手机、香烟和打火机等物品；且施工组织极不合理，多人同时在一个狭小空间内作业。二是负责建设工程的监理公司监理责任落实不到位。该公司内部管理混乱，监理人员数量、素质与承揽项目不相适应，监理水平低；对施工作业现场缺乏有效的监督和检查措施，安全监理不规范，不能及时纠正施工现场长期存在的违章现象。

3. 采取的整改防范措施

这起特大事故性质恶劣，伤亡惨重，教训极为深刻。各地、各有关单位和企业要深刻吸取这起事故教训，采取有效措施，切实加强在建工程的安全生产工作，防止类似事故的发生。

(1) 各地、各单位要迅速组织对在建工程施工的安全检查，切实做好在建工程的安全管理。工程建设期间，建设单位、施工单位和监理单位要认真贯彻《安全生产法》《建设工程安全生产管理条例》等法律法规的有关规定，落实各项安全规章制度，明确各自的安全管理职责。真正做到施工作业现场安全共同管理，各负其责，确保在建工程的安全施工。

(2) 建设单位要加强对建设工程全过程的安全监督管理，通过招投标选择有资质的施工队伍和工程监理。所选单位安全管理制度要健全，具有较丰富的工程经验，人员安全素质较高。加强施工过程中对施工单位、监理单位安全生产的协调与管理，持续对施工单位和监理单位的安全管理和施工作业现场安全状况进行监督检查。发现施工现场安全管理混乱的要立即停产整顿，对不符合施工安全要求和严重违反施工安全管理规定的，要坚决依法处理。建设单位要切实加强对承包方的监管，不能"以包代管"，要安排专人监督承包方安全制度执行情况，及时发现纠正承包方的违章行为。要发挥建设单位安全管理、人才、技术优势，共同做好在建工程的安全工作。

(3) 施工单位要增强安全意识，完善安全管理制度，强化施工现场的安全监管，大力开展反"三违"活动。针对施工单位从业人员安全意识不强、人员流动性大等情况，要加大安全培训力度，提高从业人员安全素质。要加强施工现场安全监管力度，及时发现、消除事故隐患，及时纠正"三违"现象，切实做到安全施工。

(4) 监理单位要严格执行建设部《关于落实建设工程安全生产监理责任的若干意见》的有关要求，认真落实建设工程安全生产监理责任。加强施工现场安全生产巡视检查，规范监理程序和标准，对发现的各类安全事故隐患，及时通知施工单位，并监督其立即整改；情况严重的，要求施工单位立即停工整改，并同时将有关情况报告建设单位。

(5) 各地、各单位要高度重视受限空间作业安全问题，加强对进入容器等受限空间作业的安全管理。防腐刷漆作业要贯彻执行《涂装作业安全规程有限空间作业安全技术要求》等标准和规定，对受限空间作业危险有害因素进行全面辨识，采取有效的防范措施，确保作业安全。

(6) 各地要继续深化建设施工安全专项整治工作。对已取得资质证书和安全生产许可证的施工企业开展"回头看"专项检查，发现降低安全生产条件的，责令限期改正，对经整改仍未达到与其资质等级相适应安全生产条件的，责令停业整顿，降低其资质等级，直至吊销资质证书和安全生产许可证。

第3章　危害辨识与风险评价

3.1　概述

任何人类活动都不可避免地存在风险。在石化销售企业，由于油品自身存在的危险特性，决定了油品在运输、接卸、储存、发放、输转等作业过程中存在较大的风险，发生事故的概率大增，造成的后果亦十分严重。因此，必须认识危害、风险，掌握危害辨识与风险评价方法，进而采取措施控制或消除风险，避免事故发生，确保生产安全。

3.1.1　危险和有害因素及其分类

3.1.1.1　危险和有害因素

《生产过程危险和有害因素分类与代码》(GB/T 13861—2009)将危险和有害因素定义为能对人造成伤亡或影响人的身体健康甚至导致疾病的因素。

危险和有害因素常被统称为危害，中国石油化工集团公司销售企业安全、环境与健康(HSE)管理规范(Q/SHS 0001.4—2001)将其定义为可能造成人员伤害、职业病、财产损失、环境破坏的根源或状态。

危害之所以会造成后果，是因为危害存在能量和/或有害物质。当这些能量和/或有害物质失去控制时，就会引发意外能量释放和/或有害物质的产生，从而产生事故，造成人员伤亡、财产损失、环境破坏。

3.1.1.2　危险和有害因素分类

《生产过程危险和有害因素分类与代码》(GB/T 13861—2009)将生产过程中的危险、有害因素分为人的因素、物的因素、环境因素和管理因素四大类。

1. 人的因素

人的因素是指与生产各环节有关的，来自人员自身或人为性质的危险和有害因素。

(1) 心理、生理性危险和有害因素。包括负荷超限、健康状况异常、从事禁忌作业、心理异常、辨识功能缺陷以及其他心理、生理性危险和有害因素六个方面。其中，负荷超限指易引起疲劳、劳损、伤害等的负荷超限，包括体力、听力、视力超限以及其他负荷超限；心理异常指情绪异常、冒险心理、过度紧张及其他心理异常等；辨识功能缺陷指感知延迟、辨识错误及其他辨识功能缺陷等。

(2) 行为性危险和有害因素。包括指挥错误、操作错误和监护失误三个方面。其中，指挥错误指包括与生产环节有关的各级管理人员的指挥，包括指挥失误、违章指挥和其他指挥错误；操作错误包括误操作、违章作业和其他操作错误。

2. 物的因素

物的因素是指机械、设备、设施、材料等方面存在的危险和有害因素。

（1）物理性危险和有害因素。包括设备、设施、工具、附件缺陷；防护缺陷；带电部位裸露；噪声；振动危害；电离辐射；抛射物；明火；高温物质；低温物质；信号缺陷；标志缺陷；有害光照等。

① 设备、设施、工具、附件缺陷。指强度不够、刚度不够、稳定性差、密封不良、应力集中、外形缺陷、外露运动件、操纵器缺陷、制动器缺陷、控制器缺陷以及其他设备、设施、工具、附件缺陷。其中，稳定性差指抗倾覆、抗位移能力不够，包括重心过高、底座不稳定、支承不正确等；密封不良指密封件、密封介质、设备辅件、加工精度、装配工艺等缺陷以及磨损、变形、气蚀等造成的密封不良；外形缺陷指设备、设施表面的尖角利棱和不应有的凹凸部分等；操纵器缺陷指人员易触及的运动件；制动器缺陷指结构、尺寸、形状、位置、操纵力不合理及操纵器失灵、损坏等。

② 防护缺陷。指无防护；防护装置、设施缺陷；防护不当；支撑不当；防护距离不够；其他防护缺陷。其中，防护装置、设施缺陷指防护装置、设施本身安全性、可靠性差，包括防护装置、设施、防护用品损坏、失效、失灵等；防护不当指防护装置、设施和防护用品不符合要求、使用不当，但不包括防护距离不够；支撑不当包括矿井、建筑施工支护不符合要求；防护距离不够指设备布置、机械、电气、防火、防爆等安全距离不够和卫生防护距离不够等。

③ 电伤害。包括带电部位裸露、漏电、雷电、静电、电火花以及其他电伤害。其中，带电部位裸露指人员易触及的裸露带电部位；漏电指电气线路、电气设备漏电，包括杂散电流。

④ 噪声。包括机械性噪声、电磁性噪声、流体动力性噪声以及其他噪声。

⑤ 振动危害。包括机械性振动、电磁性振动、流体动力性振动和其他振动危害。

⑥ 电磁辐射。包括电离辐射和非电离辐射。其中，电离辐射包括χ射线、γ射线、α粒子、β粒子、中子、质子、高能电子束等；非电离辐射包括紫外辐射、激光辐射、微波辐射、超高频辐射、高频电磁场、工频电场。

⑦ 运动物伤害。包括抛射物、飞溅物、坠落物、反弹物、土及岩滑动、料堆(垛)滑动、气流卷动、冲击地压、其他运动物伤害。

⑧ 高低温物质。包括高低温气体、高低温液体、高低温固体以及其他高低温物质。

⑨ 信号缺陷。无信号设施、信号选用不当、信号位置不当、信号不清、信号显示不准以及其他信号缺陷。

⑩ 标志缺陷。包括无标志、标志不清晰、标志不规范、标志选用不当、标志位置缺陷以及其他标志缺陷。

（2）化学性危险和有害因素。化学性危险和有害因素包括爆炸品；危险压缩气体和液化气体；易燃液体；易燃固体、自燃物品和遇湿易燃物品；氧化剂和有机过氧化物；有毒品；腐蚀品；粉尘与气溶胶以及其他化学性危险和有害因素。

（3）生物性危险和有害因素。包括致病微生物、传染病媒介物、致害动物、致害植物以及其他生物性危险和有害因素。其中，致病微生物又包括细菌、病毒、真菌以及其他致病微生物。

3. 环境因素

指生产作业环境中的危险和有害因素。包括室内作业场所环境不良、室外作业场地环境不良、地下(含水下)作业环境不良及其他作业环境不良。

(1) 室内作业场所环境不良。包括室内地面滑；室内作业场所狭窄；室内作业场所杂乱；室内地面不平；室内梯架缺陷；地面、墙和天花板上的开口缺陷；有有害物质的内部通道和地面区域；房屋基础下沉；室内安全通道缺陷；房屋安全出口缺陷；采光照明不良；作业场所空气不良；室内温度、湿度、气压不适；室内给、排水不良；室内涌水；室内物料储存方法不安全以及其他室内作业场所环境不良。

其中，室内地面滑又包括地面、通道、楼梯被任何液体、熔融物质润湿，结冰或有其他易滑物等；室内梯架缺陷包括楼梯、阶梯、电动梯和活动梯架，以及这些设施的扶手、扶栏和护栏、护网等缺陷；地面、墙和天花板上的开口缺陷包括电梯井、修车坑、门窗开口、检修孔、排水沟等缺陷；室内安全通道缺陷包括无安全通道，安全通道狭窄、不畅等；房屋安全出口缺陷包括无安全出口、设置不合理等；采光照明不良指照度不足或过强、烟尘弥漫影响照明等；作业场所空气不良指自然通风差、无强制通风、风量不足或气流过大、缺氧或有害气体超限等。

(2) 室外作业场地环境不良。包括恶劣气候与环境；作业场地和交通设施湿滑；作业场地狭窄；作业场地杂乱；作业场地不平；航道狭窄、有暗礁或险滩；脚手架、阶梯和活动梯架缺陷；地面开口缺陷；有有害物的交通和作业场地；建筑物和其他结构缺陷；门和围栏缺陷；作业场地基础下沉；作业场地安全通道缺陷；作业场地安全出口缺陷；作业场地光照不良；作业场地空气不良；作业场地温度、湿度、气压不适；作业场地涌水；植物伤害以及其他作业场地环境不良。

其中，恶劣气候与环境又包括风、极端的温度、闪电、大雾、冰雹、暴雨雪、洪水、泥石流、地震等；作业场地和交通设施湿滑包括铺设好的地面区域、阶梯、通道、道路、小路等被任何液体、熔融物质润湿，冰雪覆盖或有其他易滑物等；作业场地不平包括不平坦的地面和路面，有铺设的、未铺设的、草地、小鹅卵石或碎石地面和路面；脚手架、阶梯和活动梯架缺陷包括这些设施的扶手、扶栏和护栏、护网等缺陷；植物伤害包括倒下过程中的树木，树枝、枝干、树皮，树上的水果、地里的蔬菜，树篱、灌木、矮树丛、草原、树根等。

(3) 地下(含水下)作业环境不良。包括隧道/矿井顶面缺陷；隧道/矿井正面或侧壁缺陷；隧道/矿井地面缺陷；地下作业面有害气体超限；地下作业面通风不良；水下作业供氧不当；支护结构缺陷；非正常地下火；非正常地下水；其他地下作业环境不良。

(4) 其他作业环境不良。包括强迫体位、综合性作业环境不良、其他作业环境不良。

其中，强迫体位指生产设备、设施的设计或作业位置不符合人类工效学要求而易引起作业人员疲劳、劳损或事故的一种作业姿势；综合性作业环境不良指显示有两种以上致害因素且不能分清主次的情况。

4. 管理因素

指管理上的失误、缺陷和管理责任所导致的危险和有害因素。主要有职业安全卫生组织机构不健全、职业安全卫生责任制未落实、职业安全卫生管理规章制度不完善、职业安全卫生投入不足、职业健康管理不完善以及其他管理因素缺陷。

其中，职业安全卫生管理规章制度不完善包括建设项目“三同时”制度未落实、操作规程不规范、事故应急预案及响应缺陷、培训制度不完善以及其他职业安全卫生管理规章制度不健全等。

3.1.2 危害辨识与风险评价

3.1.2.1 风险

风险是指特定危害事件发生的可能性与后果严重程度的综合。风险具有客观、必然、可识别、可控和不确定等特性。风险大小主要由危害事件发生的可能性与后果严重程度来衡量。一般来说，发生的概率越高，后果越严重，风险越大。

3.1.2.2 危害辨识

危害辨识是指认知危害的存在并确定其特征的过程。

3.1.2.3 风险评价

风险评价亦称安全评价，是指依照现有的专业经验、评价标准和准则，评价风险程度并确定风险是否可容忍的全过程。风险评价以保障系统安全为目的，是控制重大安全生产事故的重要手段，是安全管理标准体系的重要内容。

3.1.2.4 危害辨识与风险评价的目的

危害辨识与风险评价的目的有：

(1) 识别与生产、施工以及一切作业活动有关的危害、影响。

(2) 提供危害辨识和风险评价的标准方法，并对它们进行科学的评价分析。

(3) 确定最大危害程度和可能影响的最大范围。

(4) 采取有效或适当的控制措施，把风险降到最低程度。

3.1.2.5 危害辨识与风险评价的方法

危害辨识与风险评价的方法主要有安全检查表(SCL)、工作危害分析(JHA)、预先危险性分析(PHA)、失效模式与影响分析(FMEA)、事件树分析(ETA)、故障树分析(FTA)、危险指数法等。

1. 安全检查表(SCL)法

安全检查表种类多、适用范围广、使用方便，可因具体要求编制不同的检查表，被广泛应用于危害辨识和定性安全评价。

利用安全检查表进行危害辨识和风险评价的工作流程为：

成立安全检查评价小组→编制安全检查表→实施安全检查→汇总危险、有害因素→风险评价。

无论采用何种形式的安全检查表，其要求如下：

① 安全检查评价小组成员专业理论功底扎实、实践经验丰富、工作耐心细致。

② 小组成员的专业特长组合全面，互为补充。

③ 安全检查表中检查的内容要全面，避免遗漏主要的潜在危险。

④ 检查重点突出，简明扼要，否则会因检查要点过多，分散检查人员的注意力而掩盖主要危险。为此，重要的检查条款应作标记，以便认真查对。

2. 预先危险分析(PHA)

预先危险分析也称初始危险分析，是在方案开发初期阶段，特别是在设计初始阶段，对系统存在危险类别、出现条件、事故后果等进行概略性地分析，尽可能评价出潜在的危险性。

预先危险分析一般应用于工程项目预评价，对现有工艺过程、装置等进行评价时，也能收到良好效果。

(1) 目的。识别危险，确定对安全起关键作用的关键部位；评价各种危险的程度；确定确保安全的设计准则，提出消除或控制危险的措施；为制订安全工作计划，确定安全工作安排优先顺序、安全试验及进一步分析评价的范围，编写初始危险分析报告，提出系统、装置安全要求，为编制系统、装置的性能及设计说明书提供第一手资料。

(2) 主要工作内容。包括审查相应的安全性历史资料；分析存在的主要危险有害因素及其产生原因；确定系统、装置必须遵循的同健康、安全、环境有关的政策、法规、标准、规范、规定及技术要求等；提出纠正措施建议，在完成识别危险、评价危险的严重程度及可能性之后，还应提出安全对策及建议。

(3) 分析步骤。对照过去同类及相关产品或系统发生事故的经验教训，查明所开发的系统(工艺、设备)是否会出现同样的问题；了解所开发系统的任务、目的、基本活动的要求(包括对环境的了解)；确定能够造成受伤、损失、功能失效或物质损失的初始危险；确定初始危险的起因事件；找出消除或控制危险的可能方法；在危险无法控制的情况下，分析出最好的预防方法；提出采取并完成纠正措施的责任者。

分析结果通常采用不同型式表格，表 3－1 及表 3－2 为两种表格的表头形式。分析人员可根据需要选用其中一种或两种格式的组合。

表 3－1　预先危险分析表(一)

危害或意外事故	阶段	起因	影响	级别	对策
事故名称	危害发生的阶段	危害产生的原因	对人员及设备的影响		消除、减少或控制危害的措施

表 3－2　预先危险分析表(二)

潜在事故	危险因素	触发事件	事故原因	事故后果	危险等级	对策

(4) 应用举例。加油站卧式油罐的预先危险分析。

如图 3－1 所示，卧式油罐装有进油管、出油管、量油管、呼吸管，出油管底部安装双门底阀或潜油泵。表 3－3 为预先性分析结果。

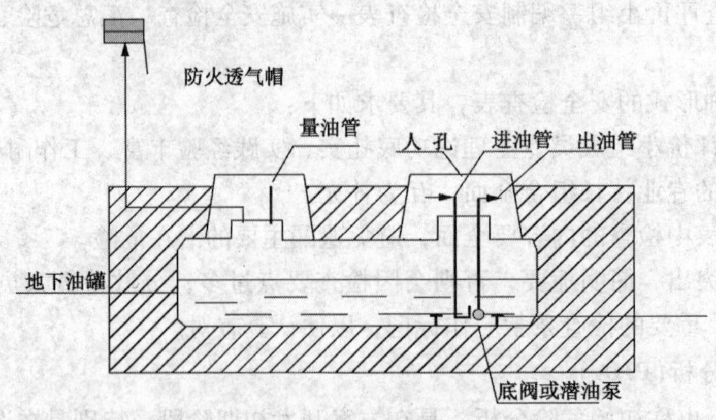

图 3－1　加油站卧式油罐结构图

表 3－3　卧式油罐预先性危险分析结果表

危害	阶段	起因	影响	级别	对策
火灾爆炸	设计安装	静电、雷电	伤亡、设备损失	Ⅳ	■ 进油管端做成伞柄状或成45°斜切口 ■ 按规定做防雷防静电接地 ■ 法兰按规定跨接
		明火	伤亡、设备损失	Ⅳ	■ 呼吸管口安装防火透气帽 ■ 防火距离符合要求
		碰撞火花	伤亡、设备损失	Ⅳ	■ 按规定安装量油管
		电气火花	伤亡、设备损失	Ⅳ	■ 按规定选用安装防爆电气设备
	使用阶段	静电雷电	伤亡、设备损失	Ⅳ	■ 按规定进行操作 ■ 加强防雷防静电接地装置检查维护
漏油	设计安装	强度不够	财产损失、环境破坏	Ⅱ	■ 按规定对钢板质量及焊接质量进行检测 ■ 按规定进行油罐试压
		腐蚀穿孔	财产损失、环境破坏	Ⅱ	■ 按规定做防腐
		裂纹	财产损失、环境破坏	Ⅱ	■ 油罐安装应有防倾斜措施 ■ 油罐按规定作抗浮设计 ■有泄压装置
	使用阶段	通气管堵塞	财产损失、环境破坏	Ⅱ	■ 确保通气管坡向油罐敷设 ■ 按规定检查油罐腐蚀及渗漏情况

3. 工作危害分析(JHA)

工作危害分析(JHA)又称工作安全分析(JSA)，是目前企业在安全管理中使用最多的一种安全评价工具。主要用来分析评价设备设施、作业场所存在的危害及对员工不安全行为进行有效辨识。

(1) 方法及步骤

工作危害分析的工作步骤为：选定一项作业活动→将作业活动分解为若干相连的工作步骤→识别每个工作步骤的潜在危害因素→进行风险评价→确定控制措施→定期检查与回顾。

① 工作步骤分解。把正常的工作分解为几个主要步骤，即首先做什么，然后做什么等，并用3～4个词说明一个步骤(只说做什么，而不说如何做)。分解时应仔细观察工作并与操作者一起讨论研究，同时注意运用自己对该项工作所了解的知识以及具有的实际经验和技能进行分析。

② 危害辨识。一是对每一个步骤提问可能发生什么事。如操作者会被什么东西打着、碰着；他会撞着、碰着什么东西；操作者会跌倒吗；有无危害暴露，如毒气、辐射、焊光、酸雾等。二是识别现有安全控制措施。

③ 风险评价。主要是评价危害导致事件发生的可能性及其严重性，可以采用作业条件危险性评价法(LEC)进行。

④ 确定控制措施。一般从安全技术、安全教育、安全管理三个方面来控制或消除危害。当采用安全技术对策时，安全技术应具有防止人失误的能力、对人失误后果的自控能力、防止事故传递的能力、失误或故障导致事故的难易、承受能量释放的能力以及防止能量积聚的能力。

工作危害分析之后，应经过评审重新确定正确的作业流程，并据此制定该项作业的作业规程或作业指导书。

(2) 应用举例

立式油罐计量作业工作危害分析。分析结果见表3-4。

表3-4 工作危害分析(JHA)记录表

工作任务：立式油罐计量作业　　　　区域/工艺过程：储油罐区

分析人员：×××　　　　日期：　年　月　日

序号	工作步骤	危害或潜在事件	主要后果	现有安全控制措施	L	S	R	建议改进措施
1	准备工作	未穿戴防静电服、防护手套，未准备棉布、未佩戴安全帽	火灾爆炸、人身伤害、污染工作环境	《计量操作规程》	1	5	5	
		携带火种、手机或上衣口袋含金属物品进入作业区	火灾、爆炸	定期安全教育、上班期间禁止携带火种	1	5	5	
2	上罐	上罐前未消除人体静电	静电释放引起火灾、爆炸	设立标示牌，《石油库安全管理制度》	1	5	5	
		旋梯及油罐计量平台腐蚀严重	人员坠落	设备周期检查制度	1	5	5	
		上罐时没有抓紧扶手、速度过快	滑倒、人身伤害	班组、部门定期安全教育	1	4	4	
		座、靠罐顶围栏	人员坠落	安全教育、增强意识	1	5	5	
3	计量	甩关量油口盖	产生火花引起火灾爆炸、人员伤亡	班组、部门定期安全教育	1	4	4	
		下、提尺速度过快，产生大量静电	静电释放引起火灾、爆炸	严格执行《计量操作规程》	1	5	5	
		提收计量工具时，过量油品带出洒漏	滑倒、人员伤亡、环境污染	规范操作、及时清理油污	1	4	4	
		未按规定满足计量次数	虚盈、虚亏，数质量争议	严格执行《计量操作规程》	1	4	4	
		工具未清理、复位	财产损失、污染环境、损害身体健康	严格执行《计量操作规程》	1	3	3	
4	下罐	下罐速度过快、没有抓紧扶手	滑倒、人身伤害	班组、部门定期安全教育	1	4	4	
5	计算	计算错误、未正确使用修正值等计量数据	油品虚假盈亏	持证上岗、组织培训	1	3	3	
6	台账登统	未及时进行台账登记	影响后次计量	严格执行《计量操作规程》	1	3	3	

4. 失效模式与影响分析(FMEA)

失效模式与影响分析就是识别装置或过程内单个设备或单个系统(泵、阀门、液位计、换热器)的失效模式以及每个失效模式的可能后果。失效模式描述故障是如何发生的(打开、关闭、开、关、损坏、泄漏等),失效模式的影响是由设备故障对系统的应答决定的。

(1) 分析步骤

① 确定 FMEA 的分析项目、边界条件(包括确定装置和系统的分析主题、其他过程和公共/支持系统的界面)。

② 标识设备。设备的标识符是唯一的,它与设备图纸、过程或位置有关。

③ 说明设备。包括设备的型号、位置、操作要求以及影响失效模式和后果特征(如高温、高压、腐蚀)。

④ 分析失效模式。相对设备的正常操作条件,考虑如果改变设备的正常操作条件后所有可能导致的故障情况。

⑤ 说明对发现的每个失效模式本身所在设备的直接后果以及对其他设备可能产生的后果,以及现有安全控制措施。

⑥ 进行风险评价。

⑦ 建议控制措施。

(2) 应用举例

石油库离心泵失效模式与影响分析。分析结果见表 3-5。

表 3-5 离心泵失效模式与影响分析(FMEA)记录表

单位:×××油库　区域/工艺过程:卸油泵房　设备名称:离心泵

分析人员及岗位:　日期:　年　月　日　审核人员:　参考资料:

项目	标识符	说明/描述	失效模式	影响后果	现有安全控制措施					L	S	R	建议改正及控制措施
					偏差发生频率	安全检查	操作规程	员工胜任程度	安全措施				
1	P_1	无泄漏;压力温度正常	不连续运转	无法正常输油	偶尔发生	有标准	有且严格执行	胜任	有	1	1	1	
2			密封泄漏										
3			泵外壳破裂										
4			无法停止										
5			高速										
6			低速										

5. 危险与可操作性分析(HAZOP)

HAZOP 分析是系统、详细地对工艺过程和操作进行检查,以确定过程的偏差是否导致不希望的后果。该方法可用于连续或间歇过程,还可以对拟定的操作规程进行分析。HAZOP 的基本过程以关键词为引导,找出工作系统中工艺过程或状态的变化(即偏差),然后继续分析造成偏差的原因、后果以及可以采取的对策。HAZOP 分析需要准确、最新的管道仪表图(P&ID)、生产流程图、设计意图及参数、过程描述。

对于大型、复杂的工艺过程，HAZOP 分析需不同专业的人员 5 ~ 7 人，包括设计、工艺或工程、操作、维修、仪表、电气、公用工程等方面的人员；对相对较小的工艺过程，3 ~ 4 人的分析组即可，但都应有丰富的经验。危险与可操作性分析步骤为：

(1) 选择一个工艺单元操作步骤，收集相关资料。

(2) 解释工艺单元或操作步骤的设计意图。

(3) 选择一个工艺变量或任务。

(4) 对工艺变量或任务用引导词开发有意义的偏差。

(5) 列出可能引起偏差的原因，偏差如何出现，操作员如何知道偏差。

(6) 解释与偏差相关的后果。

(7) 识别现有防止偏差的安全控制措施或保护装置。

(8) 基于后果、原因和现有安全控制措施或保护装置评价风险度。

(9) 建议控制措施。

3.2 危害辨识与风险评价工作过程

如图 3 - 2 所示，危害辨识与风险评价主要包括成立评价小组、选择和确定评价范围和对象、选择危害辨识与风险评价方法、危害辨识、评估风险和影响、风险控制、更新危害及风险信息等工作。

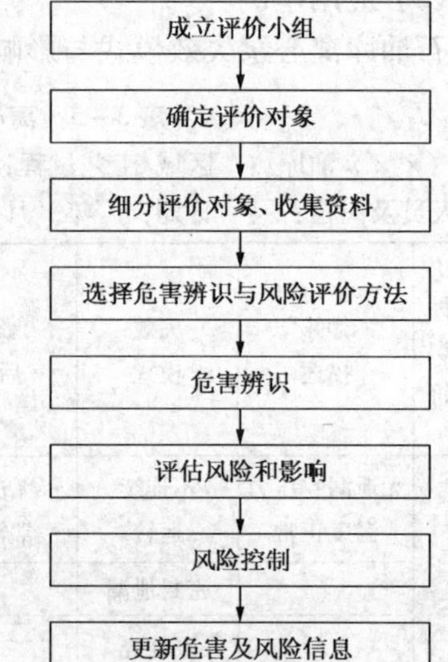

图 3 - 2　危害辨识与风险评价工作程序

3.2.1 成立评价小组

评价小组成员一般由专业技术人员和操作人员组成，且成员间的知识、技能、经验互补。所有评价人员都需经过专门培训并有能力、资格开展职业健康、安全与环境的危害辨识和风险评价。

3.2.2 确定评价对象

3.2.2.1 选择和确定评价范围

评价范围主要指生产经营单位从事的经营活动、产品或服务范围，包括生产活动、产品、储运、设备、设施、服务、检维修、消防、合约商的服务和设备，以及行政和后勤等活动的全过程。生产范围应包括从规划、设计、建设、投产和产品销售的全过程。所有可能导致重要的危害和环境影响的活动，包括非常规活动、检维修等都必须充分得到辨识。

3.2.2.2 确定评价对象

(1) 方法

在确定评价范围后，可按下列方法确定评价对象：

① 按生产流程的各阶段。

② 按地理区域或部门。

③ 按装置、设备、设施。

④ 按作业任务。

（2）要求

对所确定的评价对象，可按作业活动进一步细分，以便对危害和环境影响进行全面辨识和评价。同时应对工作活动的相关信息有所了解，包括：

① 所执行的任务的期限、人员及实施任务的频率。

② 可能用到的机械、设备、工具。

③ 用到或遇到的物质及物理、化学性质。

④ 工作人员的能力和已接受的任务培训。

⑤ 作业指导书或作业程序。

⑥ 发生过有关的事故经历、作业环境检测结果等。

3.2.3 选择危害辨识与风险评价方法

虽然危害辨识与风险评价方法很多，但因每种方法都有各自的适用范围和局限性，使用一种方法不足以客观、全面地识别危险、有害因素。因此，评价人员应根据所确定的评价对象的作业性质和危害复杂程度选择一种或综合多种评价方法。

安全评价应尽可能的采用定性定量相结合的评价方式，通常采用“预先危险性分析——安全检查表检查——危险指数评价——重大事故分析与风险评价——有害因素现状评价”依次渐进、定性与定量相结合的综合评价模式。

3.2.3.1 方法选择应考虑的因素

在选择危害辨识与风险评价方法时，应考虑以下几个方面的因素：

（1）活动或操作性质。

（2）工艺过程或系统的发展阶段。

（3）危害分析的目的。

（4）所分析的系统和危害的复杂程度及规模。

（5）潜在风险度大小。

（6）现有人力资源、专家成员及其他资源。

（7）信息资料及数据的有效性。

（8）是否是法规或合同要求。

3.2.3.2 方法选择

（1）对作业环境、设备设施、管理现状进行危害辨识与风险评价时，主要选用安全检查表(SCL)法。

（2）对日常工作活动、工艺操作等进行危害辨识与风险评价时，主要选用工作危害性分析(JHA)法。

（3）对于关键设备、要害部位，特别是以前经常发生事故的或其他类似设备、部位发生过如火灾、爆炸、人身伤亡等重大事故的，一般采用危险与可操作性研究(HAZOP)、失效模式与影响分析(FMEA)结合进行危害辨识与风险评价。

危害辨识与风险评价方法选用具体见表3－6。

表 3－6　危害辨识方法选用指南

序号	危害识别方法	适用范围	举例
1	工作危害分析(JHA)	岗位职责内的所有管理活动和作业活动	例如：泵工的设备保养、计量工的量油、维修电工的查电、值班电工的巡检等
		单位职责范围内的所有施工及操作任务	例如：工业动火、更换变压器、更换输油泵等
2	安全检查表分析(SCL)	工作场所内的所有设备设施。包括：工艺设备、电气设备、仪表设备、通信设备、工具类(交通、操作、维修等工具、安全设施、消防设施、环保设备、健康卫生设施、化学危险品、办公设备、仓库、建(构)筑物	工艺(罐、泵、炉)、环保、消防(栓、箱、阀)例如：泡沫发生器、变压器、计算机、空调等办公设备、加热炉、输油泵、汽车等
3	失效模式与效应分析(FMEA)	故障频率高或危险性较大的单一设备	例如：各种阀、泵、换热器、液位计、高压阀门等
4	预危险性分析(PHA)	技改、技措项目、隐患治理项目、改扩建项目、工艺及设备变更项目	油罐大修、流程改造、作业工序变动等。例如：因工作需要而改造管线等
5	危险与可操作性分析(HAZOP)	对工艺过程和操作进行检查，以确定过程的偏差是否导致不希望的后果。该方法可用于连续或间歇过程，还可以对拟定的操作规程进行分析。该方法主要用在石油炼化企业	例如：造成某站出站压力过高的可能原因、锅炉汽包压力过高可能的原因等
6	故障树分析(FTA)	对系统、设备设施可能发生或已经发生的事故进行分析	例如：对某油罐火灾进行事故根源分析；对某管道河流穿越失败进行事故根源分析等

3.2.4　危害辨识

3.2.4.1　危害辨识内容

由危害分类可以看出，危害存在于物的不安全状态、人的不安全行为、环境因素和管理缺陷四个方面，这是危害辨识的方向。因此，危害辨识应通过现场观察及所收集的资料，对所确定的评价对象，识别尽可能多的实际的和潜在的危害，包括：

(1) 物(设施)的不安全状态。包括可能导致事故发生和危害扩大的设计缺陷、操作缺陷、设备缺陷、保护措施和安全设备的缺陷。

(2) 人的不安全行为。包括不采取安全措施、误动作、不按规定的方法操作，某些不安全行为(制造危险状态)。

(3) 可能造成职业病、中毒的劳动环境和条件。包括物理的(噪声、振动、湿度、辐射)，化学的(易燃易爆、有毒、危险气体、氧化物等)以及生物因素。

(4) 管理缺陷。包括安全监督、检查、事故防范、应急管理、作业人员安排、防护用品缺少、工艺过程和操作方法等的管理。

3.2.4.2　确定危害的根源和性质

对辨识出的危害，应充分考虑发生危害的根源及性质。

(1) 火灾和爆炸。

(2) 冲击与撞击。

(3) 中毒、窒息、触电及辐射。

(4) 暴露于化学性危害因素和物理性危害因素的工作环境。

(5) 人机工程因素(比如工作环境条件或位置的舒适度、重复性工作等)。

(6) 设备的腐蚀。

(7) 有毒有害物料、气体的泄漏。

(8) 可能造成环境污染和生态破坏的活动、过程、产品和服务。包括水、气、声、渣、废物等污染物排放或处置以及能源、资源和原材料的消耗和由此产生的后果，这些后果包括：

① 人身伤害、死亡(包括割伤、挫伤、擦伤、肢体损伤等)。

② 疾病(如头痛、呼吸困难、失明、皮肤病、癌症、肢体不能正常动作等)。

③ 财产损失；工作环境破坏；水、空气、土壤、地下水及噪声污染。

④ 资源枯竭。

3.2.4.3 危害辨识要求

(1) 在进行危害辨识与风险评价时应考虑组织活动的过去、现在和将来三种时态以及正常、异常和紧急三种状态下的各种潜在危险因素。

(2) 在进行危害识别时，应提出存在什么危害(伤害源)、谁(什么)会受到伤害、伤害怎样发生等问题。

3.2.5 评估风险和影响

组织应对所识别的危害事故、事件或环境因素加以科学评价，确定最大危害程度和可能影响的最大范围，以便采取有效或适当的控制措施，从而把风险降低或控制在可以容忍的程度。

3.2.5.1 评价准则

风险评估可以采用LSR评估方法。其计算公式为：

$$R = L \times S$$

式中 L——危害发生的可能性及频率，见表3-7；

S——评估危害及影响后果的严重性，见表3-8；

R——风险度。

表3-7 危害发生的可能性及频率

分数	偏差发生频率	安全检查	操作规程	员工胜任程度(意识、技能、经验)	设备设施状况	防范、控制措施
5	每天、经常发生	从来没有检查，没有检查标准和检查要求	没有操作规程	不胜任(无任何培训、无任何经验、无上岗资格证)	带病运行，不符合国家、行业规范	无任何防范或控制措施
4	每月发生	偶尔检查或大检查；有标准但没有检查要求	有，但只是偶尔执行	不够胜任(有上岗资格证，但没有接受有效培训)	超期服役、经常出故障，不符合公司规定	防范、控制措施不完善
3	每季度发生	月检，有标准，没有明确的检查要求	有操作规程，只是部分执行	基本胜任(有上岗证，有培训，但经验不足，多次出差错)	过期未检、偶尔出故障	有，但没有完全使用(如个人防护用品)
2	每年发生	周检，有标准，有明确的检查要求	有，但偶尔不执行	胜任，但偶尔出差错	运行后期，可能出故障	有，偶尔失去作用或出差错
1	偶尔或一年以上发生	日检，有标准有明确的检查要求	有操作规程，而且严格执行	高度胜任(培训充分，经验丰富，意识强)	运行良好	有效防范控制措施

表 3-8　评估危害及影响后果的严重性

等级	法律、法规及其他要求	人	财产损失（万元）	停工	环境污染、资源消耗	公司形象
5	违反法律、法规	发生死亡	≥15	部分装置（>2套）或设备停工	大规模、公司外	重大国内影响
4	潜在违反法规	丧失劳动	15~5（含5）	2套装置停工或设备停工	公司内严重污染	行业内、集团公司内
3	不符合集团公司的HSE方针、制度、规定	截肢、骨折、听力丧失、慢性病	5~1（含1）	1套装置停工或设备停工	公司范围内中等污染	省内影响
2	不符合公司的HSE操作程序、规定	轻微受伤、间歇不舒适	<1	受影响不大，几乎不停工	装置范围污染	公司及周边范围
1	完全符合	无伤亡	无损失	未停工	无污染	形象没有受损

注：直接经济损失：是指因事故造成人身伤亡及善后处理支出的费用和毁坏财产的价值。

3.2.5.2　评估步骤

1. 评估危害的严重性

重点考虑法律法规要求、伤亡程度、经济损失、环境影响的程度大小、持续时间以及对本公司形象的影响。

2. 评估危害发生的可能性及频率

重点考虑危害发生的条件（比如正常、异常或紧急状态发生）、现场有否控制措施（包括个人防护品、应急措施、监测系统、作业指导书、员工培训）、事件或事故一旦发生，是否能发现或察觉，同类事故以前是否发生过以及人体暴露在这种危险环境中的频繁程度。

3. 评价风险

结合所辨别的危害事件发生的可能性及后果的严重性，并决定其风险的大小以及是否是可以容忍的风险（表3-9）。

4. 重大风险汇总

对所识别的不可容忍的风险以及重大风险进行汇总，并编制重大及不可容忍的危害及重大环境因素清单（表3-10）。

表 3-9　风险等级划分

评估对象	风险度（R值）	风险等级
加油站	1~5	可容许的
	6~14	中等的
	15~20	重大的
	21~25或L单项值为5	不可容许的
油库	1~5	可容许的
	6~11	中等的
	12~16	重大的
	17~25或L单项值为3以上	不可容许的

表 3－10　重大及不可容忍的风险及控制改进措施清单

序号	危害、环境因素	后果影响	风险等级	部门、装置、工艺、设施	改进措施	操作/技术/财务/人力资源需求/限制	评估负责人	参考序号
1								

3.2.6　风险控制

3.2.6.1　风险控制措施选择的依据

选择、制定风险控制措施的依据是风险程度的大小。在实际工作中，应根据风险评价的结果来制定相应的控制措施(表 3－11)。

表 3－11　风险程度与风险控制措施选择关系表

风险程度	控制措施	风险程度	控制措施
可容许的	维持现状，保持记录	重大的	制定目标、指标、管理方案，限期治理
中等的	制定管理制度、规定进行控制	不可容许的	立即采取隐患治理措施

3.2.6.2　风险控制措施

(1) 风险控制措施的选用原则

选择风险控制措施时应遵循可行性与可靠性、先进性与安全性、经济合理性以及技术保证和服务的原则。

(2) 风险控制计划

重大或不可容忍的风险、环境影响是制定目标及隐患治理、管理方案的基础及依据，组织应制订风险控制计划(表 3－12)，采取针对性的风险控制措施，消除、减少危害和影响，防止潜在事故的发生。

表 3－12　风险控制计划

风险等级	应采取的行动/控制措施	实施期限
不可容忍	在采取措施降低危害前，不能继续作业，对改进措施进行评估	立刻
重大风险	采取紧急措施降低风险 建立运行控制程序 定期检查、测量及评估	立即或近期整改
中等	可考虑建立目标、建立操作规程 加强培训及沟通	2 年内治理
可容忍	可考虑建立操作规程、作业指导书，但需定期检查	有条件、有经费时治理
轻微或可忽略的风险	无须采用控制措施，但需保存记录	

(3) 风险控制措施的内容

风险控制措施包括技术措施和管理措施两个方面。

① 技术措施　包括消除风险的措施、降低风险的措施和控制风险的措施。采用的技术措施应遵循具有防止人失误的能力、对人失误后果的自控能力、防止事故传递的能力、失误

或故障导致事故的难易、承受能量释放的能力、防止能量积聚的能力等基本原则。

② 管理措施　包括制定完善管理程序和操作规程、制定落实风险监控管理措施、制定落实应急预案、加强员工的 HSE 教育培训以及建立检查监督和奖惩机制等。

3.2.7　更新危害及风险信息

(1) 危害及风险信息更新情形

下列情形下，危害记录应及时更新：

① 新的或变更的法律法规或其他要求。

② 操作有变化或工艺改变。

③ 有新项目、加工过程或产品。

④ 有因事故、事件或其他来源的新认识理解。

(2) 危害辨识频率

如果没有以上所描述的变化，应至少一年内进行一次评审或检查危害辨识结果。当进行基建、生产日常运行中各种操作、开停工、检维修作业、变更等活动前均应进行危害辨识与风险评价。其识别频率与方法见表 3－13。

表 3－13　危害辨识频率与方法

作　业	频　率	使用方法
日常作业活动	频繁进行	JHA
新建、扩建、改建及其他变更	特定时间进行	PHA、FMEA
设备设施		SCL
关键生产装置、设施	定期进行	HAZOP、FMEA

3.3　安全分析报告

3.3.1　安全分析报告的要求

(1) 内容要详尽、具体，特别是对危险、有害因素的分析要准确，提出的事故隐患整改计划科学、合理、可行和有效。

(2) 安全分析要由懂工艺和操作、仪表电气、消防以及安全工程等方面的专家、操作人员共同完成，分析组成员的专业能力应涵盖分析范围所涉及的专业内容。

(3) 报告应内容全面、重点突出、条理清楚、数据完整、取值合理、分析结论客观公正。

3.3.2　安全分析报告的内容

安全分析报告主要包括分析目的、分析范围、分析组织机构、分析方法、分析过程、评价准则、分析结果(主要危害、风险及控制措施)以及附件等。附件主要包括：

(1) 数据表格、平面图、流程图、控制图等安全分析评价过程中制作的图表文件。

(2) 分析方法的确定过程和分析方法介绍。

(3）分析过程中专家的意见。

(4）分析人员与分析对象单位及其基层管理和操作人员交换意见汇总表及反馈结果。

(5）分析对象单位提供的原始数据资料目录及证明材料。

(6）法定的检测检验报告。

3.3.3 安全分析报告的格式

安全分析报告格式一般包括：封面、安全分析评价人员或机构资质证书影印件、著录项、目录、编制说明、前言、正文、附件及附录。

3.3.4 安全分析报告举例

安全分析报告

1 目的

为辨识和评价作业过程中的危险有害因素，消除或减少事故危害，降低安全风险，公司成立安全分析评价小组对××进行了危害辨识和风险评估工作。

2 分析范围

××作业活动全过程及其设备设施和管理现状。

3 分析组

组长：×××

成员：××、×××、×××……

4 分析方法

采用工作危害分析(JHA)和安全检查表(SCL)两种基本方法进行危害辨识和风险分析评价。作业危害分析主要采用工作危害分析(JHA)，设备设施及管理现状的危害分析主要采取安全检查表(SCL)分析。

5 分析过程

对危害辨识与风险分析评价过程进行描述。

6 评价准则

参考上述评价准则内容

7 评价结果

(1）列出作业清单(含JHA表)、设备设施清单(含SCL表)、管理要求清单(含SCL表)及其危害清单。

(2）参考评价准则进行风险评估。

(3）提出风险消除/控制措施。

8 附件

签名：

××年××月××日

3.4 重大危险源辨识与监控

3.4.1 重大危险源的辨识依据和方法

3.4.1.1 辨识依据

危险化学品重大危险源的辨识依据是危险化学品的危险特性及其数量，具体参照《危险化学品重大危险源辨识》(GB 18218—2009)。

3.4.1.2 辨识方法

首先确定计算单元，然后计算该单元内的危险化学品数量，再与临界量作比较，当单元内存在危险化学品的数量等于或超过《危险化学品重大危险源辨识》(GB 18218—2009)中规定的临界量，即被定为重大危险源。

(1) 确定计算单元

单元是指一个(套)生产装置、设施或场所，或同属一个生产经营单位的且边缘距离小于500m的几个(套)生产装置、设施或场所。如石油库一个防火堤内的全部储罐可设定为一个计算单元；一座加油站可设定为一个计算单元。

(2) 确定临界量

临界量可从《危险化学品重大危险源辨识》(GB 18218—2009)中直接查出。液化石油气(含丙烷、丁烷及其混合物)，其临界量为50t；煤气(CO，CO和H_2、CH_4的混合物等)，其临界量为20t；汽油的临界量为200t；闪点大于等于23℃且小于61℃的易燃液体，其临界量为5000t。国标中规定柴油的闪点不得低于55℃，如其实际闪点高于61℃，其单元内储量超过临界量，亦可不作为重大危险源。

单元内存在危险化学品的数量等于或超过临界量，即被定为重大危险源。

3.4.2 重大危险源的辨识标准

3.4.2.1 重大危险源辨识指标计算方法

单元内存在的危险化学品的数量根据处理危险化学品种类的多少区分为以下两种情况：

(1) 单元内存在的危险化学品为单一品种，则该危险化学品的数量即为单元内危险化学品的总量，若等于或超过相应的临界量，则定为重大危险源。

(2) 单元内存在的危险化学品为多品种时，则按下式计算，若满足下式则定为重大危险源。

$$\frac{q_1}{Q_1}+\frac{q_2}{Q_2}+\cdots+\frac{q_n}{Q_N}\geqslant 1$$

式中 q_1，q_2，…，q_n——每种危险化学品实际存在量，t；

Q_1，Q_2，…，Q_n——与各危险化学品相对应的临界量，t。

3.4.2.2 重大危险源辨识标准说明

(1) 重大危险源单元内危险物质的辨识

单元内危险物质的辨识需要考虑以下三个方面：

① 单元内从每次存放某种危险物质的时间计时起2日内。

② 单元内每年存放某种危险物质的次数超过10次。

③ 单元内的危险物质是否在非正常作业条件下产生。

如果单元内储存着多种的危险物质，那么在辨识过程中应首先考虑危险性最大的那种物质是否超出上述的定义范围，这样单元内的危险物质即可辨识出来。

(2) 危险物质最大量的确定

① 对于存放危险物质储罐和其他容器的储存区重大危险源来说，危险物质的量是储罐或其他容器的最大容积量，这个最大容积量不同于最大实际使用量。

② 对于管道来说，危险物质的量应当是发生重大事故后，生产区域外管道所能泄漏出的物质最大量。

例1：某生产经营单位使用液化石油气气体用于生产中的加热，单元里有储罐和用于生产加热的管道，生产场所中存在6套存放液化气的管道系统和1个储罐，每套管道系统的最大容量为0.15t，每个储罐的最大容积为60t。试判断该生产经营单位是否存在重大危险源。

(1) 计算液化气最大量。该生产经营单位液化气的最大量为：$6\times0.15+1\times60=60.9$t

(2) 结论。根据重大危险源辨识标准的规定，液化气的临界量是50t，按照辨识标准的计算法则 $AQR=60.9\div50=1.22>1$，所以该生产经营单位存在重大危险源。

例2：某油库储油罐区(1个防火堤内)有3个3000m^3的汽油罐，进出油罐输油管道中没有油品。汽油罐的利用系数为0.95，储存的汽油平均密度为732.0 kg/m^3，试确定该罐区是否存在重大危险源。

(1) 汽油的最大量为：$3\times3000\times0.95\times732.0\times10^{-3}=6258$t

(2) 结论。根据重大危险源辨识标准的规定，汽油的临界量为200t，按照辨识标准的计算法则 $AQR=6258\div200=31.29>1$，所以该储油罐区存在重大危险源。

例3：某油库储油罐区(1个防火堤内)有3个2000m^3的柴油罐，进出油罐的输油管道中没有油品。柴油罐的利用系数为0.95，储存的柴油的平均密度为854.2 kg/m^3，试确定该罐区是否存在重大危险源。

(1) 柴油的最大量为：$3\times2000\times0.95\times854.2\times10^{-3}=4869$t

(2) 结论。根据重大危险源辨识标准的规定，柴油的临界量是5000t，按照辨识标准的计算法则 $AQR=4869\div5000=0.9738<1$，所以该储油罐区不是重大危险源。

3.4.3 危险化学品重大危险源分级方法

危险化学品重大危险源依据《危险化学品重大危险源监督管理暂行规定》(国家安全生产监督管理总局第40号令)进行分级。

3.4.3.1 分级指标

采用单元内各种危险化学品实际存在(在线)量与其在《危险化学品重大危险源辨识》(GB 18218)中规定的临界量比值，经校正系数校正后的比值之和 R 作为分级指标。

3.4.3.2 R 的计算方法

(1) 计算公式

$$R=\alpha\left(\beta_1\frac{q_1}{Q_1}+\beta_2\frac{q_2}{Q_2}+\cdots+\beta_n\frac{q_n}{Q_n}\right)$$

式中 q_1，q_2，…，q_n——每种危险化学品实际存在(在线)量，t；

Q_1，Q_2，…，Q_n——与各危险化学品相对应的临界量，t；

β_1，β_2…，β_n——与各危险化学品相对应的校正系数；

α——该危险化学品重大危险源厂区外暴露人员的校正系数。

(2) 校正系数 β 的取值

根据单元内危险化学品的不同类别设定校正系数 β 值，见表3－14和表3－15。

表3－14 校正系数 β 取值表

危险化学品类别	毒性气体	爆炸品	易燃气体	其他类危险化学品
β	见表3－15	2	1.5	1

注：危险化学品类别依据《危险货物品名表》中分类标准确定。

表3－15 常见毒性气体校正系数 β 值取值表

毒性气体名称	一氧化碳	二氧化硫	氨	环氧乙烷	氯化氢	溴甲烷	氯
β	2	2	2	2	3	3	4
毒性气体名称	硫化氢	氟化氢	二氧化氮	氰化氢	碳酰氯	磷化氢	异氰酸甲酯
β	5	5	10	10	20	20	20

注：未在表3－15中列出的有毒气体可按 $\beta=2$ 取值，剧毒气体可按 $\beta=4$ 取值。

(3) 校正系数 α 的取值

根据重大危险源的厂区边界向外扩展500m范围内常住人口数量，设定厂外暴露人员校正系数 α 值，见表3－16。

表3－16 校正系数 α 取值表

厂外可能暴露人员数量	α	厂外可能暴露人员数量	α
100人以上	2.0	1～29人	1.0
50～99人	1.5	0人	0.5
30～49人	1.2		

3.4.3.3 分级标准

根据计算出来的 R 值，按表3－17确定危险化学品重大危险源的级别。

表3－17 危险化学品重大危险源级别和 R 值的对应关系

危险化学品重大危险源级别	R 值	危险化学品重大危险源级别	R 值
一级	$R\geqslant 100$	三级	$50>R\geqslant 10$
二级	$100>R\geqslant 50$	四级	$R<10$

3.4.4 重大危险源备案

3.4.4.1 备案要求

(1) 危险化学品单位在完成重大危险源安全评估报告或者安全评价报告后15日内，应当填写重大危险源备案申请表，连同重大危险源申报登记档案材料(其中重大危险源安全管理规章制度及安全操作规程只需提供清单)，报送所在地县级人民政府安全生产监督管理部门备案。

(2) 重大危险源出现下列情形之一的，危险化学品单位应当对重大危险源重新进行辨识、安全评估及分级，及时更新档案，并向所在地县级人民政府安全生产监督管理部门重新备案。

① 重大危险源安全评估已满三年的；

② 构成重大危险源的装置、设施或者场所进行新建、改建、扩建的；

③ 危险化学品种类、数量、生产、使用工艺或者储存方式及重要设备、设施等发生变化，影响重大危险源级别或者风险程度的；

④ 外界生产安全环境因素发生变化，影响重大危险源级别和风险程度的；

⑤ 发生危险化学品事故造成人员死亡，或者 10 人以上受伤，或者影响到公共安全的；

⑥ 有关重大危险源辨识和安全评估的国家标准、行业标准发生变化的。

（3）危险化学品单位新建、改建和扩建危险化学品建设项目，应当在建设项目竣工验收前完成重大危险源的辨识、安全评估和分级、登记建档工作，并向所在地县级人民政府安全生产监督管理部门备案。

（4）重大危险源经过安全评价或者安全评估不再构成重大危险源的，危险化学品单位应当向所在地县级人民政府安全生产监督管理部门申请核销。申请核销重大危险源应当提交下列文件、资料：

① 载明核销理由的申请书；

② 单位名称、法定代表人、住所、联系人、联系方式；

③ 安全评价报告或者安全评估报告。

3.4.4.2 备案档案材料

危险化学品单位应当对辨识确认的重大危险源及时、逐项进行登记建档。重大危险源档案应当包括下列文件、资料：

（1）辨识、分级记录。

（2）重大危险源基本特征表。

（3）涉及的所有化学品安全技术说明书。

（4）区域位置图、平面布置图、工艺流程图和主要设备一览表。

（5）重大危险源安全管理规章制度及安全操作规程。

（6）安全监测监控系统、措施说明、检测、检验结果。

（7）重大危险源事故应急预案、评审意见、演练计划和评估报告。

（8）安全评估报告或者安全评价报告。

（9）重大危险源关键装置、重点部位的责任人、责任机构名称。

（10）重大危险源场所安全警示标志的设置情况。

（11）其他文件、资料。

3.4.5 重大危险源监督管理

3.4.5.1 辨识与评估

（1）危险化学品单位应当按照《危险化学品重大危险源辨识》标准，对本单位的危险化学品生产、经营、储存和使用装置、设施或者场所进行重大危险源辨识，并记录辨识过程与结果。

（2）危险化学品单位应当对重大危险源进行安全评估并确定重大危险源等级。

（3）重大危险源有下列情形之一的，应当委托具有相应资质的安全评价机构，按照有关标准的规定采用定量风险评价方法进行安全评估，确定个人和社会风险值：

① 构成一级或者二级重大危险源，且毒性气体实际存在（在线）量与其在《危险化学品重大危险源辨识》中规定的临界量比值之和大于或等于 1 的。

② 构成一级重大危险源，且爆炸品或液化易燃气体实际存在(在线)量与其在《危险化学品重大危险源辨识》中规定的临界量比值之和大于或等于1的。

(4) 重大危险源安全评估报告应当客观公正、数据准确、内容完整、结论明确、措施可行，并包括下列内容：

① 评估的主要依据；

② 重大危险源的基本情况；

③ 事故发生的可能性及危害程度；

④ 个人风险和社会风险值(仅适用定量风险评价方法)；

⑤ 可能受事故影响的周边场所、人员情况；

⑥ 重大危险源辨识、分级的符合性分析；

⑦ 安全管理措施、安全技术和监控措施；

⑧ 事故应急措施；

⑨ 评估结论与建议。

3.4.5.2 监督管理

(1) 危险化学品单位应当建立完善重大危险源安全管理规章制度和安全操作规程，并采取有效措施保证其得到执行。

(2) 危险化学品单位应当根据构成重大危险源的危险化学品种类、数量、生产、使用工艺(方式)或者相关设备、设施等实际情况，按照下列要求建立健全安全监测监控体系，完善控制措施：

① 重大危险源配备温度、压力、液位、流量、组分等信息的不间断采集和监测系统以及可燃气体和有毒有害气体泄漏检测报警装置，并具备信息远传、连续记录、事故预警、信息存储等功能；一级或者二级重大危险源，具备紧急停车功能。记录的电子数据的保存时间不少于30天。

② 重大危险源的化工生产装置装备满足安全生产要求的自动化控制系统；一级或者二级重大危险源，装备紧急停车系统。

③ 对重大危险源中的毒性气体、剧毒液体和易燃气体等重点设施，设置紧急切断装置；毒性气体的设施，设置泄漏物紧急处置装置。涉及毒性气体、液化气体、剧毒液体的一级或者二级重大危险源，配备独立的安全仪表系统(SIS)。

④ 重大危险源中储存剧毒物质的场所或者设施，设置视频监控系统。

⑤ 安全监测监控系统符合国家标准或者行业标准的规定。

(3) 通过定量风险评价确定的重大危险源的个人和社会风险值，不得超过个人和社会可容许风险限值标准。超过个人和社会可容许风险限值标准的，危险化学品单位应当采取相应的降低风险措施。

(4) 危险化学品单位应当按照国家有关规定，定期对重大危险源的安全设施和安全监测监控系统进行检测、检验，并进行经常性维护、保养，保证重大危险源的安全设施和安全监测监控系统有效、可靠运行。维护、保养、检测应当做好记录，并由有关人员签字。

(5) 危险化学品单位应当明确重大危险源中关键装置、重点部位的责任人或者责任机构，并对重大危险源的安全生产状况进行定期检查，及时采取措施消除事故隐患。事故隐患难以立即排除的，应当及时制订治理方案，落实整改措施、责任、资金、时限和预案。

(6) 危险化学品单位应当对重大危险源的管理和操作岗位人员进行安全操作技能培训，

使其了解重大危险源的危险特性，熟悉重大危险源安全管理规章制度和安全操作规程，掌握本岗位的安全操作技能和应急措施。

(7) 危险化学品单位应当在重大危险源所在场所设置明显的安全警示标志，写明紧急情况下的应急处置办法。

(8) 危险化学品单位应当将重大危险源可能发生的事故后果和应急措施等信息，以适当方式告知可能受影响的单位、区域及人员。

(9) 危险化学品单位应当依法制定重大危险源事故应急预案，建立应急救援组织或者配备应急救援人员，配备必要的防护装备及应急救援器材、设备、物资，并保障其完好和方便使用；配合地方人民政府安全生产监督管理部门制定所在地区涉及本单位的危险化学品事故应急预案。

(10) 对存在吸入性有毒、有害气体的重大危险源，危险化学品单位应当配备便携式浓度检测设备、空气呼吸器、化学防护服、堵漏器材等应急器材和设备；涉及剧毒气体的重大危险源，还应当配备两套以上(含本数)气密型化学防护服；涉及易燃易爆气体或者易燃液体蒸汽的重大危险源，还应当配备一定数量的便携式可燃气体检测设备。

(11) 危险化学品单位应当制订重大危险源事故应急预案演练计划，并按照下列要求进行事故应急预案演练：

① 对重大危险源专项应急预案，每年至少进行一次；

② 对重大危险源现场处置方案，每半年至少进行一次；

③ 应急预案演练结束后，危险化学品单位应当对应急预案演练效果进行评估，撰写应急预案演练评估报告，分析存在的问题，对应急预案提出修订意见，并及时修订完善。

第 4 章　直接作业安全管理

用火、破土、进入受限空间、高处施工、起重、临时用电等作业，很容易发生涉及人身安全的伤害事故，因为这些作业都是由人直接实施和参与，所以统称为直接作业。直接生产作业由于生产现场多、危险性较大、涉及人员多。因此加强直接作业环节的管理，促进直接作业环节安全措施落实，保证作业安全进行，是生产的实际需要。

4.1　概述

4.1.1　直接作业环节发生事故的原因

（1）人是直接作业过程中确保安全的首要因素。一是不熟悉相关的法律法规和规定、制度，对安全管理人员配备标准、培训要求不清楚；二是责任心不强，没有严格执行规章制度和进行检查；三是存在侥幸麻痹思想。

（2）物的不安全状态是造成直接作业违章现象的直接原因。在所有的物的不安全状态，都与人的不安全行为或人的操作、管理失误有关。通过分析，在物的管理方面，主要存在以下问题：有的岗位和设备对机械能、电能、热能、化学能、声能、光能等能量发生意外释放没有预防控制方法；部分新设备在制造时对能量意外释放没有屏蔽或约束措施，存有本质不安全现状；部分现场和设备没有防护措施，人员意外的进入不安全场所导致伤害；现场执行安全技术措施时，违反或没有执行消除、预防、减弱、隔离、联锁、警告的安全技术措施优选顺序，在操作时不能实现“机宜人、人适机、人机匹配”系统合理匹配原则。

（3）安全管理不到位是发生直接作业违章的决定因素。一是安全管理制度尚不健全；二是有的安全管理人员素质尚达不到要求；三是安全管理模式达不到工作要求；四是引进的科技应用技术在安全管理方面还比较薄弱。

（4）现场监督检查不到位是制约直接作业环节的重要环节。一是部分监督人员监督检查没重点，未能及时发现纠正隐藏在直接作业过程中动态的和隐蔽性较强的潜在不安全行为；二是工作方法欠妥当，说服教育不及时，检查效果差；三是个别监督人员工作定位不准、责任心不强，不严格按照标准和制度办事。

（5）承包商的安全管理是直接作业管理的主要环节。部分承包商安全管理水平较差，安全管理人员、安全设施、制度不到位，形成了较大隐患。

4.1.2　对策和措施

（1）加强安全管理的法制意识和责任意识。坚持“安全第一、预防为主”的原则，推进 HSE 管理体系的运行。要加强用火、临时用电、进入受限空间、动土、起重、等施工作业过程的风险控制，严格执行作业许可证制度。

（2）严格落实管理人员安全生产责任制。落实安全生产责任制，首先要严格领导、管理部门、安全管理人员的安全考核，要责、权、利紧密结合；其次，落实好班组长的安全责任，定期对班组长进行安全考核；最后是建立健全班组安全管理标准，加强直接作业的规范行为。

（3）强化直接作业教育培训，做好直接作业的危害识别工作。一是强化安全教育，严格考核；二是有针对性的安全教育，要与典型事故案例相结合，不断剖析事故根源，做到举一反三。

（4）强化直接作业细节管理，遏制“三违”行为。一是严格制度执行；二是注重细节管理，要将未遂事件纳入事故进行统计和管理。

（5）强化承包商的直接作业管理。首先要对承包商落实市场准入管理制度，严格把好施工队伍准入关、安全资质复审关、开工检查验收关和施工过程监督关；二是强化管理部门对承包商的安全监督、检查；三是对违章情节严重的承包商，要取消其准入资格，以此推动承包商的管理。

4.2 用火作业安全管理

用火作业系指在具有火灾爆炸危险场所内进行的施工过程。用火作业前，应针对作业内容进行危害识别，制定相应的作业程序及安全措施，将安全措施填入许可证内。

4.2.1 用火作业分级

（1）一级用火作业

① 储存收发易燃、可燃液(气)体的罐区、泵房、装卸作业区(铁路、公路、码头)、桶装仓库用火。

② 加油(气)站的罐区(储气瓶)、加油(气)区、液态烃泵房、压缩机房、接卸站区用火。

③ 输油(气)管道、隔油池、污水处理设施用火。

④ 易燃、可燃液体和气体的罐车、油轮、驳船等爆炸危险性区域的用火。

（2）二级用火作业

① 从易燃易爆及有毒储罐、泵房、装卸区等拆除的容器、管线、附件，已运到安全地点并经吹扫处理检验合格的用火。

② 罐区、泵房、装卸作业区等的非防爆区域及防火间距以外的区域用火。

③ 发电机房、配电间、消防泵房、化验室、储存收发润滑油的储罐、桶装油品仓库、灌装、收发区域等火灾危险性区域的用火。

（3）三级用火作业

范围是在油库、加油站内，除一、二级以外的用火均属三级用火。

（4）固定用火作业区

是除特级、一级、二级用火范围外，从没有火灾危险性区域划出固定用火作业区。在二级以上用火区域内，不得设固定用火作业区。

4.2.2 许可证的办理

一级、二级用火作业由用火单位填写许可证，报各单位二级单位安全监督管理部门、生产部门审查合格后，由主管安全生产领导签发。三级用火作业由用火单位填写许可证，报基层单位负责人签发。固定用火作业区的设定应由用火单位提出申请，报各单位二级单位安全监督管理部门进行审查批准。

4.2.3 用火作业的安全措施

（1）在正常运行生产区域内，凡可用可不用的用火一律不用火，凡能拆下来的设备、管线均应拆下来移到安全地方用火，严格控制一级用火。

（2）各级用火审批人应亲临现场检查，督促用火单位落实防火措施后，方可审签许可证。

（3）一张用火作业许可证只限一处用火，实行一处(一个用火地点)、一证(用火作业许可证)、一人(用火监护人)，不能用一张许可证进行多处用火。

（4）许可证有效时间为一个作业周期，最多不超过 5 天；若中断作业超过 1 小时后继续用火，监护人、用火人和现场负责人应重新确认。固定用火作业区，每半年检查认定 1 次。

（5）用火分析。当可燃气体爆炸下限大于4%时，分析检测数据小于 0.5% 为合格；可燃气体爆炸下限小于4%时，分析检测数据小于 0.2% 为合格。

（6）在用火前应清除现场一切可燃物，并准备好消防器材。用火期间，距用火点 30m 内严禁排放各类可燃气体，15m 内严禁排放各类可燃液体。

4.2.4 用火作业过程的安全监督

（1）“三不用火”

即没有经批准的用火作业许可证不用火、用火监护人不在现场不用火、防护措施不落实不用火。各单位安全监督管理部门有权随时检查用火作业情况。在发现违反用火管理制度或危险用火作业时，有权收回许可证，停止用火，并根据违章情节，由各单位安全监督管理部门对违章者进行严肃处理。

（2）用火监护人职责

① 用火监护人应有岗位操作合格证；了解用火区域或岗位的生产过程，熟悉工艺操作和设备状况；有较强的责任心，出现问题能正确处理；有处理应对突发事故的能力。

② 应参加由安全监督管理部门组织的用火监护人培训班，考核合格后由安全监督管理部门发放用火监护人资格证书，做到持证上岗。

③ 在接到用火作业许可证后，应在安全技术人员和单位领导的指导下，逐项检查落实防火措施；检查用火现场的情况；用火过程中发现异常情况应及时采取措施；监火时应佩戴明显标志；用火过程中不得离开现场，确需离开时，由监护人收回用火许可证，暂停用火。

④ 当发现用火部位与许可证不相符合，或者用火安全措施不落实时，用火监护人有权制止用火；当用火出现异常情况时有权停止用火；对用火人不执行“三不用火”又不听劝阻时，有权收回许可证，并向上级报告。

4.2.5 许可证管理

（1）许可证是用火作业的凭证和依据，不得随意涂改、代签，应妥善保管。许可证一式四联，第一联存放在签发部门，第二联由用火作业人持有，第三联由用火监护人持有，第四联存放在用火点所在操作控制室或岗位。

（2）一级用火作业许可证在省级公司安全监督管理部门备案；二级用火作业许可证由市

级分公司安全监督管理部门存档；三级用火作业许可证由市级分公司安全监督管理部门备案。许可证保存期限为一年。

4.3 临时用电安全管理

在正式运行电源上所接的一切临时用电。临时用电票签发前，配送电单位应针对作业内容进行危害识别，制定相应的作业程序及安全措施。将本次作业需执行的安全措施填入临时用电作业许可证内。

4.3.1 许可证办理程序

（1）施工单位负责人持《电工作业操作证》、施工作业单等资料到配送电单位办理许可证。配送电单位在销售企业一般为油库或加油(气)站等。

（2）配送电单位负责人应对作业程序和安全措施进行确认后签发许可证。

（3）施工单位负责人应向施工作业人员进行作业程序和安全措施交底。

（4）作业完工后，施工单位应及时通知配送电单位停电，并作相应确认后，拆除临时用电线路。

（5）在运行的生产装置、罐区和具有火灾爆炸危险场所内不允许随意接临时电源。确属装置生产、检修施工需要临时用电时，在办理许可证前，按规定办理“用火作业许可证”。

4.3.2 作业安全措施

（1）检修和施工队伍的自备电源不能接入公用电网。

（2）安装临时用电线路的电气作业人员，应持有电工作业证。

（3）临时用电设备和线路应按供电电压等级和容量正确使用，所用电气元件应符合国家规范标准要求，临时用电电源施工、安装应严格执行电气施工安装规范，并接地良好。

（4）在防爆场所使用的临时电源，电气元件和线路应达到相应防爆等级要求，并采取相应的防爆安全措施。

（5）临时用电设施应做到一机一闸一保护，移动工具、手持式电动工具应安装符合规范要求的漏电保护器。

（6）配送电单位应将临时用电设施纳入正常电器运行巡回检查范围，确保每天不少于两次巡回检查，并建立检查记录和隐患问题处理通知单，确保临时供电设施完好。对存在重大隐患和发生威胁安全的紧急情况时，配送电单位有权紧急停电处理。

（7）临时用电单位应严格遵守临时用电规定，不得变更地点和工作内容，禁止任意增加用电负荷或私自向其他单位转供电。

（8）在临时用电有效期内，如遇施工过程中停工、人员离开时，临时用电单位应从受电端向供电端逐次切断临时用电开关，待重新施工时，临时用电单位应对线路、设备进行检查确认后，方可送电。

4.3.3 许可证管理

（1）许可证一式三联，第一联由签发部门留存，第二联交配送电执行人，施工单位持第三联。

（2）许可证有效期限为1个作业周期。

（3）用电结束后临时用电作业许可证第三联交由交配送电执行人注销。

（4）许可证保存期为一年。

4.4 进入受限空间作业安全管理

"受限空间"是指在中国石化所辖区域内炉、塔、釜、罐、仓、槽车、管道、烟道、下水道、沟、井、池、涵洞、裙座等进出口受限，通风不良，存在有毒有害风险，可能对进入人员的身体健康和生命安全构成危害的封闭、半封闭设施及场所。

办理许可证前，生产及施工单位应针对作业内容对受限空间进行危害识别，分析受限空间内是否存在缺氧、富氧、易燃易爆、有毒有害、高温、负压等危害因素，制定相应作业程序、安全防范和应急措施，并将危害识别内容填入许可证。

4.4.1 许可证办理程序

（1）进入受限空间作业单位负责人，应持施工任务单，到二级单位办理许可证。二级或基层单位主管安全的负责人对作业程序和安全措施进行确认后，签发业许可证。

（2）进入受限空间涉及用火、临时用电、高处等作业时，必须遵守有关安全规定，办理相应的作业许可证。

（3）进入受限空间作业完毕后，生产单位与施工单位现场安全负责人在许可证完工验收栏中签字确认。

4.4.2 技术交底

1. 生产单位交底

进入受限空间作业前，生产单位必须向施工单位进行现场检查交底，生产单位有关专业技术人员会同施工单位的现场负责人及有关专业技术人员、监护人，对需进入作业的设备、设施进行现场检查，对进受限空间作业内容、可能存在的风险以及施工作业环境进行交底，结合施工作业环境对许可证列出的有关安全措施逐条确认，并将补充措施确认后填入相应栏内。

2. 施工单位交底

施工单位负责人应向施工作业人员进行作业程序和安全措施交底，并指派作业监护人；生产单位与施工单位现场安全负责人对受限空间作业的全过程实施现场监督。

4.4.3 作业安全措施

（1）生产单位与施工单位现场安全负责人应对现场监护人和作业人员进行必要的安全教育。其内容应包括所从事作业的安全知识、紧急情况下的处理和救护方法等。

（2）制定安全应急预案。其内容包括作业人员紧急状况时的逃生路线和救护方法，监护人与作业人员约定联络信号，现场应配备的救生设施和灭火器材等。现场人员应熟知应急预案内容，在受限空间外的现场配备一定数量符合规定的应急救护器具（包括空气呼吸器、供风式防护面具、救生绳等）和灭火器材。出入口内外不得有障碍物，保证其畅通无阻，便于人员出入和抢救疏散。

(3) 进入受限空间作业实行“三不进入”。当受限空间状况改变时，作业人员应立即撤出现场，同时为防止人员误入，在受限空间入口处应设置“危险！严禁入内”警告牌或采取其他封闭措施。处理后需重新办理许可证方可进入。

(4) 在进入受限空间作业前，应切实做好工艺处理工作，将受限空间吹扫、蒸煮、置换合格；对所有与其相连且可能存在可燃可爆、有毒有害物料的管线、阀门加盲板隔离，不得以关闭阀门代替安装盲板。盲板处应挂标识牌。

(5) 为保证受限空间内空气流通和人员呼吸需要，可采用自然通风，必要时采取强制通风，严禁向内充氧气。进入受限空间内的作业人员每次工作时间不宜过长，应轮换作业或休息。

(6) 进入受限空间作业应使用安全电压和安全行灯。进入金属容器(炉、塔、釜、罐等)和特别潮湿、工作场地狭窄的非金属容器内作业，照明电压不大于12V；需使用电动工具或照明电压大于12V时，应按规定安装漏电保护器，其接线箱(板)严禁带入容器内使用。作业环境原来盛装爆炸性液体、气体等介质的，应使用防爆电筒或电压不大于12V的防爆安全行灯，行灯变压器不得放在容器内或容器上；作业人员应穿戴防静电服装，使用防爆工具，严禁携带手机等非防爆通信工具和其他非防爆器材。

(7) 取样分析应有代表性、全面性。受限空间容积较大时，应对上、中、下各部位取样分析，保证受限空间内部任何部位的可燃气体浓度和氧含量合格(当可燃气体爆炸下限大于4%时，其被测浓度不大于0.5%为合格；爆炸下限小于4%时，其被测浓度不大于0.2%为合格；氧含量19.5%～23.5%为合格)，有毒有害物质不得超过国家规定的“车间空气中有毒物质最高容许浓度”指标(H_2S最高允许浓度不得大于$10mg/m^3$)，分析结果报出后，样品至少保留4小时。受限空间内温度宜在常温左右，作业期间至少每隔4小时复测1次，如有1项不合格，应立即停止作业。

(8) 作业人员所带的工具、材料须登记，禁止与作业无关的人员和物品工具进入受限空间。

(9) 在特殊情况下，作业人员可戴供风式面具、空气呼吸器等。使用供风式面具时，必须安排专人监护供风设备。

(10) 发生人员中毒、窒息的紧急情况，抢救人员必须佩戴隔离式防护面具进入受限空间，并至少有1人在受限外部负责联络工作。

(11) 作业停工期间，应在受限空间的入口处设置“危险！严禁入内”警告牌或采取其他封闭措施防止人员误进。作业结束后，应对受限空间进行全面检查，确认无误后，施工单位和生产单位双方签字验收。

(12) 上述措施如在作业期间发生异常变化，应立即停止作业，经处理并达到安全作业条件后，方可继续作业。

4.4.4 作业监护人的资格和权限

(1) 作业监护人应熟悉作业区域的环境和工艺情况，有判断和处理异常情况的能力，掌握急救知识。

(2) 作业监护人在作业人员进入受限空间作业前，负责对安全措施落实情况进行检查，发现安全措施不落实或不完善时，有权拒绝作业。

(3) 作业监护人应清点出入受限空间的作业人数，在出入口处保持与作业人员的联系，严禁离岗。当发现异常情况时，应及时制止作业，并立即采取救护措施。

(4) 作业监护人应随身携带许可证。

(5) 作业监护人在作业期间，不得离开现场或做与监护无关的事。

4.4.5 作业人员职责

(1) 持有效的许可证方可施工作业。

(2) 作业前应充分了解作业的内容、地点(位号)、时间和要求，熟知作业中的危害因素和安全措施。

(3) 许可证中所列安全防护措施须经落实确认、监护人同意后，方可进入受限空间内作业。

(4) 作业人员在规定安全措施不落实、作业监护人不在场等情况下有权拒绝作业，并向上级报告。

(5) 服从作业监护人的指挥，禁止携带作业器具以外的物品进入受限空间。如发现作业监护人不履行职责，应立即停止作业。

(6) 在作业中发现异常情况或感到不适应、呼吸困难时，应立即向作业监护人发出信号，迅速撤离现场，严禁在有毒、窒息环境中摘下防护面罩。

4.4.6 许可证管理

(1) 许可证是进入受限空间作业的依据，不得涂改；确需修改，须经签发人在修改内容处签字确认。若许可证中安全措施、气体检测、评估等栏目内容填满后，应另加附页。许可证和附页应妥善保管，保存期为1年。

(2) 许可证一式四联，第一联由生产单位安全技术人员留存备查，第二联由作业负责人持有，第三联由监护人持有，第四联存放在作业点所在的操作控制室或岗位。

(3) 许可证中各栏目，分别由相应责任人填写，其他人不得代签；作业人员、监护人姓名应与许可证一致。

(4) 许可证的有效期为作业项目一个周期。当作业中断4小时以上再次作业前，应重新对环境条件和安全措施进行确认；当作业内容和环境条件变更必须重新办理许可证。

4.5 破土作业安全管理

破土作业系指油库、加油(气)站内部地面、埋地电缆、电信及地下管道区域范围内，以及交通道路、消防通道上开挖、掘进、钻孔、打桩、爆破等各种破土作业。破土作业前，应针对作业内容，进行危害识别，制定相应作业程序及安全措施，并将安全措施填入许可证。

4.5.1 许可证办理程序

(1) 许可证由施工单位填写。

(2) 工程主管部门组织电力、电信、生产、机动、公安保卫、消防、安全等有关部门、破土施工区域所属单位和地下设施主管单位联合进行现场地下情况交底，根据施工区域地质、水文、地下供排水管线、埋地燃气(含液化气)管道、埋地电缆、埋地电信、测量用的永久性标桩、地质和地震部门设置的长期观测孔、不明物、沙巷等情况向施工单位提出具体要求。

(3) 施工单位根据工作任务、交底情况及施工要求，制订施工方案，落实安全施工措施。

(4) 施工方案经施工主管部门现场负责人和建设基层单位现场负责人签署意见，有关部门确认签字后，由二级单位主管领导审批。

(5) 破土作业涉及用火、临时用电、进入受限空间等作业时，应办理相应的作业许可证。

4.5.2 破土作业安全措施

(1) 破土前，施工单位应按照施工方案，逐条落实安全措施，并对所有作业人员进行安全教育和安全技术交底后方可施工。破土作业涉及电力、电信、地下供排水管线、生产工艺埋地管道等地下设施时，施工单位应安排专人进行施工安全监督。

(2) 破土开挖前，施工单位应做好地面和地下排水工作，严防地面水渗入作业层面造成塌方。破土开挖时，应防止邻近建(构)筑物、道路、管道等下沉和变形，必要时采取防护措施，加强观测，防止位移和沉降；要由上至下逐层挖掘，严禁采用挖空底脚和挖洞的方法。在破土开挖过程中应采取防止滑坡和塌方措施。

(3) 作业人员在作业中应按规定着装和佩戴劳动保护用品。

(4) 对施工过程中，出现的下列情形，应及时报告建设单位，采取有效措施后方可继续进行作业：

① 需要占用规划批准范围以外场地。

② 可能损坏道路、管线、电力、邮电通信等公共设施。

③ 需要临时停水、停电、中断道路交通。

④ 需要进行爆破的。

(5) 在道路上(含居民区)及危险区域内施工，应在施工现场设围栏及警告牌，夜间应设警示灯。在地下通道施工或进行顶管作业影响地上安全，或地面活动影响地下施工安全时，应设围拦、警示牌、警示灯。

(6) 在施工过程中，如发现不能辨认物体，不得敲击、移动，应立即停止作业，并报建设单位，待查清情况、采取有效措施后，方可继续施工。

(7) 在雨期和解冻期进行土方工程作业时，应及时检查土方边坡，当发现边坡有裂纹或不断落土及支撑松动、变形、折断等情况应立即停止作业，经采取可靠措施并检查无问题后方可继续施工。

(8) 在破土开挖过程中，出现滑坡、塌方或其他险情时，要做到：

立即停止作业；先撤出作业人员及设备；挂出明显标志的警告牌，夜间设警示灯；划出警戒区，设置警戒人员，日夜值勤；通知设计、工程建设和安全等有关部门，共同对险情进行调查处理。

4.5.3 许可证管理

许可证一式三联，第一联交由建设单位留存，第二联交施工单位，第三联交现场施工管理人员随身携带。一个施工点、施工周期应办理一张作业许可证。许可证保存期为 1 年。

4.6 高处作业安全管理

高处作业是指在坠落高度基准面2m以上(含2m)，有坠落可能的位置进行的作业。进行15m(含15m)以上的高处作业，应办理“中国石化高处作业许可证”。凡经高处作业特殊培训的岗位人员，在正式巡检路线进行正常高处检查的人员等不需办理高处作业许可证。

进行高处作业前，应针对作业内容进行危害识别，制定相应的作业程序及安全措施，将安全措施填入许可证内。

4.6.1 许可证办理程序

(1) 施工单位负责人持施工任务单，到基层单位办理许可证。基层单位负责人应对作业程序和安全措施进行确认后，签发许可证。

(2) 施工单位负责人应向施工作业人员进行作业程序和安全措施的交底，基层单位与施工单位现场安全负责人对高处作业的全过程实施现场监督。

(3) 高处作业完工后，基层单位与施工单位现场安全负责人应在许可证完工验收栏签字。

4.6.2 作业安全措施

(1) 基层单位与施工单位现场安全负责人应对作业人进行必要的安全教育，其内容包括所从事作业的安全知识、作业中可能遇到意外时的处理和救护方法等。

(2) 应制定应急预案，其内容包括作业人员紧急状况下的逃生路线和救护方法，现场应配备的救生设施和灭火器材等。现场人员应熟知应急预案的内容。

(3) 高处作业人员应使用与作业内容相适应的安全带，安全带应系挂在施工作业处上方的牢固构件上，不得系挂在有尖锐棱角的部位。安全带系挂点下方应有足够的净空。安全带应高挂低用。在进行高处移动作业时，应设置便于移动作业人员系挂安全带的安全绳。

(4) 劳动保护服装应符合高处作业的要求。对于需要戴安全帽进行的高处作业，作业人员应系好安全帽带。禁止穿硬底和带钉易滑的鞋进行高处作业。

(5) 高处作业严禁上下投掷工具、材料和杂物等。所用材料应堆放平稳，必要时应设安全警戒区，并派专人监护。工具在使用时应系有安全绳，不用时应放入工具套(袋)内。在同一坠落方向上，一般不得进行上下交叉作业。确需进行交叉作业时，中间应设置安全防护层，其中对于坠落高度超过24m的交叉作业，应设双层安全防护。

(6) 高处作业人员不得站在不牢固的结构物上进行作业，不得在高处休息。在石棉板、瓦棱板等轻型材料上方作业时，必须铺设牢固的脚手板，并加以固定。

(7) 高处作业应使用符合安全要求、并经有关部门验收合格的脚手架。夜间高处作业应有充足的照明。

(8) 供高处作业人员上下用的梯道、电梯、吊笼等应完好，高处作业人员上下时手中不得持物。

(9) 在邻近地区设有排放有毒、有害气体及粉尘超出允许浓度的烟囱、设备的场合，严禁进行高处作业。如在允许浓度范围内，也应采取有效的防护措施。

(10) 遇有不适宜高处作业的恶劣气象条件(如六级风以上、雷电、暴雨、大雾等)时，严禁露天高处作业。

4.6.3 作业人员的职责

(1) 持有经审批同意、有效的许可证方可进行15m以上(含15m)高处作业。

(2) 在作业前充分了解作业的内容、地点(位号)、时间和作业要求，熟知作业中的危害因素和许可证中的安全措施。

(3) 对许可证上的安全防护措施确认后，方可进行高处作业。

(4) 对违反本规定强令作业、安全措施不落实的，作业人员有权拒绝作业，并向上级报告。

(5) 在作业中发现情况异常或感到不适等情况，应发出信号，并迅速撤离现场。

4.6.4 许可证的管理

(1) 许可证是进行高处作业的依据，不得涂改；如确需修改时，应经签发人在修改内容处签字确认。许可证应妥善保管，保存期为一年。

(2) 许可证一式两联，各单位基层单位留存第一联，施工单位作业现场负责人持有第二联。

(3) 许可证的有效期为作业项目一个周期。

4.7 起重作业安全管理

起重作业是指起重机械作业。起重机械系指桥式起重机、门式起重机、装卸桥、缆索起重机、汽车起重机、轮胎起重机、履带起重机、铁路起重机、塔式起重机、门座起重机、桅杆起重机、升降机、电葫芦及简易起重设备和辅助用具(如吊篮)等。起重作业按起吊工件重量划分为三个等级，大型为100t以上；中型为40~100t；小型为40t以下。

进行起重作业前，应针对作业内容进行危害识别，制定相应的作业程序及安全措施。

4.7.1 管理职责

(1) 工程项目管理部门为起重作业的管理部门，负责对承包商起重作业单位资质、施工机械的有效合格证、操作人员《特种作业人员操作证》、施工方案、安全措施进行审查。

(2) 安全部门负责起重作业的安全监督检查，对操作人员的特种作业证书进行确认。

(3) 施工作业现场所属管理部门负责现场起重作业的安全检查和安全措施确认。

(4) 施工单位为起重作业安全管理的执行人。

4.7.2 安全管理内容

(1) 各单位应按照国家标准规定对起重机械进行日检、月检和年检。对检查中发现的起重设备问题，进行检修处理，并保存检修档案。

(2) 起重指挥人员、司索人员(起重工)和起重机械操作人员，应持有当地政府相关部门颁发的《特种作业人员操作证》，方可从事指挥和操作。

(3) 在进行大型起重作业前，各单位安全部门应会同有关技术部门对作业方案、作业安全措施和应急预案进行风险评估和审查。

4.7.3 起重作业前安全检查

（1）安全部门应对从事指挥、司索和操作人员进行资格确认。

（2）对起重机械和吊具保护装置进行安全检查确认，确保处于完好状态。

（3）对安全措施落实情况进行确认。

（4）对吊装区域内的安全状况进行检查（包括吊装区域的划定、标识、障碍）。

（5）核实天气情况。

4.7.4 安全措施

（1）起重作业时必须明确指挥人员，指挥人员应佩戴明显的标志。

（2）起重指挥人员必须按规定的指挥信号进行指挥，其他操作人员应清楚吊装方案和指挥信号。

（3）起重指挥人员应严格执行吊装方案，发现问题要及时与方案编制人协商解决。

（4）正式起吊前应进行试吊，检查全部机具、地锚受力情况。发现问题，应先将工件放回地面，待故障排除后重新试吊。确认一切正常后，方可正式吊装。

（5）吊装过程中出现故障，起重操作人员应立即向指挥人员报告。没有指挥令，任何人不得擅自离开岗位。

（6）起吊重物就位前，不得解开吊装索具。

4.7.5 起重操作人员应遵守的规定

（1）按指挥人员的指挥信号进行操作；对紧急停车信号，不论何人发出，均应立即执行。

（2）当起重臂、吊钩或吊物下面有人，或吊物上有人、浮置物时不得进行起重操作。

（3）严禁使用起重机或其他起重机械起吊超载、重量不清的物品和埋置物体。

（4）在制动器、安全装置失灵、吊钩防松装置损坏、钢丝绳损伤达到报废标准等起重设备、设施处于非完好状态时，禁止起重操作。

（5）吊物捆绑、吊挂不牢或不平衡可能造成滑动，吊物棱角处与钢丝绳、吊索或吊带之间未加衬垫时，不得进行起重操作。

（6）无法看清场地、吊物情况和指挥信号时，不得进行起重操作。

（7）起重机械及其臂架、吊具、辅具、钢丝绳、缆风绳和吊物不得靠近高低压输电线路。确需在输电线路近旁作业时，必须按规定保持足够的安全距离，否则，应停电进行起重作业。

（8）停工或休息时，不得将吊物、吊笼、吊具和吊索悬吊在空中。

（9）起重机械工作时，不得对其进行检查和维修。不得在有载荷的情况下调整起升、变幅机构的制动器。

（10）下放吊物时，严禁自由下落（溜）；不得利用极限位置限制器停车。

（11）用2台或多台起重机械吊运同一重物时，升降、运行应保持同步；各台起重机械所承受的载荷不得超过各自额定起重能力的80%。

（12）遇6级以上大风或大雪、大雨、大雾等恶劣天气，不得从事露天起重作业。

4.8 施工作业安全管理

施工作业是指在中国石化所辖区域内进行新建、改扩建、检修和维修等施工。

4.8.1 建设单位职责

（1）应按照《中国石化承包商安全管理规定》对施工单位进行安全资质审查，不合格者不予录用。

（2）与施工单位应按照《合同法》签订施工作业合同书或安全作业协议书，合同书或协议书中应有安全条款。

（3）负责在施工作业现场划出安全隔离作业区，施工单位根据作业内容和作业场所环境制订安全有效的作业区隔离方案。

（4）有关主管部门、安全监督管理部门和基层单位共同负责审批施工单位制订的隔离方案，并督促施工单位落实。建设单位和施工单位共同确认达到安全施工条件后，方可进行施工作业。

（5）进行不停产检修和维修施工作业，应制定可靠的安全措施并认真执行。

4.8.2 施工单位职责

（1）凡与施工项目相关的工艺管线、下水井系统等，均应采取有效的隔离措施。对有毒有害及可燃介质的工艺管线必须加盲板进行隔离；对通往下水井系统的沟、井、漏斗等必须严密封堵；施工隔离区内凡与生产有关的工艺设备、阀门、管线等，均应有明显的禁动标志。

（2）凡在无法实施隔离装置运行区域内进行施工作业，必须由建设单位和施工单位共同制定安全措施和施工方案，并逐条落实，检查确认达到安全施工条件后，方可进行施工作业。

（3）在施工作业现场，不得就地排放易燃易爆、有毒有害介质。

（4）遇有紧急排放、泄漏、事故处理等异常情况，应立即停止一切施工作业，及时撤离人员并报警。

（5）进入生产设施、装置施工现场检修和维修作业，应严格执行总部的各项管理制度。

（6）人员进入生产设施和装置施工现场前，应接受建设单位的安全教育，经考核合格后，由建设单位根据合同期限办理入区作业许可证。

（7）施工作业前，应编制施工方案、安全技术措施和进度计划，报建设单位主管部门审批，并办理施工作业许可证。施工作业涉及用火、临时用电、进入受限空间、高处等作业时，应办理相应的作业许可证。

4.8.3 施工现场安全管理

（1）施工机具和材料摆放整齐有序，不得堵塞消防通道和影响生产设施、装置人员的操作与巡回检查。

（2）严禁触动正在生产的管道、阀门、仪表、电线和设备等，禁止用生产设备、管道、构架及生产性构筑物做起重吊装锚点。

（3）施工临时用水、用风，应办理有关手续，不得使用消防栓供水。

（4）高处动火作业应采取防止火花飞溅的遮挡措施；电焊机接线规范，不得将地线裸露搭接在装置、设备的框架上。

（5）施工废料应按规定地点分类堆放，严禁乱扔乱堆，应做到工完、料净、场地清。

4.8.4 安全检查

施工作业期间，建设单位应会同施工单位组织对施工作业现场进行安全检查，发现问题及时处理。对违反安全规章制度的施工单位和个人进行处理，性质严重的予以停止作业直至辞退。

4.9 案例分析

上海市某油气加注站液化气储罐“11·24”爆炸事故

2007年11月24日7时51分，上海市某油气加注站在停业检修时发生液化石油气储罐爆炸事故，造成4人死亡、30人受伤。

（1）事故经过

某油气加注站在安全检查中发现存在安全隐患，公司随即与上海某公司(以下简称A公司)签订工程承包合同，将检修工作委托给A公司负责，A公司又转包给没有压力管道施工资质的上海某建筑安装工程有限公司(以下简称B公司)。计划检修项目为油气加注站管道刷油漆防腐、更换紧急切断阀、检验安全阀。

2007年10月12日，油气加注站暂停营业，进行检修。同日，A公司用10瓶氮气分别将1号、2号储罐内的剩余液化石油气物料压到槽车内，进行退料，至储罐液位表到零位后结束，但没有对液化石油气储罐进行置换。

11月7日，施工人员按合同内容开始对管路进行除锈、刷漆。11月14日，业主方变更工程项目内容，在原有合同的基础上增加了更换系统管道的内容。11月22日，管道全部更换完毕。

11月23日15时，B公司严重违反压力管道试压规定，擅自用压缩空气气密性试验代替对新更换管道的压力试验，并确定管道系统气密性试验压力为1.76MPa。在没有用盲板将试压管道与埋地液化石油气储罐隔离，且储罐的液相管道阀门和气相平衡管阀门处于全开情况下，19时，用空气压缩机将试压管道连同液化石油气储罐一起加压至1.2MPa，保压至24日上午。24日7时10分，继续升压；7时40分，焊工违章进行液化石油气管道防静电装置焊接作业，7时51分，当将第3只单头螺栓焊至液化石油气管道气相总管，空压机加压至1.36MPa时，2号液化石油气储罐发生爆炸，罐体冲出地面，严重损坏，其余两个埋地液化石油气储罐受爆炸冲击，向左右偏转，造成液化石油气罐区全部破坏，爆炸形成的冲击波将混凝土盖板碎块最远抛出420多米。

事故造成2名作业人员当场死亡，30名附近居民和油气加注站旁边道路上行人受伤，其中2名伤势严重的行人在送往医院途中死亡，周边约180户居民房屋玻璃不同程度损坏，12家商店及70余部车辆破损。

(2) 事故原因

直接原因：

在进行管道气密性试验时，没有将管道与埋地液化石油气储罐用盲板隔断，液化石油气储罐用氮气压完物料后没有置换，导致液化石油气储罐与管道系统一并进行气密性试验，罐内未置换干净的液化石油气与压缩空气混合，形成爆炸性混合气体，因现场同时进行电焊动火作业，电焊火花引发试压系统发生化学爆炸，导致事故发生。

间接原因：

① 业主以包代管。业主单位将油气加注站的检修工作外包后，没有对施工过程的安全进行监督，致使承担检修任务的单位在检修过程中屡屡违反施工安全作业规程。

② 层层转包。A 公司承接检修工程项目后，又将检修工程转包给没有相关施工资质的 B 公司。

③ 检修计划不周密，施工过程中随意多次增加检修项目却不及时修改检修施工方案。

④ 没有按照安全检修要求对检修管道和设备内的气体进行置换，擅自用气密性试验代替管道的压力试验，在管道气密性试验时，没有将管道与液化石油气储罐用盲板隔离。

⑤ 安全意识差。在油气加注站的检修过程中没有执行动火有关规定，在没有动火许可证的情况下擅自动火，从而引发事故。

第5章　油库安全管理

油库的基本功能是储存油品以平抑生产和消费之间的不平衡，满足社会需求。油库的基础作业为收储发。收即油品接收，是指使用专用设备从陆路、水路等运输工具上接收油品的过程，其中陆路包括铁路和公路。储即油品储存，是指通过以油罐为容器储存油品的形式。发即油品发送，是指使用专用设备为陆路、水路等运输工具发送油品的过程，其中陆路包括铁路和公路。

油库工艺是把油品从一个储运设备转移到另一个储运设备的方法和过程。油库工艺流程是指被输转的油品按特定的工艺要求在油库内的流向，它将油库中的各项生产设施有机地联系起来完成油库的各项生产作业。在油库因自然条件和社会需求不同往往采用不同的工艺。工艺上的差异，会使我们在安全管理上有不同的难点和要点。

油库的设备设施是油库作业的物质基础，设备设施选用、状态、管理和使用水平对安全产生直接影响。

油库的主要作业可分为罐区作业、铁路装卸作业、公路发油作业和水路收发油作业。这些作业是油库主要事故发生的环节，安全管理意义重大。下面以作业为主线对相关安全管理分别阐述。

5.1　储油罐区作业

罐区作业主要包括油罐收发油作业、倒罐作业、切水作业。罐区作业的主要安全工作是防跑油、冒油、串油、防火、防爆、减少蒸发、防污染等。

5.1.1　罐区工艺

5.1.1.1　工艺流程设计基本原则

(1) 满足生产要求。

第一是满足收发油品种的要求。油库在设计过程中决定了油库收发油的品种，因此工艺设计要满足品种收发要求。在罐区工艺设计中要根据品种考虑油罐的个数、容量、分组，并考虑管道布置形式。

第二要满足收发油能力的要求。这主要是对收发油能力要求，其依据是油库设计的周转量。收发能力对罐区工艺设计中油罐的容量、个数、管道的数量、直径、阀门规格都有直接影响。

第三要满足油品质量要求。工艺设计与油品品质的要求密切相关，有的品种允许少量掺混，有的则要求不能相互污染。因此品质的要求对罐区工艺设计中管道数量设计直接影响。对品质要求相对较低则可以共用管线，要求高则进出管线分开。对共用进出管线的不同规格的油品要注意用阀门等进行有效的隔断，防止串油。一般情况宜采用同进不同出。

第四要满足安全环保要求。油库在使用过程中会受到自然环境、设备特性和油品特性和作业特性的影响。如果设计时不考虑这些因素，则工艺达不到使用要求，严重时可出现重大安全事故。设计主要考虑的安全环保要素有气候、地震、水灾、溢油、油罐阀门更换、管道胀缩、排水排污控制、污水处理要求等。

（2）操作方便，调度灵活。

除特殊情况外，罐区工艺要尽可能满足油库收储发作业和罐间倒油作业，同品种油罐相互备用，同时完成收发作业。

（3）节约投资。

罐区工艺既要考虑使用要求、技术限制，又要考虑经济性，即投资要合理，使用费用适度，要在这几个方面的要求中找到平衡点。

5.1.1.2 管网布置形式

1. 单管系统(图5-1)

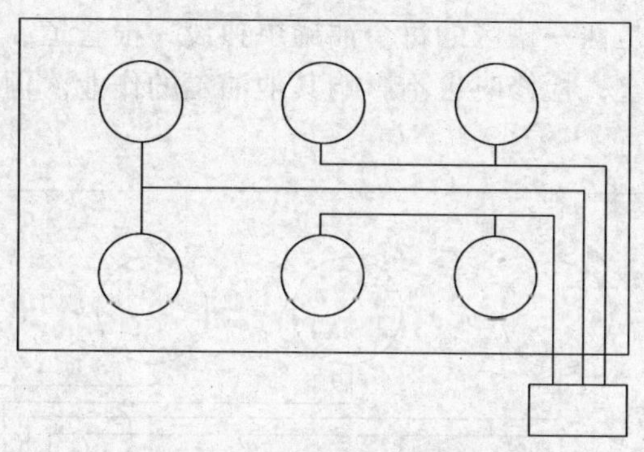

图5-1 单管系统工艺流程示意图

单管系统的特征是同一油罐组的两个(或两个以上)油罐共用一根管道。其特点是所需管道少，建设费用省，但它只以一根管道作为一组油罐进出油罐的进出油管，这种工艺不能同时收发，罐组油罐之间也不能互相输转，必须输转时需另设临时管线。若该组油罐有几个油品，为防止混油，输送不同油品时管道就需排空。

这种工艺一般应用在品种单一，收发业务量较少，通常不需输转作业的油库。

2. 双管系统(图5-2)

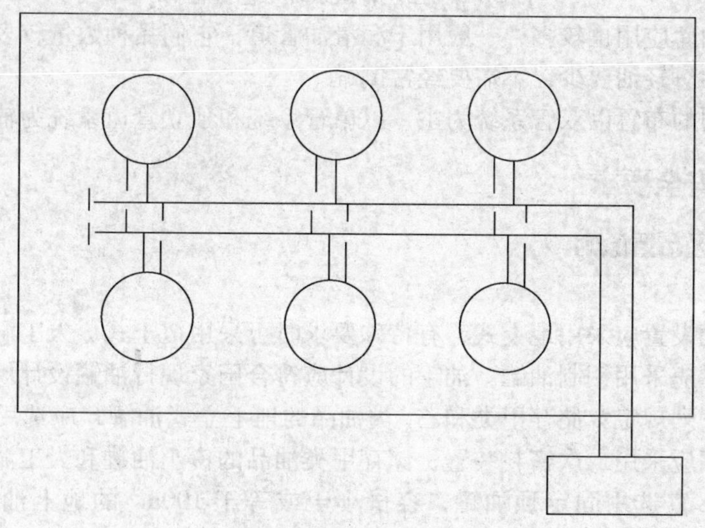

图5-2 双管系统工艺流程

双管系统是一个或一个以上油罐共用两根管道，多管系统则是两个或两个以上油罐共用两根以上管道。

双管系统的特征是对大宗散装油品的每个油品都设两根主干道，分别用作收油和发油。同时每个油罐也设两根进出油管，规定它们作进油和付油专用，并与相应进出油干道相连，实际中常用箭头或不同颜色，对进出油管道或阀门分别作出记号，便于安全操作。

如图5-2是典型的双管系统工艺流程图。这种工艺的最大特点是同组油罐间可以互相输转，也可同时进行收发作业，故现油库罐区工艺流程一般多以双管系统为主，辅以单管系统或独立管道系统。但双管系统在输转作业时，由于同时占用两根管道，故不能再进行收发作业，对作业量较大，同组油罐大于两个的油库常采用三管系统。

3. 独立管道系统(图5-3)

独立管道系统的特征是任一罐区的每个油罐单独设一根管道，它的特点是布置清晰，专管专用，使用完毕不需排空，检修时也不影响其他油罐的作业。但材料消耗大，泵房管组也相应增多。

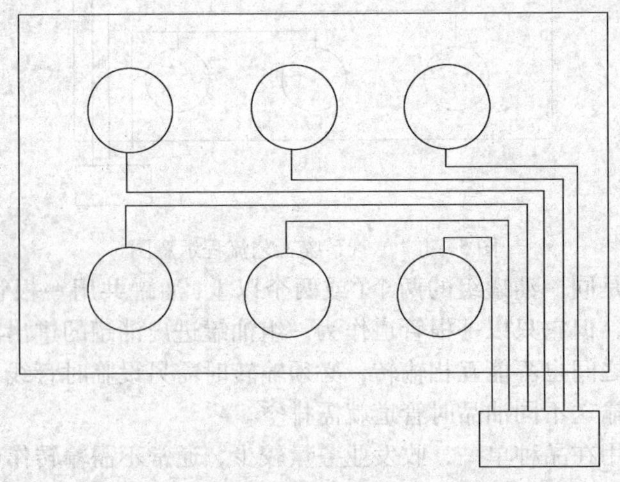

图5-3　独立管道系统工艺流程

这种工艺在油库应用也较多，一般用于润滑油管道，它们品种数量较多，但不能混入其他油品，业务量相对轻油要少，不需要经常倒罐。

一般油库管网的布置以双管系统为主，以单管系统和独立管道系统为辅。

5.1.2　油罐区安全要求

5.1.2.1　轻油罐区布置原则

1. 油罐选择

石油库的油罐设置应采用地上式，有特殊要求时可采用覆土式、人工洞式或埋地式。

石油库的油罐应采用钢制油罐。油罐的设计应符合国家现行油罐设计规范的要求。选用油罐类型应符合下列规定：储存甲类和乙$_A$类油品的地上立式油罐，应选用浮顶油罐或内浮顶油罐，浮顶油罐应采用二次密封装置；储存甲类油品的覆土油罐和人工洞油罐，以及储存其他油品的油罐，宜选用固定顶油罐；容量小于或等于100m^{3}的地上油罐，可选用卧式油罐。

2. 油罐选用及布置

通常每种油品至少选两个罐，尽量选用容量较大的储罐。对于整个油库来说，选用储罐的规格应尽可能统一，不同种类油罐不同组布置，单罐容量等于或大于1000m^3 时，不应多于12座。地上油罐组单罐容量小于1000m^3 的储存丙$_B$ 类油品的油罐不应超过4排，其他油罐不应超过2排。立式油罐排与排之间的防火距离不应小于5m。卧式油罐排与排之间的防火距离不应小于3m。

3. 地上油罐组防火堤

防火堤耐火极限不应低于3h；在耐火极限内，防火堤应能承受在计算高度范围内所容纳液体的静压力且不应泄漏。立式油罐防火堤的计算高度应保证堤内有效容积需要。地上储罐的防火堤实高应高于计算高度0.2m，防火堤高于堤内设计地坪不应小于1.0m，高于堤外设计地坪或消防道路路面(按较低者计)不应大于3.2m。地上卧式储罐的防火堤应高于堤内设计地坪不小于0.5m。

严禁在防火堤上开洞。管道穿越防火堤处应采用不燃烧材料严密填实。在雨水沟穿越防火堤处，应采取排水阻油措施。在占地、土质条件能满足需要的前提条件下，宜选用土筑防火堤，土质防火堤堤顶宽度不应小于0.5m。在土筑堤无条件或困难地区，可选用其他结构形式的防火堤，但不得采用浆砌毛石结构。雨水排放采用明沟或平坡方式，收集至罐组内的雨水井，平坡排水坡度不小于3‰。雨水井内可设置隔油水封器或采取其他排水阻油措施。

防火堤每一个隔堤区域内均应设置对外人行台阶或坡道，相邻台阶或坡道之间的距离不宜大于60m。高度大于或等于2m的台阶或坡道应设护栏。

地上立式储罐的罐壁至防火堤内堤脚线的距离，不应小于罐壁高度的一半。

卧式储罐的罐壁至防火堤内堤脚线的距离，不应小于3m。依山建设的储罐，可利用山体兼作防火堤，储罐的罐壁至山体的距离不得小于1.5m。

防火堤计算高度的确定。防火堤高度应保证堤内有效容积的需要。防火堤内的有效容量，不应小于罐组内一个最大储罐的容量。

罐底标高应满足泵的吸入要求；满足罐前支管道与主管道连接所需安装尺寸的要求；地上立式油罐的基础面标高，宜高出油罐周围设计地坪标高0.5m。容量为1000m^3 及以上的油罐，宜采用钢筋混凝土环墙式基础。1000m^3 以下的油罐基础，可采用护坡式基础。

4. 立式油罐罐组内隔堤设置

当单罐容量小于5000m^3 时，隔堤内的油罐数量不应多于6座。当单罐容量等于或大于5000m^3 至小于20000m^3 时，隔堤内油罐的数量不应多于4座。当罐容量等于或大于20000m^3 时，隔堤内油罐数量不应多于2座。隔堤内沸溢性油品储罐的数量不应多于2座。非沸溢性的丙B类油品储罐，可不设置隔堤。隔堤顶面标高，应比防火堤顶面标高低0.2～0.3m。隔堤应采用非燃烧材料建造，并应能承受所容纳油品的静压力且不应泄漏。

5.1.2.2 罐区安全管理规定

(1) 严禁无关人员、无关车辆入内。

(2) 严禁携带火种、易燃品、非防爆通信工具、非防爆电器、穿化纤服装、铁钉鞋入内。

(3) 严禁使用化纤制品擦拭设备。

(4) 严禁佩戴首饰、戒指登罐作业、敲打和擅自动用各类设备。

(5) 禁止在雷暴天气进行收发作业。

(6) 消防器材配备齐全，定期检查，不得挪用。

(7) 加强设备维护保养，做到无锈蚀、无渗漏、无损坏，达到完好标准。

(8) 严禁堆放杂物，及时清除杂草，保持防火堤完整、排水通畅和罐区整洁。

(9) 覆土罐密封门完好有效，适时通风，保持整洁、干燥。

(10) 油罐装油不得超过安全高度，作业人员不得离开岗位。

(11) 水封井阀门在平时应处于关闭状态，雨后要及时排出防火堤内积水。

(12) 定期检查隔油池内含油情况，及时抽取浮油。每次雨后，检查隔油池液位，防止油水冒出。

5.1.2.3 罐区收发油作业

1. 罐区收发油工艺流程选择

根据收发油品种、相应品种油罐空容情况、收发油设备状况和收发油情况等选择工艺流程。工艺流程的选择原则为通盘考虑、动静结合，尽量简化如果选择不当会导致作业复杂，如增加不必要的倒罐作业，会增加发生倒错罐，导致混油、冒油等事故发生。

2. 收发油工艺流程复核

为了避免选择工艺流程中出现错误，必须要设复核，可以由计量人员选择工艺流程，由另一计量人员或接卸人员复核。

3. 阀门控制

罐区油罐和管线上的阀门多且结构相同或相似，容易发生误开阀门的错误操作，导致串油、混油、冒油等事故发生。一般可通过阀门锁控制，其基本原理是利用一把钥匙开一把锁的一一对应关系，避免开错阀门。但是阀门锁控制必须事先做好验证，避免一把钥匙开多把锁的情况。

胀油阀是安装在可能因管线两端阀门关闭形成死管段的管线上泄压阀，主要作用是当管线内油品受热膨胀后泄压，避免升压对设备带来的损坏和引发跑冒油品事件的发生。阀门保持状态为“动关静开”，即当胀油阀所连接的管线有作业时操作人员把胀油阀关闭，避免串油，当没有作业时把该阀打开，避免管线内油品升温升压。

4. 机械呼吸阀检查

机械呼吸阀是拱顶罐的重要附件之一，其作用是保证油罐在一定压力范围内工作，以减少呼吸损失。机械呼吸阀一旦出现故障，会造成油罐损坏。所以要定期检查机械呼吸阀开启是否灵活，开启压力是否正常。在北方油库，冬季作业前检查机械呼吸阀是否结冰冻住。当阀盘被冻住后，该罐有发油作业时，会出现油罐吸瘪现象，严重时油罐钢板会发生塑性变形甚至破裂。

5.1.2.4 罐区安全设备设施设计及使用

(1) 工艺管道

① 工艺管道应集中布置，连接管道数量较多或管径较大的储罐，宜布置在靠近罐区管道进出口处。

② 管道连接应采用焊接方式，有特殊需要的部位可采用法兰连接。管道敷设应避免出现低点(液袋)、高点(气袋)和盲管。

③ 采用地上管道敷设方式，主管带应以3‰的坡度坡向泵组，管墩顶高出设计地面0.3m，应在适当位置设人行过桥跨越管带。

④ 油罐进出口管道与主管道之间应采用挠性或柔性连接，在地震烈度大于 7 度、管径大于 *DN*150 时，可采用抗震用金属软管进行连接。金属软管应设在油罐进出口 2 个阀门之间，在油罐试水沉降稳定后安装。金属软管的横向补偿量除考虑地震的影响外，还应同时考虑油罐在使用过程中的沉降量。

⑤ 不保温、不放空的地上油品管道，在其封闭管段上应设有效的卸压装置。

⑥ 油罐进出口应设两道阀门，靠近罐壁的第一道为保险阀，常态为开启。第二道阀门为作业阀，常态为关闭，作业时打开。

（2）高液位报警

高液位报警一般指液位测量中设置的软报警，对防止液位超出安全容量发生溢油有积极的作用。但是由于软报警并不与输油泵控制系统联锁，所以只起提示作用。为了有效防止溢油的发生，应该根据油罐情况找出安全容量上限位置安装高液位报警，并应与卸油泵联锁，做到超液位自动停止卸油作业，防止溢油。

5.1.3 罐区作业安全

罐区作业中容易发生事故的作业主要包括计量作业、倒罐作业和切水作业。在出现紧急情况下要能够处理。

5.1.3.1 计量作业安全

在罐区操作中频率最高且容易引发事故的是计量作业。计量作业操作环节多，控制点多，直接影响安全。

（1）火源控制。火源控制主要是控制能够产生明火、静电和电火花的工具、设备和操作。能够产生明火的有打火机、非防爆手电筒等。能够产生静电并放电产生火花的人或物，主要管理内容包括人体作业前是否放电、是否穿防静电服、采样器的采样绳是否符合规定、量油尺使用等。能够产生电火花的设备主要是非防爆通信工具、非防爆灯具、非防爆工具。

（2）上下油罐安全控制。油罐一般高于 10m，上下油罐会发生碰撞和坠罐等伤害事故。计量人员身体状况或精神状况不佳、酒后、双手提重物、速度过快、与罐上冷却水管线等障碍物碰撞都会造成坠罐、外伤等。

（3）计量安全控制。计量安全控制包括计量时间选择和计量操作。计量时间选择是考虑油罐作业后静电释放是否达到安全要求而定的。具体要求是收、付油后进行油面高度检尺时必须待液面稳定、泡沫消除后方可进行检尺。对于立式金属罐，轻油收油后液面稳定 2h，付油后液面稳定 30min。重质黏油收油后液面稳定 4h，付油后液面稳定 2h。

操作安全控制的目的是控制计量操作中能够引发事故的不规范行为。由于油罐计量是在罐顶完成的，又直接与油气接触，所以安全控制十分重要。要注意检查计量人员的操作是否规范。主要包括操作人员是否大风雷雨天气作业时上罐计量，计量前是否核对品种、罐号、盘梯、踏步、栏杆是否损坏，量油口开启是否规范，量油时是否从导尺槽下尺，量油时油尺下落速度是否过快，计量人员是否在罐上嬉笑打闹、跳跃、穿脱拍打衣服，量油口是否盖上，紧固螺栓是否拧好，是否用汽油擦拭量油口和计量器具，棉丝是否随意抛弃，油品洒漏是否及时清理等。

（4）取样。取样过程中的安全控制主要是防止取样过程中油品洒漏和回倒油品产生静电的影响。安全控制要点为取出样品后要把取样瓶放置稳定，防风，防倒洒。油样回收时是否沿导向管壁倾倒、油罐油污是否处理。

（5）准确计量。油品计量不准会出现冒顶，进而引发火灾爆炸事故。安全控制项主要为是否用估算代替现场检尺、是否关闭进出口阀门、计量器具是否检定和是否合格、是否按规定在下尺点计量、油品计算是否正确、油品是否超耗等都会影响作业安全。

（6）收尾工作。安全操作要点为要及时开关油罐阀门、油罐分户账要及时记录、及时做进、出油品库存校对日报表会。及时把阀门复位可以有效地避免串油，及时记录避免接班人员按旧记录安排作业导致溢油、发空罐等事故。

5.1.3.2 倒罐作业安全

（1）使用场合

倒罐作业用于油罐清洗、检修、拆除或改装品种前。

（2）作业原则

① 尽量选用固定泵倒罐工艺。如不需要抽空底油，应尽量使用现有工艺倒油。

② 如现有工艺无法实现或需抽空底油，可安装临时泵和临时管线，通过两罐排污口倒罐。若倒出罐无排污口，在液位低于人孔时可打开人孔盖倒出油品。

③ 条件合适的情况下可采用自压倒罐。

④ 一般倒罐作业发生在同品质油品之间，相同品质的油品倒罐后品质不会改变。

⑤ 不同牌号的油品混合需按制度经过批准。不同牌号的油品倒罐混合后需按取样规程在不同高度取样化验。混合后油品牌号根据检验结果确定。

（3）作业准备

① 明确分工，责任到人。仓储部门和有关部门取得联系，详细分工，落实到人。数量大的必须有 1 名油库主任或 1 名副主任到场指挥。

② 入出油品，掌握质量。对倒入和倒出罐内的油品质量情况要详细掌握，保证不会因倒罐引发质量事故。如果不清楚质量状况就要取样送检，待检验结果符合要求方可进行下一步工作。

③ 事前计量，确认数量。计量员到倒入罐和倒出罐测量油品液面高度、温度、水高和密度，计算倒出罐油品数量、油温、含水量，可倒入其他罐油品数量，计算出倒入罐的空余容量，如果不足再增加一个倒入罐。

④ 根据要求，确定工艺。根据需要确定使用固定泵或者移动泵作业。一般使用固定泵安全系数高，但是无法抽净底油，使用移动泵安全系数低，但是可以通过排污口将底油抽净。确定使用设备后要确定倒罐管线工艺。计量员确定倒出罐、倒入罐、倒罐方式、倒出数量、倒入罐空容、分配倒入数量、倒罐次序。

（4）倒罐作业操作流程

① 制订倒罐计划。计量员根据业务需求，制订倒罐计划。确定倒罐目的、时间、倒罐作业条件和大体流程。

② 填写《油品输转作业通知书》或《倒罐作业票》。确定倒出罐、倒入罐、倒罐方式、倒出数量、倒入罐空容、分配倒入数量、倒罐次序。计量部门将《油品输转作业通知书》送至仓储管理、设备管理、安全管理等主管人员确认，以便安排电工、维修工和消防人员。最后由油库主任签字执行。一张倒罐作业票只能填写一个倒出罐，一个倒入罐。

③ 危害识别和风险评估。各部门共同分析危害，并分析危害发和的可能性。

④ 安全措施。根据危害分析和风险评估，制定相应安全措施，把每项措施落实到人。进场前，安全管理人员对所有要进场的人员进行安全教育。

⑤ 倒罐操作。核实罐号、阀门号，确认无误后再开阀。

⑥ 倒罐作业监控。输转时罐内应有 2 人操作，互相监护，协调行动。随时观测液位变化，防止输转过程中因误操作而导致串油或混油事故。司泵员应在泵房注意油泵出口压力变化，防止抽空。

⑦ 收尾工作。

（5）固定泵倒罐作业安全

① 计量员根据业务需求，制订倒罐计划。确定倒罐目的、时间、倒罐作业条件和大体流程。

② 做好倒罐作业前各项准备工作。计量员确定倒出罐、倒入罐、倒罐方式、倒出数量、倒入罐空容、分配倒入数量、倒罐次序。

③ 计量员开具《油品输转作业通知书》，送至仓储管理、设备管理、安全管理等主管人员确认，以便安排电工、维修工和消防人员。最后由油库主任签字执行。一张倒罐作业票只能填写一个倒出罐，一个倒入罐。

④ 危害识别和风险评估。各部门共同分析危害，并分析危害发生的可能性(表 5 -1)。

表 5 -1　固定泵倒罐作业危害识别表

序号	固定泵倒罐作业危害识别	
1	现场人员未穿防静电工作服，产生静电火花，可能导致爆炸和火灾	
2	操作人员使用非防爆工具，撞击产生火花，可能导致爆炸和火灾	
3	设备动力电、保护接地或静电接地故障，可能导致爆炸和火灾	
4	现场人员携带手机、火种等物品，可能导致爆炸和火灾	
5	现场人员穿钉鞋，磨擦产生火花，可能导致爆炸和火灾	
6	现场操作人员监控设备不到位，导致泵空转过热，可能导致爆炸和火灾	
7	开错阀门或阀门关闭不严，导致混油、跑油，甚至引发次生灾害	
8	管线、阀门等密封不良，可导致跑油事故，引发次生灾害	
9	消防人员或消防器材不到位，无法扑救初期火灾，导致事故升级	
10	管理人员指挥有误，导致事故发生	

⑤ 安全措施。根据危害分析和风险评估，制定相应安全措施，把每项措施落实到人(表 5 -2)。进场前，安全管理人员对所有要进场的人员进行安全教育。

表 5 -2　固定泵倒罐作业安全措施表

序号	固定泵倒罐作业安全措施	
1	现场人员必须穿防静电工作服	
2	操作人员必须使用防爆工具	
3	检查确认设备动力电、保护接地或静电接地完好并符合作业要求	
4	严禁现场人员携带手机、火种等物品	
5	严禁现场人员穿钉鞋	
6	现场操作人员时刻监控设备，严禁脱岗	
7	操作前复核阀门钥匙发放正确，开关阀门时严禁非规定操作人员操作，设备人员要确保阀门完好	
8	设备维修人员确保管线、阀门密封良好，确保不滴不漏不跑	
9	作业前安全管理人员检查消防人员及消防器材情况，倒罐操作人员发现消防人员及消防器材不到位禁止作业	
10	管理人员必须熟悉作业流程，熟悉各种应急预案	

⑥ 流程开通。倒入罐、倒出罐停止作业。一座油罐同一时间进行两种以上作业属于交叉作业。一座油罐同时向两座油罐倒油或两座油罐同时向一座油罐倒油是同步作业。仓储作业中禁止任何交叉作业和同步作业。一座油罐边进边出会使水杂转移。

倒罐前计量员计算出油罐内油品数量，计算出倒入罐的空容，根据倒出总量分配倒入数量，安排好各油罐开启的顺序。

确定流程，发放钥匙。按钥匙发放制度发放相关阀门钥匙，有人复核钥匙是否发放正确。

开通流程。由作业人员用钥匙打开相应阀门。严禁非操作人员开启阀门。

仓储管理岗、设备管理岗、安全管理岗到现场检查是否具备作业条件，危害识别是否全面准确，安全措施是否落实到位。

打开第一批次倒出罐倒油出口阀门和导入罐倒油入口阀门。关闭倒油管线膨胀阀。

⑦ 倒罐实施及现场监控。检查泵状况，离心泵需要盘车。

按离心泵操作规程打开泵入口阀门，启动离心泵，缓慢开启泵出口阀门。

观察真空表和压力表读数，如无读数说明没有流量通过。如压力表读数过大说明出口管路不畅通。应停泵，检查各处阀门是否打开，判断阀门是否故障。

如压力表、真空表指示正常，泵运行平稳，司泵工要监视泵的运行，通过听声音和测量泵轴的温度检查泵是否正常。如发生异常立即停泵，关闭出入口阀门，检查并排除故障。

计量员在泵启动后应从倒入罐沿倒油管线巡查至倒出罐，检查是否有跑冒渗漏现象。倒罐期间安排专人巡视。倒油过程监控相关油罐的液位变化，检查相关管线的阀门是否关闭，避免串油。

离心泵抽空后运行不应超过三分钟，否则泵轴温度会迅速上升。

倒罐期间计量员通过液位仪监控各倒入罐进油速度。如无液位仪应按正常流量估算倒罐时间。当倒入罐进油数量或倒出罐倒出数量将达到预计数量，计量员提前到现场。

液位仪指示或手工计量达到预计数量后切罐或结束倒罐作业。

如切罐，先开通待倒入罐阀门，再关闭结束作业的油罐阀门。

⑧ 收尾。倒罐作业结束，司泵工先关闭泵出口阀门，停泵，再关闭入口阀门。关闭倒入罐、倒出罐有关阀门和倒油管线其他无作业应关闭的阀门。打开相关膨胀阀。

稳油 2 小时后，计量人员检尺，计算出倒出罐和倒入罐油品的出入数量。如损溢过大应检查其他油罐是否串油或跑、冒油。

根据计量操作规程，倒罐作业两名计量员一人操作，一人复核。

（6）临时泵倒罐作业安全

① 计量员根据业务需求，制订倒罐计划。确定倒罐目的、时间、倒罐作业条件和大体流程。

② 做好倒罐作业前各项准备工作。计量员确定倒出罐、倒入罐、倒罐方式、倒出数量、倒入罐空容、分配倒入数量、倒罐次序。

③ 计量员开具《油品输转作业通知书》，安全员在临时泵接电前须开具临时用电票和相应的动火作业许可证。送至仓储管理、设备管理、安全管理等主管人员确认，以便安排电工、维修工和消防人员。最后由油库主任签字执行。一张倒罐作业票只能填写一个倒出罐，一个倒入罐。

④ 危害识别和风险评估。各部门共同分析危害，并分析危害发生的可能性(表5-3)。

表5-3　临时泵倒罐作业危害识别表

序号	临时泵倒罐作业危害识别	
1	现场人员未穿防静电工作服，产生静电火花，可能导致爆炸和火灾	
2	操作人员使用非防爆工具，撞击产生火花，可能导致爆炸和火灾	
3	设备动力电保护接地或静电接地故障，可能导致爆炸和火灾	
4	动力电连接难以达到防水防爆要求，受雨水浸泡漏电，可能导致人员伤害、爆炸和火灾	
5	临时泵在油气包围的情况下，会因碰撞、静电或漏电等原因导致爆炸和火灾	
6	大量油气外泄在防火堤内会导致人员中毒	
7	现场人员携带手机、火种等物品，可能导致爆炸和火灾	
8	现场人员穿钉鞋，磨擦产生火花，可能导致爆炸和火灾	
9	移动泵类型或扬程等选择不当，使泵超负荷运转而生热，可能导致爆炸和火灾	
10	现场操作人员监控设备不到位，导致泵空转过热，可能导致爆炸和火灾	
11	开错阀门或阀门关闭不严，导致混油、跑油，甚至引发次生灾害	
12	管线、阀门等连接不紧，可导致跑油事故，引发次生灾害	
13	消防人员或消防器材不到位，无法扑救初期火灾，导致事故升级	
14	管理人员指挥有误，导致事故发生	

⑤ 安全措施。根据危害分析和风险评估，制定相应安全措施(表5-4)，把每项措施落实到人。进场前，安全管理人员对所有要进场的人员进行安全教育。

表5-4　临时泵倒罐作业安全措施表

序号	临时泵倒罐作业安全措施	
1	现场人员必须穿防静电工作服	
2	操作人员必须使用防爆工具	
3	检查确认设备动力电保护接地或静电接地完好并符合作业要求	
4	雨天不得使用临时泵倒罐	
5	临时泵必须在防火堤内时，油泵要与排污口或人孔处保持3m以上距离	
6	随时检测防火堤内油气浓度，浓度高时要停止作业	
7	严禁现场人员携带手机、火种等物品	
8	严禁现场人员穿钉鞋	
9	根据油品和作业条件选择合适的移动泵作业	
10	现场操作人员时刻监控设备，严禁脱岗	
11	操作前按移动泵流程确认阀门，开关阀门时严禁非规定操作人员操作，设备人员要确保阀门完好	
12	设备维修人员确保管线、阀门密封良好，确保不滴不漏不跑	
13	作业前安全管理人员检查消防人员及消防器材情况，倒罐操作人员发现消防人员及消防器材不到位禁止作业	
14	管理人员必须熟悉作业流程，熟悉各种应急预案	

⑥ 流程开通。倒入罐、倒出罐停止作业。移动泵作业只能从一个倒出罐向一个倒入罐输转。同罐组内不宜进行其他有油气产生的作业。

倒罐前计量员计算出油罐内油品数量，计算出倒入罐的空容，根据倒出总量分配倒入数量，安排好各油罐开启的顺序。

连接临时工艺流程。由维修人员打开排污口盲板或人孔盖，连接好临时管线，管线连接良好不渗漏，管线内畅通无堵塞。临时管线应带导静电连接线，管线接头处静电连接线也应连接良好。首尾处静电连接线和油罐、油泵连接。油泵须单独接地。作业前检查临时泵的工况和接电设施的安全状况。

确定流程，确认阀门。按移动泵临时流程，确认阀门。

开通流程。由作业人员用打开相应阀门。严禁非操作人员开启阀门。

仓储管理岗、设备管理岗、安全管理岗到现场检查是否具备作业条件，危害识别是否全面准确，安全措施是否落实到位。使用临时泵倒罐期间现场必须有消防人员备防，整个作业期间有专人看护。油库主任和至少一名管理岗应在现场。

打开第一批次倒出罐倒油出口阀门和导入罐倒油入口阀门。关闭倒油管线膨胀阀。

⑦ 启泵倒油。启动临时泵，开始倒油作业。

抽空底油应使用离心泵或符合要求的容积泵。使用容积泵抽空底油，当进口管路进气后，泵不可过长时间运转，防止泵内部磨损加剧。

使用临时泵倒油，随倒入罐液位升高，与倒入罐连接的临时管线承受的压力也越来越大，要防备管线接口处漏油。

倒罐结束后先关闭导入罐排污阀，停泵，关闭泵出口阀门，关闭倒出罐排污阀，切断临时泵电源。倒罐结束后要清空临时管线内油品。装好排污阀外的盲板或人孔盖。撤掉临时用电线。

作业完毕清理现场。

5.1.3.3 切水作业安全

（1）切水原则

排污切水作业宜在油罐液位较低时进行。作业期间禁止动火作业；排污切水的油罐不得进行收、发油作业；雷雨、大风天气禁止排污切水；夜间不得排污切水；喷淋降温时不准排污切水；排污切水作业应在油罐收油结束4小时后开始；如排污阀关闭不严，应迅速安装盲板；将该罐油品尽快倒入其他油罐后，更换排污阀。

（2）切水时机

测量油罐水位接近50mm或入冬前，应对油罐进行排污切水。对油罐进行测水检尺，并进行油罐检前尺。

（3）切水操作

计量员开具油罐排污切水作业书，油库主任、管理岗、班组长签字确认。

油库主任组织仓储管理岗、设备管理岗、安全管理岗、计量员、维修工、警消队员到场，布置工作任务。

准备好符合规定的防爆工具。

切水作业前须由相关管理岗和油库主任签油罐排污切水作业票。

切水作业前须由相关管理岗和油库主任签盲板施加及拆除作业票。

关闭罐区雨水排放阀门，开启通向含油污水处理池阀门。安全管理岗确认，警消人员备防。

打开排污阀门锁。

拆卸排污阀外盲板，拆下的盲板、螺栓摆放整齐。

打开排污阀排污切水，实时监测水位高度。排污切水作业期间现场须有人全程监护。

排污切水时排污阀最大开启程度不宜超过50%。排污阀全开会导致水流速过高，会带出油品。

检查雨水外排主管道是否有污水进入，发现污水外排立即停止作业，关闭排污阀；库区雨水外排主管道下游采取封堵措施，将进入雨水管道内的污水倒入污水管道。

切水结束后关闭排污阀并上锁，安装盲板，关闭通向污水处理池阀门，清理现场检后尺，核对污水排出量。

5.1.3.4 罐区应急处理

（1）油罐冒顶处理

① 立即向油库领导汇报，联系卸油人员，停止收油作业；②向同品种的相近品种油罐压油或倒油；③及时检查周围及下水道等处有无车辆或电、气焊等火种，如果有要求立即熄火；④及时组织人力、物力进行回收处理，减少污染和浪费，保证安全。

（2）油罐吸瘪的原因分析

① 机械呼吸阀阀盘与阀座冻结造成呼吸阀失灵和液压安全阀油位过高；②机械呼吸阀阀杆锈蚀或被油污粘住，且液压安全阀油位过高；③发油速度过快，超过呼吸阀口径的进气速度，罐内负压超过设计负压。

(3)罐顶吸瘪后修复

油罐顶吸瘪后，主要有注水压气法和垫水充气法两种方法。①注水压气法是先往油罐充入一定高度的水，然后密闭油罐，再往罐内注水压缩罐内空气，罐内气体空间压力增大，使变形罐顶复原的办法；②垫水充气法是先往罐内注水，然后密闭油罐，再往罐内气体空间充气，逐步增加气体空间压力，使变形罐顶复原的办法。

（4）油罐罐体胀裂处理

发生油罐罐体胀裂事故的处理方法是：①胀裂油罐禁止再进油；②落实措施，防止油品外溢蔓延，引发事故；③确认安全情况下，移出罐内油品；④按油罐清扫规程将油罐清扫干净，交施工单位修复；⑤检修完毕，经试压合格，方可恢复使用。

（5）油罐胀破的原因分析

机械呼吸阀阀盘与阀座冻结造成呼吸阀失灵和液压安全阀油位过高；机械呼吸阀阀盘锈蚀失灵和液压安全阀油位过高，进油速度过快，超过呼吸阀口径的呼气速度，罐内压力超过设计压力。

（6）油罐发生吸瘪的及时处理

① 立即关闭油罐出口阀门并通知发货人员停泵；②及时把情况汇报油库主任进行处理；③如吸瘪轻微变形，不必做其他处理，可慢慢自然恢复；④如果油罐塌裂，油品外漏则要关闭罐区的所有水沟闸阀，严禁车辆进入罐区消防路；⑤油罐吸瘪严重及油罐塌裂油品外漏，

需将罐内油品倒入其他同种油品罐，待清罐修理。

(7) 冬季对油罐操作的规定

① 长期停用的油罐，必须微量通气或扫净加热管。②严格按规定做好油罐等脱水设备的放水工作。③熟记油罐检尺口高度，检尺时观察罐内情况，防止检尺误差。④按规定进行油罐加热，各油罐在保持油温要求的情况下应使加热器常开，并将排凝点阀排出的微量水排空。⑤经常检查各罐区的排凝情况以及防冻、防凝，进行油罐机械式呼吸阀检查时，应特别关注阀盘是否冰冻。

5.2 铁路装卸

铁路装卸，是指以铁路油罐车为运输工具的装油和卸油作业。油品销售企业中油库最主要的收发油作业形式，对于中转库铁路装油作业也是一项经常性作业。

5.2.1 铁路装卸工艺

铁路装卸系统一般包括输油系统、真空系统和放空系统。目前真空系统被专用扫舱系统取代，放空系统也因管道分开而取消，故新建油库往往只存在输油系统和扫舱系统。

5.2.1.1 铁路装油工艺

铁路装油是即把油库油罐中的油品装到铁路油罐车的作业。铁路装油是中转油库的作业项目，单次作业量明显大于公路装车发油作业。铁路装油工艺也因铁路的特点而具有特殊性。铁路装油工艺有上部装油和下部装油两种工艺，我国采用上部装油工艺，欧洲一些国家采用下部装油工艺。

(1) 上部装油(图5-4)

上部装油即从上部用鹤管给铁路油罐车装油的工艺。我国铁路部门出于安全考虑一直使用上部装卸口的油罐车，油库则只能采用上部装油工艺。上部装油因需要满足作业高度要求，创造出铁路栈桥。

图5-4 上部装油工艺

铁路上部收发油设备有油罐、阀门、过滤器、泵、单向阀、出口阀、输油管、集油管、收发油鹤管、铁路栈桥、铁路油罐车、铁路专用作业线。

(2) 下部装油(图5-5)

下部装油即从下部用装油管给铁路油罐车装油的工艺。国外油库采用此种工艺多。下部装油的操作效率高，操作时间短，不会喷溅装油，安全系统高，人员劳动强度低。但是运输过程对设备和监控要求高，出现问题不容易控制。

图 5－5　下部装油工艺

5.2.1.2　铁路卸油工艺

（1）上部卸油

① 泵卸法

上部卸油是将鹤管端部的垂管从铁路油罐车上部的人孔插入油罐车内，然后用泵从油罐车卸油。泵卸油必须保证泵吸入系统充满油品，并在鹤管顶点和吸入系统任何部位不产生气阻断流现象，所以必须配有真空泵或扫舱泵以满足灌泵和抽底油的要求。

② 自流卸油

上部装卸是将鹤管端部的垂管从铁路油罐车上部的人孔插入油罐车内，然后用虹吸原理从油罐车卸油。自流卸车必须有足够的位差。

③ 浸没泵卸油

也称潜油泵卸油，即把泵置于鹤管吸入口的卸油方法。

④ 压力卸油

用气体给有密封装置的铁路油罐车加压把油从鹤管顶进库区油罐的卸油方法。

⑤ 混合法卸油(泵卸加潜油泵卸油)

同时使用两种以上的卸油方法，常见的有离心泵加液动潜油泵同时卸油，能克服气阻现象。

（2）下部卸油

下部卸油即从下部用卸油管把铁路油罐车内的油品卸入油库油罐的工艺。国外油库采用此种工艺多。下部卸油的操作效率高，操作时间短，使用设备少，不会产生气阻，不用扫舱，安全系统高，人员劳动强度低。但是运输过程对设备和监控要求高，出现问题不容易控制。我国目前常用于粘油，轻油的卸油工艺不用下部卸油工艺。

5.2.1.3　常用装卸油工艺

在目前油库中常用铁路装油工艺为上部泵装，常用卸油工艺是上部泵卸油工艺和浸没泵卸油工艺。

铁路上部收发油设备由油罐、阀门、过滤器、泵、单向阀、出口阀、输油管、集油管、收发油鹤管、铁路栈桥、铁路油罐车、铁路专用作业线、扫舱系统或真空系统、零位罐、缓冲罐组成。

5.2.2　铁路装卸设备设施

铁路收发油设备由油罐、阀门、过滤器、泵、单向阀、出口阀、输油管、集油管、收发油鹤管、铁路栈桥、铁路油罐车、铁路专用作业线、扫舱系统或真空系统、零位罐、缓冲罐组成。

5.2.2.1 铁路油罐车的安全管理要点

（1）车辆本身的火源。目前火车动力主要为柴油内燃机，电力机车，蒸汽机车已经很少。主要是安全距离，内燃机要注意附近油气浓度是否会影响作业安全。蒸汽机车要加隔离车。

（2）车辆撞击。火车一般为几十节，几百米长，控制难度较大，特别是一些没有自动导航定位系统的车辆进库会出现位置不准，有时会推进过度甚至到铁轨尽头，所以在油库必须设足够长度的铁路尽头设计，而且要有足够强度的防撞击结构。

（3）车辆意外溜动。轨道有时会有一定的坡度，车辆会在重力作用下从静止向下坡的方向移动。这种意外移动会因长度的积累越来越快，形成巨大的冲击力量，对铁路大门、交叉路口的人员车辆及铁路主轨道上正常行驶列车的安全造成极大的威胁。在作业时，必须给铁路油罐车的车轮下加挡车器(俗称铁鞋)，防止车辆意外滑动。

（4）防溜脱轨器的使用。在连接重要路口或坡度较大的油库铁路部门会加装防溜脱轨器。防溜脱轨器的主要作用是在油罐车意外溜车而人员又无法挡住车辆的时候采取的一种被动安全措施，即把车辆从轨道上引至轨下，使其无法行驶。但是因为其作用导致的后果较为严重，有时能够导致车辆倾覆，所以在铁路油罐车出库时一定要检查是否复位，否则会出现严重后果。

（5）车辆对卸油设备设施的影响。卸油设备设施在作业完毕后如果不能及时复位，将导致油罐车对相关设备设施造成拖拽，严重时会对铁路卸油栈桥造成变形甚至倾覆的影响。如卸油的鹤管、防滑踏梯、扫舱设备等，支撑点主要在栈桥上，如果发生拖拽，除了相关设备损坏之外，钢铁结构的栈桥容易变形，而钢筋混凝土结构的有时会倾覆。所以作业后要立即把卸油设备复位，尤其是在夜里作业时要特别检查此项内容。

5.2.2.2 铁路装卸油作业专用线

油库内铁路装卸油专用线可分为库内线和库外线，是油库沟通国家铁路网的重要设施。

（1）油库内铁路装卸油专用线的技术要求

铁路专用线外部的长度取决于接轨站与库区的距离和地形，一般不应超过 3～5km。装卸作业线应当是平坡直线，以利于散装油品的精确计量，同时防止油罐车内残留过多油品和油罐车滑溜事故。

（2）油库内铁路装卸油作业线路的数量和布置

油库内铁路装卸油作业线的股数，应根据车位数及地形条件综合考虑。一般对于油品比较单一的油库和中小型油库或作业车位数在 12 及以下的，常常只设单股作业线。当单股作业线上作业车位大于 12 时，可设两股作业线。两条装卸作业线共用一座栈桥和一排装卸油鹤管时，要求两条作业线中心线之间的距离应不大于 6m。其依据是栈桥界限为 2m，中间留有 2m 宽地带，一般能满足设置栈桥、鹤管等设施要求。

（3）油库内铁路装卸油作业线路的长度

警冲标是指相邻股道间至两侧线路均为 2m 交点处的警示标志物。警冲标以内为安全停放区，以外为侵限区妨碍邻线列车安全运行。见图 5－6。

$$L = [L_1] + L_2 + nl + [12]$$

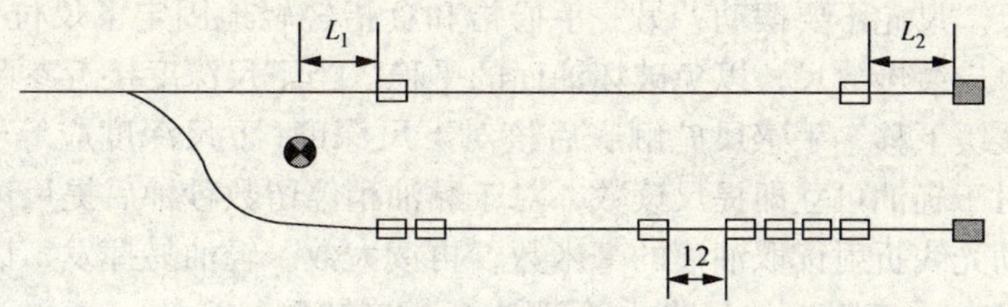

图 5-6　铁路装卸油作业线路长度示意图

（4）铁路作业线的布置要求

装卸作业线要布置成尽头式，应严格保持平坡直线；作业线最好布置在油库的最低或最高处，便于利用高差进行自流作业，油品的流量应满足装车时间要求，并且鹤管出口流速不得大于4.5m/s；合理选择作业线股数；轻、黏油作业线宜分开布置，若轻、黏油布置在同一条作业线上时，相邻轻、黏油两鹤管之间的距离不宜小于24m，而且在布置时应轻油在前，黏油在后。

5.2.3　铁路收发作业安全

铁路收发油作业频率低但单次作业量大，且操作涉及部门多、工种多、人员多、操作环节多，影响安全的环节多，发生事故往往较为严重，是油库安全管理的重点。

5.2.3.1　铁路收油作业

（1）罐车进库

① 罐车入库准备。接电话通知消防、门卫打开铁路大门，检查库内铁路线上有无障碍物。

② 罐车入库。铁路罐车入库。注意速度，燃煤机车加隔车。

③ 罐车入库对位。铁路罐车进入库内铁路专用线，罐车推进到与鹤管操作相对方便的位置。如果是双侧专用线，推完一侧油罐车再推另一侧。

④ 加挡车器。放在车轮的朝向铁路大门的一侧，或朝向下坡方向。

⑤ 打开防溜脱轨器。打开防溜脱轨器，关闭铁路大门。

⑥ 关闭铁路大门。

⑦ 罐车入库检查。人员：着装、安全帽。铁路罐车：车上有无可疑物品，罐口盖铅封和紧固螺栓是否齐全。设备设施：消防器材，管线、泵等设备和仪表。

⑧ 罐车入库核对。核对罐车车号、数量、型号、容积表。

（2）油品检验

① 取样。首、尾车取样，中间每五车随机取样配成混和样外采油品每车取样。

罐车数量	2~8	9~15	16~25	26~50
取样个数	2	3	5	8

② 质检。送质检站或化验室质检，等候化验结果。

不等化验结果就开始收油作业会引发质量事故，事故处理会增加计量、重复质检、退货、倒罐、调和等系列作业，不但增加劳动，还容易引起其他事故。

（3）油品计量

① 测量油高。对于轻油应检实尺。检尺操作时，站在上风头，一手握尺小心地沿着计

量口的下尺槽下尺。尺砣不要摆动，另一手拇指和食指轻轻地固定下尺位置，使尺带下伸，尺砣将接触油面时应缓慢放尺，以免破坏油面的平稳。当下尺深度接近参照高度时，用摇柄卡住尺带，手腕缓缓下移，手感尺砣触底后核对下尺深度（下尺深度应等于参照高度），以确认尺砣触底。对于轻油可立即提尺读数，对于黏油稍停留数秒钟后提尺读数。读数时可调整尺带角度，借助光线折射读取油痕的毫米数，再读大数。轻油易挥发，读数应迅速。若尺带油痕不明显，可在油痕附近的尺带上涂试油膏。连续测量 2 次，读数误差不大于 1mm，取第一次的读数，超过时应重新检尺。

量油过程中要按规定在下尺点计量，量油时尺不能下落速度过快。擦尺的油棉纱不能随意抛弃。全部油罐车都要认真计量，不能遗漏。计量完毕把油罐车罐盖复位。

② 测量水高。将量水尺擦净，在估计水位的高度上，均匀地涂上一层薄薄的试水膏，然后将量水尺在容器计量口的指定下尺槽降落到容器内，直至轻轻地接触罐底。应保持水尺垂直，停留 5～30s 后，将量水尺提起，在试水膏变色处读数，即为容器内底水高度。当容器内底水高度超过 300mm 时，可以用量油尺代替量水尺。

③ 测量温度。测量容器内油品液面高度后，应立即测量油温。按照规定在液面下 1/2 处测量温度，选择一支合格的适合容器内油品温度范围的全浸水银温度计放入杯盒中，盒子的容量至少为 100mL，充溢式盒的容量至少为 200mL。最少浸没时间为 5min。读数要迅速准确，及时记录。杯盒温度计的提拉绳应采用不产生火花的材料制成的绳和链。

④ 测量密度。选择清洁干燥、不渗漏、耐溶剂作用，并有足够强度、容量适合的取样器、取样设备和收集器。收集器的容积一般为 0. 25～5L。按照规定在液面下 1/2 处测量密度。读数要迅速准确，及时记录。

⑤ 计算。根据测量的油高、水高、温度及密度以及相关数表，计算来油量。与应发量比对，计算损溢。如果油品超耗要复核计量，确认无误后要及时出据索赔资料。

⑥ 询问化验结果。化验结果是接收油品的重要依据，必须检验合格后才能卸油。

⑦ 数质量符合规定，计量部门根据油罐运行情况，拟订作业方案。

(4) 卸油准备

① 开具作业通知单。油品质检合格、数量准确后，仓储部门根据各环节情况开具作业通知单，通知接卸人员准备卸油作业。通知单填写要及时、准确。

② 鹤管放置到位。放下踏梯，打开罐盖，放下鹤管。

③ 开通相关阀门。卸油管线、泵房、待卸油罐导通流程。

④ 卸油前计量，复核工艺、设备。在此过程中一定要核对进油储罐实际空容量，结合本库工艺复核工艺、设备。

(5) 卸油作业

① 送电。卸油人员通知电工送电。电工按规定及时供电。

② 启泵卸油。司泵工开泵卸油。

③ 监控巡检。作业过程中严密监视压力仪表数据和机泵运行状况；要定时巡检；控制卸油进程。带潜油泵的鹤管卸油时要注意非作业鹤管管线阀门必须关紧，否则会从鹤管溢油；检查法兰垫是否漏油；注意卸油进程，不要让鹤管进入大量气体。

④ 停卸油泵，鹤管复位。

(6) 扫舱作业

① 启扫舱泵。

② 确认扫舱结束，停扫舱泵。一定要逐车检查扫舱情况，确保每节油罐车都已经卸油并已经卸完。

③ 卸油后油罐检尺。

④ 填写相关记录。

(7) 卸油结束

① 设备复位。油罐车盖、扫舱管、踏梯、阀门等设备必须复位，如不复位会发生事故，特别是踏梯会直接影响到卸油栈桥安全。

② 清理现场。清理现场的工具，擦净场地。

③ 罐车出库准备。调度通知铁路部门牵引罐车出库，通知门卫打开铁路大门，撤掉挡车器，放下防溜脱轨器。

④ 罐车出库。机车牵引油罐车出库，关闭大门。

5.2.3.2 铁路发油作业

(1) 罐车入库

① 罐车入库准备。接到铁路部门罐车入库电话后，通知消防、门卫打开铁路大门，检查库内铁路线上有无障碍物。

② 罐车入库对位。铁路罐车入库并对位，加挡车器，打开防溜脱轨器，关闭铁路大门。

③ 罐车入库检查。重点检查人员着装、安全帽；铁路罐车车上有无可疑物品，罐口盖坚固螺栓是否齐全；设备设施中消防器材，管线、泵等设备和仪表。

④ 罐车入库核对。核对罐车车号、数量、型号、容积表。

(2) 装油准备

开具作业通知单。根据各环节准备情况开具作业通知单，核对装油品种数量，待发油罐油品质量状况。

鹤管放置到位。放下踏梯，连接静电接地线，打开罐盖，放下鹤管。

开通相关阀门。管线、泵房、油罐相关阀门，导通流程。

(3) 启泵装车

① 送电：通知电工送电。

② 启泵装车：司泵工开泵装车。

(4) 发油监控

① 作业过程检查。作业过程中严密监视压力仪表数据和机泵运行状况。最少 4 小时要巡检一遍。

② 控制装油进程。一人多管时必须错时发油，避免同时装满无法控制。注意安全高度，控制流速。全部装完停泵。

(5) 计量复位

① 鹤管、阀门设备复位：装车作业结束，相关设备、闸阀复位，鹤管复位。

② 测量罐车油品温度密度高度，计算发油数量。

③ 罐车关盖施封。

(6) 收尾工作

① 收踏梯。

② 填写相关记录。填写施封记录、作业记录，清理现场。给接收方传计量单和质检报告。

③ 对照计量单进行出库前复核。

(7) 罐车出库

① 罐车出库准备。调度通知铁路部门牵引罐车出库，通知门卫打开铁路大门，撤挡车器放下防溜脱轨器。

② 罐车出库。机车牵引油罐车出库，关闭大门。

5.2.3.3 应急处理

(1) 轻油铁路槽车充装超量处理

① 立即关闭鹤管阀门，通知泵房停泵关阀；

② 将该车内的超装油品用胶管引流到回收油罐或装桶；

③ 处理事故时，按规定戴好防毒面具。

(2) 铁路罐车冒车的处理

① 立即关闭鹤管阀门，通知泵房停泵关阀；

② 迅速封堵排水明沟，防止油品从排水沟排出；

③ 及时通知有关部门实行封路，严禁车辆从附近通过，通知附近施工单位停止用火；

④ 冒到地面的油品要尽量回收装桶，回收污油后清理现场；

⑤ 将该车内的超装油品用胶管引流到回收油罐或装桶；

⑥ 处理事故时，按规定戴好防毒面具。

5.3 公路发油

公路发油是内陆油库最频率的作业。其显著特点是作业频率高，操作环节多，重复性强，人员及设备安全状态变化快，车辆差异大，控制难点多。公路发油是安全控制的重点，油库事故中大部分发生在公路发油环节。

5.3.1 公路发油工艺

油库公路发油有自流和泵送两种，一般采用泵送发油。

1. 泵送发油

是指用油泵将油品直接从储油罐送入油罐汽车的方法。其优点是发油速度快，油品蒸发损耗小；设备少，操作简单；占地少，节省投资。缺点是管路中压力不均匀，影响计量精度；易产生水击现象。

2. 自流灌装

是指利用油库地形高差或先将油品泵送高架罐进行油品自流发油的方式。其优点是管路中压力均匀，计量精度高；不会产生水击现象。缺点是占地面积大，投资多；设备多，操作较复杂；发油速度慢，多了一次周转，油品损耗大。

3. 上装工艺

上装工艺流程是用上装鹤管给有上装口的油罐车加油工艺。

发油系统一般是由阀门、过滤器、泵、单向阀、消气器、球阀、流量计、电液阀、上装鹤管、静电接地和防溢油系统组成(图 5 -7)。

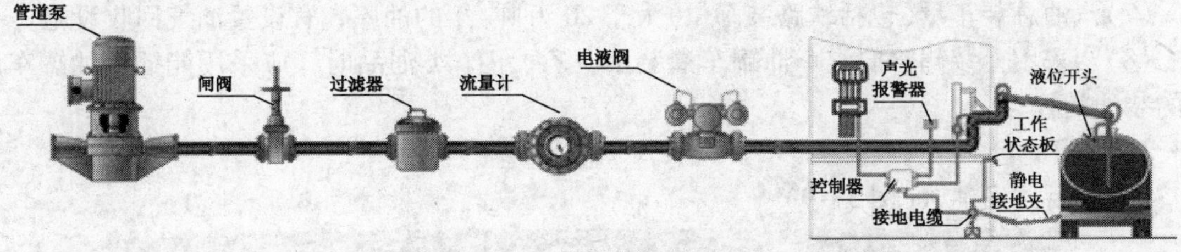

图 5－7　上装工艺示意图

4. 下装工艺

下装工艺基本与上装工艺相同，由进口阀、过滤器、泵、单向阀、出口阀、消气过滤器、球阀、流量计、电液阀、下装鹤管、静电接地和防溢油系统组成。与上装的差别是上装鹤管改为下装快速接头。见图 5－8。

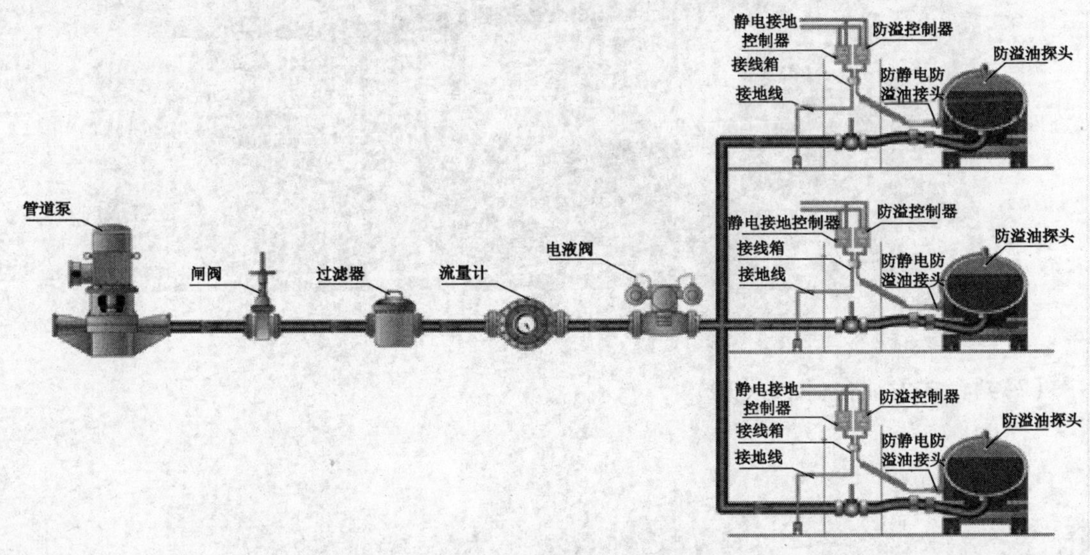

图 5－8　下装工艺示意图

5.3.2　公路发油主要设备设施

5.3.2.1　公路发油设备设施相关要求

(1)向汽车油罐车灌装甲、乙、丙$_A$类油品宜在装车棚(亭)内进行。甲、乙、丙$_A$类油品可共用一个装车棚(亭)。

(2)汽车油罐车的油品灌装宜采用泵送装车方式。有地形高差可供利用时，宜采用储油罐直接自流装车方式。

(3)汽车油罐车的油品装应有计量措施，计量精度应符合国家有关规定。

(4)汽车油罐车的油品灌装宜采用定量装车控制方式。

(5)汽车油罐车向卧式容器卸甲、乙、丙$_A$类油品时，应采用密闭管道系统。有地形高差可利用时，应采用自流卸油方式。

(6)油品装车流量不宜小于 30m^3/h，但装车流速不得大于 4.5m/s。

(7)汽油总装车量(包括铁路装车量)大于20万吨/年的油库，宜设置油气回收设施。

(8)当采用上装鹤管向汽车油罐车灌装甲、乙、丙$_A$类油品时，应采用能插到油罐车底部的装油鹤管。

5.3.2.2 发油台

(1)栈桥式发油台(图5-9)

图5-9 栈桥式发油台

(2)站台式发油台(图5-10)

图5-10 站台式发油台

(3)亭式发油台(图5－11)

图5－11　亭式发油台

5.3.2.3　鹤管

公路鹤管其结构和原理与铁路鹤管相似，有重力平衡式、弹簧平衡式及其他形式。主要由发油管、活节、平衡器、法兰等组成。为加强其平衡稳定性，设置垂直立管。

鹤管安装应保证鹤管能垂直插入车底。其活节、法兰等部位应有防静电装置，自动化发油应安装防静电溢油联锁装置。

(1)公路发油上装鹤管(图5－12)

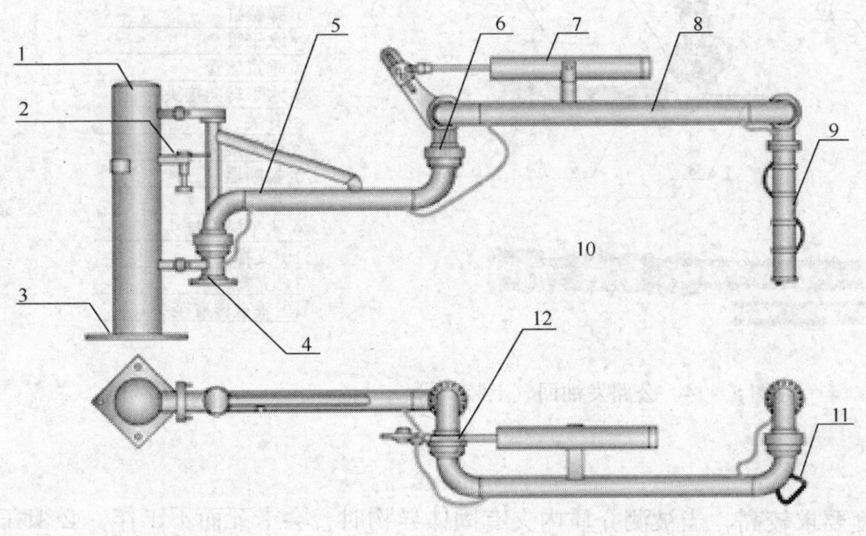

1. 立柱
2. 内臂锁定装置
3. 机座
4. 液相入口法兰
5. 内臂
6. 水平旋转接头
7. 弹簧缸
8. 外臂
9. 垂管
10. 静电导线
11. 操作手柄
12. 垂直转向接头

图5－12　公路发油上装鹤管

(2)公路发油回气上装鹤管(图5－13、图5－14)

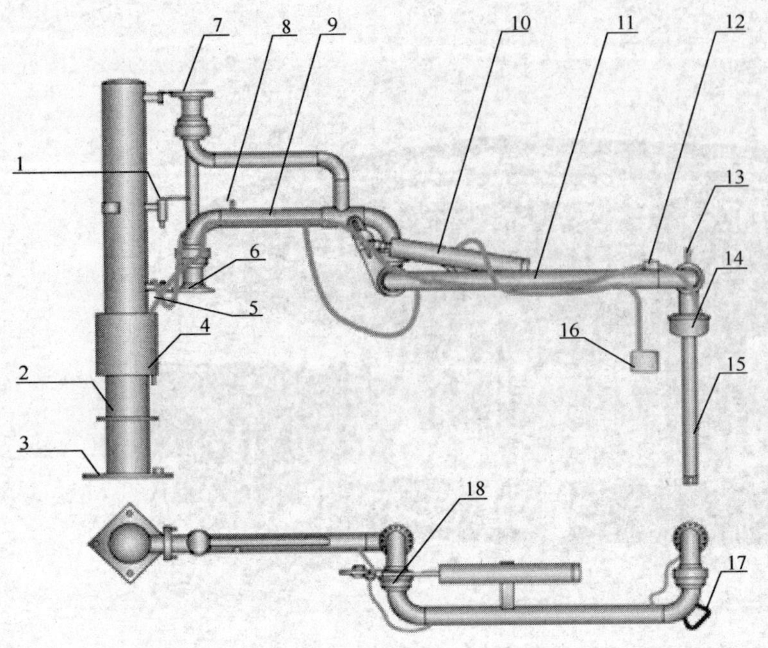

图5－13　公路发油回气上装鹤管（一）

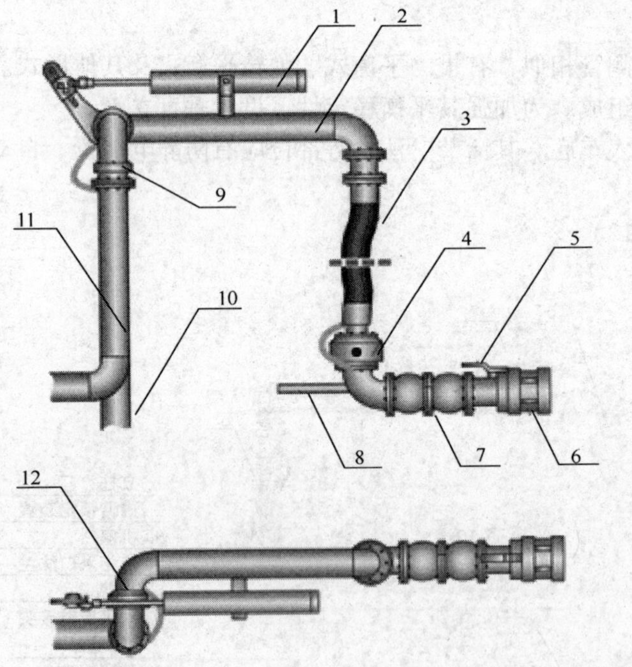

图5－14　公路发油回气上装鹤管（二）

5.3.2.4　流量计

（1）腰轮流量计

①对流体的清洁度要求较高，当被测介质内夹有固体异物时，会卡死而不工作，必须在流量计上游侧安装过滤器。

②流体内的含有气体时会影响测量准确度，用于计量上游一侧应安装消气器。

③黏度变化时，泄漏量也会变化。黏度越低，泄漏量越大，反之越小。

（2）椭圆齿轮流量计

①计量准确度高，可以达到0.2级，作为贸易为交接计量用。

②黏度变化时，泄漏量也会变化，黏度越低，泄漏量越大。

③对流体的清洁度要求比较高，如果被测介质过滤不清，齿轮很容易被固体异物卡死而不工作，必须在流量计上游侧安装过滤器。

(3)双转子流量计(图5-15)

图5-15　双转子流量计

(4)涡轮流量计(图5-16)

结构：流量计主要由本体、一对螺旋转子、磁性联轴器、减速机构、调整齿轮、计数器及发讯装置组成。

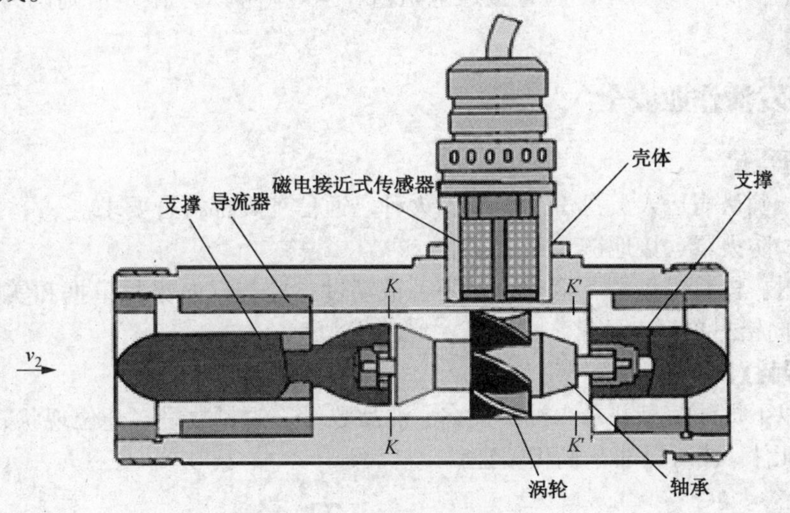

图5-16　涡轮流量计

特点：

①测量准确度高、流量范围宽、重复性好；

②螺旋转子转动均匀、震动小、寿命长；

③对被测液体的黏度变化不敏感，尤其适合于黏度较高液体的测量；

④被固体杂质卡死的概率最低；

⑤结构简单、外形尺寸小、重量轻。

5.3.2.5 控制阀门(电液阀)

(1)工作原理

当两个电磁阀线圈通电时，平衡孔回路关闭，泄流孔回路打开，活塞上腔泄压，活塞上行，阀门打开。反之，活塞下行，阀门关闭。在阀门开启和关闭过程中，可将流量(流速)信号及阀塞位置信号传送给计算机，经过计算机处理后发出相应的指令，控制两个电磁导阀的通、断电状态，使活塞的上下腔的液压差产生变化，从而将活塞控制在所需的开启高度上，实现对管道介质流量的控制。

(2)结构

有膜片式和活塞式两种结构：膜片结构的运动件是一个耐油橡胶膜片，活塞结构的运动件是一个金属活塞。两者各有优缺点。膜片式的运动阻力小，开关灵活且灵敏，但是耐久性差，一般每年都要更换膜片。活塞式的运动阻力大，开关性能稳定，经久耐用，维护量小。开启阻力相对大，冬季发柴油时动作相对迟缓。

5.3.2.6 防溢油控头

防溢油控头的作用是在油罐车在灌装油品时超过一定量后自动停泵，以防止油品跑冒。在与上装鹤管配套使用时要注意把探头放到适当的高度，如果离液面高，起不到安全作用，如太低又会提前停止发油，影响正常作业。在自动发油系统中与控制系统联动。

一般采用音叉结构的防溢油探头，要探头清洁，否则会停止振动以致发出误报信号。

5.3.2.7 防静电装置

防静电装置是排除静电的装置，由静电夹子、导线和接地极组成。在自动发油系统中与控制系统联动。原理为装置不断检查接地电阻值，当电阻值大于限定值则认为接地不通，会发生停泵信号。

5.3.3 公路发油作业安全

5.3.3.1 检查登记

(1)查人。确认司运人员身份、服装、火种、通信工具都符合要求。

(2)查车。防火罩、接地链、灭火器。

(3)查铅封。核对铅封号、检查铅封是否被动过、检查反向铅封单据和实际铅封是否相符合，并在反向铅封单据上签字。

5.3.3.2 验单核对

(1)确认以下提油信息并录入油品品名、油品数量、铅封数量、仓位现状、送站名称。

(2)核对证件。核对提油车辆相关证件。

(3)刷卡。

(4)输入密码。禁止验卡员代替司运人员输入密码。

(5)验卡操作。核对提油卡信息。

①防止车辆超载，验卡前核对行使证核定载质量，特别是多仓车，要注意各个仓的差异。

②录入车辆牌照号。要完整。

③打印付油清单。

④单据签字。在付油清单指定位置处签字。

⑤递交单据。递交司运人员签字。

⑥交还卡、单据。验卡流程结束，留下第一联单据，双手交还提油卡及单据。使用文明

用语，提示司运人员到指定货位提油。

⑦刷卡入库。司运人员领取付油清单，到门禁系统刷卡，确认信息。门禁系统自动核对信息，正确后抬杆放行。

5.3.3.3 发油准备

(1)引车入位。停车尽量一次到位，前后移车会增加剐蹭的机会。

(2)放置作业状态牌。状态牌是为了提示司机作业状态的，因此一定要放在司机容易看见的位置，不能紧靠车头放置，以免看不见。

(3)车钥匙放在指定位置。

(4)安全检查。静电接地带、防火帽、灭火器。

(5)铅封核对。检查反向铅封单所提油品是否与本次提油品种相同，品种不符，禁止发油。符合规定则剪断铅封，打开边箱。把废铅封放到专用容器中。

(6)连接静电接地装置并确认。

5.3.3.4 发油作业

(1)检查底阀、仓位和仓内是否有积油。

(2)上发油台前要消除人体静电。

(3)连接油路。

上装形式：先缓插鹤管至底部，再锁定鹤管限位器，最后放好防溢油器。垂直插入后略抬。防溢油探头底部离装油标尺2~3cm。

下装形式：连接油气回收管线和输油管，确认仓位，打开阀门。

(4)核对品种、数量、油位等信息，按键发油。

发油操作控制要点：

手动发油(管道泵发油)：联系泵房开泵或按发油台防爆启动按钮；缓慢打开球阀装车。

发油流速的控制：发油的初速、最高流速和即将结束时流速控制。发油的初速不超过1m/s、最高流速不超过4.5m/s、即将结束时缓慢关小球阀。

自动发油(管道泵发油)：自动系统可直接按启动按扭。

5.3.3.5 过程控制

(1)发货员或安全巡视员监视、巡检，不得远离油罐车，要注意快速接头有无渗漏。

(2)司运人员及发货员不得远离油罐车。

(3)发油过程监控要点：

①检查鹤管、阀门、管线连接等是否泄漏；

②检查车体及底阀是否泄漏；

③检查管线的压力是否正常；

④检查罐车的装油量；

⑤按额定装量和提货量控制充装量；

⑥检查作业现场安全；

⑦出现异常情况及时处理。

5.3.3.6 发油结束

(1)关阀停泵或联系泵房停泵。

(2)鹤管复位。上装鹤管要打开排空阀，缓慢抽取鹤管。

(3)量油高(上装)。上装车稳油后测量油高，复核油品数量。

(4)施封。施加铅封，把铅封拉紧。

(5)踏梯复位(上装)。

(6)收静电接地夹。封好罐车口盖后两分钟后撤除静电线。

(7) 填写相关记录。发货记录、数质量交接单据、铅封使用记录。

(8)作业状态牌复位。

(9)发油员引导车辆驶离货位。

5.3.3.7 车辆离库

(1)驾驶员按照路面标志线，低速驶离发油货位。

(2)确认放行。收取出门单车辆信息和车辆无误后放行。

5.3.4 公路发油相关要求

5.3.4.1 公路微机发油系统相关要求

(1)微机控制发油系统应具有溢油及静电接地联锁及报警、现场急停以及灌装流速的调节和温度补偿、故障自诊断功能。

(2)公路发油系统应采用容积式流量计，其精度不应低于0.2级，脉冲当量 L/P 不应大于0.1，流量范围应满足工艺要求。流量计外壳应选用铸钢材质，耐压等级不应小于1.6MPa。流量计应按其要求配置消气过滤器。

(3)为减少过冲量和防止水击，应采用两段或多段控制的铸钢阀门。其流量范围应满足工艺要求，耐压等级不应小于1.6MPa。

(4)一体化温度变送器的检测温度范围应根据当地气候条件而定。精度等级一般可选±0.5%F·S。

(5)静电溢油保护器应能同时检测油罐车内的油品液位高度和油罐车体的接地状况，出现异常可发出报警信号并与付油系统的阀泵连锁。输出信号为无源触点，响应时间小于2s。灌桶可采用有声光报警的静电保护器。

(6)微机控制发油系统采用集中式微机发油系统或集散式微机发油系统。系统安全功能应满足以下要求：符合防爆要求；可设定付油量、显示设定量、显示装车量，且具有温度补偿功能；在线计算油品流速，可以两段或多段方式关阀，并具有自动修正关阀时刻功能；具有泵与阀门的时序控制功能；具有静电接地、溢油检测的联锁控制功能；具有急停和自动手动转换功能；系统具有自诊断功能；系统应设置密码和操作员口令。

5.3.4.2 发油作业注意事项

(1)严禁汽车油罐车装油时不有效连接静电接地线和防溢油装置作业；

(2)严禁汽车油罐车装完油品后不按规定对油罐车加设铅封；

(3)严禁验卡或发货人员擅自更改控制机设置的参数；

(4)禁止雷雨大风天发油作业；

(5)禁止高温天气作业；

(6)禁止手续不全发油作业；

(7)禁止在作业现场维修车辆。

5.3.5 应急处理

5.3.5.1 汽车罐车底阀跑油

(1)原因：灌装前罐车未关闭底阀；油罐车底阀未关严；油罐车底阀无法关严；油罐车

底阀破损；人为破坏油罐车阀门或改变阀门状态。

(2)处理方法：停止作业，关闭阀门、切断电源并上报；如果是底阀未关或全关，立即关闭底阀；如果是底阀关不严泄漏，待处理好后再进行充装作业；如底阀处理不好，需封堵阀门，不能再进行充装作业；检测作业现场的油气浓度；回收、封堵现场油品；跑油较多时，立即启动应急预案。

5.3.5.2 汽车装车管线跑油

(1)原因：误操作造成憋压；管线腐蚀严重；管线压力超过使用规定；装油管线连接不牢；管线法兰损坏或阀门损坏；装车时监护人离开现场；装车时未压紧鹤管。

(2)处理：停止作业，关闭阀门、切断电源并上报；属管线法兰损坏或阀门损坏，停止发油，扫线合格后进行更换；如条件不允许，联系专业检修人员带压堵漏；属管线腐蚀穿孔或破裂，应吹扫净管线存油，加好开口盲板，再用蒸汽吹扫，补焊或更换管线；装车时未压紧鹤管跑油，应压紧鹤管，检测作业现场的油气浓度；回收、封堵现场油品；跑油较多时，立即启动应急预案。

5.3.5.3 汽车罐车装车冒顶

(1)原因：装车过程中，装车监护人离开现场；装车监护人责任心不强，不注意检查；装车油量掌握不准；装车速度过快；定量自动装汽车槽车仪表失灵。

(2)处理：应立即关闭鹤管阀门，停泵关阀，切断总电源，停止所有作业；向主管部门汇报；及时组织人员进行现场警戒，疏散现场人员，推出站内车辆，检查并消除附近的一切电源，制止其他车辆和人员进入发油台；在溢油处的上风向，布置消防器材；对现场已跑冒油品用土等围住，并进行必要的回收，禁止用铁制品等易产生火花的器具作回收操作。回收后用沙土覆盖残留油品，待充分吸收残油后将沙土清除干净；将该槽车内的超装油品用胶管引流到低位卧罐或装桶；计算跑冒油损失，做好记录台账；检查确认无其他隐患后，继续作业。

5.3.5.4 装车超量

(1)原因：责任心不强，不注意检查；装车时人离开岗位；装车油量掌握不准；定量自动装槽车仪表失灵。

(2)处理：若发现装车超量，立即关闭鹤管阀门，停泵关阀；将该车内的超装油品用胶管引流到回收油罐或装桶。如果无法准确计量多余油品量，可完全回罐，在发油控制系统做付油取消，重新发油；处理事故时，按规定戴好防毒面具。

5.4 水路收发

水路收发油作业是指通过水路(江河湖海)使用相关设备设施完成收发油作业的形式。见图5－17。

5.4.1 水路收发油工艺

水路收发油设备由油船、石油码头、油罐、阀门、过滤器、发油泵、单向阀、出口阀、过滤器、流量计、输油臂或胶管等组成。

5.4.2 主要设备设施

主要设施：石油码头、油船、输油臂或胶管、油泵、管组、阀门、电气设备、输油臂、

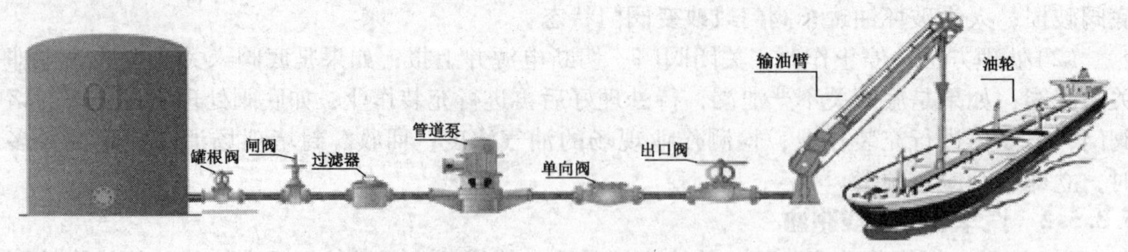

图 5－17　水路收发油作业

测量仪器仪表、吊升装置等。

5.4.2.1　石油码头

石油码头是装卸原油及成品油的专业性码头。这类码头的一般特点是货物载荷小，装卸设备比较简单，在油船不大时(如内河系统)，一般轻便型式的码头都可适应。由于近代海上油轮巨型化，根据油轮抗御风浪能力大、吃水深的特点，对码头泊稳条件要求不高。目前有四种装卸原油的深水码头(或设施)，即单点系泊、多点系泊、岛式码头和栈桥式码头。前三种一般没有防风浪建筑物，最后一种是否设防风浪建筑物，要视布置形式和当地条件而定。

5.4.2.2　油船

油船是海运或河运散装原油、原油的提炼成品(如动力油、燃料油等)、石油化工产品(如醇、酮等)的船舶。因为运载的是易燃易爆的危险品，所以在结构上要比其他货船复杂。油船上各系统都是为确保安全，适应油品运输的需要而设计的。

油船有油轮和油驳之分。油轮带有各种动力设备，可以自航。油驳不带动力设备，它必须依靠拖船牵引并利用码头油库的油泵和加热设备完成油品的装卸作业。

5.4.2.3　码头装卸设施

码头的油品装卸设施，应与设计船型的装卸能力相适应，海运和河运的设施配置各地各不相同。但主要都是由油泵、管组、阀门、电气设备、输油臂、测量仪器仪表、吊升装置、金属或橡胶软管及其接口等组成。

输油臂是连接油船与陆上管道、储罐系统，进行油品的传输的设备。它可用来装卸油品或接卸压舱水，其优点是克服了橡胶软管存在的装卸效率低、寿命短、易泄漏、接管时劳动强度大等不足，其缺点是密封圈易老化导致转向节渗漏。

输油臂的结构主要由立柱、内臂、外臂、回转接头、平衡系统、锁紧装置、与油船接油口连接的接管器、液压驱动系统等组成。见图 5－18。输油臂常见类型有液压式和重力平衡式。输油臂配重方式可分为重锤平衡式、位移配重式和压缩弹簧式；按驱动方式可分为手动式和电动式。

5.4.3　水路收发油作业安全

5.4.3.1　水路收油作业

(1)靠泊准备。接调度指令，核对船名、油品、数量及时间；办理港务/海事申报手续；拟定收油流程及检查有关设备设施状态。

(2)靠泊操作。准备好工具，进入码头待油船靠泊；系缆、架梯，落实围油设施、灭火器材；连接静电接地设施；核对有关资料；连接输油臂/胶管；检查设备设施的安全技术状

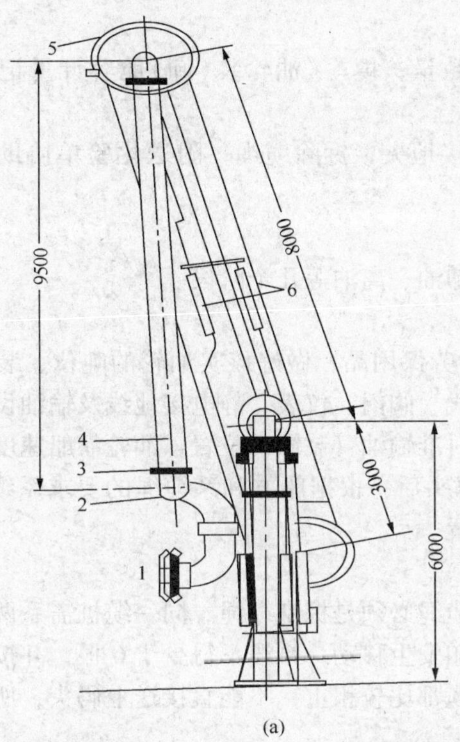

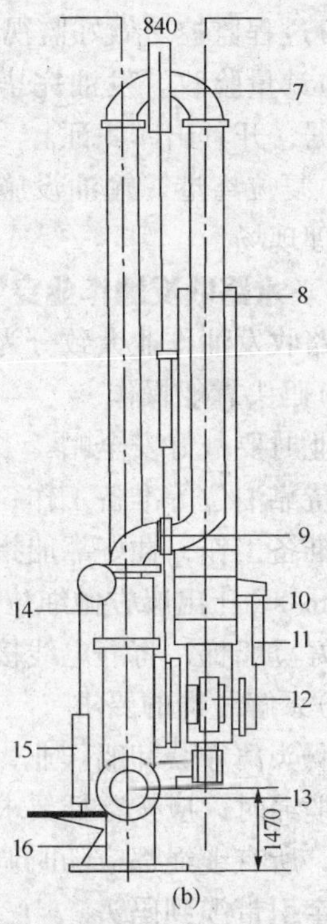

图 5－18　输油臂结构图

1—快速接管器；2—三向回转接头；3—静电绝缘法兰；4—外臂；5—头部大绳轮；6—内臂驱动油缸；7—头部回转接头；8—内臂；9—中间回转接头；10—旋转配重；11—外臂驱动油缸；12—固定配重；13—输油臂连接法兰；14—竖向回转接头；15—旋转驱动油缸；16—立柱

况，双方签名确认。

(3)收油准备。库船双方共同计量收油罐。上罐前消除人体静电。量油高、水高、油温及密度；对油轮舱及收油工艺进行检查、确认；双方确认流量计读数。

(4)开泵收油。复核流程，签发作业通知单；关闭膨胀阀，开启输油阀，开泵收油。

(5)过程监控。做好监视、巡检和记录 。

(6)计量验收。收油完毕，双方确认收油数量；填写《油轮装(卸)舱容计量记录表》；核对数据，开具收油凭证。

(7)复位离港。输油设施复位；收回静电接地夹；拆除缆绳、附送化验单协助油船离港、清理现场。

5.4.3.2　水路发油作业

(1)靠泊准备。接调度指令，核对船名、油品、数量及时间；办理港务/海事申报手续；拟定发油流程及检查有关设备设施状态。

(2)靠泊操作。准备好工具，进入码头待油船靠泊；系缆、架梯，落实围油设施、灭火器材；连接静电接地设施；核对有关资料；连接输油臂/胶管；检查设备设施的安全技术状况，双方签名确认。

(3)装船准备。库船双方共同计量发油罐。上罐前消除人体静电。量油高、水高、油温、密度；对油轮舱及发油工艺进行检查、确认；双方确认流量计读数。

(4)开泵发油。复核流程，签发作业通知单；关闭膨胀阀，开启输油阀，开泵发油。

(5)过程监控。做好监视、巡检和记录。

(6)计量验收。发油完毕，双方确认发油数量；填写《油轮装(卸)舱容计量记录表》；核对数据，开具出库凭证。

(7)复位离港。输油设施复位；收回静电接地夹；拆除缆绳、附送化验单协助油船离港、清理现场。

5.4.3.3 水路收发油作业安全

水路收发油作业大致分为油船的停靠、装卸油、离泊等几个阶段。

(1)码头靠船操作

作业时要戴好安全帽 、穿好救生衣等安全劳保用品；做好核实油轮的吨位、装卸油品品种、待靠泊位等准备工作；做好检查有关管线、阀门、仪表、静电接地线及输油设备是否完好等准备工作；插好靠船指示标志，使油轮对准输油臂装卸油位置；油轮靠船速度不得超过0.25m/s；让出船方抛绳位置，待绳头抛至码头后，根据船方和系缆绳的要求系缆；配合船方搭好登船梯，将静电线接在船舶的有效位置。

(2)系解缆绳的要求

油码头离靠装卸船作业，所用防火防静电缆绳必须是棕麻缆绳。同一缆桩需系两条或两条以上缆绳时，应按穿插要求系缆。为避免船舶发生移动，系缆不得少于6根，并按规定方法系缆，所有缆绳都应随时调节松紧。船用带缆都比较粗重，不能直接送上码头，所以都要采用缆牵引带缆到码头。

(3)油船装卸油作业

油船装卸作业是由码头上设置的装卸油管进行的。每种油品单独设置一组装卸油管路，在集油管线上设置若干分支管路。装卸作业结束后，管线内的剩油都需要扫回油罐，或将输油导管内残油扫回油船。

①输油臂操作安全

油轮与输油臂连接，在风速超过20m/s时应停止使用并置于复位锁紧状态；当风速大于25m/s时，应用螺栓固定输油臂。输油臂对接操作中，操作者应始终拉紧操纵绳，防止内、外臂动作失控伤人；液压输油臂在装卸油时，控制盒上的按钮应处在自由状态。输油臂收回时，操作人员应避开内外臂垂直下落的位置，防止发生意外。

②油船装卸油前的安全事项

参加装卸人员作业前应消除人体静电，严禁在作业时穿着及更换尼龙、化纤服装或穿钉子鞋；设置围油栏；在油轮装卸油前，要用导线将船体与陆岸接通，其作用是防止静电积聚。连接安装软管时，应先接静电接地，后接输油软管。当油轮在码头停靠并系好缆绳后，最少应有2个人同时操作手动输油臂与油轮对接。当风速大于48m/s时，应用螺栓固定输油臂。

③油船装卸油中安全事项

装船前会同油品质量管理人员验舱，不符合质量要求的不能装船；装油前接好静电接地线；装卸一、二级油时，必须通过密闭管道进行，严禁灌舱作业；严禁蒸汽机船和与油船工作无关的船舶系靠；系靠船舶应遵守所在港口的规定，烟囱不得冒火星，也不准有任何明火；灌装中应与司泵保持联系，掌握流速；监视油船起伏情况；打开观测孔观测后，必须装好铜丝罩；禁止在非量油孔使用金属或尼龙量油尺；呼吸阀应处于良好工作状态；遇有雷雨大风或烟囱冒火时，要立即停止作业，关阀封舱；装油结束后，会同船方检舱封舱，并应在每个出油口施加铅封；必须与船方值班员会同作业，不得单独作业；油船要随时保持适航性，一旦发生意外，即离泊；遇有影响适航的检修而无法离泊的情况时，必须采取有效措施，确保安全；码头装卸过程中的巡回检查；码头巡回检查时要注意阀门开关是否正确，卸油臂、阀门、法兰是否泄漏；管道油品温度、压力是否正常；卸油臂、阀门、法兰是否泄漏；船上的安全设施，必须齐全，静电接地、量具、照明、孔盖一定要符合安全防爆要求；油轮发生跑冒油时，应先报警，后通知停泵，再采取相应措施处理海面油品。

④油船装卸油结束阶段的安全事项

要密切注意油品进罐量不得超过罐的安全高度；要密切注意罐内油品液位不得低于罐的装船下限；输油完毕，操作手动快速接头，将输油臂与油轮集管法兰松开；油轮装卸完油品后，离泊前操作工要将输油臂排空，防止其失重掉落伤人。

船舶收解输油软管时，必须事先用盲板将软管封好；货船卸完货后，应关闭封船，及时离开码头，不得在码头内进行敞开式洗舱作业；油轮装卸油结束阶段中需密切注意涨落潮时船舶的偏移情况、缆绳的松紧情况以及静电线是否脱落；油轮作业后，应先拆输油软管，后拆静电接地线。

(4)输油臂与油船分离的操作及安全事项

确认主控箱显示的臂号与待分离臂相同，开启真空短路器，确认卸油臂已排空，将控制盒旋钮旋至驱动状态。

操作快速接头将臂与油轮法兰松开，操作控制盒使其脱离，装上三维接头前端盲法兰。

抬起臂的锁紧装置手柄，操作手持控制盒，使臂进入复位状态，旋转手持控制盒上旋钮为“0”位。

(5)解缆安全事项

装卸船完毕后，码头操作工接到调度油轮可离泊指令后，才能进行解缆操作；解缆前需将输油臂和静电线按照操作规程收回放置妥当；根据船方要求，按次序解掉油轮各部缆绳；解缆时，应先通知船方把缆绳松出一些，以便解脱套在码头绳桩上的琵琶头。一定要按次序解除各部缆绳，解缆时要注意缆绳惯性，防止碰触人员落地。

第 6 章　加油加气站安全管理

6.1　加油站工艺与设备

6.1.1　加油站卸油工艺

加油站油罐车卸油采用密闭卸油方式，如图 6－1 所示。即加油站的油罐须设置专用进油管道，并向下伸至罐内距罐底 0.2m 处，且采用快速接头连接进行卸油。严禁采用敞口卸油方式。密闭卸油的主要优点是可以减少油品挥发损耗，避免敞口卸油时出现油气沿地面扩散，加重对空气的污染，更重要的是极易引起火灾爆炸事故和环境污染。多年来全国各地由于敞口卸油而引发的火灾事故频频发生。例如，广州市某加油站和天津市某加油站曾发生过两次火警；北京市昌平某加油站也曾发生过火灾，都是由于敞口式卸油(即将卸油胶管插入量油孔内)发生的着火事故。

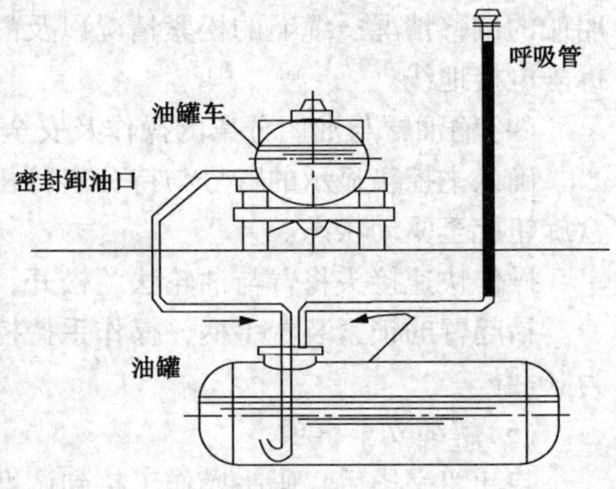

图 6－1　加油站密闭卸油系统

密闭卸油口宜集中设置在罐区附近的箱形加盖防护体内，卸油口处设置相应品种的标牌。密闭卸油口集中设置时，快速接头中心距宜 0.35m，其高度应比卸车道高 0.3m，油罐车卸油时不应影响加油车辆通行。油罐车卸油快速接头宜采用阴阳接头或不同规格(*DN*65、*DN*80)快速接头；卸油软管、油气回收软管应采用导静电耐油软管；耐油软管的公称直径应选用 *DN*50～*DN*80。

6.1.2　加油站加油工艺

(1) 潜油泵加油机加油工艺。随着加油站规模的越来越大，加油站宜采用油罐装设潜油泵的一泵供多机(枪)的配套加油工艺，如图 6－2 所示。与自吸式加油机相比，其最大特点是：油罐正压出油、加油噪声低、无气蚀现象、设备故障率底、工艺简单，一般不受油罐液位低和管线长等条件的限制。

(2) 自吸式加油机加油工艺。为保证加油机正常吸入油品，当采用自吸式加油机时，每台加油机应按加油品种单独设置进油管，如图 6－3 所示。如果几台加油机共用一根接自油罐的出油管，会造成互相影响，流量不均。当一台加油机停泵时，还有抽入空气的可能，影响加油机的正常吸入性能和计量的准确度，甚至出现断流现象。

6.1.3　加油站油气回收工艺

汽油是一种易挥发的石油产品，在汽油的储运过程中会向大气散发大量油气，据估算全国每年汽油油气损失高达数万吨。如此大量油气散发到大气中去，既严重污染了环境，又浪

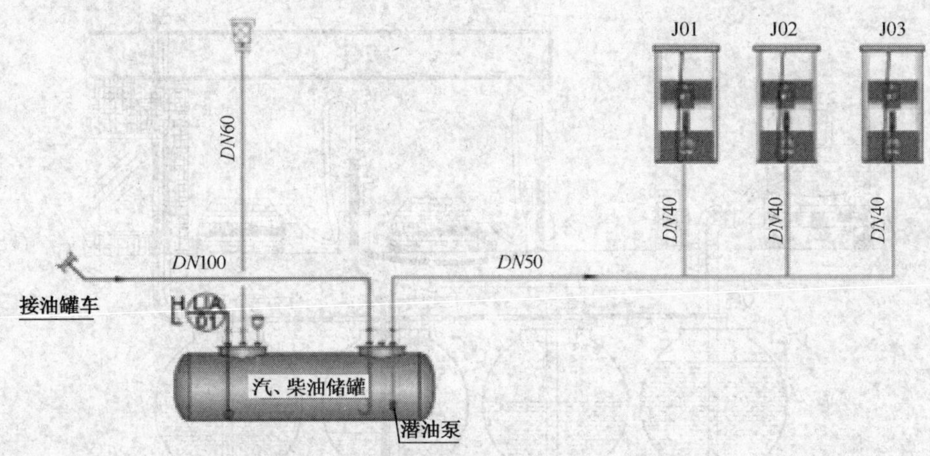

图 6－2　潜油泵加油机加油系统示意图

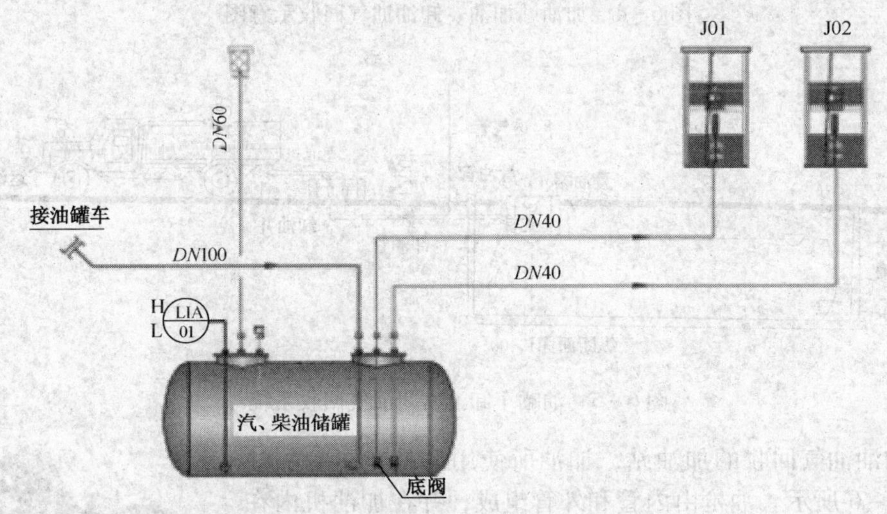

图 6－3　自吸式加油机加油系统示意图

费了宝贵的能源，还对安全构成严重威胁。抑制油气挥发，限制油气扩散，油气回收是今后加油站建设发展的方向和必然。

加油站油气回收系统，即给汽车加油时将汽车油箱里排出的油气回收到地下储油罐；卸油时将地下油罐排出的油气回收到油罐车内，如图 6－4 所示。

汽油属于易挥发油品，从保护环境和节能的角度上讲，汽油油罐车卸油宜采用密闭油气回收系统，使加油站油罐内的油气在卸油的同时，回收到油罐车内，避免向大气中释放，其意义十分重大。

卸油油气回收工艺是油罐车与地下油罐之间加设了一条油气回收连通管道，地下油罐的通气管管口安装机械呼吸阀，如图 6－5 所示。采用卸油油气回收系统时，应符合下列要求：

(1) 油罐车上的油罐设置供油气回收软管用的油气连接口，卸油油气回收管道接口安装手动球阀或采用自闭式快速接头。

(2) 密闭卸油管道的各操作接口处，设快速接头及闷盖。

(3) 加油站内的卸油管道接口、油气回收管道接口设在地面以上。

(4) 油罐设带有高液位报警功能的液位计。

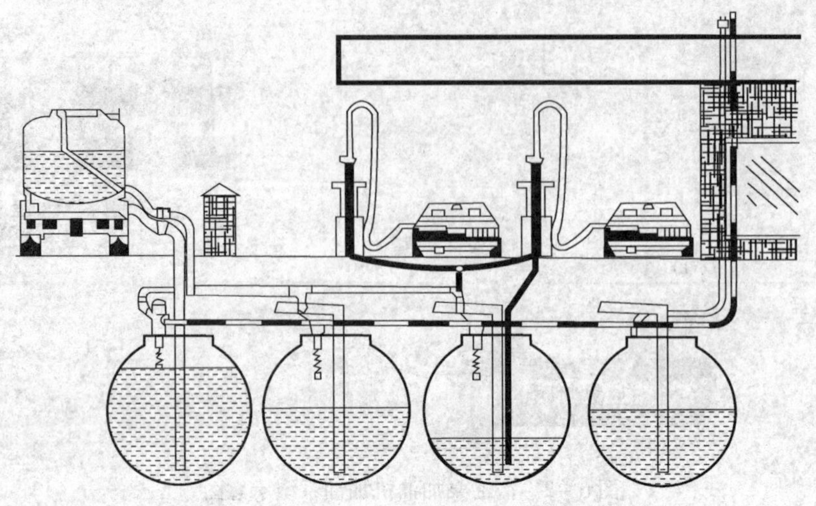

图 6－4　加油站加油、卸油油气回收示意图

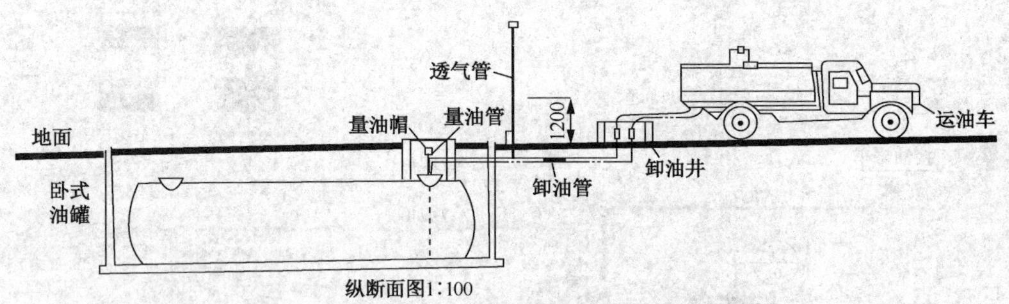

图 6－5　油罐车卸油密闭油气回收系统

带有加油油气回收的加油站，加油所使用的是专用的加油枪，如图 6－6 所示。油枪由内管和外管组成，并在加油机内在安装有真空泵，用来抽吸油气。

加油油气回收，汽油加油机与油罐之间应设置油气回收管道，多台汽油加油机可共用 1 根油气回收总管，油气回收总管不应小于 *DN*50，一般情况下油气回收总管直径宜为 *DN*80。油气回收管道与加油机连接处下方应安装 1 个用于连接液阻检测装置或密闭性检测装置的三通接头。三通接头连接检测装置的开口应与检测装置的软管接头相匹配（一般为螺纹连接，公称直径 25mm），不检测时应用丝堵密封。

图 6－6　带油气回收的加油枪

6.1.4　加油站配管工艺

加油站配管工艺比较简单，加油站的配管工艺是根据所采用加油机的形式和加油机的布置方式所决定的。加油机形式包括：潜泵加油机、自吸泵加油机，单泵单枪、双泵双枪、双泵四枪；加油机的布置也就是根据各油品的销量和场地进行布置加油机（枪）。

其工艺设计主要有两种方式：

（1）单罐单机配管工艺。这是一种普遍采用的工艺配管方式，其特点是油罐与加油机对应，专罐专机，操作简单，有利于管理，如图6－7所示。这种工艺较适合于规模较小的加油站，如果较大规模的加油站，加油机(枪)数量大，就会给输油管线的排列和布置带来一定的难度。故这种配管工艺不适合大中型加油站。

(2)单罐多机配管工艺。一个地下储油罐配两台以上的加油机。这种设计加油能力强，适用于加油量大的加油站，如图6－8所示。如果加油站规模较大，加油机距储油罐距离较远，为保证加油机正常工作，宜选用潜油泵加油机工艺。这种设计管线布置清晰、简捷。

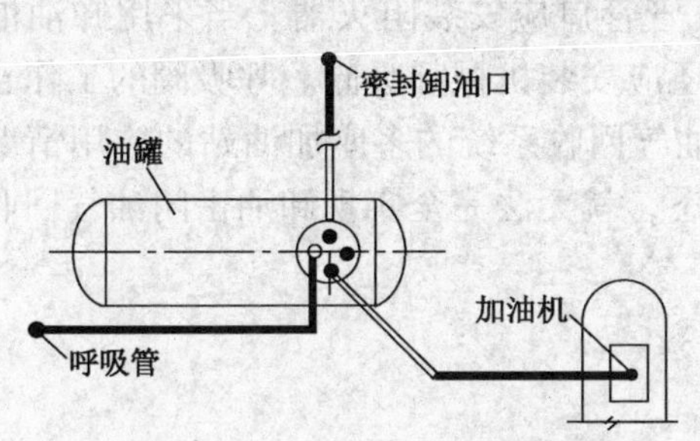

图6－7　单罐单机配管工艺

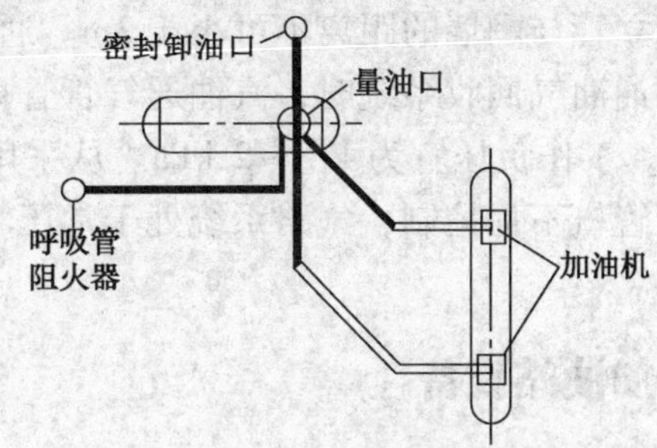

图6－8　单罐多机配管工艺

在实际使用中，两种工艺相互交叉使用，来满足加油站的经营需求和工艺安全要求。加油站的输油管线和通气管线均采用无缝钢管。埋地管线连接应采用焊接方式，若采用法兰连接，多一对法兰就多一处渗漏的可能，多一处隐患。直埋地下油罐的进油管、出油管和通气管横管均应坡向油罐，其坡度不应小于2%。加油站内的工艺管线应埋地敷设，且不得穿过站房等建、构筑物。如果一定需要采用管沟敷设，沟内应用干砂或细土填实，以防积聚油气。当油品管道与管沟、电缆沟和排水沟相交叉时，应采取相应的防渗漏措施。目的是防止油气串通，避免火焰传播。

6.1.5　管道的设置

(1) 油品管道的设置要求

①与储罐相连通的油品管道，均应坡向油罐，其坡度不应小于2‰。

②加油站工艺管道应采用流体无缝钢管，连接工艺管道应采用焊接方式。

③加油站内的工艺管道应埋地敷设，且不得穿过站房等建、构筑物。当油品管道与各类管沟、电缆沟和排水沟相交叉时，应采取相应的防渗漏措施；设在车行道下的油品管道宜用钢套管保护。埋地管道外表面应采用喷砂除锈到ST2.5级，有腐蚀性土壤或地下水较高时，管道表面应做特加强级防腐蚀保护处理，其他应采用不低于加强级的防腐蚀保护层；有严重腐蚀的土壤地段直埋管道时，可选用耐油、耐土壤腐蚀、导静电的复合管材。

④油品管道的设计压力不应小于0.6MPa。管道系统的试验压力为设计压力的1.5倍。

(2) 油罐通气管的设置要求

①汽油罐和柴油罐的通气孔应分开设置。这主要是防止这两种不同种类的油品储罐互相连通，避免一旦发生冒罐时，油品经通气管流到另一油罐造成混油事故。对同一类油品，允许采用共用一根通气立管。但在设计时，应考虑便于以后各罐在洗罐和检修时气路管道的拆装与封堵问题，所以每个油罐通气管最好单独设置。乙醇汽油储罐的通气管应安装干燥器，干燥器安装高度为1.2~1.5m。

②通气管的管径应不小于*DN*50。某些加油站的通气管采用*DN*25的管子，阻力太大，

延长卸油时间，为了加快进油时间，卸油时打开量油孔排气，这样做极不安全。若采用 *DN*40 的通气管，向汽车加油时进气没有问题。但自流卸油时，若按 10min 卸一个 $6m^3$ 的罐车，通气管中的气体流速为 8m/s，显得较大，阻力增加，延长卸油时间。

③通气管的管口应高出地面 4m 及以上。沿建筑物的墙(柱)向上敷设的通气立管管口，应高出建筑物的顶面 1.5m 及以上，其与站房门窗的直线距离，不应小于 4m，与站内其他建筑的门窗水平距离，不应小于 5m，与围墙的距离不应小于 3m。当采用卸油油气回收系统时，通气立管与围墙的距离不可小于 2m。通气管管口应安装阻火器。当采用卸油油气回收系统和加油油气回收系统时，汽油通气管管口还应安装机械呼吸阀。呼吸阀的工作正压宜为 2 ~ 3 kPa，工作负压宜为 1.5 ~ 2 kPa。从采用油气回收系统的多座加油站的应用情况看，如果通气管管口不加控制，气路系统处于常压状态，就无法完全实现卸油密闭油气回收和加油油气回收。

6.1.6 加油站设备

6.1.6.1 加油机

随着技术的发展，加油站都逐步采用税控电脑加油机。按每台加油机所含加油单元的多少分单枪加油机与多枪加油机(双抢、四枪、六枪等)。在多枪加油机中，按每台加油机所能加的油品数量分为单油品加油机、双油品加油机和三油品、四油品加油机。按加油机泵的安装位置分为自吸式加油机和潜油泵加油机。

油泵和电动机组成了加油机液压系统的动力源。按加油机的供油方式，可分为正压供油和负压供油。正压供油时选用的油泵为潜泵，它一般选用离心泵，它和电动机都安装在油罐中。负压供油的加油机采用的是容积泵，一般为叶片泵或齿轮泵，它和电动机都安装在加油机内，加油时，加油机进口有一定真空压力。

(1)加油机的总体结构

①普通税控燃油加油机

普通税控燃油加油机主要由电动机、叶片泵、油气分离器、流量计、开关、信号传感器、油枪和电脑装置(显示、主板、键盘盒)等部分组成。见图 6 – 9。

②潜油泵税控燃油加油机

潜油泵税控燃油加油机由潜油泵向加油机输送燃油，加油机完成计量工作。主要由过滤器、流量计、电磁阀、信号传感器、开关、油枪及电脑装置等部分组成。见图 6 – 10。

(2)潜油泵加油机

①潜油泵加油机的结构

潜油泵加油机由主机、潜油泵、泵头、电气控制箱等组成。主机是潜油泵加油机的计量、控制与操作设备，内有滤网、流量计、电磁阀、油枪及开关、传感器、接线盒、电源盒、主板、显示器、键盘等。潜油泵是加油机的供油设备。泵头内有单向阀，压力调节阀、防爆接线盒及电容器盒等，起调节输出流量，调节出油压力和接线的作用。电气控制箱(简称电控箱)内部主要是一系列接线端子、继电器及开关等，用来沟通加油机与潜油泵之间的联系。

加油机主机、潜油泵和电控箱通过电力电缆线和信号电缆线连接成一个加油机系统。

②潜油泵加油机的特点

潜油泵加油机是加油机发展方向，它与自吸式加油机比较，具有噪声低，运转平稳，质量可靠，故障率低等优点，是大型加油站、城市加油站的首选机型。

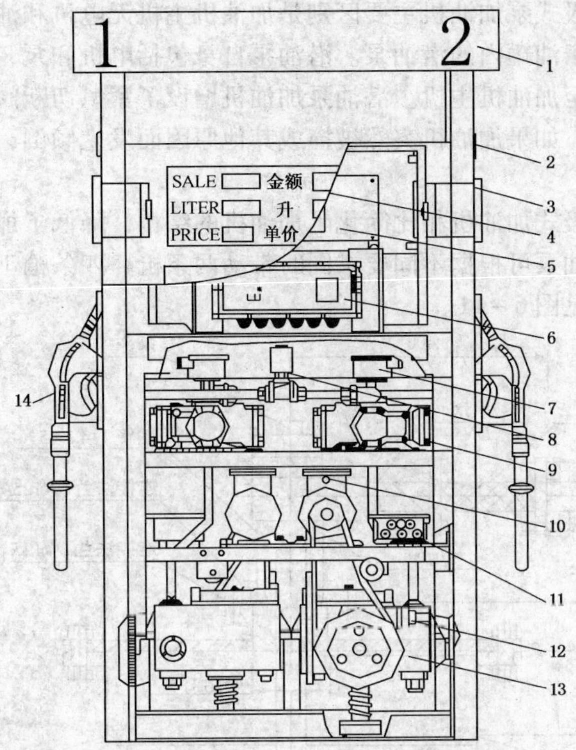

图6-9　普通税控燃油加油机内部结构

1—油枪编号；2—报税接口；3—键盘盒；4—显示屏；5—税控电脑主板；6—防爆电源盒；7—信号传感器；8—防爆电磁盒；9—流量计；10—防爆电机；11—防爆接线盒；12—分体泵；13—油气分离器；14—油枪

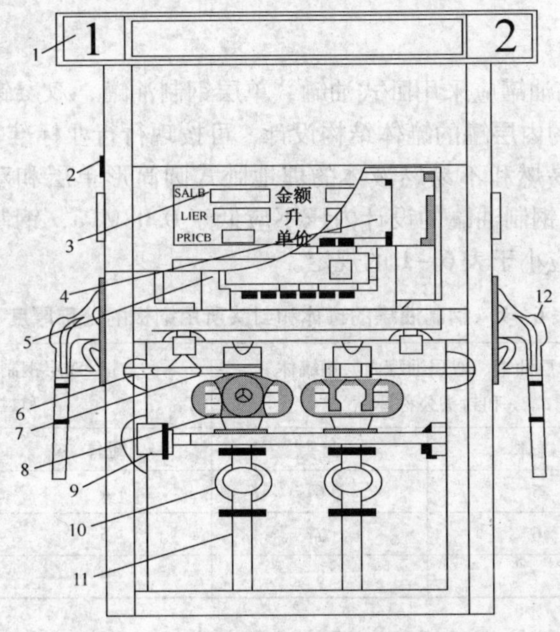

图6-10　潜油泵加油机内部结构

1—油枪编号；2—报税接口；3—显示屏；4—税控电脑主板；5—防爆电源盒；6—防爆电磁盒；7—信号传感器；8—流量计；9—防爆接线盒；10—过滤器；11—切断阀接盘；12—油枪

潜油泵加油机与自吸式泵加油机主要区别是加油机主机无电机和油泵，也无须油气分离器，它输油的动力来源于油罐内的潜油泵。潜油泵自身包括电机和泵，潜油泵启动后，油品将以正压的方式被输送至加油机主机。潜油泵加油机增设了紧急切断阀，在加油机与潜油泵输油管线的连接处安装，如果加油机突然被撞或其他原因而发生倾倒，输油管路将立即被切断，防止油品外流。

潜油泵加油机与自吸式加油机相比简化了加油机的结构，降低了加油机的噪声，减少了加油机故障率。并且潜油泵可根据不同要求同时带动两条枪、四条枪工作，简化了加油站输油工艺。潜油泵的安装见图 6－11。

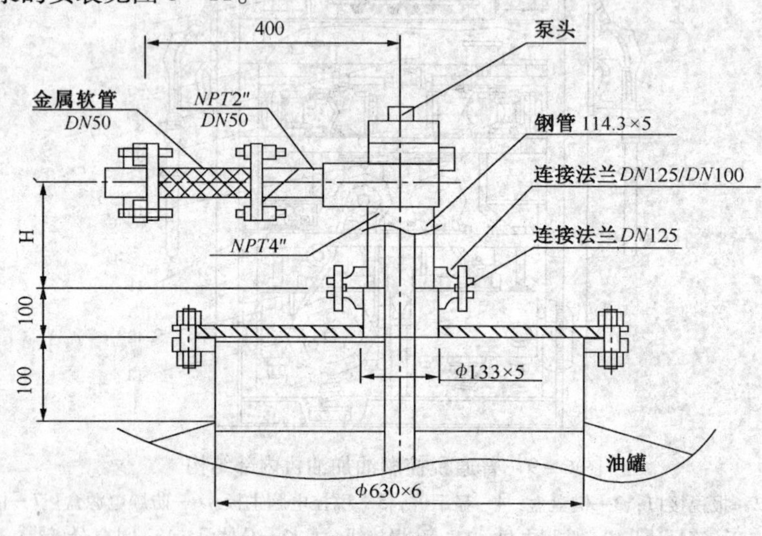

图 6－11　潜油泵配管

6.1.6.2　油罐

(1)汽车加油站的储油罐应采用卧式油罐，单层钢制油罐、双层钢制油罐和内钢外玻璃纤维增强塑料双层油罐的内层罐的罐体结构设计，可按现行行业标准《钢制常压储罐 第 1 部分：储存对水有污染的易燃和不易燃液体的埋地卧式圆筒形单层和双层储罐》(AQ 3020—2008)的有关规定执行，钢制油罐的设计内压不应低于 0.08MPa，钢制油罐的罐体和封头所用钢板的公称厚度，不应小于表 6－1 的规定。

表 6－1　钢制油罐的罐体和封头所用钢板的公称厚度　　mm

油罐公称直径	单层油罐、双层油罐内层罐罐体和封头公称厚度		双层钢制油罐外层罐罐体和封头公称厚度	
	罐体	封头	罐体	封头
800～1600	5	6	4	5
1601～2500	6	7	5	6
2501～3000	7	8	5	6

(2)汽车加油站的油罐应埋地设置，严禁设在室内或地下室内。油罐的顶部覆土厚度不应小于 0.5m，油罐的周围，应回填厚度不应小于 0.3m 的干净砂子或细土，不得有石块、冻土块等杂物，以免损坏油罐外防腐层。对油罐直埋有困难的地区，可采用地上覆土，且罐内最高液面低于罐外 4m 范围内地面的最低标高 0.2m。

油罐设在室内发生的爆炸火灾事例较多，造成的损失也非常大。其主要原因是室内必须要安装一些阀门等附件，它们是产生爆炸危险气体的释放源。泄漏挥发出的油气，由于通风不良而积聚在室内，易于发生爆炸火灾事故。

(3)埋设油罐的罐区地坪应高于地坪 0.15m，并在罐区周围砌边墙，防止地面水流入罐区；同时埋设油罐应安装接地防护网。

(4)油罐的外表面，应采用不低于加强级的防腐保护层，见表 6－2。在低温季节，涂层固化较慢，为了不妨碍溶剂的挥发，外部塑料布也可用玻璃布代替。

表 6－2　石油沥青防腐涂层等级与结构表

防腐涂层等级	防腐涂层结构	每层沥青厚度/mm	涂层总厚度/mm
普通防腐	沥青底漆—沥青—玻璃布—沥青—玻璃布—沥青—聚氯乙烯工业膜	≈1.5	≥4.0
加强防腐	沥青底漆—沥青—玻璃布—沥青—玻璃布—沥青—玻璃布—沥青—聚氯乙烯工业膜	≈1.5	≥5.5
特加强防腐	沥青底漆—沥青—玻璃布—沥青—玻璃布—沥青—玻璃布—沥青—玻璃布—沥青—聚氯乙烯工业膜	≈1.5	≥7.0

(5)当油罐受地下水或雨水作用有上浮的可能时，应采用防止油罐上浮的措施。主要是防止当油罐埋在地下水位较高的地带时，在空罐情况下，会有漂浮的危险，有可能将与其连接的管道拉断，造成跑油甚至发生火灾事故。

(6)建在水源保护区的直埋油罐，应对油罐采取防渗漏扩散的保护措施，并应设置渗漏检测设施。防止加油站油罐对地下水源和附近江河海岸的污染，是我国治理和保护环境的一部分。

(7)埋设油罐的人孔，应设操作井，以方便检修操作。油罐的进油结合管、出油结合管、量油孔、潜油泵、液位计等一般都设在人孔盖上，如图 6－12 所示。油罐的进油管，应向下伸至罐内距罐底 0.2m 处。这主要是为了避免油品卸油时，喷溅产生静电火花，引起着火。现在埋地油罐由于设置输油管道多、有液位仪、安装潜油泵等原因，一般采用双人孔油罐，如图 6－13 所示。

(8)当采取自吸式加油机时，油罐内出油管的底端应设底阀。底阀入油口距离罐底宜为 0.15～0.20m。油罐的量油孔应设带琐的量油帽，量油帽下部的结合管宜向下伸至罐内距罐底 0.2m 处。

采取自吸式加油机时，油罐内的油品要靠加油机自身吸出油品加油。只有在加油机的吸油管上装设底阀，才能保证当加油机停泵时，油品不致倒流回油罐内，以免下次开泵时还要再抽真空才能加油。底阀入油口距罐底的距离不能太高也不能太低，太高会有大量的油品不能被抽出，降低了油罐的使用容积，太低又容易将罐底的积水和污物吸入加油机而加给汽车油箱。

6.1.6.3　加油站液位检测系统

加油站液位检测系统由三部分组成：传感及变送系统、计算机系统、通信系统。

传感及变送系统是用于探测并获取闭路系统油罐内液位、界位、温度等原始信息的传感器。磁致伸缩式探棒根据感应原理可以对油位、水位的上升、下降作出诊断，来确定油位、

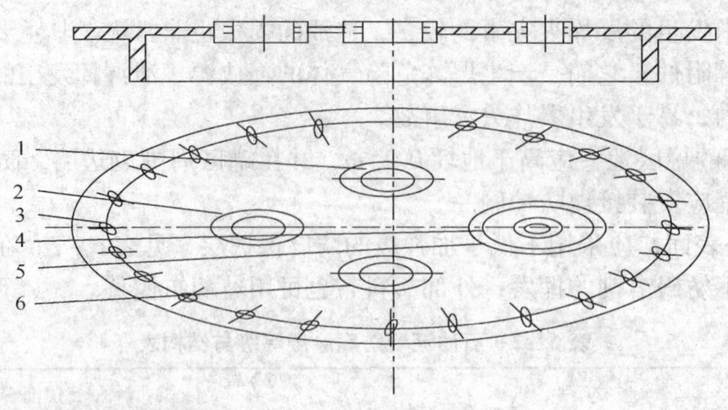

图 6－12　地下油罐人孔开孔图

1—排气孔；2—量油孔；3—ϕ18 钻孔 24 均布；4—吸油孔；5—法兰钻孔；6—进油孔

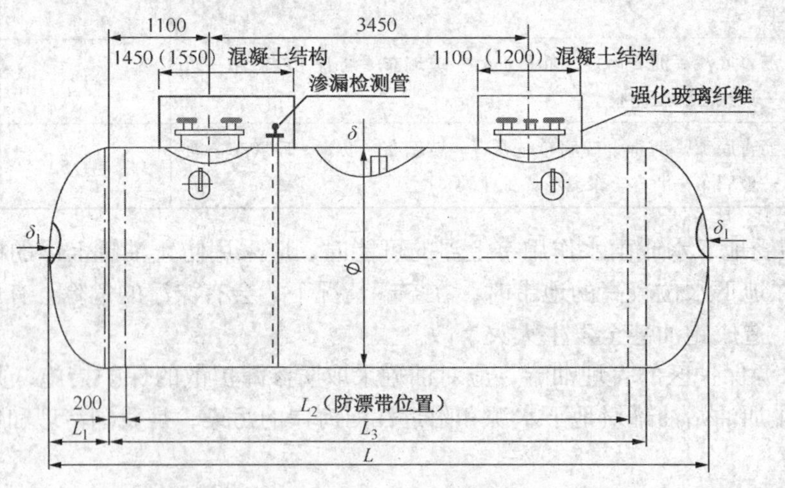

图 6－13　双人孔卧式油罐

水位的高度，与其他类型的探棒相比，具有精确度更高、使用寿命更长的特点。

6.1.7　加油站设备管理标准

在营业的加油机（流量表）合格率达到 100%，其他设备完好率达到 98% 以上。

加油站指定专人负责设备管理，按规定进行设备养护、检修。建立健全设备台账、技术档案及检修记录。

(1) 油罐及附件管理

经常观察罐体有无（下沉、倾斜）变形、渗漏。清罐时注意检查罐体腐蚀程度。罐壁局部的余厚小于 2.5mm 或有严重点蚀的，停止使用。每个油罐均有标明所装油品的明显标志，各品种油品的卸油口安装不同规格的快速接头，从根本上防止混油。埋地油罐操作井经常清理，做到无积油、无积水、无杂物，油罐操作井盖有防止碰撞火花措施。进出油管无渗漏；量油口闭合严密、铝导尺槽完好、螺栓紧固；人孔盖螺栓齐全、连接牢固，垫圈完好不漏气；阀门保持启闭灵活，无渗漏现象。通气管、阻火器、液位仪和防静电跨接等完好有效。

(2) 输油管线管理

输油管线采用埋地敷设，用管沟敷设的，用细砂填实。定期检查埋地管线是否渗漏，输油管线的连接法兰导静电跨接是否完好有效，如有损坏应及时维修。

(3)加油设备及附件管理

加油机底部保持细沙充实和干燥，连接加油机和管道的波纹管下端法兰或紧急切断阀不得埋入沙内。易磨损的机械部件保持表面清洁，并定期加注润滑油(脂)。每周定期检查加油机各个部位、零件的技术状况，确保正常运行。

(4)加油站消防设备

消防器材落实"四定"管理，"四定"管理卡的内容与设备管理记录相一致。消防器材不挪作他用。每周对消防器材进行定期保养，器材无锈蚀、皮管无开裂老化、喷嘴无堵塞、水带无破损，压力表指针处于正常范围、重量无明显减轻。定期对灭火器进行检修换药，保证灭火器可靠有效。消防栓阀门、端盖密封无渗漏、无锈蚀，开启灵活。

(5)电气仪表管理

发、变电室和独立的配电室门窗朝外开，保持通风良好、无渗漏，并设置安全警示标牌。非密闭式配电柜应设置防小动物进入措施。

变压器无渗油、漏油，运行声音、油温和油位正常；高、低压引线与接线端子连接紧固，无腐蚀；跌落式熔断器完好，熔断管无裂纹、变形；避雷器齐全，接地装置完好。配电柜(箱)仪表、信号灯完好有效；操作把手和按钮牢固，操作灵活；刀开关、自动空气开关、熔断器、继电器和交流接触器接点、触点紧固，无松动过流发热现象；二次回路线接线牢固，绝缘完好无损。过流、过压、漏电及避雷等保护装置保持操作灵敏，完好有效。

(6)发电机组管理

发电机由专人管理，发电机房内不存放与操作无关的物品。发电机组整体清洁、无灰尘，发电机组备用的燃油、润滑油、循环冷却液和电瓶满足发电要求，无油、水渗漏现象。仅用水作冷却液的发电机组，在冬季气温低的情况下注意排水防止机体冻裂。不经常启用的发电机组，每周空载运行一次(10~15min)，确保处于良好状态。发电机组作保护接地，排烟管按《汽车加油加气站设计与施工规范》(GB 50156—2002)接出室外，并安装阻火器。

可移动式发电机使用应符合加油站安全管理的规定。

(7)监控报警设备管理

视频监控各摄像头云台旋转灵活，图像清晰，变倍(变焦)自如，监视范围无死角。监控录像清晰完整，回放自如，存储容量满足要求。监控系统设置保密功能。声光报警器隐蔽安装，手动开关便于操作，声音响亮，反应灵敏。具有与公安、消防部门联网的GPS(卫星定位)报警监控系统，定期与相关部门对其报警可靠性进行校验。监控报警设备发生故障时，应不能自行拆除、检修，应及时向上级部门汇报，尽快修复。

(8)加油卡管控设备管理

加油卡系统的安装符合加油机整体防爆要求。加油卡系统用通讯屏蔽电缆线，屏蔽层可靠接地，与加油机共享接地，接地电阻不大于4Ω。所有室外地埋通信线用镀锌管穿管保护，在加油机出口端高出地面100mm，出线端口采用防爆材料进行密封，同时作可靠接地，接地电阻不大于4Ω。管控机整体应保持清洁、无灰尘，不在操作台上放置开水瓶、水杯及其他杂物。

(9)液位仪、潜油泵管理

液位仪、潜油泵的安装符合《爆炸和火灾危险环境电力装置设计规范》(GB 50058)的规定。所有室外地埋线用镀锌管穿管保护，在油罐入孔操作井出线端口，安装防爆密封盒进行密封，或安装防爆绕性管连接设备，同时作可靠接地，接地电阻不大于4Ω。室内通信线用套管布线至液位仪显示器、控制箱。潜油泵、液位仪设备发生故障时，应及时向主管部门汇报，并通知厂家或专业人员修理。

6.2 CNG加气站工艺与设备

CNG(compressed natural gas)是压缩天然气的缩略语。CNG加气站就是为CNG汽车储气瓶充装车用CNG或为CNG车载储气瓶组充装CNG以便外输的场所，包括CNG常规加气站、CNG加气母站、CNG加气子站。加气站的形式不同，工艺和设备也有差异，但加气站的主要设备包括：压缩机、储气井或储气瓶、加气机、脱硫塔、干燥器、PLC控制柜、安全附件等。

6.2.1 CNG加气站分类

(1)CNG常规加气站

从站外天然气管道输入天然气，经过适当的工艺处理并增压后，通过加气机给CNG汽车储气瓶充装车用CNG的场所。

(2)CNG加气母站

从站外天然气管道输入天然气，经过适当的工艺处理并增压后，通过加气柱给CNG车载储气瓶组充装CNG，同时也可通过加气机直接给CNG汽车储气瓶充装车用CNG的场所。

(3)CNG加气子站

用车载储气瓶组拖车运进CNG，通过加气机为CNG汽车储气瓶充装车用CNG的场所。

6.2.2 CNG常规加气站工艺

CNG常规加气站是指在站内利用城市天然气管网取气，经过调压、脱硫、脱水、压缩等生产工艺将天然气加工成压缩天然气，并为燃气汽车充装的站点。特点是站点的所有生产及销售均集中在站内进行。适合建在具有城市天然气管网，且加气车辆较多的地点，工艺流程如图6-14所示。

低压原料气进入CNG加气站后，经调压计量、脱硫、脱水、加压、储存、充装等环节，最后输出高压压力大于(20MPa)车用压缩天然气。

(1)原料天然气

城市输配管网供气的CNG加气站，其低压原料气压力等于或大于0.3MPa，与压缩机要求的进气压力相匹配。供应CNG加气站的原料天然气有两种：一种是天然气中含有一定量的硫化氢含量；另一种天然气成分中无硫化氢。

(2)进气调压计量系统

低压原料天然气进入CNG加气站后，首先进入调比计量系统、这个系统包括过滤、分离、调压、计量、缓冲等装置。若原料组分中含有超标硫化氢成分时，应设置脱硫装置，进行脱硫处理。

(3)深度脱水

原料天然气进入脱水装置吸附塔、塔内的4A型分子筛能有效吸附天然气中的水分，使天然气中的水含量达到车用压缩天然气水含量的要求。深度脱水装置及其设置有两种：

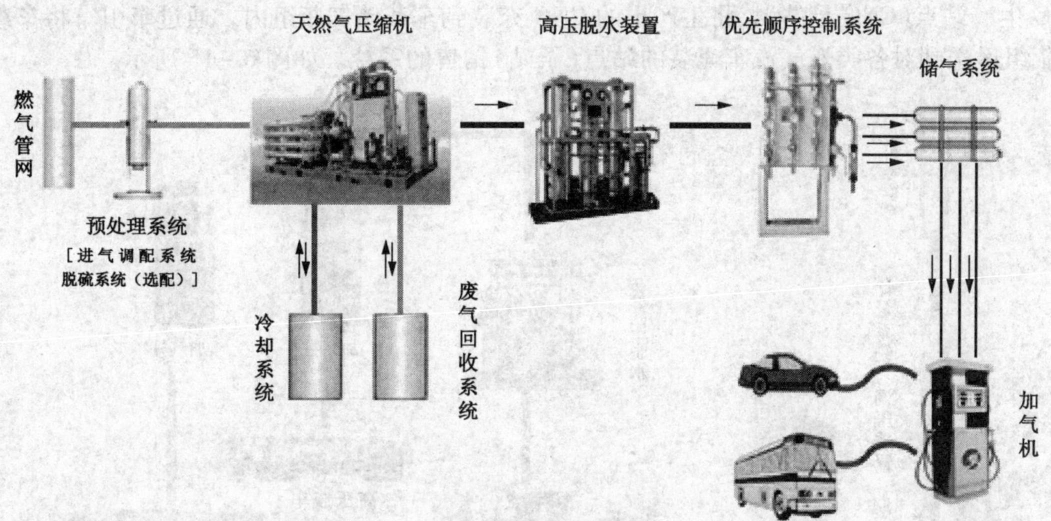

图 6－14　CNG 标准站流程图

①低压脱水装置，设置在压缩机前，原料天然气经调压计量系统后，即进入深度脱水装置，经过脱除水分的天然气进入压缩机，对压缩机也有一定的保护作用；

②高压脱水装置，设置在压缩机后，原料天然气经调压计量系统后即进入压缩机，压缩后的天然气压力升高至 25MPa，然后进入深度脱水装置脱除水分。

(4)压缩机装置

低压天然气经压缩机加压后，天然气压力升高到 25MPa。使用比较普遍的压缩机是 V 型压缩机、L 型压缩机。目前建设的 CNG 加气站生产规模多为 10000Nm^3/d 和 15000Nm^3/d，一般配备 2 台压缩机。

(5)储气系统

为了满足汽车不均衡加气的需要，CNG 加气站必须设置高压储气系统，以储存压缩机加压的高压气。储气系统采用的储气方式有以下几种：

①小气瓶储气，单个小气瓶容积仅 50 升，需要气瓶数量多、接点多、泄漏点多、维护与周检工作量大。

②管井储气，使用 API 进口石油套管加装高压封头，立式深埋地下约 150m 左右、形成水容积 2～4m^3 的储气管井。

③大型容器储气，常用的有以下几种：多层包扎的天然气储气罐、公称直径为 *DN*800、水容积规格为 2m^3、3m^3、4m^3。分卧式与立式两种；柱型（球型）单层结构高压储气罐、水容积规格为 2m^3、3m^3、4m^3 或以上。

(6)加气机

加气机是用来给 CNG 加气汽车加注高压天然气。它由科里奥利质量流量计、微电脑控制售气装置和压缩天然气气路系统组成。其屏幕显示售气单价、累计金额和加气总量。

6.2.3　CNG 加气母站工艺

CNG 母站是指在具有稳定气源的地点建设具有调压、脱硫、脱水、压缩等工艺的大型

CNG 生产站点(CNG 母站)，将生产出的 CNG 充装到车载储气瓶组内，通过牵引车将车载储气瓶组运送到对各类燃气汽车充装的站点(子站)销售的系统。如图 6－15 所示。

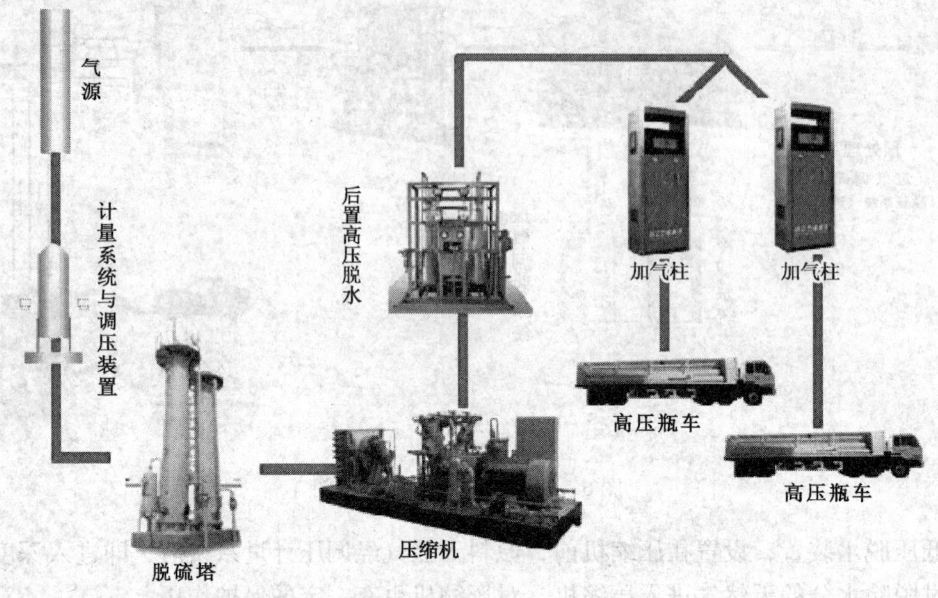

图 6－15　CNG 加气母站流程图

6.2.4　CNG 加气子站工艺

CNG 加气子站根据生产工艺，目前又分为 CNG 标准子站和 CNG 液推式子站。

(1)CNG 标准子站：即车载储气瓶组提供 CNG 气源，在车载储气瓶组内 CNG 压力衰减后，经过小型压缩机再次加压，通过优先顺序控制进入储气井或储气瓶组，通过 CNG 加气机给燃气汽车充气的 CNG 站点，如图 6－16 所示。

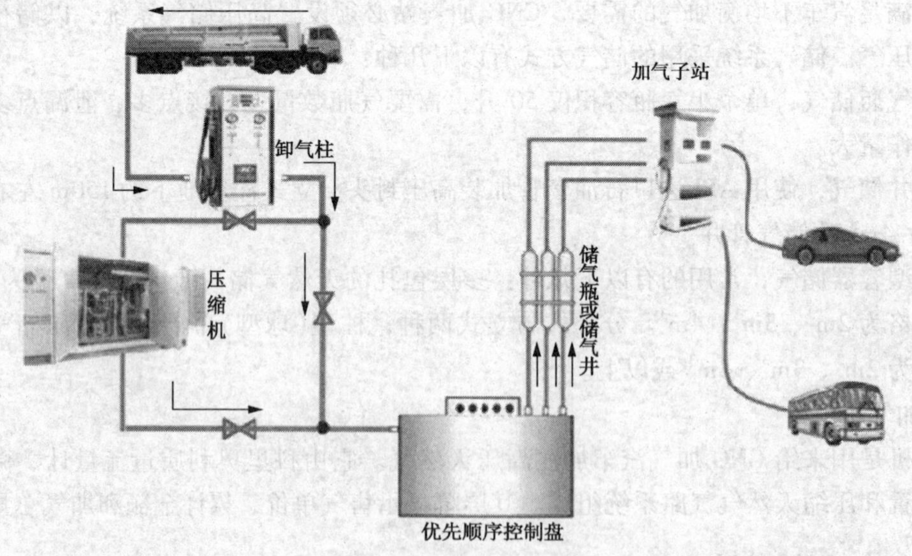

图 6－16　CNG 标准子站流程图

(2)CNG 液推式子站：通过站内的撬装液推装置直接将特殊材质的液体充入车载储气瓶组钢瓶中，将钢瓶内的 CNG 推出，通过站内的 CNG 加气机给燃气汽车的充气的 CNG 站点。液推子站为单线充装子站。

6.2.5 CNG 加气站工艺要求

进站天然气管道上应设置超压切断阀、过滤器、调压阀、缓冲罐和全启封闭式弹簧安全阀等。计量装置应选用计量精度不低于 1.0 级的智能型流量计；进站天然气硫化氢含量超过 $15mg/m^3$时，站内应设置脱硫装置。脱硫设备应按 2 台并联设计，其中一台备用；天然气脱水装置应按两套系统并联设计，一套系统在运行，另一套系统进行再生，交替运行周期可为 6～8 小时。

加气站内压缩机的选型应结合进站天然气压力、脱水工艺和设计规模确定。装机数量应按两台并联设计，其中一台备用。在加气母站内压缩机可多台并联运行，另设一台备用压缩机；计算多台并联运行的压缩机单台排气量，应按公称容积流量的 85% 计算。压缩机进口管道上应设置手动和电动控制阀门；电动阀门宜与压缩机的电气开关联锁。压缩机出口管道上应设置安全阀、止回阀、手动阀门。压缩机的控制与保护应设有自动和手动停车装置。

6.2.6 CNG 加气站主要设备

CNG 加气站的关键技术可分为五个系统，分别是：预处理系统、压缩系统、储存系统、加气系统和控制系统。这五个系统基本囊括了 CNG 加气站的设备：

(1)预处理系统

主要作用：调压、计量、净化杂质，如图 6－17。

主要设备：过滤器、调压计量系统(柜)、脱硫塔、低压或高压干燥器。

适用站点：CNG 标准站和 CNG 母站。

①过滤器：作用是过滤掉天然气中的杂质，一般的过滤器的过滤精度为 5～20μm。

②调压计量系统(柜)：见图 6－17。

图 6－17　过滤调压计量系统

③脱硫塔：脱除进站天然气中超标的硫化物和硫化氢等酸性气体，见图 6－18。

城市天然气管网输送天然气的质量标准是《天然气》(GB 17820)，硫化氢含量≤$20mg/m^3$，与车用天然气标准有差距。当进站天然气硫化氢含量不符合国家标准《车用天然气》(GB 18047)的有关规定时，应在站内进行脱硫处理。脱硫应在天然气增压前进行，脱硫系统宜设置备用脱硫塔。脱硫塔前后的工艺管道上应设置硫化氢含量检测取样口，也可设置硫化氢含量在线检测分析仪。

④脱水装置：CNG 加气站采用的脱水装置主要是干燥器。作用是对原料气进行深度脱水，使压缩机的成品气达到车用压缩天然气标准，如图 6－19 所示。

图 6－18　脱硫塔

图 6－19　脱水装置

脱水分为前置脱水和后处理脱水，脱水系统宜设置备用脱水设备，在脱水设备的出口管道上应设置露点检测仪。

(2)压缩系统

主要作用：将低压天然气增压到 20～25MPa，是 CNG 加气站的核心系统。

主要设备：缓冲罐、压缩机及配套设备。

适用站点：CNG 标准站、CNG 母站、CNG 标准子站。

液推装置是 CNG 液推式子站的一种压缩系统。

压缩机的排气压力不应大于 25MPa，在压缩机组进口前应设分离缓冲罐，机组出口后宜设排气缓冲罐。分离缓冲罐应设置在进气总管上或每台机组的进口位置处；机组排气缓冲罐宜设置在机组排气除油过滤器之后。分离缓冲罐及容积大于 0.3m^3 的排气缓冲罐，应设压力指示仪表和液位计，并应有超压安全卸放措施。

①缓冲罐：缓冲和稳定压力，消除压缩机系统压力急剧波动，减少对系统设备的频繁冲击，使压缩机平稳的工作。如图 6－20 所示。

图 6－20　缓冲罐

②压缩机及配套设施。压缩机是压缩系统，也是整个 CNG 加气站的心脏。压缩机在加气站内最为重要，其性能好

坏直接影响 CNG 加气站运行的可靠性和经济性。CNG 加气站压缩机一般采用往复式压缩机，其转速高、输出压力高、主机驱动方式多为电机驱动。压缩机是 CNG 加气站内最复杂的设备，集中了机械、电气、润滑、冷却、自动化控制、报警连锁等多个系统。

压缩机组的运行管理宜采用计算机集中控制，压缩机的卸载排气不应对外放散，宜回收至压缩机缓冲罐。当压缩机停机后，机内气体需及时泄压放掉以待第二次启动。由于泄压的天然气气量大、压力高，因此须将泄放的天然气回收再用。

压缩机的固定应牢固可靠，避免其振动影响其他设备。日常应定时巡检时应检查机泵的声音、振动、压力、温升有无异常。经常检查机泵润滑系统，定期加注润滑油。电机、泵每 2 个月加注 1 次润滑脂，每半年化验 1 次压缩机油，不符合要求时立即更换。特殊情况下应随时安排化验检查，及时依据检查情况决定是否更换。每半年至少进行 1 次压缩机的气门组件检查。

图 6－21　CNG 标准站压缩机(L 型)

(3)储存系统

主要设备：车载储气瓶组、地面储气瓶组、储气井。

①车载储气瓶组(俗称 CNG 管束车)：主要是储存并运输 CNG，为 CNG 子站提供气源。

②地面储气瓶组：主要用于 CNG 标准站或 CNG 标准子站储存 CNG。储气瓶应符合现行国家标准《站用压缩天然气钢瓶》(GB 19158)的规定。如图 6－22 所示。

③地下储气井：主要用于 CNG 子站或标准站储存 CNG，如图 6－23 所示。

储气井是利用石油钻井使用的石油套管在地下打井后，按照固井工艺将套管固定而形成的一种埋在地下深度为 80～150m 的储气设备。CNG 储气井一般由井管、管箍和上下封头所组成。井管由公称直径 *DN*180、*DN*230 或 *DN*280 规格的石油套管构成。井管、连接管箍和管底封头在下井前，采用优质、高效能的防腐材料进行特加强级防腐绝缘处理。井管下井后，其与井底、井壁的空间应用水泥浆固定。储气井的设计、建造和检验应符合国家现行标准《高压气地下储气井》(SY/T 6535)的有关规定。储气井的建造应由具有天然气钻井资质的单位承担。

图6-22　地面储气瓶组

图6-23　地下储气井

储气井的设计压力为32MPa，最大允许充装压力为25MPa，设计水容积为$2m^3$、$3m^3$或$4m^3$。储气井高出地面300~500mm，以便于接管。在一个加气站内的储气井按运行压力分为高压、中压和低压储气井。储气井的进、出管上设置人工快速切断阀和防爆型电动控制阀。储气井汇管上设置压力表、超压报警器、安全阀和安全放散阀。

储气瓶(井)应分组设置，分组进行充装。在一个加气站内储气瓶(井)组应按运行压力分为高压瓶(井)组、中压瓶(井)组和低压瓶(井)组。各瓶(井)组应单独引管道至加气机，对加气汽车按各瓶(井)组的压力进行分档转换充装。对储气瓶(井)组的补气程序应从高压向低压逐组进行，对储气瓶(井)组的取气程序则相反。

(4)加气系统

主要作用：为燃气汽车充装CNG。

主要设备：优先顺序控制盘、CNG加气机。

①优先顺序控制盘：CNG标准站和CNG标准子站采用优先顺序控制盘自动控制对储气设备中的充气和取气给CNG加气机的全过程，最大限度地提升压缩机和储气设备的利用率。

②加气机。CNG加气机主要由机架、外壳、电源控制箱、显示器、电磁阀、质量流量计、压力变送器、拉断阀、加气枪等部件组成。它的额定工作压力为20MPa，工作状态下的加气流量不应大于$0.25m^3/min$，加气机的计量准确度不应低于1.0级。

加气机应具有以下安全功能：气瓶加满后能自动停止加气，加气完毕后软管气压自动下降。如果充气管没有拔下而汽车开走时，充气软管能自动断开，不会发生天然气泄漏。如果软管破裂，系统会立即停止工作。

加气机的日常管理：应定期检查加气机各密封面，确保无泄漏。加气机的安全装置应定期进行检测，保证加气机安全运行。加气机的紧急切断、过流切断、拉断切断、安全限压、加气枪的加气嘴自封功能等安全装置保持完好有效。加气机附近应设防撞柱(栏)。

(5)控制系统

控制系统的功能：控制加气站设备的正常运转和对有关设备的运行参数进行监控，并在设备发生故障时自动报警或停机。主要包括：

①各检测仪表的二次仪表部分，可实时监控并显示站内设备运行状态及压力、流量、燃气浓度、水含量等参数。

②气进站前、压缩前后、计量前后、高压储气区压力指示及报警，采用压力变送器，由

监控系统进行指示和报警，同时设计机械压力表就地指示各点压力。

③气供压缩工艺前采用气动遥控截断阀紧急切断控制。

④压缩机系统的控制采用 PLC 。

⑤站内设可燃气体检测报警控制系统。

6.3 LNG 和 L－CNG 加气站工艺与设备

LNG(liquefied natural gas)液化天然气的缩略语。L－CNG 由 LNG 转化为 CNG 的缩略语。LNG 加气站为 LNG 汽车储气瓶充装 LNG 的场所。L－CNG 加气站是能将 LNG 转化为 CNG，并为 CNG 汽车储气瓶充装车用 CNG 的场所。天然气是在气田中自然开采出来的可燃气体，主要成分是甲烷。LNG 是通过在常压下气态的天然气冷却至－165℃，使之凝结成液体。LNG 的密度约为 0.42～0.46g/cm^3，1kg LNG 气化后约为 1.4Nm^3 天然气。LNG 的体积膨胀比约为 625。

6.3.1 LNG 汽车发展概况

LNG 汽车是随着 LNG 工业发展起来的，早在 20 世纪 60 年代就有人将汽车改为 LNG— 燃油两用燃料汽车，由于当时 LNG 工业尚在起步阶段，LNG 供应不是十分普遍，因此 LNG 汽车并不受人们的重视。

进入 20 世纪 80 年代，随着世界范围内 LNG 工业的规模化发展和燃气汽车推广速度的加快，美国、加拿大、德国和法国等国家开始重视 LNG 汽车技术的研究。到 90 年代初 LNG 汽车开始小规模推广，效果十分理想，其显著的优点是能满足严格的车辆排放法规的要求，而且克服了 CNG 汽车的主要缺陷，兼有 CNG、LPG 汽车的优点，能满足长途运输的需要，更具实用性。因而 LNG 汽车被认为是燃气汽车的发展方向，倍受汽车经营者的关注。目前全世界约有相当数量的 LNG 汽车在运行。其中美国有 40 多个 LNG 汽车加气站，千余辆 LNG 汽车，年增长率约 60%，表现出强劲的发展势头。

随着天然气作为新兴能源被普及，目前，在我国湛江、杭州、长沙、内蒙古鄂尔多斯、濮阳、济南、北京、郑州、开封、成都、重庆等城市已有不少 LNG 公交车和出租车在行驶。日前，福建投资开发集团有限责任公司和福建高速公路有限责任公司将合作，在福建境内高速公路沿线建设 30 座 LNG(液态天然气)汽车加气站，发展清洁能源交通。我国机动车动力燃料结构正在发生巨大而深刻的变化，向更加绿色、更加环保的方向迈进。

6.3.2 LNG 加气站工艺流程与车载 LNG 供给流程

LNG 汽车加气站的主要工艺流程包括三部分：卸车流程、调压流程、加气流程，LNG 加气站系统流程示意框图，如图 6－24 所示 。

(1)卸车流程

由加气站卸车泵或者卸车增压器将低温槽车内 LNG 转注到低温储罐。

LNG 液化厂——→LNG 槽车——→卸车接口——→卸车增压器或卸车泵——→LNG 储罐

我国目前的 LNG 运输均采用汽车槽车。单辆槽车最大 LNG 水容积 37m^3，LNG 运输能力 22000Nm^3 气态天然气，槽车设计压力 0.8MPa，运行压力 0.3MPa。

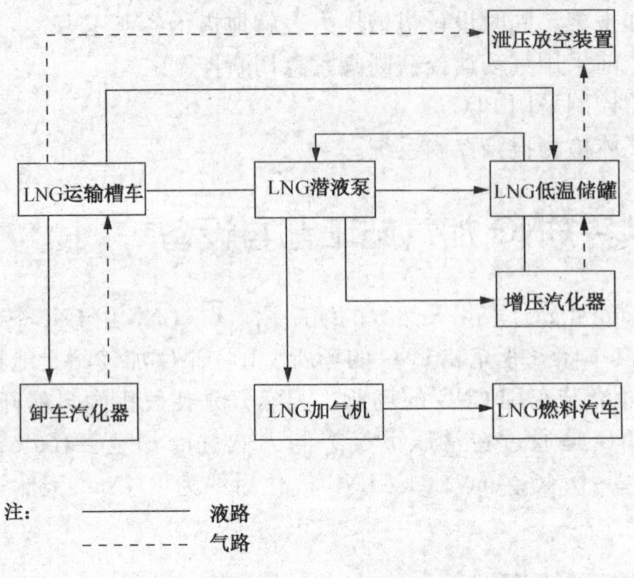

图 6－24　LNG 加气站系统流程示意框图

连接槽车的液相管道上，在靠近与槽车的接口处应设置紧急切断阀和止回阀，气相管道上宜设置紧急切断阀。LNG 卸车软管应采用奥氏体不锈钢波纹软管，其爆破压力不应小于工程压力的 4 倍。

(2)调压流程

通过增压汽化器对储罐进行调压，使其达到加注时的工作压力。

LNG 储罐⟶潜液泵⟶增压汽化器⟶LNG 储罐

(3)加气流程

通过潜液泵将 LNG 泵入燃料汽车，由加气机进行计量。

LNG 储罐⟶潜液泵⟶加气机⟶LNG 燃料汽车

加气系统的充装压力不应大于汽车车载瓶的最大工作压力，加气机计量误差不宜大于 1.5%。加气机加气软管应设置安全拉断阀，安全拉断阀的脱离拉力宜为 400～600N，软管的长度不应大于 6m。

加气机应配置 LNG 预冷系统，充装汽车 LNG 储罐的放散气宜回收利用或引至安全放散区。加气枪卸开连接后所放出的 LNG 量不应大于 5mL。在 LNG 加气岛上应配置用于吹扫加气枪接头冻冰的设施。

6.3.3　L－CNG 加气站工艺流程

L－CNG 加气站是将 LNG 液体加压至 20MPa，高压液体进入空温式汽化器汽化成压缩天然气(CNG)，CNG 经 CNG 加气机向 CNG 汽车加气的加气站。LNG 运输成本低于 CNG；液体加压速度快，较普通 CNG 站更节能。

L－CNG 加气站主要设备配置有：LNG 储罐 、低温高压泵 、汽化器 、CNG 储罐 、CNG 加气机 、站控系统等。

L－CNG 加气站系统流程示意见图 6－25。

图 6－25　L－CNG 加气站系统流程示意图

6.3.4　LNG 加气站主要设备

(1) LNG 储罐

LNG 低温储罐由碳钢外壳、不锈钢内胆和工艺管道组成，内外壳之间充填珠光沙隔离。内外壳严格按照国家有关规范设计、制造和焊接。经过几十道工序制造、安装，并经检验合格后，其夹层在滚动中充填珠光沙并抽真空制成。

储罐应符合现行国家标准《钢制压力容器》(GB 150)，《低温绝热压力容器》(GB 18442)和《固定式压力容器安全技术监察规程》(TSG R0004)的有关规定。

储罐内筒的设计压力不应小于 1.2MPa，设计温度不应高于－196℃；储罐外筒的设计压力不应小于 0.1MPa，设计温度不应高于－18℃。

储罐夹层的真空性能应符合现行国家标准《低温绝热压力容器》(GB 18442)的规定。内罐与外罐之间应设绝热层，绝热层应与 LNG 和天然气相适应，并为不可燃材料。外罐外部着火时，绝缘层不能因熔融、塌陷等原因，使绝缘层的绝缘性能明显变差。

LNG 储罐一般有效容积不大于 $60m^3$，最大工作压力 0.8～1.6MPa，分立式和卧式两种。

在城市中心区内，各类 LNG 加气站及加油加气合建站，应采用埋地 LNG 储罐、地下 LNG 储罐和半地下 LNG 储罐。

①地下或半地下 LNG 储罐的设置要求。地下或半地下储罐应安装在罐池中，罐池为不燃烧实体防护结构，应能承受所容纳液体的静压及温度变化的影响；储罐外壁距罐池内壁半地下 LNG 储罐的池壁顶应至少高出罐顶 0.2m。罐池在雨季有可能积水，所以储罐应采取抗浮措施。

②地上 LNG 储罐的设置要求。LNG 储罐之间的净距不应小于相邻较大罐的直径的 1/2，且不应小于 2m；LNG 储罐组四周应设防护堤，堤内的有效容量不应小于其中 1 个最大 LNG 储罐的容量。防护堤地面应至少低于周边地面 0.1m，防护堤顶面应至少高出堤内地面 0.8m，且应至少高出堤外地面 0.4m。防护堤内地脚线距离 LNG 储罐外壁的净距不应小于 2m。

③LNG 储罐的仪表设置要求。液位是 LNG 储罐重要的安全参数，实时监测液位和高液位报警是必不可少的。所以，LNG 储罐应设置液位计和高液位报警器。高液位报警应与进

液管道紧急切断阀联锁。最高液位以上部位应设置压力表。液位计、压力表应能实现就地显示和集中显示。

（2）车载钢瓶

有效容积 300L ~ 400L，最大工作压力 1.6MPa，分带回气接口型和无回气接口型。如图 6 – 26所示。

图 6 – 26　车载储气瓶

(3) LNG 撬体

如图 6 – 27 所示。

图 6 – 27　撬体

(4) LNG 潜液泵

常用 LNG 潜液泵的技术参数：流量：340L/min；扬程：220m；进口压力：0.6Mpa；电机功率：11 ~ 18.5KW；转速：1500 ~ 6000r/min 。如图 6 – 28 所示。

LNG 潜液泵罐的回气管道宜与 LNG 储罐的气相管道接通；潜液泵罐应设置温度和压力检测仪表，并能就地显示和集中显示。在泵的出口应设置全启封闭式安全阀和紧急切断阀，并宜设置止回阀。

(5) LNG 输送管道

LNG 管道和低温气相管道及管件材质应采用低温不锈钢。管道系统的设计压力不应小

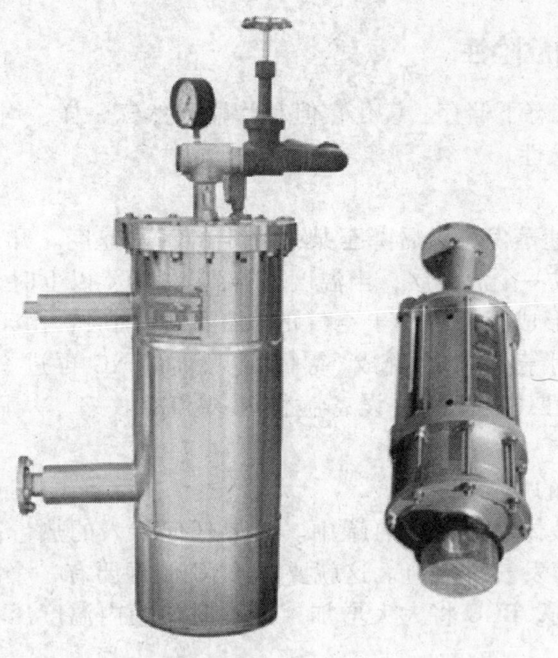

图 6 - 28　LNG 潜液泵

于最大工作压力的 1.2 倍，管道的设计温度不应高于 -196℃。LNG 远程控制的阀门均应具有手动操作功能；LNG 管道的两个切断阀之间应设置安全阀或其他泄压装置，泄压排放的气体应接入放散管。在加气站运行中，常发生 LNG 液相系统安全阀弹簧失效或发生冰卡而不能复位关闭的情况，造成大量 LNG 喷卸，因此 LNG 加气站的各类安全阀放散需集中引至安全区，即应设置集中放散管。

真空绝热管道，如图 6 - 29 所示。

图 6 - 29　真空绝热管道

6.3.5 LNG 潜在的危险性

LNG 虽是在低温状态下储存、气化，但和管输天然气一样，均为常温气态应用，这就决定了 LNG 潜在的危险性。

(1)低温的危险性

当 LNG 泄漏后迅速蒸发，然后降至某一固定的蒸发速度。开始蒸发时气体密度大于空气密度，在地面形成一个流动层，当温度上升到 -110℃以上时，蒸气与空气的混合物在温度上升过程中，形成了密度小于空气的“云团”。同时，由于 LNG 泄漏时的温度很低，其周围大气中的水蒸气被冷凝成“雾团”。然后 LNG 再进一步与空气混合完全气化。LNG 的低温危险性还能使相关设备脆性断裂和冷收缩，从而损坏设备和低温冻伤操作者。

(2)BOG(蒸发气)的危险性

LNG 是作为沸腾液体储存在绝热罐中。外界任何传入的热量都会引起一定量液体蒸发成为气体，这就是蒸发气(BOG)。这就要求 LNG 储罐要有一个极低的日蒸发率，并设有安全放空系统，否则，BOG 将大大增加，严重时使罐内温度压力上升过快，直至储罐破裂。

(3)着火的危险性

天然气在空气中达到燃烧范围大约在5% ~15%之间，遇火源可产生爆燃。因此，必须防止点火源存在。

(4)翻滚的危险性

通常，储罐内的 LNG 长期静止将形成两个稳定的液相层，下层密度大于上层密度。当外界热量传入罐内时，上层液体密度增大，下层密度减小，当上下两层液体密度接近相等时，分层界面消失，快速混合并伴随有液体大量蒸发，此时的蒸发率远大于正常蒸发率，出现翻滚。

6.3.6 LNG 加气站运营安全管理的基本要求

(1)防止 LNG 泄漏与空气形成可燃的爆炸性混合物；

(2)在储罐区、气化区、卸车台等可能产生天然气泄漏的区域均设置可燃气体浓度监测报警装置；

(3)消除引发燃烧、爆炸的基本条件，按规范要求对 LNG 工艺系统与设备进行消防保护；

(4)防止 LNG 设备超压和超压排放。防止 LNG 的低温特性和巨大的温差对工艺系统的危害及对操作人员的冷灼伤。

6.4 加油加气站作业安全管理

加油加气站作业安全管理应按照《中国石化加油站安全管理规定》、《中国石化液化石油气和压缩天然气加气站安全管理规定》、中国石化油品销售事业部《加油站管理长效机制总体思路》等相关要求进行。

6.4.1 加油站安全管理

(1)安全教育

①加油站员工应经安全、消防和充装培训合格后，持证上岗。所有职工(包括新员工、转岗工、劳务工、代培人员等)上岗前应经三级安全教育合格后，持证上岗。

②加油站应每月对职工进行安全教育，安全教育的内容和学时安排按照中国石化安全教育管理规定执行，并定期开展安全活动、进行考评。

③在加油站内进行检修施工作业前，加油站主管部门应确认施工单位资质，并与其签订安全合同(协议)，明确安全责任，落实安全措施，对施工人员进行安全教育。

(2)安全措施

加油站内应有明显安全警示语和警示标牌。高强电闪、雷击频繁时，应停止加油、卸油作业。认真落实防抢、防骗、防盗、防破坏等防范措施和保安工作，确保加油站人身、财物安全。

加油站内应设置安全标志牌，主要内容包括：

①严禁在站内吸烟；

②严禁在站内进行检修车辆、敲击铁器等易产生火花的作业；

③严禁机动车辆在站内不熄火加油；

④严禁在站内穿脱、拍打能产生静电的服装；

⑤严禁在站内使用手机、对讲机等非防爆电器；

⑥严禁向塑料桶内加注易燃油品；

⑦严禁在站内用汽油、易挥发溶剂擦洗设备、衣物、工具及地面等；

⑧严禁行人、自行车在站内穿行。

(3)用火管理

用火管理应符合用火作业安全管理规定的要求。加油站生活固定用火点应符合《汽车加油加气站设计与施工规范》(GB 50156)规定的安全距离要求。

(4)消防管理

加油站应制定消防应急预案，其主要内容包括：

①组织机构和指挥系统。

②地理位置，油罐数量、容积，加油机位置、数量，输油管线走向图，其他油品的存放地点、数量。

③建筑物的结构形式、耐火等级、面积、高度、内部设施及相互间的距离。

④灭火人员的配备、分工，警卫力量的布置，物资抢救、人员疏散措施及相应操作程序。

⑤各种消防器材的数量、摆放位置、应急补充措施。

⑥对外通信联络及外援力量的部署、指挥等。

加油站各种消防器材应按照《汽车加油加气站设计与施工规范》(GB 50156)有关规定配置，并摆放合理，取用方便。消防器材应指定专人管理，定时检查、养护，定期更换，确保完好有效。

(5)安全检查

加油站要认真贯彻“安全第一，预防为主”的方针，坚持自检自查为主，与上级主管监督检查相结合的原则。

①加油站每周组织 1 次安全检查。当班安全员应对作业现场进行监督，发现违章行为和不安全因素，有权制止并向上级反映情况。加油站经营单位每月和遇重大节日应对加油站进行安全检查。

②安全检查的主要内容包括：安全责任制落实情况、作业现场安全管理、设备有无渗漏、电器接线螺栓是否牢固、防火防爆措施是否可靠、灭火作战预案演练以及隐患整改情况等。

③安全检查中发现的问题和隐患，加油站能解决的，应限期抓紧整改；加油站无力解决的，应书面向上级报告，同时采取有效的防范措施。

(6)事故管理

事故的分类、分级，以及事故的报告、调查和处理，按照中国石化事故管理规定执行。

6.4.2 加油站加油作业

加油站加油作业前要求，加油员上岗前按规定着装，严禁携带通信工具。安全员对设施设备和环境进行检查和确认。

(1)引车到位：主动引导车辆进入加油位置。

(2)问候顾客：问候顾客，提醒熄灭发动机，询问加油品种、数量或金额。

(3)打开油箱：车辆发动机熄火后，打开油箱盖(带锁的等顾客开锁后打开)。

(4)加注油品：确认加油机泵码回零、确认品种、数量后开始加油。

(5)擦拭车窗：状况允许，征得顾客同意后，可擦拭车窗玻璃。

(6)盖油箱盖：请顾客确认后，收回油枪，拧紧油箱盖，关上盖板。

(7)结算货款：加油员结算油款时，要辨别人民币真伪，避免收取假钞。加油卡加油结束，要提示卡内余额。

(8)引车出站：道别并引导车辆出站。

6.4.3 加油站卸油作业

(1) 引车到位

引导油罐车停靠至指定位置，车头朝外，在车轮下放置车档。关闭引擎和电门，拉起手刹，取下钥匙挂至指定位置。检查油罐车安全状况有无异常。

(2) 连接导静电接地线

检查静电接地报警器是否完好有效，将接地线与罐车固定接地端进行有效连接。

(3) 安全防护

摆放好消防器材，放置 2 只 4kg 灭火器、1 条石棉被，设置警示牌和警示线，稳油 15 分钟。

(4) 确认

①驾驶员和接卸人员共同核验交运单、品种和数量，确认油罐车铅封完好。

②确认收油罐对应的加油机停止发油。

③计量员确认油罐可收容量大于来油容积，且接卸油的油罐存油量不超过安全容量。确认卸油胶管和接卸口连接正确、紧密，自然弯曲，计量孔拧紧、严密。

(5) 进货验收

接卸人员与驾驶员双方确认来油体积数量。出现短量时，按《加油站数质量管理办法》有关规定处理。计量员取样目测，确认油品质量，核验结果并及时记录。如油品质量异常，及时向主管公司报告并妥善处理。

(6) 卸油

①加油站的卸油工作由承运驾驶员和计量员共同负责，各司其职。

②计量员、油罐车驾驶员等相关人员全过程在卸油作业现场做好安全监护，不从事与卸油作业无关的事情。

③加油站实施卸油作业票制度。“卸油作业票(卸油程序检查表)”由驾驶员与计量员共同完成并签发，并在站内归档备查。驾驶员与计量员严格按照“卸油作业票”的内容，逐项检查、确认。每项检查结果为“是”时，才进入下一项检查工作。

④确认收油罐计量口已关闭严密。油罐车出油阀门由驾驶员操作，油罐卸油口阀门由计量员操作，其他人员不得擅自操作。

(7) 过程监控

检查油罐的计量孔密封，油罐、管线等接口无渗漏现象。加油站接卸人员和油罐车驾驶员必须在现场全过程监护。安装液位仪的加油站，对卸油过程中发生的报警及时向加油站站长汇报，消除警报的权限归加油站站长，其他人员不得擅自消警。接到警报后，加油站站长及时到现场分析、核实，查明原因，妥善处理。

(8) 卸后确认

上罐车顶检查，确认油品卸净。驾驶员关闭出油阀，将卸油管内余油顺流至油罐内。

(9) 施打铅封

对油罐车卸油口、计量口进行铅封。清理地面油污，收好导静电接地线、消防器材、警示牌、警示线等。

(10) 卸后处理

稳油后计量，通知该油罐对应的加油机可以进行加油。

6.4.4 加气站作业安全管理

加气站按照加注的燃料可分为液化石油气(LPG)加气站，压缩天然气(CNG)加气站和液化天然气(LNG)加气站，本节重点介绍压缩天然气(CNG)加气站的有关作业安全内容。

6.4.4.1 天然气危险特性

(1)挥发性：天然气的密度为0.5~0.8kg/m^3，相对密度为0.5548，比空气轻。当其泄漏出来后，极易四处扩散和挥发。

(2)易燃易爆性：天然气为易燃易爆气体，其爆炸极限范围为5%~15%，当与空气混合达到此范围时，遇有火种便会发生燃烧和爆炸。天然气与空气混合后，只要温度达到650℃左右，即使没有火源也会自行着火。

(3)热值高：天然气的低热值为37681kJ/m^3。

热值是指单位重量或单位体积的可燃物质在完全燃烧时所放出的热量。可燃物质在燃烧时产生的热量大小、火焰高低、燃烧速度快慢、爆炸时所能达到的最高温度和最大压力等都与热值有关。热值越高，燃烧时产生的热量越大，燃烧温度越高，燃烧速度也就越快，其能达到的最高温度和最高压力也就越大。

(4)毒性：组成天然气气态的烷烃本身是无毒的，但如果含有硫化氢时，就会对人体产生毒害作用。天然气的毒性因其化学组成不同而不同。净化天然气(不含硫化氢或经过脱硫处理)主要为甲烷的毒性。长期接触天然气，中毒表现为头晕、头痛、失眠、记忆力减退、恶心、乏力、食欲不振等。当天然气大量泄漏到空气或室内并达到一定浓度时，会使空气中的含氧量减少，严重时会使人窒息死亡。

6.4.4.2 安全措施

（1）加气站内应设置“加气站安全管理十大禁令”标志牌，具体内容包括：

①严禁在站内爆炸危险区吸烟。

②严禁在站内爆炸危险区进行车辆检修等易产生火花的作业。

③严禁机动车辆在站内爆炸危险区不熄火加气。

④严禁在站内爆炸危险区穿脱、拍打能产生静电的服装。

⑤严禁在站内爆炸危险区使用手机及非防爆电器。

⑥严禁在站内爆炸危险区就地排放易燃、易爆物料及化学危险品。

⑦严禁在站内爆炸危险区用汽油、易挥发溶剂擦洗设备、衣物、工具及地面等。

⑧严禁行人、自行车等无关人员及车辆在站内穿行。

⑨严禁非本岗位操作人员操作加气机作业。

⑩严禁驾驶员远离加气车辆，加气时车辆内不得有司乘人员。

（2）加气站内应设置“七不充装”警示牌：

①钢印标志、颜色标记不符合规定，瓶内介质不确认的不充装。

②附件损坏不全或不符合规定的不充装。

③瓶内无剩余压力的不充装。

④超过检验时限的不充装。

⑤经外部检查存在明显损伤，需进一步检验的不充装。

⑥氧化或强氧化性气体气瓶沾油脂的不充装。

⑦易燃气体气瓶首次充装或定期检验后，首次充装未经置换或抽空处理的不充装。

（3）加油加气合建站应在站内以明显的颜色划出引导加气车辆进出站和停靠台标志线。遇有高强闪电、雷雨天气及其他意外情况时，应停止卸气和加气作业。加气机应设防撞柱（栏）。储气瓶组或储气井与站内汽车通道相邻一侧，应设安全防撞栏或采取其他防撞措施。

6.4.5 加气站接卸气作业安全

（1）接卸前安全要求

认真查验送货单据，核对品名、数量、质量化验和进气储罐位号，严禁质量不合格的气体卸入储罐（井）。严格按操作规程进行卸气作业。压缩天然气车载储气瓶运输车应按指定位置停车、熄火，用车挡（木塞）固定车轮，并将车钥匙交操作员暂时保管。

（2）接卸中安全要求

接卸气时，须先接临时接地线，确认气软管上截止阀（球阀）处于关闭状态，再连接卸气管。压缩天然气车载储气瓶组卸气时，应确认卸气柱上放空阀处于关闭状态后，方能缓慢开启储气瓶及卸气装置阀门，开始卸气。

卸气期间，操作员应现场监护，随时检查压力、温度等，压缩天然气储气井（储气瓶）的压力不应超过25MPa。

送气司机送气期间不应离开作业现场，装卸气时不得清扫、维修车辆。

（3）接卸后安全要求

卸气结束后，由操作员拆卸输气管、临时接地线，检查无误后，送气车辆方可离开现场。

6.4.6 加气作业安全

（1）加气前安全要求

加气站有权拒绝为无技术监督部门检验合格证的汽车储气瓶加气，加气站有权拒绝为非汽车储气瓶以外的任何燃气装置、气瓶加气。作业时每台加气机应有1名操作人员，但不能同时操作两把加气枪作业。

加气站如遇有闪电、雷击频繁天气或计量器具发生故障、加气站周围发生不能保障加气站安全和正常工作的事件，应暂停加气作业。

操作人员应站在侧面引导车辆进站，汽车应停在标有明显标识的指定位置，保持与加气机的安全距离。汽车停稳后，操作员应监督司机拉紧手刹，引擎熄火，取下车钥匙，关闭车灯，离开驾驶室。加气前，操作员应对车辆储气瓶的仪表、阀门、管道进行安全检查，并查看其是否在使用期内。

（2）加气中安全要求

作业时加气胶（软）管不应交叉或绕过其他设备。压缩天然气放空时，排放口严禁对人排放。加气过程中，应注意监视加气机计量仪表及储气罐（瓶或井）的液位或压力是否正常。压缩天然气压力不应超过20MPa。

加气期间，操作人员不应离开现场，严禁非操作人员代为操作，严禁非操作人员自己主动充装。加气过程中如遇紧急情况（如车辆或设备泄漏）应立即停止作业。

（3）加气结束后安全要求

加气结束，关闭加气枪、储气瓶阀、加气管阀，卸下加气枪，盖好加气口保护盖，核准加气数量，并确认无漏气现象后，方可启动车辆。

6.5 案例分析

案例：　某输气站输气管线“1·20”腐蚀泄漏爆炸事故

2006年1月20日，某输气站输气管线发生泄漏爆炸事故，造成10人死亡，3人重伤、47人轻伤，损坏房屋21户3040m^2，输气管道爆炸段长69.05m。

(1)输气站简况

该站位于四川省，始建于1975年，1976年正式投入运行，设计日输气量950×10^{4}m^3/d，设计压力3.92MPa。经过几次站场改造，现是输气管理处集过滤分离、调压、计量、配气等为一体的大型综合输气站场，值班人员6人。输气处两条干线（其中ϕ630mm线建于1967年，ϕ720mm线建于1976年）。事故发生时，该管段的日输气量26×10^{4}m^3、压力1.0MPa。

(2)事故经过

2006年1月20日12时17分，该站距工艺装置区约60m处，因ϕ720mm输气管线螺旋焊缝存在缺陷，在一定内压作用下管道被撕裂，导致天然气大量泄漏，泄漏的天然气携带硫化亚铁粉末从裂缝中喷射出来遇空气氧化自燃，引发泄漏天然气管外爆炸（第一次爆炸），因第一次爆炸后的猛烈燃烧，使管内天然气产发第二次爆炸。当班工人立即向输气处调度室报告了事故情况，同时向镇政府和派出所报告。12时20分左右，在距工艺装置区约63m处，发生了与第二次爆炸机理相同的第三次爆炸。当第一次爆炸发生后，集输站值班宿舍内的职工和家属，在逃生过程恰遇第三爆炸点爆炸，导致多人伤亡。输气管理处接到事故报告后，输气处调度室立即通知紧急关断干线截断球阀并进行放空。13 时 11 分，放空完毕；13 时 30 分，事故现场大火扑灭；17 时 40 分，临近建(构)筑物余火被扑灭。

(3)事故原因

直接原因：

因 ϕ720mm 管材螺旋焊缝存在缺焰，在一定内压作用下管道被撕裂，导致天然气大量泄漏。泄漏的天然气携带硫化亚铁粉末从裂缝中喷射出来，遇空气氧化自燃，引发泄漏天然气爆炸(系管外爆炸)。第一次爆炸后的猛烈燃烧，使管内天然气产生相对负压，造成部分高热空气迅速回流管内与天然气混合，引发第二次爆炸，约 3min 后引发第三次爆炸(爆炸机理与第二次爆炸相同)。

间接原因：

①管道运行时间长，疲劳损伤现象突出。ϕ720mm 管线建于 1975 年，1976 年投产。由于受当时制管技术、施工技术、防腐技术以及检测技术等条件的限制，管线存在很多天生缺陷。

②管道建设时期，受国内当时防腐绝缘层材料及防腐绝缘手段、施工工艺技术的限制，使管道不能得到有效保护，导致管道外腐蚀比较严重。

③管道内壁腐蚀时间较长。该管道投产以来。曾在相当长时期内输送低含硫湿气，管线处于较强内腐蚀环境，导致管内发生腐蚀，伴有硫化亚铁粉末产生。

④随着城镇建设快速发展，输气站及进、出管道两侧 5～50m 范围内新增了较多建(构)筑物，使输气站被建筑物包围无法改建安全逃生通道。

⑤第一、第二次爆炸发生后，在值班宿舍内的职工和家属，在逃生过程中恰遇第三次爆炸，导致多人伤亡。

(4) 教训与启示

①加强各级人民政府、建设行政主管部门、国土资源管理部门的衔接，将管道规划建设和已建成的管道纳入当地土地利用总体规划和城市、村镇发展规划，防止在管道安全保护范围内修建各类建(构)筑物和其他影响管道安全的工程设施。

②加强隐患排查和整治工作。对管道安全保护范围内的各类建(构)筑物、工程以及各类危及管道安全的行为进行清理，分清责任。坚持谁违章谁整改的原则，限期予以整改。

③认真做好管道安全保护工作的监督和管理。要切实加强管道的巡查、维护，保持管道沿线各种安全标志的完整、有效，做好管线周边群众保护和各种安全标志的宣传工作，增强民众对管道保护和科学防范意识。

④加强输气管线的检测和评价。对建设时间早、运行时间长的管道进行一次全面检测和评价，及时查出管道存在的各种安全隐患(管道母材缺陷、机械缺陷、焊接缺陷和施工质量缺陷等)。对查出的问题及时采取相应措施，立即进行监控和整改，该更换的管段要及时更换，防止管道事故的发生。同时要做好常规检测、完好性检测与评价、智能检测等工作，确保管道的本质安全。

⑤加强管道巡检，对发现的问题或隐患必须及时上报、处理和监控，切实有效地保证天然气管道的安全平稳运行。

⑥完善事故应急救援预案，扎实做好事故应急演练工作。对事故应急预案进行全面细致的重新审核，修改和完善事故应急预案，充分考虑生产装置及管道外部环境条件，做到科学

合理。严格执行编制、审核、批准、发布、演练等程序，扎实做好事故应急预案演练工作。

⑦将“本质安全”进一步纳入设计之中，对突发的各种可能的情况能够有相应的措施，避免事故或事件的进一步扩大，将影响缩到最小范围内。针对建构筑物过密的问题，建议国家有关部门提高石油天然气管道保护的相关规范和标准，特别是5m的安全距离和大型建(构)筑物的界定等问题。

第7章　成品油管道安全管理

随着科学技术的发展和人类生产技能的提高，生产资料运输的快捷、优质、低耗成为人们追求的目标，在传统的内航、铁路、汽车运输的同时，管道作为一种新型的运输手段，其范围不断扩大，其优越性日益明显。工业管道始建于19世纪60～80年代，当时管道输送石油主要是原油，到20世纪初，成品油管道输送悄然兴起，其技术水平不断提高。

7.1　成品油管道基本构成

7.1.1　管道站场

成品油管道的站场分为首站、中间分输泵站、中间泵站、中间分输站、末站、集输站等。

成品油管道首站的任务是收集石油产品，经计量后向下站输送，首站的主要组成部分是油罐区、输油泵房和油品计量装置等。输油泵从油罐汲取油品经加压、计量后输入管道。成品油管道的首站大都与炼油厂、油库、码头相连接。油品沿管道向前流动，压力不断下降，需要在沿途设置中间泵站继续加压，直至将油品送到终点，其工艺如图7－1所示。

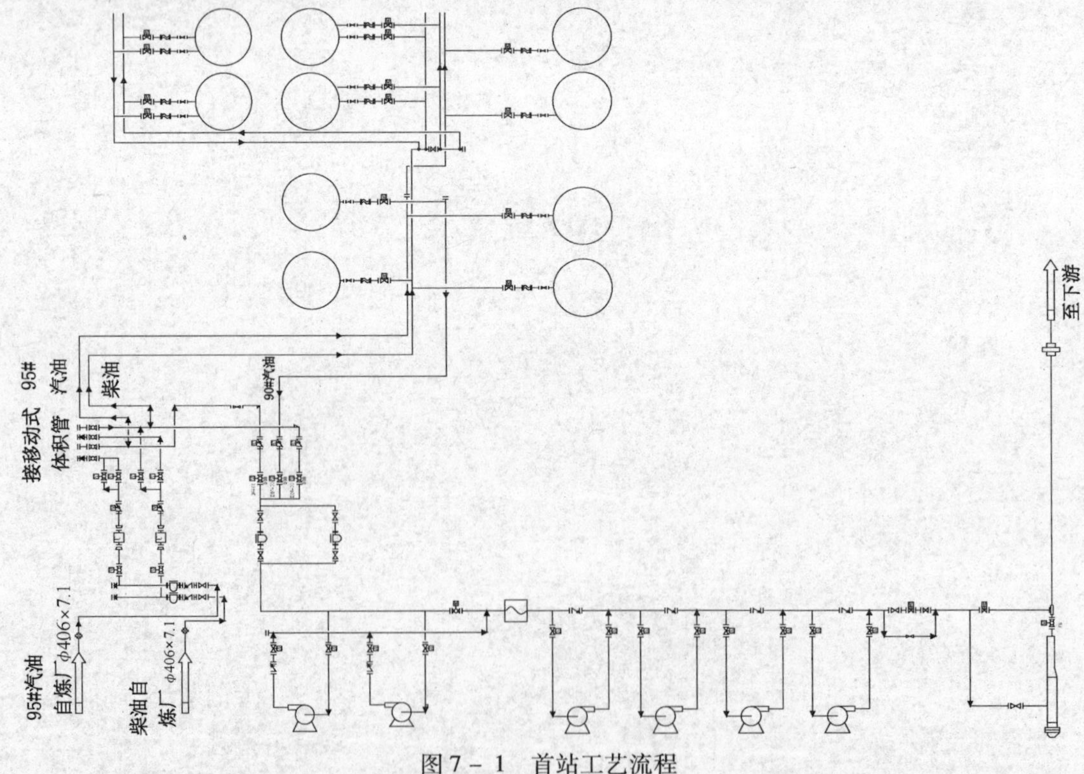

图7－1　首站工艺流程

末站可能是属于成品油管道的转运油库，也可能是其他企业的附属油库。末站的任务是接收来油并向用油单位供油，同时接收并处理沿线产生的混油，其站内工艺如图7－2所示。

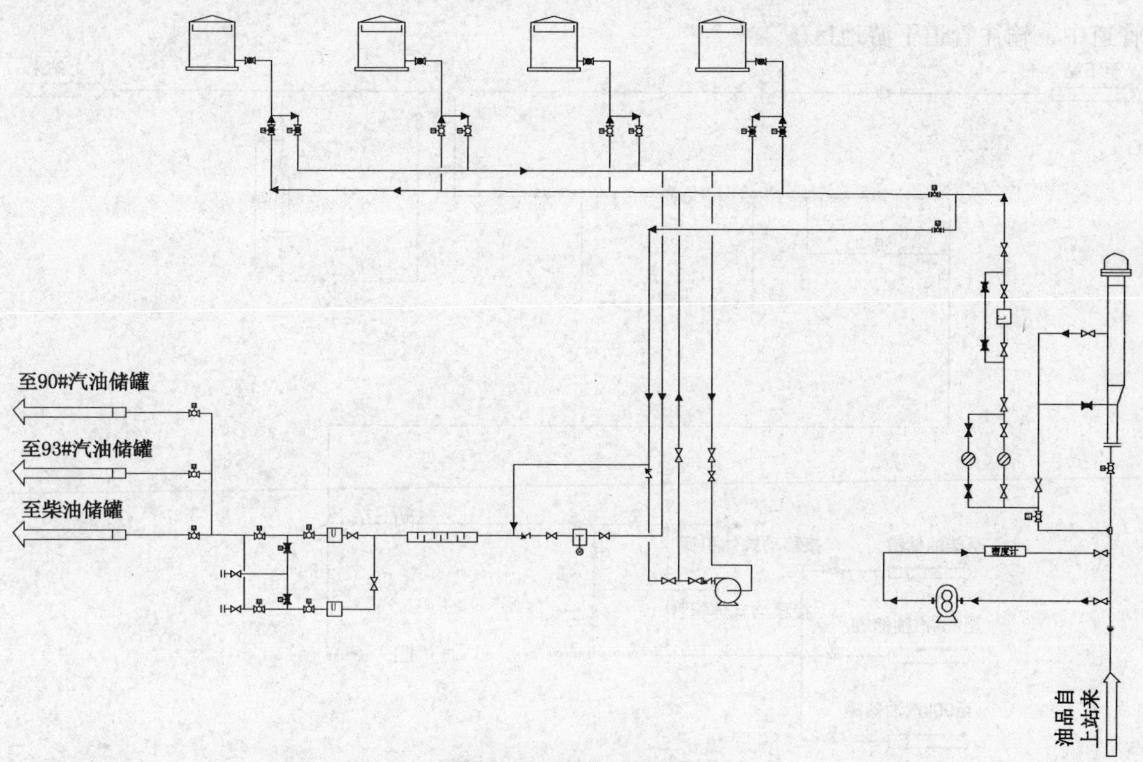

图 7－2　末站工艺流程

成品油管道沿线常设有多个分输站场或分输泵站，如图 7－3 和图 7－4 所示，将管道中

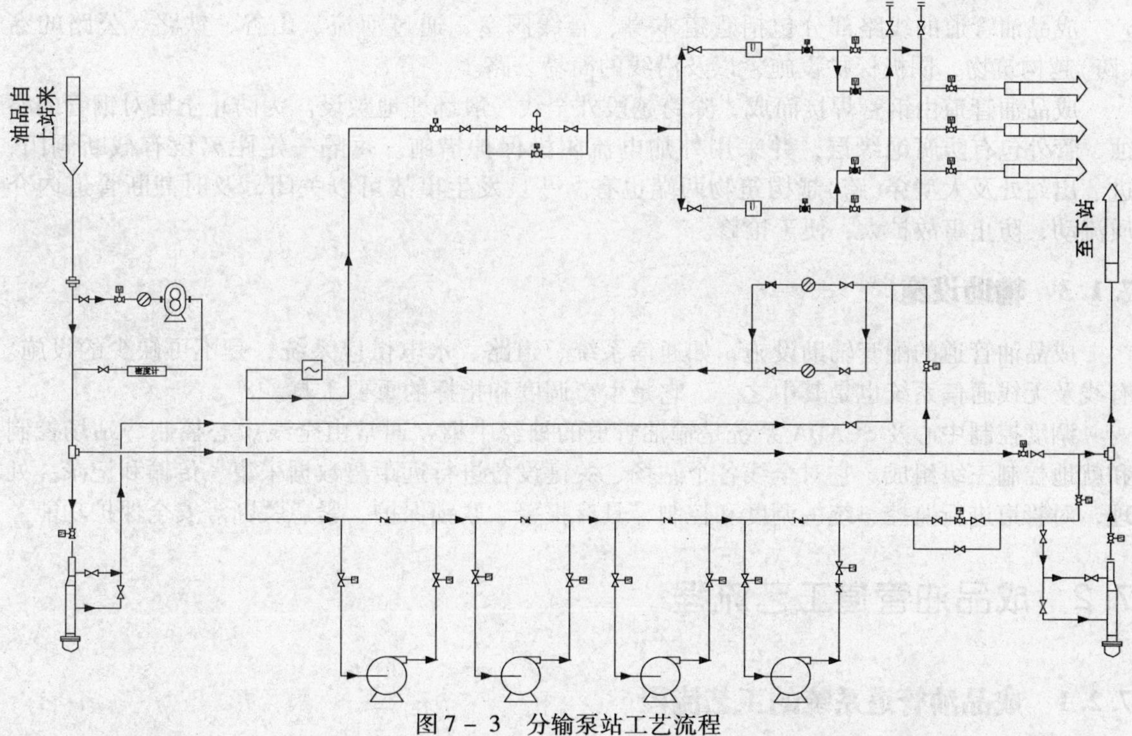

图 7－3　分输泵站工艺流程

的油品分输出一部分满足当地市场的需求，或输往管道支线末站满足支线末站市场需求。成品油管道沿线常有多个集输站，集输站的任务是将管道沿途附近炼厂、油库、码头来油注入

管道中，输往管道下游地区。

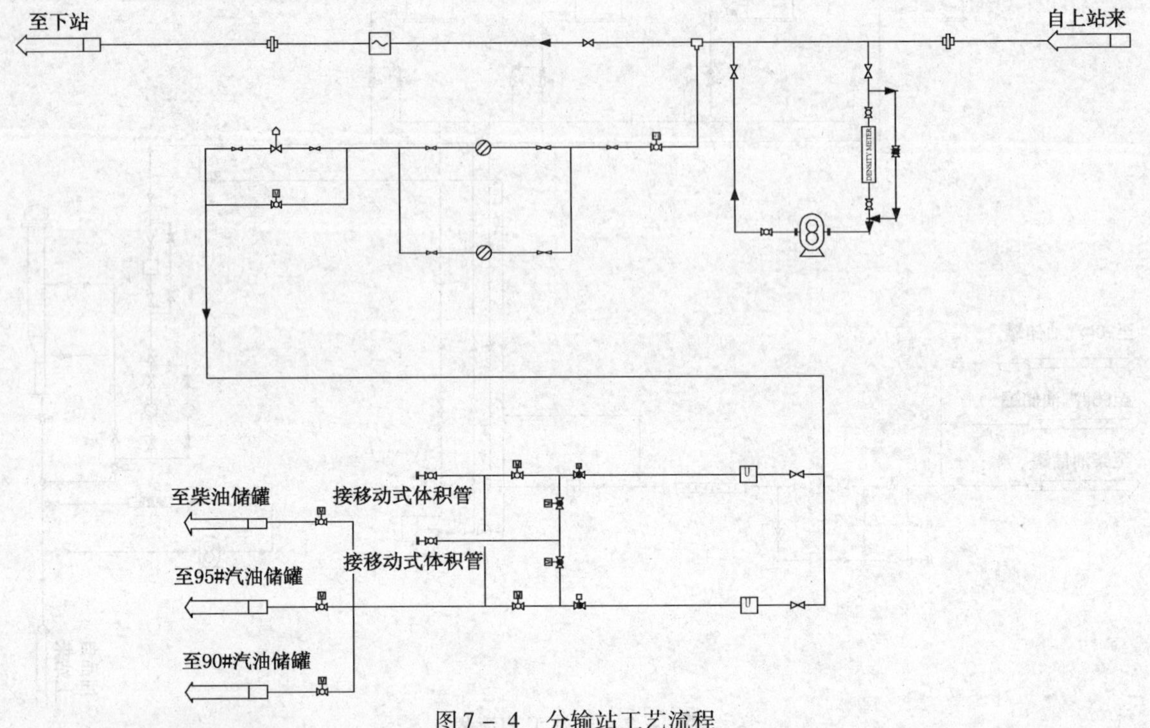

图7－4　分输站工艺流程

7.1.2　管道线路

成品油管道的线路部分包括管道本身、管线阀室、通过河流、山谷、铁路、公路的穿(跨)越构筑物，阴极保护设施，以及沿线的简易公路。

成品油管道由钢管焊接而成，除跨越段外全线一般都埋地敷设。为防止土壤对钢管的腐蚀，管外包有防腐绝缘层，并采用外加电流阴极保护措施。每隔一定距离设有截断阀门，进、出站处及大型穿(跨)越构筑物两端也有。一旦发生事故可以关闭，及时截断管道内介质流动，防止事故扩大，便于抢修。

7.1.3　辅助设施

成品油管道的配套辅助设施，如通信系统、道路、水电供应系统，是不可缺少的设施。有线及无线通信系统也是其中之一，它是生产调度和指挥的重要工具。

调度控制中心及SCADA系统是输油管道的神经中枢，通常由全线中心控制、站场控制和就地控制三级组成。它对全线各个站场、关键设备进行远距离数据采集、传输和记录、处理，对管道进行监控、统一调度和控制，具有报警、联锁保护、紧急关断等安全保护功能。

7.2　成品油管道工艺流程

7.2.1　成品油管道系统的工艺流程

管道系统常用的输油工艺有“从罐到罐”、“旁接油罐”和“从泵到泵”三种，如图7－5所示。

“从罐到罐”式输送工艺是指上站来油全部进入油罐，再通过油罐向下游站场输送的输

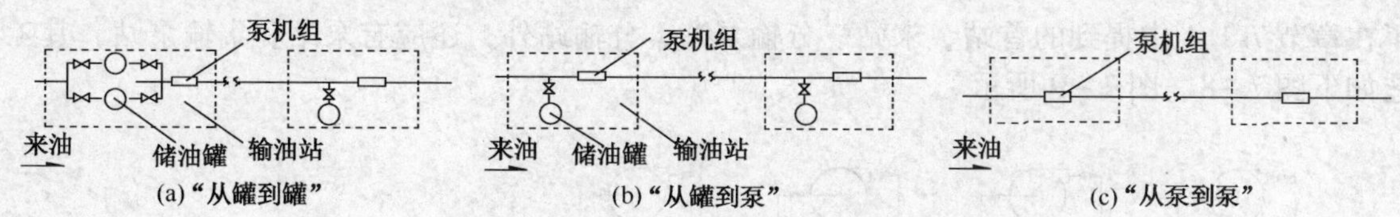

图7-5　管道系统工艺流程

油工艺，蒸发损耗大；“旁接油罐”式输送工艺是指上站来油可进入泵站的输油泵也可同时进入油罐的输油工艺，油罐通过旁路连接到干线上，当本输油站与上下两站的输量不平衡时，油罐起缓冲作用。其特点是：各管段输量可以不相等，油罐起调节作用；各管段单独成为一水力系统，有利于运行参数的调节和减少站间的相互影响；与“从泵到泵”方式相比，不需要较高精度的自动调节系统，操作简单；“从泵到泵”输油也称为“密闭输送”工艺，在这种输油工艺中，中间输油站不设供缓冲用的油罐，上站来油全部直接进泵。其特点是：可基本上消除中间站的轻质油蒸发损耗；整个管道构成一个统一的水力系统，可充分利用上游余压，减少节流损失，它要求各站必须有可靠的自动调节和保护装置；工艺流程简单。

目前，成品油管道普遍采用“密闭输送”的工艺流程。

7.2.2　成品油管道站场的工艺流程

管道系统工艺是由多个输油站工艺流程组成。输油站工艺流程是指在输油站内把设备、管件、阀件等连接起来的输油管路系统，它展示了输送油品的来龙去脉。输油站所承担的任务不同，所具有的工艺流程也不同；站内各个设备所承担的任务都具有相对独立的工艺流程，它们是相互关联的，构成输油站的总体工艺流程。

一般情况下，管道系统工艺均包括以下单体工艺流程：输油泵工艺流程、清管工艺流程、交接计量系统工艺流程、密度计系统工艺流程、水击泄压系统工艺流程、污油系统工艺流程，详见图7-6、图7-7。

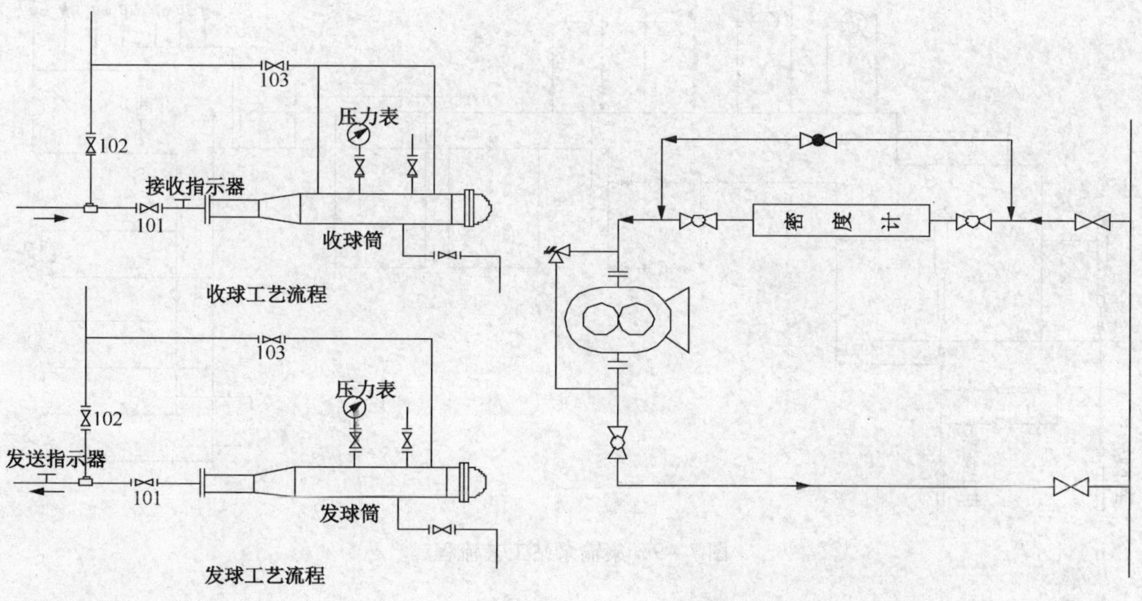

图7-6　清管系统工艺流程　　　　图7-7　密度计系统工艺流程

根据输油站的功能不同，各输油站总体工艺流程也不尽相同，但在成品油管道系统中除了在章节 7.1.1 中提到的首站、末站、分输泵站、分输站外，还应有泵站和集输泵站，其工艺如下图 7－8、图 7－9 所示。

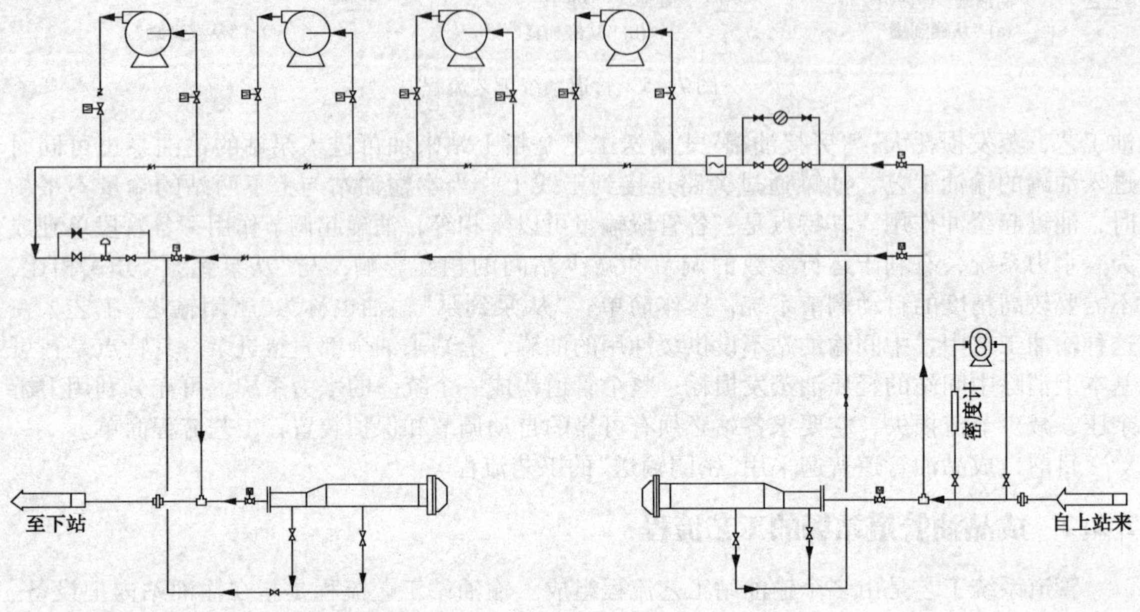

图 7－8　泵站工艺流程

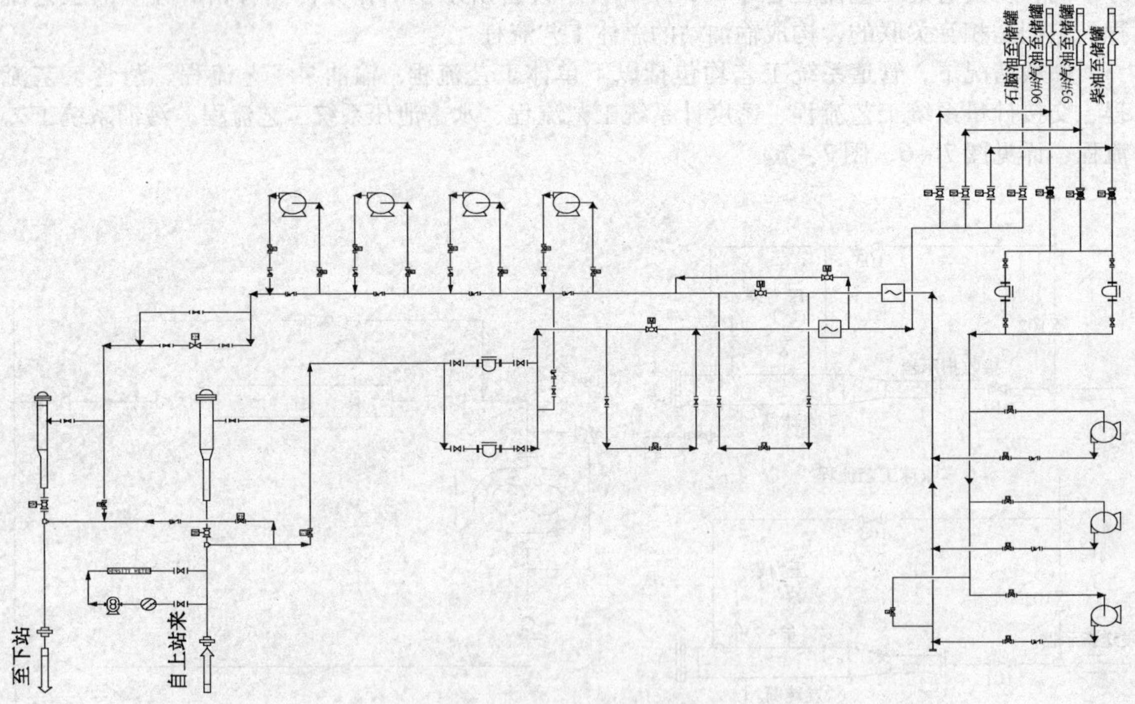

图 7－9　集输泵站工艺流程

7.3 成品油管道主要设备

7.3.1 输油泵机组

输油泵机组是泵站的核心设备，直接影响管道的安全、经济运行。

7.3.1.1 离心泵

输油管道用泵按用途可分为给油泵与输油泵两种。给油泵是由罐区向输油泵供油，满足其正压进泵的要求，扬程不高。输油泵用泵分串联用泵与并联用泵两种。

我国已生产出供长输管道使用的几种输油泵，如 GKSN 型离心泵。同时，有的引用了国外输油泵，如宾汉姆泵、德国 ZM 泵、美国联合泵公司 D 型泵等，它们的特点是：泵效高、全天候型、自润滑式、维修周期长、泵机组撬装供货、安装维修方便等。

正确选择适宜(串、并联)离心泵的组合方式、泵机组数(运行及备用泵数)及泵型号应根据工艺计算结果。串联用离心泵的排量大、扬程低、比转数高、效率高。这种泵需要正压进泵，此要求可由密闭输送方式满足，特别是站间管道高差不大，泵扬程主要用来克服管道沿程摩阻时，应选择串联泵流程。当输量变化时，串联泵比并联泵在节流上的能力损失要小的多。在多泵站密闭输送的管道上，泵机组串联工作时的调节灵活性更大，每个泵站上选用扬程不同的串联泵，开泵方案变化后，泵站扬程变化。全线可选择的开泵方案很多，有利于优化运行。串联泵的泵站流程较简单，便于调节及超压保护等，因此在输油管道上得到了广泛应用。

对于翻越地形起伏较大的山区管道，高差很大，宜选用并联离心泵组合方式。此时，站间管道短、沿程摩阻小，泵的扬程主要用于克服很大的位差静压头，而位差静压头并不随输油量的大小而变化，流量的变化引起总压头损伤的变化不大，其管道特性高而平缓，此时并联泵便于流量调节，比串联泵更为适宜。

并联运行的离心泵站，不一定采用同样型号的离心泵。选用两种排量不同的泵进行组合，更能提高调节的灵活性和整个系统运行的经济效果。投产初期，输油量不满，变化又大，这样组合更为有利。

辅助增压泵不一定要和输油主泵放置在同一泵房内。为了改善吸入条件，可将给油泵设在罐区附近，同时又作倒罐用。也可用管道泵作给油泵，辅助增压和倒罐兼用。对露天设置的泵机组，应提出相应的要求，如机泵应具有户外的全天候能力等。

7.3.1.2 电动机

电动机在输油管道上应用最多。它比柴油机廉价、轻便、体积小、维护管理方便、工作平稳、便于自动控制、防爆安全性能好。但是它必须有庞大的输配电系统。一个大型油泵站的电功率可达 10000kW 或更大，输电、变电和配电设备投资十分可观，只有电力供应方便的地方采用电驱动才是合理的。电源较远或电力供应不足，要新建电厂来供电时，是否采用电驱动就得慎重研究比较。电驱动的另一大的缺点就是输油的可靠性受供电可靠性的影响，一旦停电就会造成一站或者多站停输，甚至全线输油中断。

驱动输油泵可用同步或异步电机。同步电机构造复杂、价贵，但采用大功率的同步电机可以提高电网的功率因数，减少无功功率损耗，提高输、配电设备的效率，节约电能。异步电机构造简单，操作管理方便，为了提高供电系统的功率因素，采用大功率异步电机的输油站上，必须设置电力电容器组。在输油量变化较大的输油泵站上，部分机组可采用变速电动机驱动，这对调节流量、节约电能有利，但由于目前此类电动机价格昂贵、构造复杂，应用还是不普遍。

7.3.2 阀门

阀门是倒换工艺流程的关键性控制设备，也是实现压力、流量调节，保证输油安全运行和抢修顺利进行，以及实现自动控制的重要手段。输油管道上常用的阀门有闸阀、球阀、单向阀、泄压阀和安全阀等。阀门的驱动方式除手动外，有电动、气动、液动、电－液联动、气－液联动。阀门连接形式有法兰连接、焊接连接。根据成品油管道的特点，下面主要介绍DBB阀、水击泄压阀、调节阀和截断阀四种阀门。

(1) DBB阀。DBB阀即双隔断泄放阀。管道用DBB阀是指带DBB功能的旋塞阀。它的启闭件成柱塞形，通过旋转90°使阀塞上的通道口与阀体上的通道口相通或分开，实现开启或关闭。阀塞的形状可成圆柱状或圆锥形，具有双截断双排放功能，结构如图7－10所示。

(2) 水击泄放阀。水击泄压阀主要安装在长输管道进出站，为引导管道所产生水击而设计，在水击到来时快速打开，将压力泄放到事故罐内，然后无撞击关闭，避免因水击形成的巨大压力对管道造成破坏。阀塞后的腔体内充满氮气或液体，提供了阀门的设定泄压压力，使阀塞在闭合位置，抵挡阀前液体产生的压力。阀门关闭直至水击压力超过阀塞后的设定压力，此时水击泄放阀快速打开，导引水击压力释放。由于阀前压力下降，阀后液体压力加上弹簧弹力占了优势，使阀塞回到闭合位置，工作原理及阀体结构如图7－11，图7－12所示。

(3) 调节阀。调节阀用于调节介质的流量、压力和液位。根据调节部位信号，自动控制开度，从而达到介质流量、压力和液位的调节。调节阀分电动调节阀、气动调节阀和液动调节阀等。调节阀由电动执行机构或气动执行机构和调节阀两部分组成。调节阀通常分为直通单座式调节阀和直通双座式调节阀两种，后者具有流通能力大和操作稳定的特点，通常特别适用于大流量、高压降和泄漏少的场合。流通能力 C_v 是选择调节阀的主要参数之一，调节阀的流通能力的定义为：当调节阀全开时，阀两端压差为0.1MPa，流体密度为 $1g/cm^3$ 时，每小时流经调节阀的流量数，称为流通能力，也称流量系数，以 C_v 表示，单位为t/h。根据流通能力 C_v 值大小查表，就可以确定调节阀的公称通径DN。调节阀的流量特性，是在阀两端压差保持恒定的条件下，介质流经调节阀的相对流量与它的开度之间关系。调节阀的流量特性有线性特性、等百分比特性及抛物线特性三种。

(4) 干线截断阀。为了减少发生事故时输油管道内油品大量泄漏，以减少经济损失、火灾危险及环境污染可能，在输油管道的干线上，每隔一定距离应设置截断阀。在输油站的进、出站干线上，大型穿(跨)越段两端，通过重要建筑物或人口稠密地区时，均设置干线截断阀。沿线每隔一定距离应设一干线截断阀，在沙漠及无人烟地区可适当加大，高差变化很大的地段则适当缩小。干线截断阀一般选用球阀，选型及安装要考虑通过清管器及管内检测器的要求，便于检查、维护，事故发生时易于操作等。对偏远地区及重要地段的干线截断

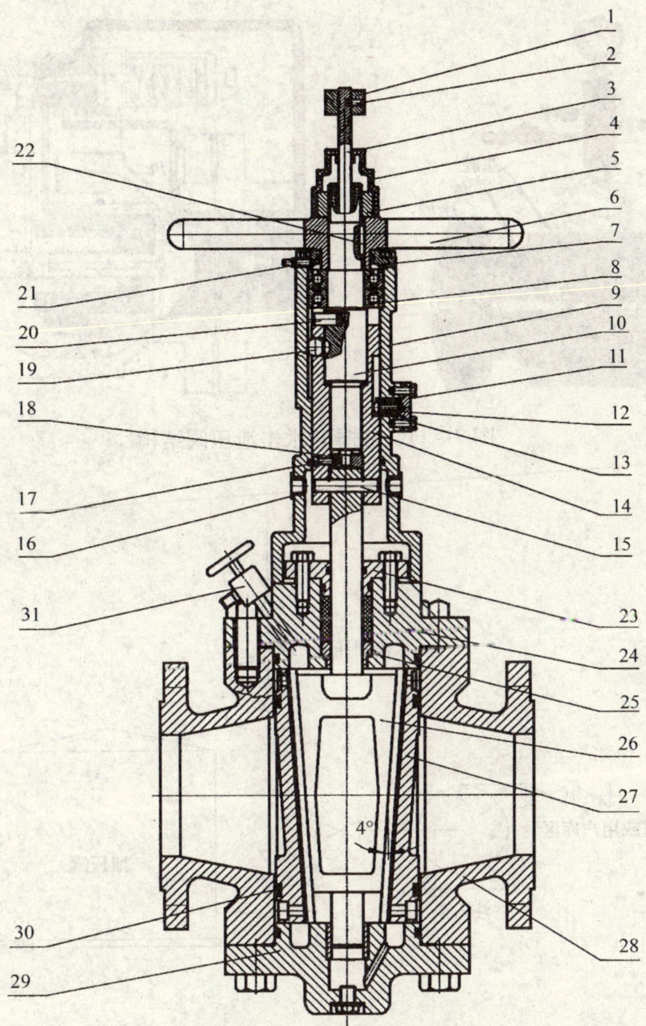

图 7-10 双密封旋塞阀结构图

1—指示标记牌；2—紧定螺钉；3—显示杆；4—保护罩；5—锁紧螺母；6—手轮；7—轴承盖；8—轴承；9—支架；10—主轴；11—限位轴；12—挡销；13—弹簧；14—轴套；15—圆柱销；16—防尘盖；17—紧定螺钉；18—导向块；19—球头销；20—圆柱销；21—油环；22—平键；23—填料压叠；24—端盖；25—填料垫；26—阀芯；27—阀瓣；28—阀体；29—底盘；30—主密封；31—泄压阀（手动式）

阀常采用遥控操作方式，可由操控中心直接遥控紧急关闭，保证发生事故时及时、快速关断阀门。

7.3.3 计量与标定装置

随着输油管道的发展和自动化程度的提高，流量计的使用已超出油品计量的范围。现代化的输油管道上，流量计已成为输油管道的中枢，如根据流量计调整全线的最佳运行状态，校正输油压力和流速、发现泄漏等。顺序输送的成品油管道上，批量跟踪、油品的切换等操

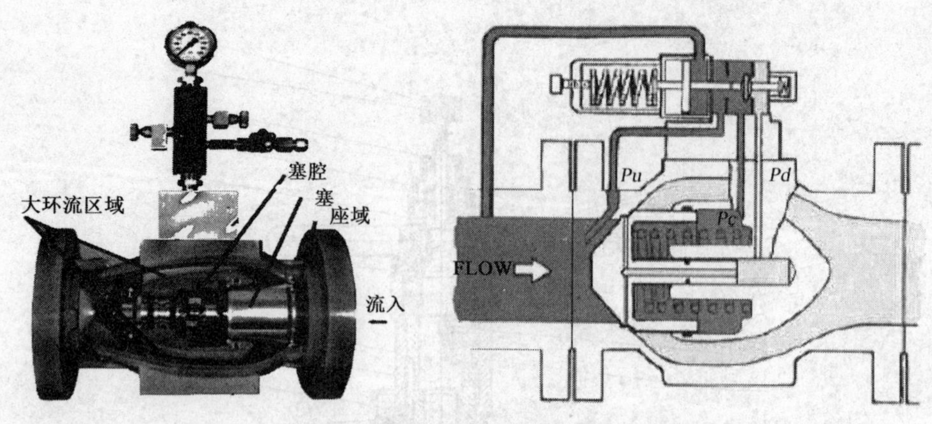

图 7－11　先导式水击泄压阀结构

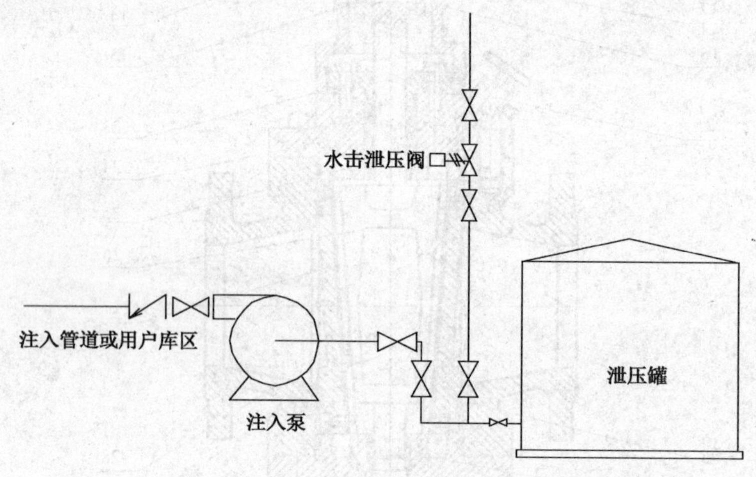

图 7－12　泄压系统工艺流程

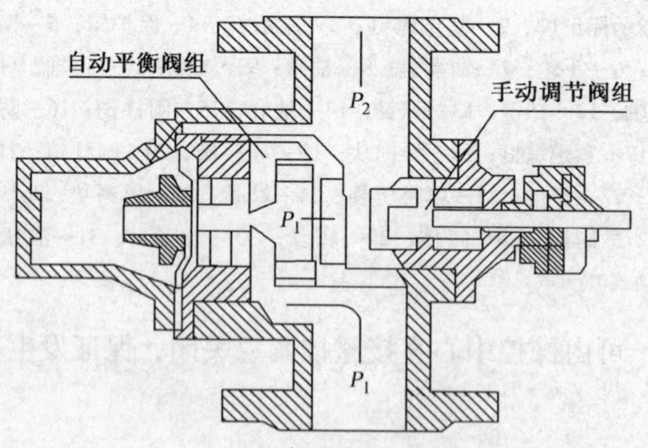

图 7－13　自力式调节阀结构示意图

作，都是根据流量计的监视和辅以控制仪器的检测来进行的。

流量计应根据所输液体的性质（黏度、透明度、密度等），流速计流量的变化范围，计量的要求(精度、瞬时流量、累积流量)和仪表的安装环境条件(温度、压力)等来选择。输油管道上最常用的是各种容积式流量计和涡流流量计。对黏度较小的油品多用涡流流量计和刮板流量计进行检测计量，使用质量流量计进行商业计量。计量系统是由流量计、过滤器、温度及压力测量仪表、标定装置和通向污油系统的排污管等五部分组成。为了提高测量精确度，利用计算机数据采集系统进行精确的流量计线性化及温度补偿，即随着工况的变化，自动调整流量计的校准系数及温度补偿值，使计量精度进一步提高。

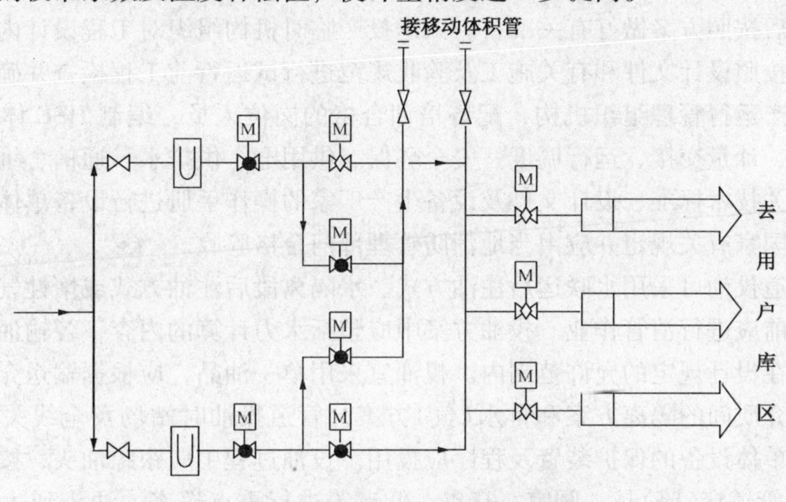

图 7－14　交接计量系统工艺流程

无论是新制造的或使用中的流量计，经过一段时间后必须定期进行校验(或称标定)，来确定其特性和精确度。输油管道上多采用标准体积管对交接计量的流量计进行“在线实液校验”的方法。标准表校验是选用精度较高(为 ±0.1% ~ ±0.5%)，经过标定的流量计，经过标准表与被校表示值的比较，即可求得被校表的误差。

标准体积管主要由标准体积管段、检测开关、标定球、发送装置、脉冲计数器及液压控制系统等组成。标准体积管是根据已知的容积，即标准管两个检测开关之间流量计发出的脉冲数，比较此脉冲数所对应的流量计指示值与体积管的标准容积值(根据温度和压力修订到同一状态)，来校验流量计。其特点是：可以对流量计进行实液校验，以保证仪表使用精确度；可以与计算机配套使用，实现全自动校验，提高效率；校验精确度可达 ±0.02% ~ ±0.1%。标准体积管有多种型式，目前常用的是一球、无阀、单向型标准体积管。

7.4　成品油管道运行安全管理

7.4.1　基础管理

成品油管道基础管理包括基础资料与记录和规章制度两部分。

管道运行记录和重要事件应从管道试运行开始，包括管道运行参数、设备状态、运行和能耗等参数，且应以自动采集记录为主。试运、投油、清管、试验及更改大修项目结束后应编写技术报告。管道(包括站内管网)及设备的竣工资料应齐全、准确。建立管道(包括站内管网)及设备的运行和维修档案。定期进行生产运行分析，间隔应不大于一个月。同时，建立、健全各类工艺与设备操作、维护、检修规程。严格按公司 HSE 体系要求，制定各岗位工作职责和生产管理、安全生产的规章制度。

7.4.2 投产试运行安全管理

管道试运投产应成立临时组织机构，包括但不限于业主、设计、施工，监理、运行、油品销售等单位有关人员，负责统一指挥和协调全部的试运投产工作。按要求编制试运投产方案，审查批准后按照方案做好有关准备。试运投产临时机构组织对工程设计内容及管道试运行临时设施等按照设计文件和有关施工及验收规范进行试运行前工程检查并确认具备试运行条件。建立生产运行管理组织机构，配备培训合格的岗位人员，编制 HSE 体系文件。签订有关油品运输、计量交接、运行调度、安全环保、供用电、供排水、通信、维抢修等协议或合同。按照有关技术标准、设计文件及设备生产厂家的操作手册进行设备单体试运，消防系统的试运执行国家有关规定并应由当地消防管理部门合格验收。

成品油管道投油可采用水联运后注油方式、水隔离段后注油方式或惰性气体隔离段后注油方式。投油前应进行清管作业。投油方案中应包括水力计算的内容，各输油站及工艺设施的运行参数应在设计规定的允许范围内。投油宜采用单一油品，应根据输送介质及管道地形特点确定不同介质间的隔离方案和排水(气)方案。管道投油时站场及全线关键安全保护装置及程序、各单体设备的保护装置及程序应投用。投油过程中应跟踪油头，按照方案进行排水(气)，并对管道穿(跨)越、阀室、高点、低点等进行重点巡查。油头到达末站后至少连续运行 72h 后投油过程结束。应制订含油污水处理方案，污水排放应符合相关标准，避免对环境造成污染。

7.4.3 运行安全管理

管道控制中心应制订详细的输油作业计划，并对全线进行集中控制。输油计划至少应包括批次、顺序、批量、注入、分输、切换、混油切割及处理方案等内容。进行维护和修理工作应考虑现场条件(如温度、压力、管道内油品物性、地形、环境)对作业可能产生的影响。宜建立管道完整性管理程序，对运行控制人员进行专项技能培训及资格认证。

管道系统中任意点的最大稳态运行压力及管道停运状态下的静压力不应超过该点的设计压力。运行中由于水击造成的压力上升，在系统中的任意点均不应超出设计压力的 10%。管道进站压力应能满足输油泵入口压力要求，系统中各点的最小压力应大于输送油品在运行温度下的饱和蒸气压。管道输送油品温度应在一定范围内并保持平稳。

流程操作应在仪表完好、报警和安全保护系统正常、通信畅通的条件下进行。流程操作应遵循“先开后关”原则；高低压衔接流程导通时应“先低后高”，切断时应“先高后低”。收发油和注入、分输操作应提前与管道上下游单位做好协调工作，防止管道超压和油品污染。

每个成品油管道系统应确定允许最小批次量，使输送混油量不宜大于一个批次量的 3%。批次量不应小于最小批次量，并在条件许可时加大一个批次的输送量。应采用密闭输送工艺。确定输送次序时，宜选择密度以及其他理化性质相近的两种油品相邻输送。不同炼厂的同一种油品宜分开储存、输送。管道计划停输宜使批次界面中密度较大的油品位于相对较低的位置；非计划停输时间较长且批次界面位置不合适，宜关断界面上下游线路截断阀门。

注入操作宜采用定流量注入方式；注入油品应与管道内注入点当前油品一致，注入应避开混油界面。应根据管道上下游流量及注入总量安排，合理控制注入流量使注入点上游的雷诺数大于临界雷诺数。采用全注入方式会在管道内形成新的批次，此时注入点上游管道应停输，或将注入点上游油品全部下载。

分输操作宜采用定流量分输方式进行分输作业。分输应避开混油界面。应根据管道上下游流量及分输总量安排，合理控制分输流量使分输点下游的雷诺数大于临界雷诺数。采用全分输方式则所有油品全部在本站下载。

泵站控制应根据输送流量选择合适的输油泵机组，并优先选择调速机组。应根据运行工况控制的需要选择采用进站压力控制、出站压力控制或流量控制。泵站采用调速电机和(或)压力调节阀保证输油泵满足最小允许气蚀余量的要求，保护输油泵出口不超压，保护泵机组不过载。批次界面经过泵站时会引起压力较大变化，运行中应制定预调节措施，实现平稳输送。输油泵机组切换应充分考虑泵壳内油品可能会对当前批次油品造成污染。如果不允许油品污染，则启运泵前应对泵壳内的油品进行置换。

减压站控制应根据管道系统控制和线路高程情况制订减压站运行控制方案，使减压站完成以下任务：主调节回路控制减压站背压，保证上游高点处压力高于油品的饱和蒸气压。保护性调节回路控制减压站下游压力，保证下游管道不超压。管道停运时，减压站全关闭，截断静压。当管道出现水击时，水击保护系统的设置应能保证减压阀安全和正常调节。

批次跟踪应对进入管道系统输送的批次进行跟踪。批次跟踪的方法包括手工计算、在线或离线模拟计算跟踪等。应及时掌握批次界面在管道中的所在位置，分析批次界面移动对运行参数的影响，及时调整运行参数，修正注入和分输计划。批次跟踪间隔不宜大于1h，对于大型管道系统应考虑输油温度和压力的影响。

在管道首站出站、混油下载站进站前和进站、分输站进站、注入站进站等位置安装的界面检测仪，应可靠投用并正常工作。应使用界面检测仪的数据修正批次跟踪的结果。根据界面检测结果进行混油切割。

混油切割应根据油品分析结果和末站(或中间下载站)接收油罐容积等条件确定混油切割方案。混油头和混油尾应尽量收入大容量的纯净油品的储罐中以减少纳入混油罐的混油量。混油切割的检测指标范围应根据相邻输送的批次油品质量潜力确定。

混油处理可采取掺混和拔头两种方式，并优先采取掺混方式。混油段中同种油品部分高标号油品可降低标号使用切割进低标号油品中降级使用。油品互相允许掺混的比例应根据油品质量指标和质量余量计算得出，根据配比试验结果确定，在实际回掺中应留有余地。

在收发油作业和混油掺混前应进行油品质量检测。在油品交接站应进行油品化验分析，宜设油品化验分析实验室，配备必要的设备仪器。油品取样和化验分析项目交接双方协商确定。交接油品的质量应符合标准规定的技术指标，并由质量部门出具合格证明。

油品计量中交接双方应根据签订的“计量交接协议”进行油品计量。油品计量以质量为单位。所有计量器具和仪表均应经计量检定部门检定合格。应定期进行油品数量统计，并且在进出管道系统的所有站点同时进行。存油盘点应至少每月一次，统计包括储油罐、干线管道、站内管道与容器等所有油品的存量。

根据管道运行和油品质量检测情况安排管道清管作业。清管作业应制订相应的清管方案，明确清管作业组织机构、清管器的选用、清管步骤、流程操作、运行控制、事故预案等事宜。制订清管方案时应遵循“循序渐进”的原则，避免出现堵塞、卡阻的现象。清管作业宜安排在价值较低的油品批次中进行，并做好相应的清管器跟踪工作。

经济运行指在输送油品性质和输量一定的情况下，在安全运行的基础上通过优化运行参数和工艺操作，使运行成本相对最少。应根据输油计划编制管道运行方案，对收、输、销和库存油量进行综合平衡，合理确定流量和运行泵机组，并使泵机组在高效区运行，减少节流损失。应合理确定批次顺序和循环次数，制订混油切割方案，减少混油量和油品降级贬值损失。应定期进行管道运行分析，对耗能设备进行效率测试，对系统运行效率进行评价。

7.4.4 外管道巡查及抢修

7.4.4.1 外管道安全巡查

依据《石油天然气管道保护法》、集团公司油气管道安全管理规定等法律、法规，管道管理部门应在加强自身外管道管理体制建设的同时，联合政府主管部门、安全生产监督部门、公安治安部门等力量，强化管道沿线群众的宣传教育，达到群防群治。

管道的巡检至少应包括下列内容：

(1)在管道安全防护带内有无挖沟、取土、开山采石、采矿盖房、建打谷场、蔬菜大棚、饲养场、猪圈及温床等其他构筑物。

(2)在管道安全防护带内有无种植果树(林)及其他根深作物，打桩，堆放大宗物质及其他影响管道巡线和管道维护的物体。

(3)在管道附属工程、设施(如各类挡土墙、过水路面、护坡等)及线路阀室上有无拆石、拆砖、破坏门窗、任意损坏管道标桩和告示牌等。

(4)在管道中心线两侧各500m范围内有无进行爆破作业及大型工程设施的建设。

(5)管道沿线有无露管和打孔盗油迹象。

(6)管道上方有无新建、扩建公路交叉、管道交叉、通信及电力电缆交叉等。

(7)线路阀室内设施是否完好。

穿跨越管段巡检至少包括以下内容：

(1)巡视检查穿越管段及其附属设施的完好情况。

(2)对重点穿越河流管段，洪水期间应定期收集水位、流量、流速等情况，并随时通报汛情。

(3)定期检查和监测管道埋深、露管、穿越管道保护工程的稳固性及河道变迁等情况。

(4)跨越管段两侧应设立“禁止通行”标志，阻止行人直接在管道上部通行。

(5)定期检查跨越管道支撑、固定墩、吊架、拉索和钢质套管腐蚀等情况。

(6)在水下穿越管道安全防护带内有无设置码头、抛锚、炸鱼、挖泥、淘沙、拣石及疏通加深等作业。

7.4.4.2 管道抢维修

管道抢维修包括有防腐层的修补及泄漏的抢险。管道防腐涂层修补和大修应有方案和时间计划，施工过程中应根据涂料的不同性质而采取相应的安全保护措施；泄漏抢险中应着重次生灾害的控制，如火灾爆炸、环境污染等。抢修中主要包括管沟开挖和抢修操作两个重要部分，其相关要求如下：

管沟开挖宜采用人工开挖方式。在狭窄通道或交通便道边缘挖土方，应设置围栏和安全警告标志，夜间应设红色警示灯。在挖掘地区内发现有事先未预料到的和不可辨认的设施或物体时，应立即停止作业，并报告上级有关部门处理。在松软地块和沙泥岩互层以及水系发达地区开挖管沟，应制订防塌安全技术方案。挖土中发现土壤有坍塌、大型石块滑动或裂缝危险时，作业人员应立即撤离，采取安全措施后再进行施工。在铁塔、电杆、铁道、地下埋设物、通信和电力线路下或其他建筑物附近作业时，应事先进行调查、查阅管道技术档案，与有关部门联系，采取安全措施后方可施工。

管道抢修机具、设备应齐全，处于随时可启用的完好状态。应有专业抢修队，并定期进行技术培训和演练。抢维修现场应设置隔离区，并应采取安全防火措施。在不停输管道上进行抢修作业前，应查明事故点所在站段的管道的高程、管道动态压力和流速及管道壁厚，经批准后方可作业。抢修作业施焊前，应对焊点周围可燃气体的浓度进行测定，并要结合成品油特点制订防护措施。焊接操作期间，宜用防爆的轴流风机对焊接点周围和可能出现的泄漏进行强制排风，并跟踪检查和监测。对于突发性管道断裂事故，应立即启动应急预案，采取减少管道成品油外泄的应急措施，防止事故扩大和次生灾害。此外，管道应定期进行全面检测。新建管道应在投产后三年内进行检测，以后视管道运行安全状况确定检测周期，最多不超过八年。应定期对石油管道进行一般性检测。新建管道应在一年内检测，以后视管道安全状况每一至三年检测一次。对封存或报废的管道应采取相应的安全措施。制定科学合理的清管周期。长期未清管的管道，清管前应制订方案，并报上级主管部门批准后实施。清管时应严格执行清管操作规程。

第 8 章　设备安全管理

设备是企业生产的物质基础，其生产效率和安全的关系极大。设备管理水平决定了生产水平和安全水平。

8.1　设备管理

企业中的设备管理是指以企业经营目标为依据，通过一系列的技术、经济、组织措施，对设备寿命周期内从规划、设计、制造、选型、购置、验收、安装、调试、使用、维修、改造、报废直至更新全过程的管理工作的总称，是指对设备的一生实行综合管理。

设备管理的主要目的是用技术上先进、经济上合理的装备，采取有效措施，保证设备高效率、长周期、安全、经济地运行，来保证企业获得最好的经济效益。

设备管理是企业管理的一个重要部分。在企业中，设备管理搞好了，才能使企业的生产秩序正常，做到优质、高产、低消耗、低成本，预防各类事故，提高劳动生产率，保证安全生产。从安全角度上讲，设备对安全的影响极大，绝大部分事故与设备有关，所以设备安全管理已经成为设备管理的一项重要内容。设备安全管理的目的是要在设备寿命周期的全过程中，采用各种技术措施，如设计阶段采取安全设计，提高防护标准，使用维修阶段制定安全操作规程、安全改造、改善维修等；组织措施，如安全教育、事故分析处理、安全考核审查等，消除一切使机械设备遭受损坏，避免事故的发生，实现安全生产，保护职工的人身安全与健康，提高企业管理效益，保障和促进经济效益。设备管理必须与时俱进，加强设备安全管理工作。

8.1.1　设备管理的方针

1. 依靠科技进步

设备是生产工具，更是技术的载体，只有不断地将先进的科技成果注入设备，提高设备的技术水平，才能提高生产效率和效果，从而提高企业竞争力和保持企业持久的发展能力。

2. 促进生产发展

设备管理工作的根本目的是保护和发展生产力，为企业的生产服务，所以设备管理部门在安排设备维修、设备改造及设备更新时必须服从企业效益和长远发展目标考虑。

3. 预防为主

一方面要树立“预防为主”和“防重于治”的思想，在购置设备时要注意设备的可靠性和可维修性，在使用中要严格遵守操作规程，加强日常维护，防止非正常化，开展预防性定期检查和状态管理，掌握故障征兆，采用有效的对策消除隐患，减少故障发生。另一方面主动向设备生产厂家反馈设备故障情况，及时诊断和根除问题，避免故障演化成事故。

8.1.2　设备管理的原则

1. 设计制造与使用相结合

为克服设计制造与使用脱节的弊端，对设备进行全过程管理，必须考虑二者结合。从技术角度看，设计制造阶段决定了设备的性能、可靠性和维修性；从经济角度看，设计制造阶段决定了设备寿命周期费用的90%以上。所以只有从设计制造抓起，才能达到设备在使用阶段充分发挥效能，创造好的经济效益。

2. 维护与计划检修相结合

这是贯彻“预防为主”的主要手段。加强日常维护、定期检查、科学润滑、防腐，可有效保持设备正常运转，但维护只能延缓磨损、减少故障，不能消除磨损、根除故障。因此，需要合理安排计划维修(预防性)，以及时恢复设备的动能。

3. 修理、改造与更新相结合

修理、改造与更新是提高装备素质的有效途径。修理是指恢复局部丧失功能的零部件；改造是采用新技术来提高现有设备的技术水平；而更新则是使用技术先进的新设备。

4. 专业管理与群众管理相结合

这是我国多年实践中的成功经验，应继承和发展。有利于调动广大职工当家作主、参与设备管理的积极性，只有广大职工都能自觉爱护设备，关心管理，才能真正把设备管理搞好。

5. 技术管理与经济管理相结合

设备存在物质形态和价值形态两种运动，对此而进行的技术和经济管理是两个不可分割的主要侧面。技术管理在于保持设备的良好技术状态，从而获得最好的设备输出(产量、质量、成本、交货期等)，经济管理在于追求寿命周期费用的经济性。

8.1.3 设备管理的内容

设备管理从不同的维度观察其内容也不相同。一般情况可以从时间和形态两个维度阐述设备管理的具体内容。

8.1.3.1 时间

按时间可把设备管理分为前期管理和后期管理两部分，主要内容有技术、经济、组织三个方面，三者是不可分割的有机整体。

(1)设备的前期管理包括的主要内容有：

①依据企业经营目标及生产需要制定企业设备规划。

②选择和购置所需设备，必要时组织设计和制造。

③组织安装和调试即将投入运行的设备。

(2)设备的后期管理包括的主要内容有：

①对投入运行的设备正确、合理的使用。

②精心维护保养和及时检修设备，保证设备正常运行。

③适时改造和更新设备。

8.1.3.2 形态

按形态可把设备管理分为设备物质运动形态和设备价值运动形态的管理。将这两种形态的管理结合起来，贯穿设备管理的全过程，即设备综合管理。

(1)设备的合理购置。设备的购置主要依据技术上先进、经济上合理、生产上可行的原则。

(2)设备的正确使用与维护。若将安装调试好的机器设备，投入到生产使用中，机器设备若能被合理使用，可大大减少设备的磨损和故障，保持良好的工作性能和应有的精度。严格执行有关规章制度，防止超负荷、拼设备现象发生，使全员参加设备管理工作。如设备在使用过程中，会有松动、干摩擦、异常响声、疲劳等，应及时检查处理，防止设备过早磨损，确保在使用时设备台台完好，处在良好的技术状态之中。

(3)设备的检查与修理。设备的检查是对机器设备的运行情况、工作精度、磨损程度进行检查和校验。通过修理和更换磨损、腐蚀的零部件，使设备的效能得到恢复。只有通过检查，才能确定采用什么样的维修方式，并能及时消除隐患。

(4)设备的更新改造。应做到有计划、有重点地对现有设备进行技术改造和更新。包括设备更新规划与方案的编制、筹措更新改造资金、选购和评价新设备、合理处理老设备等。

(5)设备的安全经济运行。要使设备安全经济运行，就必须严格执行运行规程、加强巡回检查、防止并杜绝设备的跑、冒、滴、漏，做好节能工作。对于锅炉、压力容器、压力管道与防爆设备，应严格按照国家颁发的有关规定进行使用，定期检测与维修。水、气、电、蒸汽的生产与使用，应制定各类消耗定额，严格进行经济核算。

(6)生产组织方面。合理组织生产，按设备的操作规程进行操作，禁止违规操作，以防设备的损坏和安全事故的发生。

8.1.4 设备管理的主要任务

对于销售企业讲，由于设备选型相当固定，设备管理的主要内容也相对有所减少。其主要任务更集中地体现在对现有设备的使用、维护保养、更新改造等。

(1)保持设备完好。设备完好就是让设备运转正常，零部件、附件齐全；性能良好，加工精度，动力输出符合标准；原材料、能源、润滑油脂消耗正常。

(2)改善和提高技术装备素质。技术装备素质要适合企业生产和技术发展的要求。实现途径一是更新设备，二是用新技术改造现有设备。

(3)充分发挥设备效能——生产效率和功能合理组织生产与维修，提高设备利用率。

(4)取得良好的投资效益。设备管理的出发点和最终落脚点是以经济效益为中心，提高设备一生的产出投入比，根本运作途径是推行和搞好设备综合管理。

8.1.5 设备管理的方法与要求

8.1.5.1 设备管理的方法

(1)建立完善的设备组织保证体系。要建立设备管理组织机构，做到有岗位、有责任、有人员、有考核，这样才能使设备管理有实施的基础。

(2)优化设备资源配置。要最大限度地发挥设备的效益就要最大限度地优化设备资源配置，让设备发挥最大效能，产生最大效益，达到物尽其用。

(3)完善设备管理制度。设备管理制度是设备管理工作的基础，有好的制度才能产生好的管理效果。要抓好管理重点，有针对地制定制度；加大设备折旧提取力度，促进施工机械设备管理良性循环；加强日常保养，确保设备良好状态，管好、用好设备，要严格按操作规程，使设备操作人员能真正懂原理、懂结构、懂性能、会操作、会维修、会修理、会排除故障，及时维护保养设备，使设备经常处于良好的状态。

(4)规范设备管理措施。保证施工机械正常运行措施要严格，工作要规范，要有远期规划、近期计划，对设备的选购、安装、调试、使用维修、保养、改造、更新、报废等要实行一条龙综合管理。要建立设备技术档案，做好设备运行记录，做到设备账、物、卡相符，系统地改善各个环节的机制，追求最低的寿命周期费用，采用现代管理手段辅助管理。积极发动群众参与管理，广泛形成“人人爱设备，人人参与管理”的群管网系，使设备管理不仅有技术管理、价值管理、动态管理，而且有群众管理、专业管理，从而全面形成综合管理。

(5)建立设备市场体系。要有意识地建立设备市场体系，摸清设备生产、销售、服务等要素，还要掌握其技术水平，了解市场对各种设备的使用情况反馈，以便掌握设备使用性能。积累各种基础材料，提高设备选择余地，为企业选择更合适的设备。

(6)加强设备管理的约束和激励机制。设备管理与安全工作密不可分，对设备管理的约束和激励机制也要有针对性。首先对安全隐患要做为约束项目考核，对查出准确性和整改率要有考核。其次是对正常的维护保养、技术革新等工作建立激励机制，奖优罚劣，促进整体进步。

8.1.5.2 设备管理的要求

(1)设备管理必须立足于企业全局，为企业的生产经营和发展服务。设备管理是企业生产经营管理中的一个重要组成部分，是企业管理大系统中的一个子系统。从系统工程的整体性原则出发，设备管理必须首先立足于企业管理的大局，自觉地为企业的生产经营服务，为企业的长远发展服务。如果离开企业管理的全局而孤立地处理设备管理问题，就会失去工作的依据和大方向，也必然难以得到企业的支持，也就无法做好设备管理工作。所以一定要认清自已的地位——是企业的主要配角。

(2)设备管理需要强化各部门的横向联系，加强协调配合。企业管理中包括：生产、销售、财务、设备等多个管理子系统，按照系统工程的思想，要搞好设备管理，必须与相关业务部门搞好关系，得到支持，协调配合，产生合力效应。

(3)对设备要进行全生命周期管理。从系统工程的整体性原则出发，必须摒弃过去只把设备管理局限在维修管理阶段，而把设备管理的范围扩展到从设计制造到使用报废的全过程。确立把设备全生命周期作为一个整体来进行综合管理的新概念，这是现代设备管理最基本的管理思想。

实行全生命周期管理，要有效克服传统管理中的两个脱节的弊病，一是设备规划、设计、制造阶段等管理脱节；二是购置、安装、使用、维修、报废各个环节之间脱节。从系统工程的观点出发，设备的各环节是设备管理系统中相互依赖、相互制约的，不可分割。

(4)设备综合管理是从工程技术、经济财务、组织管理三个方面进行综合管理。现代设备本身就是各项技术的结合，所以技术管理是设备管理的基础。但设备是有形的固定资产，涉及价值形态的管理，所以以经济的寿命周期费用获得最佳的设备综合效率是设备管理的核心。当然组织管理必须得力，它是实现设备管理目标的有效手段。

8.2 设备购置

设备购置要坚持质量第一、比质比价和寿命周期费用最经济的原则，按照股份公司有关设备采购管理的有关规定组织采购。要做好重要设备监造工作，严格进厂设备的质量验收。进口设备应有必备的维修配件并按规定进行商检。自制设备要控制生产过程，保证制造质量。企业设备管理部门负责或参与主要设备的选型、签订技术协议及设备购置和进厂验收。

8.2.1 设备选购的原则

(1)生产上适用。选购的设备应与本企业扩大生产规模或开发新产品等需求相适应。主要是指设备的生产能力、效率。设备的能力要与需求匹配，可视生产特性稍有余量。如功效、行程、速度等。

(2)技术上先进。在满足生产需要的前提下，要求其性能指标保持先进水平，以利提高产品质量和延长其技术寿命。主要是指设备精度、性能的保持性、零件的耐用性、安全可靠性、灵活性和成套性。

(3)经济上合理。寿命周期费用评价和安全、节能、环保性能评价。要求设备价格合理，在使用过程中能耗、维护费用低，并且回收期较短。

(4)节能性。

(5)环保性。

(6)可维修性。

8.2.2 设备选型

所谓设备选型即是从多种可以满足相同需要的不同型号、规格的设备中，经过技术经济的分析评价，选择最佳方案以做出购买决策。设备选型考虑的主要因素如下。

(1)设备的主要参数选择。

(2)设备的安全性和操作性。

(3)设备的环保与节能。

(4)设备的经济性。包括：初期投资、对产品的适应性、生产效率、耐久性、能源与原材料消耗、维护修理费用等。

购置的设备到达后，设备管理部门负责验收。验收检查的内容如下：

(1)到货时的外包装有无损伤；若属裸露设备(构件)，则要检查其刮碰等伤痕及油迹等损伤情况。

(2)开箱前逐件检查到货件数、名称，是否与合同相符，并作好清点记录。

(3)设备技术资料(图纸、使用与保养说明书和备件目录等)、随机配件、专用工具等，是否与合同内容相符。

(4)开箱检查、核对实物与订货清单(装箱单)是否相符，有无因装卸或运输保管等方面的原因而导致的设备残损。若发现有残损现象则应保持原状，并办理索赔事项。

(5)设备管理部门按照合同条款中有关索赔、仲裁条件，向制造商和参与该合同执行的保险、运输单位索赔。设备自身残缺，由制造商或经营商负责赔偿；属运输过程造成的残损，由承运者负责赔偿；属保险部门负责范畴，由保险公司负责赔偿；因交货期拖延而造成的直接与间接损失，由导致拖延交货期的主要责任者负责赔偿。

8.2.3 设备供应渠道

8.2.3.1 充分掌握采购市场信息

充分利用采购环境的一个重要内容就是熟悉市场情况、了解市场行情、掌握有关项目所需要的货物及服务的多方面市场信息。这就要求项目组织建立有关的市场信息机制，以达到有效利用采购环境的目的，良好的市场信息机制包括以下三点。

(1)建立重要货物供应商信息的数据库，详细记录这些供应商的产品或服务的规格性能及其他方面的可靠信息。掌握供应商信息才能在需要时及时联系供货，了解它们的产品才能准确选择供应商。

(2)建立同一类货物的价格目录，以便采购者能进行比较和选择，充分利用竞争的办法来获得价格上的利益。

(3)对市场情况进行分析和研究，做出市场变化的预测，使采购者在制订采购计划、决定如何发包及采取何种采购方式时，能有可靠而有效的依据作为参考。

8.2.3.2 供应商的选择

供应商是项目采购管理中的一个重要组成部分，项目采购时应该本着“公平竞争”的原则，给所有符合条件的承包商提供均等的机会，一方面体现市场经济运行的规则；另一方面也能对采购成本有所控制，提高项目实施的质量。因此，在供应商的选择方面就有如下两方面的问题值得关注。

1. 选择供应商的数量

供应商数量的选择问题，实际上也就是供应商份额的分担问题。从采购方来说，单一货源增加了项目资源供应的风险，也不利于对供应商进行价格控制。而从供应商来说，批量供货由于数量上的优势，可以给采购方以商业折扣，减少货款的支付和采购附加费用，有利于减少现金流出，降低采购成本。因此，在进行供应商数量的选择时既要避免单一货源，寻求多家供应，同时又要保证所选供应商承担的供应份额充足，以获取供应商的优惠政策，降低物资的价格和采购成本。

2. 选择供应商的方式

选择供应商的方式主要包括公开竞争性招标采购、有限竞争性招标采购、询价采购和直接签订合同采购。在项目采购中采取公开招标的方式可以利用供应商之间的竞争来压低物资价格，帮助采购方以最低价格取得符合要求的工程或货物；并且多种招标方式的合理组合使用，也将有助于提高采购效率和质量，从而有利于控制采购成本。

8.2.3.3 供应商的管理

1. 与供应商建立直接的战略伙伴关系

对于采购方来说，一旦确定了可以长期合作的供应商，应该与供应商之间建立直接的战略伙伴关系。双方本着“利益共享、风险共担”的原则，建立一种双赢的合作关系，使采购方在长期的合作中获得货源上的保证和成本上的优势，也使供应商拥有长期稳定的大客户，以保证其产出规模的稳定性。这种战略伙伴关系的确立，能给采购方带来长期而有效的成本控制利益。

2. 供应商行为的绩效管理

在与供应商的合作过程中应该对供应商的行为进行绩效管理，以评价供应商在合作过程中供货行为的优劣，并实施扶优汰劣的措施。如建立供应商绩效管理的信息系统，对供应商进行评级，建立量化的供应商行为绩效指标等，并利用绩效管理的结果衡量与供应商的后续合作：增大或减少供应份额、延长或缩短合作时间等，对供应商以激励和奖惩。这样能促使供应商持续改进管理，保证产品优质供货及时，降低设备采购总成本。

8.3 设备安装与调试

8.3.1 设备安装

8.3.1.1 设备安装前检查

设备安装前检查由设备维修人员进行，检查的主要内容如下：

(1)检查箱号、箱数及外包装情况。发现问题，做好记录，及时处理。

(2)按照装箱单清点核对设备型号、规格、零件、部件、工具、附件、备件以及说明书等技术条件。

(3)检查设备在运输保管过程中有无锈蚀，如有锈蚀及时处理。

(4)属未清洗过的滑动面严禁移动，以防研损。

(5)不需要安装的附件、工具、备件等应妥善装箱保管，待设备安装完工后一并移交使用单位。

(6)核对设备基础图和电气线路图与设备实际情况是否相符；检查地脚螺钉孔等有关尺寸及地脚螺钉、垫铁是否符合要求；核对电源接线口的位置及有关参数是否与说明书相符。

(7)检查后做出详细检查记录。填写设备开箱检查验收单。

8.3.1.2 设备的安装定位

(1)设备安装定位的基本原则：满足生产需要及维护、检修、技术安全、工序连接等。

(2)设备在车间的安装位置、排列、标高以及立体、平面间相互距离等应符合设备平面布置图及安装施工图的规定。

(3)设备的定位具体要考虑以下因素：适应产品工艺流程及加工条件的需要；保证最短的生产流程，并方便生产管理；设备的主体与附属装置的外形尺寸及运动部件的极限位置；要满足设备安装、工件装夹、维修和安全操作的需要。

8.3.1.3 设备的安装找平

(1)设备安装找平的目的是保持其稳定性，减轻振动避免设备变形，防止不合理磨损。

(2)精密设备应有防振、隔振措施。

(3)选定找平基准面的位置，以支承滑动部件的导向面或部件装配面、工卡具支承面和工作台面等为找平基准面。

(4)设备的安装水平，按说明书的规定进行。

(5)安装垫铁的选用应符合说明书和有关设计与设备技术文件对垫铁的规定。

(6)地脚螺钉、螺帽和垫圈的规格应符合说明书与设计的要求。

8.3.2 设备调试及试运转

8.3.2.1 试运行前的准备工作

(1)再次擦洗设备，油箱及各润滑部位加够润滑油。

(2)动转设备可手动盘车，各运动部件应轻松灵活。

(3)试运转电气部分。为了确定电机旋转方向是否正确，可先摘下皮带或脱开联轴节，使电机空转，经确认无误后再与主机连接。电机皮带应均匀受力、松紧适当。

(4)检查安全装置，保证正确可靠。

(5)各操作手柄或按键灵活有效。

(6)动转过程平稳。

8.3.2.2 空运转试验

(1)空运转试验是为了考察设备安装精度的保持性、稳固性以及传动、操纵、控制、润滑和液压等系统是否正常和灵敏可靠。

(2)空运转应分步进行，由部件至组件，由组件至整机。启动时先“点动”数次，观察无误后再正式启动运转，并由低速逐级增加至高速。

(3)试验检查内容如下：

①速度的变速运行情况，由低速至高速逐级检查，每级速度运转时间≥2min。

②各部位轴承温度。

③设备各变速箱在运行时的噪声，不应有冲击声。

④检查进给系统的平稳性、可靠性，检查机械、液压、电气系统工作情况及在部件低速运行或进给时的均匀性，不允许出现爬行现象。

⑤各种自动装置、联锁装置、分度机构及联动装置的动作是否协调、正确。

⑥各种保险、换向、限位和自动停车等安全防护装置是否灵敏、可靠。

⑦整机连续空运转过程中不应发生故障和停机现象。

8.3.2.3 设备的负荷试验

(1)设备的负荷试验主要是为了试验设备在一定负荷下的工作能力。

(2)负荷试验可按设备设计公称功率的25%、50%、75%、100%的顺序分别进行。

(3)在负荷试验中要按规范检查轴承的温升，液压系统的泄漏、传动、操纵、控制、自动和安全装置工作是否正常，运转声音是否正常。

8.3.2.4 设备的精度试验

(1)在负荷试验后，按随机技术文件或精度标准进行精度试验，应达到出厂精度或合同规定要求。

(2)应按规定选择合适的工作条件。

(3)设备运行试验中，要做好以下各项记录，并对整个设备的试运转情况加以评定，作出准确的技术结论。设备几何精度、加工精度检验记录及其他性能试验的记录；设备试运转的情况，包括试车中对故障的排除；对无法调整及排除的问题，按设备原设计问题、设备制造质量问题、设备安装质量问题、调整中的技术问题等进行分类。

8.4 设备维护

设备维护是设备维修与保养的结合。为防止设备性能劣化或降低设备失效的概率，按事先规定的计划或相应技术条件的规定进行的技术管理措施。

8.4.1 设备防腐

在销售企业设备中以储存运输类为主，其特点是表面积大，与油品、水、空气、土壤和其他含腐蚀性物质接触多，容易发生腐蚀，因而防腐对销售企业来讲非常重要。

(1)重视并做好设备防腐蚀工作。腐蚀一直是油库设备管理中的最常见问题，尤其是用钢铁制造的设备受腐蚀的影响最严重。每年因腐蚀造成的经济损失相当可观，主要表现为材料浪费，设备寿命缩短，设备损坏和由此引发事故造成的间接损失。因此研究腐蚀机理和控制方法是非常重要和必要的。

(2)制定设备防腐蚀工作管理制度。要建立防腐检查制度，定期对设备内外部防腐检查，特别是对埋地设备须用检测设备检查，如无仪器，则应在低洼、潮湿地方，挖开或钻孔进行检查。以保证对防腐情况把握清楚，并采取适当的补救措施。

(3)设立设备防腐蚀专业技术岗位。防腐给企业带来较大的损失，特别是因腐蚀严重引起的事故，给企业经济和人身安全都带来严重伤害。而防腐是一个独立专业，腐蚀的形成有着复杂的原因，不是专业人员难以研究清楚。因此只有专业的知识技能才能认清腐蚀对企业设备的原因和程度。

(4)要采用工艺技术防腐、材料防腐、腐蚀监测等综合技术措施，预防设备腐蚀。不同的腐蚀原因要用不同的防腐材料或方法来预防。要研究各种方法对防腐的作用，采用合理有效的方法防止设备腐蚀。

8.4.2　设备维护管理

(1)企业应建立健全设备的使用、维护管理制度，制定严格的设备操作规程和维护规程，严格执行巡回检查、维护保养和润滑(油水)等各项设备管理制度，建立设备隐患发现、分析、报告、处理等闭环管理机制。

(2)设备操作和维护人员上岗前必须经过系统的理论和实践培训，严格持证上岗。设备管理部门要监督检查关键设备、重点岗位操作人员的培训情况。特种设备操作人员须经具有培训资质的单位进行培训，经考核合格后颁发相应资质的操作证。

(3)设备操作人员是设备运行和日常维护保养的责任者，必须遵守设备操作、维护制度和规程，认真控制操作指标，严禁设备超温、超压、超负荷运行。

(4)设备维修人员要对所维修设备进行认真的巡回检查。在维修中应严格执行设备维护检修规程。

(5)企业要加强设备故障和事故管理，建立设备故障记录，制定主要设备事故应急预案，不断提高处理突发事故的能力。

(6)开展“大型机组关键设备特级维护活动”，成立“五位一体”(机械、电气、仪表、操作、管理)的特护小组，各专业应分别建立台账，做好记录，掌握设备运行特性和规律，减少故障和降低事后维修成本，提高设备安全性和经济性。

(7)企业要制定并严格实行备用设备管理维护制度，坚持定期对备用设备进行检查和维护保养，确保设备处于完好备用状态。

(8)要加强对关键设备、需要监控运行和运行年限较长设备的管理，定期开展技术性能和安全可靠性评估，采取必要的防范措施，确保设备运行的安全可靠，降低设备运行风险。

(9)认真执行设备润滑(油水)管理制度，配备专(兼)职专业管理人员，严格执行设备润滑的“五定”、“三级过滤”。设备集中的单位和地区，应建立与设备要求相配套的润滑油站及软化水站。

(10)企业设备管理部门应配备高素质的专业技术人员主管故障诊断和状态监测工作，配备开展状态监测工作所需的仪器，积极开展设备状态监测和故障诊断，及时准确掌握设备运行状态，积累完善的状态监测历史数据，总结探索设备故障停机规律，发现问题及时反馈和处理。

（11）加强仪表自动化管理工作。仪表自动化设备包括测量、检测、控制、在线质量与分析仪表、数据采集系统、过程控制计算机、执行器及由其组成的自动化系统和安全保护报警联锁系统等。要建立仪表自动化管理、使用、维护、检修的责任制和规程，并严格执行，提高使用和维护检修质量，以及仪表的完好率、使用率和控制率。要重视仪表自动化技术人员的技术培训，以适应仪表自动化技术进步和设备更新换代快的特点。

8.5 设备更新改造

设备更新是指采用新设备替代技术性能落后、安全状况和经济效益差的原有设备。设备改造是运用新技术对原有设备进行技术改造，以改善或提高设备的性能、效率，减少消耗及污染。

8.5.1 设备更新改造计划

设备更新必须按计划、有步骤地实施设备更新，为正常生产和可持续发展创造条件。企业年度设备更新计划应由企业投资计划管理部门汇总并按规定上报上级公司，纳入年度和分批投资计划统一管理。企业设备管理部门负责设备更新计划的编制和实施。企业财务部门按照股份公司正式下达的设备更新计划，落实资金，更新费用结算一律按审批权限经领导签字批准后，方可支付。企业投资计划管理部门要按照股份公司下达的设备更新改造计划，严格控制投资规模，严格规范资本性支出和费用性支出。

8.5.2 设备更新改造可行性分析

8.5.2.1 设备更新改造的原则

（1）设备更新应当紧密围绕企业生产经营、产品开发和技术发展规划，有计划、有重点地进行。

（2）设备更新应着重采用技术更新的方式，改善和提高企业技术装备素质，达到优质高产、高效低耗、安全环保的综合效果。

（3）设备更新应当认真进行技术经济论证，采用科学的决策方法，选择最优方案，确保获得良好的设备投资效益。

（4）设备改造应充分考虑生产的必要性、技术的先进性和可行性、经济的合理性。

8.5.2.2 设备更新改造的条件

（1）使用年限已满，丧失使用效能，无修复价值的；

（2）因生产条件改变，已丧失原有使用价值的；

（3）使用年限未满，但缺乏配件无法修复使用的；

（4）固定资产毁损，无修复使用价值的；

（5）经论证，大修理后技术性能仍不能满足生产要求的；

（6）大修理后，虽能恢复精度和技术性能，但更新更经济合理的；

（7）因技术落后淘汰的；

（8）经国家技术质量监督部门、环保部门鉴定，不符合安全环保要求且修复后也无法达到要求的；

（9）机动车辆符合国家有关报废规定的；

（10）其他符合更新要求的。

8.6 设备维修及报废处置

8.6.1 设备维修计划

设备修理是恢复设备技术性能的基本手段，是保障安全生产的重要措施，各企业应制定具体的设备修理管理制度和规定。

(1)企业设备管理部门根据设备实际运行状况，结合生产安排，编制设备检修计划。

销售企业设备维修计划主要为年度综合修理计划。油库、加油站、车船年度综合修理计划由分公司设备管理部门负责汇总、审批并监督实施。

(2)设备修理要执行日常维护与计划检修相结合，坚持定期检测、按需修理的预防性维修方针，推广状态监测检修，既要防止设备失修，又要避免过剩维修。

(3)企业设备管理部门是设备修理和修理费使用的统一归口管理部门，应认真按年度修理费指标，统一平衡，合理使用，严格按权限审批修理费。

企业财务部门配合设备管理部门按修理费预算计划做好修理费的控制工作。加强对修理费的核算和统计，按设备管理部门确认的修理费用结算审核单及时入账，并按月向设备管理部门提供修理费的实际支付明细表及使用情况的分析。

(4)加强设备和装置检修全过程的管理，认真做好设备修理前的检查、修理过程的监督和修理后的验收，缩短修理时间，降低修理成本。

(5)加强检修质量管理，建立健全设备修理的质保体系。

设备修理要严格执行检修计划，遵守检修规程，执行检修技术标准，采用新的修复技术，努力提高修理质量。使用单位可根据情况实施中间质量检查。主要设备大修和主要检修工程要由企业设备管理部门组织验收。

(6)各企业要对进入其内部市场的检修单位进行资质认证及年度审验。

特种设备的承修单位须有相应资质，修理内容应与资质相符，不准超资质、超级别进行修理，确保修理的合法性。油田设备修理网点要按照专业化协作的原则合理布局，实行专业化定点修理。

(7)设备的外委修理要列入本单位修理计划，按照规定程序审批和先内后外的原则，企业内部单位不能修理的经规定程序审批后才能对外委托修理，大型设备和装置检修等外委修理应实施招标制度。

(8)检修结束后，设备管理部门要开展检修项目的统计工作，组织编写检修技术总结，做好检修技术资料的归档。对重大检修项目，要进行技术经济分析。

(9)企业物资采购部门应合理储备配件，有计划地组织采购和生产，及时满足设备维修需要。

检修单位要在保证设备检修质量的前提下，做好修旧利废和改制代用工作。企业的设备管理部门负责配件需求计划的编制，配合物资供应部门做好配件储备定额的编制、修订和需求计划的落实工作。

8.6.2 设备维修基金管理

1. 修理费管理的指导原则

坚持设备应修必修、修必修好、确保设备长周期运行的原则；坚持科学、规范、经济的检修，努力降低成本的原则；坚持对修理费使用进行严格管理合理使用的原则。

2. 修理费支付范围

企业所属设备资产的修理、维护和检测所发生的费用。

3. 修理费用管理与监督

企业修理费年度使用计划应按规定报股份公司有关部门，经审批下达后，严格按计划列支，专款专用，不得挪用。

8.6.3 设备报废处置

1. 设备报废的标准

(1)设备达到或超过使用期限，主要部件或结构已经陈旧或损坏且购不到配件，达不到低限技术指标，且无修理价值。

(2)技术落后，耗能很高，效率很低，国家已令淘汰禁止使用的设备。

(3)超过安全使用期限，存在安全隐患的设备。

(4)不符合国家颁布的环境使用标准，在现有技术条件下又不能改造达标的设备。

(5)经技术鉴定，确属质量问题或损坏严重，无法修复或修理费用过高，接近新购价格。

2. 报废设备的鉴定与批准

(1)凡需报废的设备，由使用部门先填写《设备报废单》报送设备管理部门。

(2)由设备管理部门组织技术及车间负责人进行技术鉴定，并在报废申请单上签署意见。

(3)对重大设备的报废需由省市公司主管副总经理参加鉴定。

(4)经过鉴定报废的设备，设备管理部门将《设备报废单》报省市公司总经理审批。

3. 报废设备的处理

(1)设备经批准报废后，由设备管理部门凭《设备报废单》办理相关手续。

(2)报废的设备，一律由设备管理部门管理，并按有关规定处理。

(3)设备未经正式批准报废前，各单位不得自行拆卸、改装或挪用零部件。

(4)为了利用报废设备的残值，充分发挥其作用，对于回收来的报废设备可以直接降级使用或维修后降级使用，可以作为同类设备的零部件或拆用其部件，也可以公开拍卖或直接变卖。

8.7 设备档案管理

设备档案管理是指设备从安装到报废使用运转情况，检修记录等技术数据的综合积累。各级设备管理部门必须重视设备档案管理。凡新建的使用单位必须办理资料移交手续(平面图、工艺流程图、竣工图、工程变更图及设备安装图等详细资料)，交使用单位归档。设备技术档案应全面、准确反映设备的技术状况，资料系统全面，时间要有连续性，对管理工作有指导性。

8.7.1 设备档案管理的内容

设备档案管理的内容有：

(1)说明书、合格证、工艺图；
(2)安装日期及地点；
(3)安装调试，验收记录；
(4)定期检查监测记录；
(5)大中小修记录；
(6)设备运行记录及日常维修记录；
(7)对设备的最终技术结论。

8.7.2 设备档案的建立和使用要求

要建立健全设备技术管理档案，做到“一台一档”，档案内容应涵盖设备技术文件、全过程管理动态；设备迁移、调拨时，其档案随设备移交；档案管理人员变更时，主管领导必须认真组织按项交接。每台(件)设备技术档案建立，应从购进安装开始，设备报废终止，设备档案应保持3~5年。

8.8 案例分析

灯泡该用便宜的吗？

情景：

某单位一工作场所有24盏灯，亮度不足。由于是爆炸场所，故采用了白炽灯加防爆灯罩的结构。但是由于设备采购人员为了降低设备采购费用，每次买最低价的灯泡，灯泡一般用1~1.5月。电工经常要更换灯泡。由于该场所较高，更换灯泡需要架人字梯。而且该场所设备较多，梯子放置受限，有些灯泡必须爬到罩棚网架处才能更换，非常危险。根据市场调查，低价灯泡成本是高价灯泡的1/3，寿命是高价灯泡的1/10。

问题：

1. 用哪种灯泡经济？
2. 该设备采购员认为购买灯泡价格最低的就应该买，他的认识存在什么问题？
3. 如果你是设备采购员，你会怎么做？

第9章 电气安全管理

电气设备安全可靠地运行是保证安全的一个重要内容。电气安全是一项综合技术。它既有工程技术的要求又有组织管理的要求，彼此相辅相成，关系十分密切。

9.1 电气安全基础

9.1.1 电气安全的基本内容

从安全技术的角度出发，电气安全主要讨论各种电气事故及其预防措施；同时也讨论如何用电气作为手段，创造安全的工作环境和劳动保护条件。

安全技术主要是指绝缘防护、屏障防护、安全间距防护、接地接零保护、漏电保护、电气闭锁和自动控制、防爆电气设备及整体防爆等内容。为了防止偶然触及或过度接近带电体，常采取绝缘防护、屏障防护和安全间距防护；为了防止触及意外带电的电气设备导电外壳，常采取重复接地、保护接零和等电位技术。电气事故不仅指触电事故，也包括过电压（工频过电压、操作过电压和雷击）、有关电气火灾和油气爆炸等危及人身安全的电路故障。电气安全的技术措施是随着科学技术和生产技术的进步而发展的。

1. 绝缘防护

电气设备和线路都是由导电部分和绝缘部分组成的。良好的绝缘是保证设备和线路正常运行的必要条件，也是防止触电事故的重要措施之一。绝缘水平应根据电气设备和线路的电压等级来选择，并能适应周围的环境和运行条件。

绝缘材料的主要问题是老化过程。在高压电气设备中主要是电老化，它是由绝缘材料的局部放电引起的。一般而言，电压越高，对绝缘材料的要求也越高。

在低压电气设备中，一般是热老化。每种绝缘材料都有一个极限的耐热温度，如超过这一极限值，绝缘老化就会加剧，寿命缩短。绝缘材料的耐热等级如表9-1所示。

表9-1 绝缘材料的耐热等级

耐热等级	极限工作温度/℃	常见材料
Y	90	纸及纸制品，聚酰胺纤维
A	105	氯丁，丁腈橡胶，经绝缘漆处理的Y级材料
E	120	聚氨脂或环氧树脂基漆，有机填料，塑料
B	130	合成树脂，石棉，云母，玻璃纤维
F	155	玻璃纤维，石棉，云母制品
H	180	绝缘漆处理过的玻璃纤维和石棉
C	>180	聚四氟乙烯，陶瓷，石棉

材料的绝缘性能还受到温度、湿度、电场作用、机械振动、化学腐蚀、冲击以及由于温度变化引起的热冲击、热膨胀应力的影响。

常见的电气设备和线路，绝缘材料常用E、B、F三级，H级以上极少使用。

(1)绝缘指标

电气设备和电工材料的绝缘指标是指在不同的电压、温度和湿度等条件下，它们所具有的绝缘电阻值，其值等于加在绝缘体两端的直流电压与流经绝缘体的泄漏电流之比。

爆炸危险场所使用的电气设备带电体与设备外壳间的绝缘电阻不应小于1MΩ，并应定期检测该数值。

(2)屏障防护

在不便于将带电体包以绝缘或者带电体外虽有绝缘但仍不足以确保安全的场合，可用遮栏、栅栏、护罩、护盖和箱匣等将带电体隔离开来。安装在室内或室外地面上的变、配电设备均应作屏障防护，高度不低于1.7m，下边离地不超过0.1m，网眼不大于$40\times40mm^2$。户内栅栏高度不低于1.2m，户外栅栏高度不低于1.5m。由于屏障装置不直接与带电体连接，因此对材料无严格要求；但所用材料应有足够的机械强度和耐火能力，若材料是铁质的，则应接地或接零。

屏障防护设备应挂上警示牌。

2. 安全电压

安全电压是指人体不戴任何防护设备，也没有防护措施，直接接触带电体时，对人体没有伤害的电压。这是为防止触电事故而采用的由特定电源供电的电压系列。对于容易触电及有触电危险的场所，应按表9-2的规定采用相应的安全电压。

表9-2 安全电压

安全电压(交流有效值)/V		选用举例
额定值	空载上限值	
42	50	手持式电动工具等
36	43	在矿井、多导电粉尘等场所使用的行灯等
24	29	工作空间狭窄，操作者容易大面积接触带电体，如在锅炉、金属容器内
12	15	人体可能经常触及的带电体设备
6	8	

9.1.2 电气设备的保护接零与保护接地

电气设备的保护接零与保护接地是两个不同的概念，必须加以区别。

9.1.2.1 保护接零的基本原理

保护接零就是把电气设备在正常情况下不带电的金属壳体部分与供电系统的零线作电气连接。

油库、加油站大都设有独用的变压器，并采用变压器低压侧中性点直接接地的Yyno或Dyn11接线方式，构成三相四线制低压配电系统，也称为TN-C系统。三根相线分别为L1，L2，L3，中性线(N)与接地保护线(PE)合一，称为PEN线。

在TN-C系统中，电气设备外壳接地与否，当发生相线对外壳短路时，都存在发生人身触电和电火花的隐患。

在TN-C系统中，为避免各类事故的发生，用电设备外壳均应接零(接PEN线)。电气原理如图9-1所示。

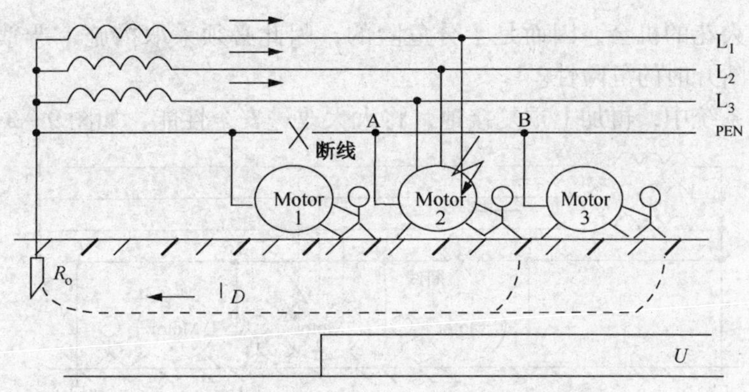

图 9－1 TN－C 系统电气设备外壳保护接零

电气设备外壳保护接零后，若因某种原因造成相线碰壳即相线－PEN 线短路状态。由于 PEN 线的阻抗与大地电阻、人体电阻相比是极小的，所以短路电流 I_k 很大，通常比额定电流大几倍甚至几十倍。这样，就能使线路上的保护装置迅速动作，从而切断故障电路的电源，避免触电或电火花事故。

9.1.2.2 重复接地的作用

在采用保护接零的情况下，除变压器中性点直接接地外，还必须在 PEN 线上进行一处或多处重复接地，这在有关规范中都有详尽明确的规定。重复接地的作用，首先是当发生相线－机壳短路故障时，可以降低零线、机壳的对地电压；其次是在零线一旦断开时，可以减轻故障的危害程度；最后，在保护接零系统中，即使没有出现设备漏电，仅仅出现三相负荷不平衡，零线上也可能出现对地电压。只是三相负荷不平衡状态并不十分严重，这一对地电压一般并不大，不致造成人身触电危险，但却存在产生电火花的危险，因此，也应加以预防。零线（PEN 线）重复接地可以强制将零线对地电压引向大地并消散为零电位。还有，重复接地与工作接地构成零线的并联分支，所以当发生短路故障时，能加大短路电流，而迫使设置在电气线路上的保护装置更快动作，切断故障电路。

如图 9－2 所示，零线（PEN 线）未设重复接地，若零线断线后并有一相碰壳，此时 PEN 线断线点后的电气设备外壳对地电压接近相电压 220V，是非常危险的。

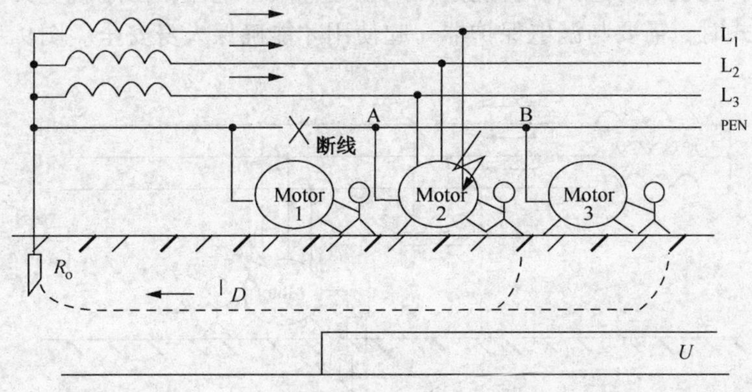

图 9－2 没有重复接地时 PEN 线断线故障

在图 9－3 中，断线点前（靠近变压器侧）的电气设备 M1，可以正常工作，而断线点后的电气设备 M2、M3……所有电气设备因接零，金属外壳都将带有危险的相电压，大大扩大了触电和产生电火花的机会，因而是十分危险的，因此必须采取措施，严禁零线(PEN 线)断开或减少万一断开时的危险性。

在保护接零系统中，再加上重复接地，将大大改进安全性能，如图 9 - 3 所示。

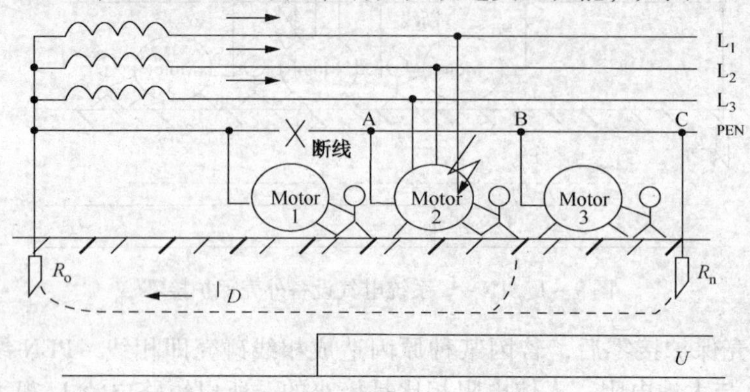

图 9 - 3　有重复接地的 PEN 线断线故障

在断线点前的电气设备 M1，实际情况没有改变；在断线点后的所有电气设备 M2、M3……,由于 A、B、C 三点均与 PEN 线接通，C 点又通过 R_n 与大地接通，设备外壳带有一半相电压。虽不能尽如人意，但毕竟还是能使电压有所降低，显然这是可取的。

由前面的讨论，我们可以得出这样的结论：在中性点直接接地的 TN - C 系统中，应将所有正常工作时不带电的电气设备的外壳采取保护接零，并按规定在适当的地点重复接地。为了确保安全，要严防由各种原因引起的零线断线故障。

9.1.2.3　保护接地的基本原理

1. TT 系统保护接地原理

这种方式在土壤率较低的地方使用较为经济且稳定性较高。但当设备发生单相接地故障时，往往短路电流很小，不能可靠地切断故障回路，从而使故障设备外壳长期带上危险电压。此时，若人体万一触及便会有触电危险。为了将接触电压限制到安全电压以下，就得把保护接地电阻值降得比系统的接地电阻 4Ω 更低。但保护接地电阻要达到如此低的数值，不仅耗材多费用大，且也不易达到。特别是在高土壤电阻率地区，困难就更大。

采用这种方式时，需要与漏电保护器一起使用才能确保人身安全。图 9 - 4 是 TT 接地系统原理图。

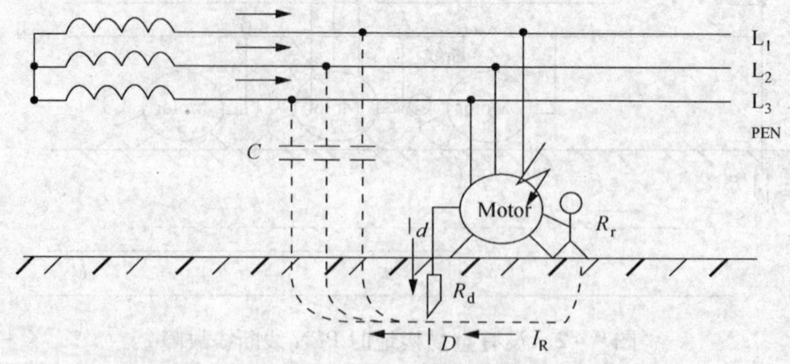

图 9 - 4　TT 系统接地原理图

2. IT 系统保护接地的基本原理

IT 系统中，其电气原理如图 9 - 5 所示。

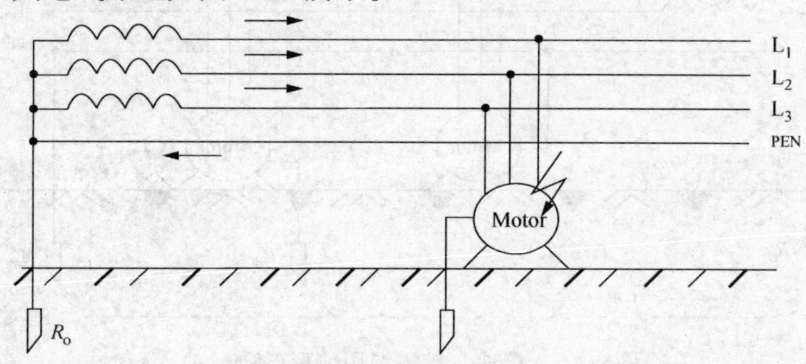

图 9 - 5 IT 系统电气故障原理图

配电线路与大地间存在分布电容 C_0 当相线发生碰壳时，将形成回路电流 I_D，使电气设备外壳具有一定的电位。若此时人体触及设备外壳，由于人体电阻 R_r 与接地电阻 R_d 并联，通过人体的电流 I_R 的大小只是全部事故电流 I_D 的一小部分。

$$I_R = \frac{R_d}{R_d + R_r} \times I_D = \frac{4}{4 + 1000} \times I_D \approx 0.4\% I_D$$

由配电线路与大地间分布电容所造成的 I_D，对于 380V 低压配电线路，其值一般不超过 5A。也即人触及电气设备外壳时流过的电流不会超过 20mA。这对人是安全的。

IT 系统在油库、加油站不能采用。这是因为在该系统中，电气设备外壳无论保护接地与否，当发生相线碰壳故障时，外壳将带电，而且故障将长期存在下去。这种情况，虽然对人体而言是安全的，但如与金属导体偶然触及时，仍可能产生足以引燃油气的电火花而导致火灾、爆炸事故。因而这种保护方式不宜在爆炸危险区内使用。其最主要的原因是故障不能及时发现和排除。

9.1.2.4 保护接零的安全要求

(1) 接零与接地不能混用

在同一供电系统中，不允许有的电气设备采用保护接零，而有的电气设备采用保护接地。如图 9 - 6 所示，图中的 M1 接零，M2 接地。当 M2 发生相线碰壳时，电流通过 R_d 和 R_o 构成回路，事故电流为 I_D，其值约为 27.5A，此事故电流值将不可能使线路保护装置动作，因此故障将长期存在。同时还将导致 PEN 线对地电压升高，使所有保护接零的电气设备外壳的对地电压升高，这对处于爆炸危险区域内的电气设备是极其危险的。

由于这类故障具有隐蔽性和持久性，其危险性极大，必须严加防范。

如果在图 9 - 6 的 M2 处，按虚线所示再将 M2 的金属外壳接零，其安全性能将得到保证。而此时 M2 的接地装置 R_d 就变成重复接地，这对保证电气设备安全可靠地工作是有益无害的。

(2) 对重复接地和接零装置的安全要求

对于电气系统，为了增强安全程度，重复接地和接零装置必须始终处于良好可靠的工作状态。主要有以下几个方面的安全要求：

①保证导电的连续性，不得脱断；

②连结处要牢固可靠，接触良好；

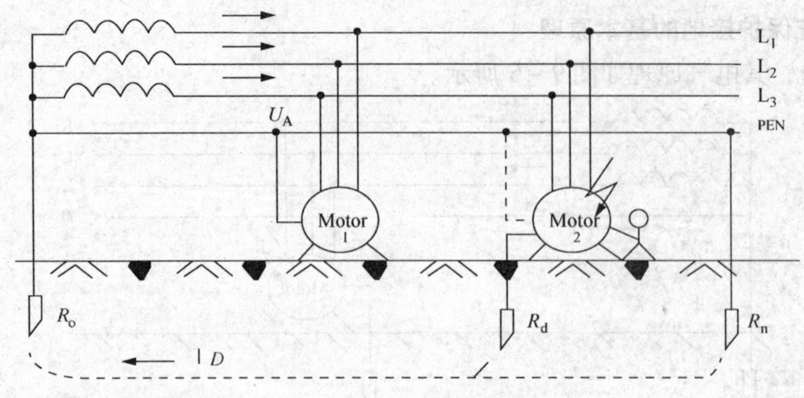

图 9－6　接地与接零混用情形(不允许)

③具有足够的机械强度、导电能力和热稳定性；

④其他方面的要求：如防腐蚀要求，接地装置应采用镀锌钢材，焊接处涂沥青；每台电气设备接零线应单独与接零干线相连，不得多台电气设备串联连接，为提高可靠性，接零干线应有两处同接地体直接连接；埋地深度要求大于 0.6m，并在冻土层以下；保证足够的地下安装间距等。

9.1.2.5　三相五线(TN－S)供电系统

我国国家标准《电气装置安装工程：爆炸和火灾危险环境电气装置施工及验收规范》(GB 50257)中指出“在爆炸危险环境的电气设备的金属外壳、金属构架、金属配线管及其配件、电缆保护管、电缆的金属护套等非带电的裸露金属部分，均应接地或接零”；“电气设备及灯具的专用接地线或接零保护线，应单独与接地干线(网)相连，电气线路的工作零线不得作为保护接地线用”。也就是说，爆炸危险环境应采用安全性更高的三相五线制供电系统(即 TN－S 系统)。该系统的特点是把工作零线(也称中性线，N 线)和保护接地线(PE 线)分开，比三相四线制多一根保护接地线(PE 线)，PE 线在中性点与供电系统连接。如图 9－7 所示。

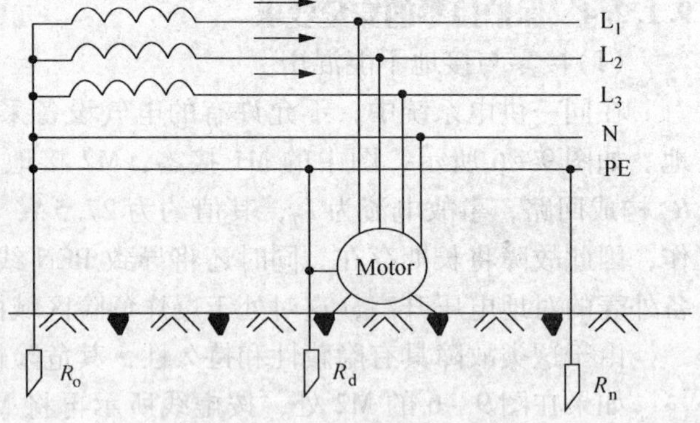

图 9－7　TN－S 系统原理图

N 线用于流过负载电流。由于导线存在电阻，当三相负载不平衡时，N 线将带有一定电位。而电气设备处于正常工作时，由于 PE 线没有电流流过，即 PE 线与设备外壳不带电位。

当发生相线与电气设备外壳相碰时，此时即使 N 线处于断线状态，短路电流仍可沿 PE 线构成回路。由于回路阻抗小，短路电流较大，可使供电系统保护设备如熔断器或自动空气开关可靠动作，切除故障。

TN－S 系统，N 线除中性点工作接地外，其他任何地方不可重复接地。这样可防止三相负载不平衡使 N 线具有的偏移电位经 PE 线重复接地体构成回路，从而避免电气设备外壳带有一定电位的不利状态。

PE 线要尽可能多设重复接地。这样可减轻相线发生单相接地短路时由于中性点电位升高对其他电气设备的影响。

9.1.2.6 三相五线制的技术要求

(1)保护线 PE 在正常情况下不通过电流，有人便误以为可将该线截面减小并一律采用 2.5 ~ 4mm² 的铜线，这是不正确的。因正常工况下它虽不通过电流，但事故时却有电流通过并应能使保护电器迅速动作，故保护零线的截面选择应与工作零线相同。

(2)应实行分级安装漏电保护器。从系统保护和防止火灾考虑，要求装设两只以上的漏电开关，同时还必须保证各级线路漏电开关动作的选择性(即级间配合)。

(3)配电系统中的主干线及支干线应装设短路和过负荷保护，支线的保护可采用断路器、熔断器或带有漏电保护的自动断路器。

(4)在 TN－C 系统的 PEN 线(零线)、三相五线(TN－S)系统的保护线上，从变压器到干线、支干线及插座的接地插孔上，均不得装设熔断器和开关。

(5)室内用电宜采用单相三线制(三根导线)配电，在相线和零线上便均可装熔断器或其他保护电器。熔断器之后的工作零线在插座处或其他地方均不应与保护线 PE 相连。单相三线制中，只有在保护线断开且设备发生相线碰壳这两者同时出现时才会产生外壳危险电位。

(6)室内用电设备应采用单相三极插座配电，其中第三段(保护极)必须接到 PE 线孔上。

(7)为便于识别各种导线的不同用途，相线、工作零线 N 与保护线 PE 均应以不同颜色加以区别，以防止相线与零线混用，从而为保证各种插座的正确接线提供方便。

(8)移动式电气设备(便携式设备)按规程规定：应采用专门芯线接地，此芯线严禁同时用来通过工作电流；零线 N 和接地线 PE 应分别与电网相连；接地线应采用截面不小于 1.5mm² 的多股软铜线。

9.1.2.7 TN－C－S 系统

把三相四线制 TN－C 系统更改为 TN－S 系统，需从变压器中性点处增敷一根 PE 线到各用电设备的金属外壳，在实际实施过程中可能存在诸多困难。但我们可以采用过渡措施来达到目的，即 TN－C－S 系统，如图 9－8 所示。

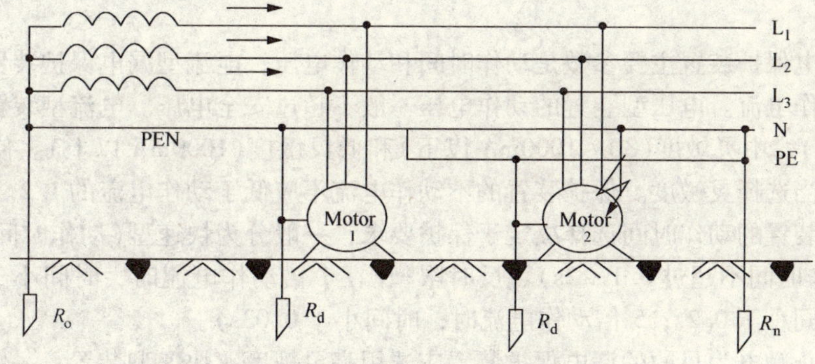

图 9－8 TN－C－S 系统原理图

TN－C－S 系统前一部分 N 线与 PE 线合为 PEN 线，而后一部分 N 线与 PE 线分开敷设，对电气设备的安全保护性能介于 TN－S 和 TN－C 系统之间。

对于低压配电系统，逐步向三相五线制过渡，有以下几个方面的技术措施：

(1)现有 380V/220V 中性点直接接地系统，其 PEN 线或者 PE 上，(即零线或保护零线)不应装设开关或熔断器。如已采用单相双级开关或熔断器，则应根据负荷情况用截面为 2.5 ~ 4mm² 的铜导线将零线上的开关或熔丝实行短接。

(2)对三相四线制架空进线的TN－C低压网络，在每个建筑物进线处的进户中性线上加强重复接地，以便尽可能降低接触电压，并利用穿线钢管作为保护线接到配电箱。在配电箱处将工作零线(N)和保护零线(PE)严格分开，以形成三相五线制配电方式。

9.2 电气安全装置

为了保证生产工作的正常进行，防止事故(触电、短路、火灾、爆炸和机械伤害等)发生而使用的有关电气安全的装置统称为电气安全装置。按装置的用途可分为漏电保护装置、电气安全联锁装置和信号装置等。

9.2.1 漏电保护装置的保护原理

漏电保护装置适用于1000V及以下的低压系统，但作为检查漏电也可用于高压系统。它用于防止漏电而引起的触电事故；防止单相触电事故；防止漏电引起的火灾事故；监视或切除一相接地故障。其原理如图9－9所示。设备漏电时，出现两种异常现象：一种是三相电流不平衡，即出现零序电流 $i_o(i_o = i_{L1} + i_{L2} + i_{L3})$；另一种是在正常时电气设备不带电的金属壳体部分出现对地电压 $U_d = i_o \times R_d$。漏电保护装置是通过检测机构取得两种异常信号，经中间机构转换和传递，促使执行机构动作断开电源开关。

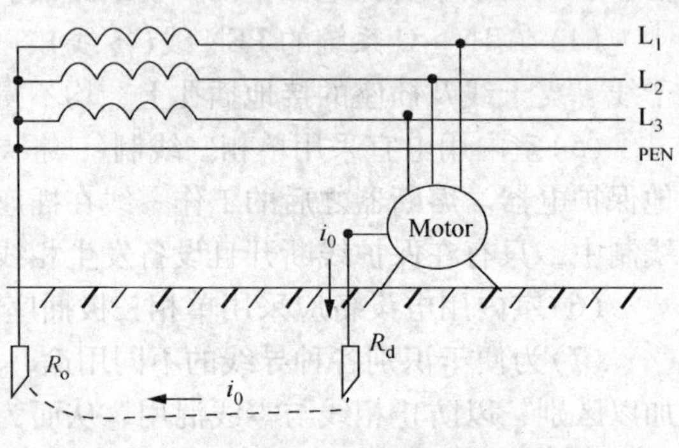

图9－9 设备漏电图

漏电保护装置种类很多，按反应信号种类可分为三种：一种是以反映外壳对地电压大小为基础的电压型漏电保护装置；另一种是以反映零序电流大小为基础的零序电流型漏电保护装置；第三种是除了反映零序电流大小外，还可以反映泄漏电流大小为基础的泄漏型漏电保护装置。

电压型漏电保护装置主要参数是动作时间和动作电压；电流型漏电保护装置主要参数是动作时间和动作电流。电压型装置的动作电压一般不超过安全电压。电流型装置分高灵敏度(30mA及以下)、中灵敏度(30～1000mA以下)和低灵敏度(1000mA以上)。使用时应根据具体要求，适当选择灵敏度。保护装置的不动作电流不应低于动作电流的1/2。

漏电保护装置的动作时间选择决定于保护要求，一般分为快速型(动作时间不超过1s)、定时限型(动作时间不超过0.1～2s)、反时限型(在1倍动作电流时，时间小于1s；2倍动作电流时，时间小于0.2s；5倍动作电流时，时间小于0.03s)。

单纯以防止触电为目的的漏电保护装置应选用高灵敏度、快速型装置；一般动作时间在1s以上时，动作电流应小于30mA；动作时间在1s以下时，动作时间和动作电流的乘积不超过30mA·s。

9.2.2 联锁装置和信号装置

凡某一装置的动作取决于另一装置的动作者，就称另一装置对该装置联锁，它们统称为联锁装置。以安全为目的的电气联锁装置称为电气安全联锁装置。信号装置也具有一定的联锁关系，与前者不同之处主要在于只发出信号而不直接实现控制。电气联锁装置一般装设于设备本身以及各设备之间或附在其他设备上，按用途可分为4种。其一是以防止人体直接接触或接近带电体等事故为基础的防止触电事故的联锁装置，如变电所的防误操作联锁装置和电容器自动放电联锁装置；其二是以排除短路、过载、缺相运行等故障为基础的排除电路故障的联锁装置；其三是以供电安全和自动化需要为基础，实现一定动作程序、执行安全程序的联锁装置（母联开关、分段投切联锁装置、电焊机空载自停装置）；其四是借助电气安全联锁装置来防止机械伤害、爆炸等非电气事故的联锁装置，如防止爆炸性气体混合物或化学有害物质增加到危险值时的电气联锁装置等。另外还有信号和报警装置，它们已大量用于发、供、变、配、用电装置中，一般以光、电、机械掉牌和音响报警显示为内容。当故障发生时，发出信号警告，指示事故性质和自动装置的动作情况，以便及时采取安全措施，消除危险。

9.2.3 电动机的保护装置

电动机应装设短路保护和过负荷保护装置。当电动机及其电路发生短路故障或长时间过负荷时，保护装置自动地切断电源，以保护电动机安全。电动机及其电路发生短路故障，需立即切断电源使电动机停止工作；而过负荷很多情况并不是电动机故障而是由于其他一些原因，例如电源电压波动、瞬时降低，这时电动机便发生瞬时过负荷。这种情况就不能立即切断电源，因为很快电压又恢复正常，若立即切断电源，势必影响生产。所以过负荷要相当严重并持续时间较长时，电动机才停止工作。为此电动机短路保护和过负荷保护应采用不同保护元件。一般短路保护器件采用低压断路器（自动空气开关）的电磁脱扣器。过负荷保护器件常用热继电器或低压断路器（自动空气开关）的热脱扣器（过载脱扣器）。

除装设上述保护装置外，电动机装设的保护装置还应有低电压（失压）保护、断相保护等。

低电压保护是当电源电压降低到电动机允许工作电压以下时，为防止电动机因转矩下降拖不动油泵而发生严重过热采取的保护方式。低电压保护器件常采用低压断路器（自动空气开关）的欠电压脱扣器或接触器的电磁线圈。

缺相运行是电动机运行时某一相电源电压突然失电造成的。其结果是电动机严重过负荷，线圈急剧发热烧毁电机。缺相运行保护装置，能自动切断电源，保护电动机安全。

电动机的保护装置是保护电动机安全的重要装置。要根据电动机的容量和重要性及工作方式，按规程规定正确装设，并加强运行维护管理，保证准确可靠动作，保护电动机安全。

9.3 防爆电气设备

汽油、溶剂油、煤油、轻柴油等轻质油品挥发出来的油蒸气与空气混合后，极易形成爆炸性气体混合物并存在于一定的区域内。因此处于该区域内的电气设备，不能产生电火花或危险的表面温度，换句话说电气设备必须采取防爆技术。

9.3.1 用电区域的划分

9.3.1.1 分区

（1）爆炸危险区

易燃油品和闪点低于或等于环境温度的可燃油品生产作业区及其周围的有限空间。

(2)火灾危险区

21 区：具有闪点高于环境温度的可燃液体，在数量和配置上能引起火灾危险的环境；

22 区：具有悬浮状的可燃粉尘或可燃纤维，虽不可能形成爆炸性混合物，但在数量和配置上能引起火灾的环境；

23 区：具有固体状可燃物质，在数量和装置上能引起火灾的环境。

(3)一般用电区

除爆炸危险区和火灾危险区外的其他用电区。

9.3.1.2 爆炸危险区

内轻质油品爆炸性气体混合物爆炸浓度极限范围在 0.6% ~7.6% 之间。根据爆炸性气体混合物在生产作业区出现和积聚的可能性，我国国家标准《爆炸和火灾危险环境电力装置设计规范》(GB 50058—1992)中将爆炸性气体环境危险区域划分为三个区域：

0 区 连续出现或长期出现爆炸性气体混合物的环境。

1 区 在正常运行时可能出现爆炸性气体混合物的环境。

2 区 在正常运行时不可能出现爆炸性气体混合物的环境，或即使出现也仅是短时存在的爆炸性气体混合物的环境。

在这里，正常运行是指正常的开车、运转、停车、易燃物质产品的装卸、密闭容器盖的开闭、安全阀、排放阀以及所有工厂设备都在其设计参数范围内工作的状态。

9.3.2 爆炸性气体混合物的类、级、组

9.3.2.1 爆炸性气体混合物的分类

影响爆炸性气体混合物爆炸性能的诸多参数中，最具代表性的爆炸性气体混合物性能的参数有三个：

(1)最大试验安全间隙(MESG)：系指爆炸性气体混合物在规定的试验容器内部爆炸时，这一容器具有可以阻止内部火焰向外部传播的间隙最大值。

(2)最小点燃电流比(MICR)：系指采用安全火花检验设备对爆炸性气体混合物进行测试，被标准试验电路产生的火花点燃的电流最小值与点燃甲烷气的最小电流值之比。

(3)引燃温度：能引起可燃性物质燃烧的最低温度即为引燃温度。

9.3.2.2 爆炸性气体混合物的分级

爆炸性气体混合物的分级，是根据 MESG 和 MICR 的大小决定的。如表 9－3 所示。

表 9－3 爆炸性气体混合物分级

级别	最大试验安全间隙(MESG)/mm	最小点燃电流比(MICR)
ⅡA	≥0.9	≥0.8
ⅡB	$0.5 < MESG < 0.9$	$0.45 \leq MICR \leq 0.8$
ⅡC	≤0.5	<0.45

9.3.2.3 爆炸性气体混合物的分组

爆炸性气体混合物按引燃温度分组，如表 9－4 所示。

表 9－4 爆炸性气体混合物的分组

组　别	T1	T2	T3	T4	T5	T6
引燃温度/℃	>450	$300 < T \leq 450$	$200 < T \leq 300$	$135 < T \leq 200$	$100 < T \leq 135$	$85 < T \leq 100$

工业上常见的爆炸性气体分组，如表9－5所示。

表9－5 爆炸性气体分级分组举例

类级组	T1	T2	T3	T4	T5	T6
ⅡA	甲烷、乙烷、丙烷、丙酮、苯乙烯、氯苯、甲苯、苯、氨、甲醇、一氧化碳、乙酸乙脂	丁烷、乙醇、丙烯、丁醇、乙酸戊酯、乙酸酐	戊烷、己烷、庚烷、癸烷、辛烷、汽油、煤油、硫化氢、环己烷	乙醚乙醛		亚硝酸乙酯
ⅡB	二甲醚、民用煤气、环丙烷、丙烯腈	环氧乙烷、环氧丙烷、丁二烯、乙烯	异戊二烯			
ⅡC	水煤气、氢	乙炔			二硫化碳	硝酸乙酯

其中汽油等轻质油品挥发的爆炸性气体混合物属于ⅡA类T3组。

9.3.3 防爆基本知识

防爆电气设备在石油、化学、煤炭工业中占有很大的比例，这些设备用于爆炸危险场所中，是由于我们对这些设备的结构采取了一些适当的措施，使之能消除或引起周围易爆介质爆炸的可能性减至最小。这些防爆措施分为两大类：

第一类防爆措施是允许在电气设备内部有爆炸的可能，但不允许爆炸传递到设备外周围介质中去。经受得住爆炸压力的隔爆外壳就是这种措施的基本要求。爆炸和燃烧的传播实质是能量的传播，隔爆外壳的隔爆面使得当机壳内部发生爆炸时，向外逸出的火焰及爆炸生成物能冷却到安全温度。爆炸生成物以及火焰的冷却是由足够窄而且长的缝隙(间隙)来保证。

第二类防爆措施又可分为两组：

第一组是用液体、粒状填料、纯净空气或惰性气体把点燃源与周围的爆炸性混合物隔离开来。其危险部分浸在绝缘液体内(通常为变压器油)的电气设备称为充油型电气设备；埋在粒状填料中(石英砂)则称为充砂型电气设备；如果通过保持电气设备内的空气或惰性气体压力大于大气压来防止爆炸性混合物向内渗透，这种电气设备称为防爆通风充气型电气设备。

第二组是在电工产品上采取一些安全措施，如加强壳体防护等级、降低负荷电流、降低温升、增大导电部件的空气间隙和绝缘零件表面的漏电距离以及相应的电气保护等方法，使其最大限度地阻止电气设备运行时产生火花、电弧或危险的表面温度，如增安型电气设备；或者采取保护性元件，限制设备不能产生火花和高温，即使在故障情况下有可能产生的火花和高温，由于功率所限而不能点燃周围的爆炸性气体混合物，这就是本质安全型电气设备。

除了上述措施之外，还有防爆特殊型，其结构不属于上述防爆电气设备。

我国目前使用的防爆类型有：隔爆型(d)、增安型(e)、充油型(o)、充砂型(q)、正压型(p)、本质安全型(ia，ib)、无火花型(n)、浇封型(m)、特殊型(s)等。油库、加油站使用的防爆类型主要为隔爆型(d)、本质安全型(ia，ib)、增安型(e)三类。

1. 隔爆型电气设备(d)

(1)防爆原理

隔爆型电气设备是指设备外壳能承受内部爆炸性气体混合物的爆炸压力，并可阻止火焰向外部传播的电气设备。

隔爆型电气设备是电气设备中使用最多的防爆电器，它的外壳承担着两项任务：一是外壳内部发生爆炸时不能损坏及变形，二是不能将壳内的爆炸扩散到壳外。壳内发生爆炸时会产生很大的压力，如汽油按标准试验测得最大爆炸压力为0.85MPa，我们要求所有隔爆型电气设备能承受1.5倍的爆炸压力而不损坏或永久性变形。隔爆性也称不传爆性，是隔爆型电气设备的基本性能，它是由外壳的法兰结合面(隔爆面)来实现的。事实上，没有绝对不传爆的间隙，在大量的试验中，总会有较少次数的传爆现象发生，间隙越小，传爆或然率越低，也越安全。实际上隔爆型设备外壳的隔爆间隙是增加了一定的安全系数，使其传爆或然率降低到足够低(10^{-4}或更低)的程度后确定的，在正常情况下，这个隔爆间隙是能够保证设备安全的最大间隙值，即最大试验安全间隙。

(2)隔爆型电气设备的安装和维护

隔爆型电气设备在安装和维护前，应进行下列检查：

①设备的型号、规格应符合设计要求，铭牌及防爆标志应正确、清晰；

②隔爆结构及间隙应符合要求，设备的外壳无裂纹、损伤；

③接合面的紧固螺栓应齐全，弹簧垫圈等防松设施应齐全完备，弹簧垫圈应压平；

④接地标志及接地螺钉完好。

隔爆型电气设备不宜拆卸。需要拆卸时，应符合下列要求：应妥善保护隔爆面，不得损伤；隔爆面上不应有砂眼及机械伤痕；无电镀或磷化层的隔爆面，经清洗后应涂磷化膏、电力复合酯或204号防锈油，严禁刷漆；组装时隔爆面上不得有锈蚀层等。

隔爆接合面的紧固螺栓不得任意更换，弹簧垫圈应齐全。

螺纹隔爆结构，其螺纹的最小啮合扣数和最小啮合深度，不得小于表9-6所示值。

表9-6　螺纹隔爆结构螺纹的最小啮合扣数和最小啮合深度

外壳净容积 V/cm^3	螺纹最小啮合深度/mm	螺纹最小啮合扣数	
		ⅡA、ⅡB	ⅡC
$V \leqslant 100$	5.0	6	试验安全扣数的2倍，但至小为6扣
$100 < V \leqslant 2000$	9.0		
$V > 2000$	12.5		

2. 增安型电气设备(e)

(1)防爆原理

增安型电气设备是指在正常运行时不产生火花、电弧或在易产生危险的表面温度的部件上采取适当的措施，以提高其安全性能的电气设备。

根据增安型电气设备的防爆原理，能够制成这类防爆形式的设备，在正常工作时，必须没有电弧、火花或危险的表面温度产生，像开关之类工作时会产生火花的设备是不宜制成增安型的。而接线盒、灯具、异步电机等适用于制成这种防爆形式。为了预防点燃源的产生，要求凡是能够与可燃气体接触的部位都不允许出现超过爆炸性气体混合物级别对应的温度值。因此，只有对设备进行精心的选择以及对设备安装、使用维修采取一定措施，才能实现防爆的目的。

(2)结构要求

①外壳防护要求。为了避免水分、灰尘进入外壳内部，降低绝缘材料的强度和使用寿命，避免外物或人身触及壳内带电零件或运动部件，发生触电、电火花和机械火花，防爆增

安型设备的外壳要满足一定的防尘要求。考虑设备的使用和环境情况，要求结构上采取不同的防护措施。

绝缘带电部件达到 IP44。

裸露带电部件达到 IP54。

②极限温升。防爆增安型电气设备各个部件的表面温度不能超过爆炸性气体混合物组别所对应的温度。当标准的环境温度规定为 +40℃时，组别温度与环境温度之差即为设备的极限温升。

设备安装地点的特殊条件应作相应的考虑，如场所内操作温度、其他设备的热传导和热辐射影响等。

③温升时间 t_k。电气设备各部件温度从环境温度升高到爆炸性气体混合物的组别温度下限值所需的时间。希望电气设备的允许温升时间 t_k 尽量长些，但因受爆炸性气体混合物组别温度的限制，温升时间 t_k 不能无限制地增大。人们在研究中综合地考虑了安全问题后，规定了一个比较合适的 t_k 范围，即 t_k 要尽量大于 10s，最低不小于 5s。

(3) 增安型电气设备的使用和维护

在使用和维护时，不得破坏外壳的防护性能，以免灰尘和水分进入壳内降低绝缘性能，形成漏电事故。为此，密封垫圈不能随意拆卸，丢失的应及时补上。外部导线的引入要注意做好密封，不能草率处理。

必须设置可靠的专用接地线与设备的接线端子相连接。接线要采用防松螺栓（或螺母），连接方式应能避免由于运行中的振动而松动或发生火花及过热现象。

对于增安型电机，应注意测量定转子间单边气隙是否符合要求。电机应配有可靠的继电保护装置，使其能在 t_k 时间内迅速切断电源。对于大电机，启动时间不超过 1.7 倍 t_k 时间，在热状态下启动则不超过 t_k。注意不能连续数次频繁启动，当负载较重启动特别困难时，只能在冷状态下启动。

增安型电机选择负荷不能太大，一定要留有余量，一般选择 80% 为宜，以免由于过负荷引起发热，烧毁电机。

使用增安型设备要建立定期检修制度，时间可根据具体情况而定，一般应一年进行一次。检修的内容包括清洗或更换轴承、更换润滑脂、测量绝缘电阻、更换老化失效的衬垫、测量定转子单边气隙值以及设备表面的涂漆防锈等。涂漆防锈时不能复盖设备的防爆标志和铭牌。

3. 本质安全型电气设备（ia，ib）

(1) 防爆原理

本质安全型防爆电气设备，是指电气系统或设备在正常或故障状态下产生的电火花或表面温度不能引起爆炸性气体混合物爆炸的电气设备。

带电体在空气中的距离足够近或带电体之间的电位足够大，都会造成空气被击穿，电能释放产生火花。在电气设备中，开关的通断、接点的开闭、短路等都会造成火花或电弧，就可能点燃爆炸性气体混合物。点燃与否取决于多种因素，其中一个重要因素就是火花的能量。高能量的放电火花能导致点燃，能量小到一定程度则不会点燃爆炸性气体混合物。如果火花的出现不可避免，那么我们一定要采取技术措施，将火花能量限制在较低的范围内，使其即使产生火花，也不可能把爆炸性气体混合物点燃。本质安全型设备就是选择适当的电路参数，限制火花的能量，从而达到防爆目的。

① ia 级：在正常工作、一个故障和二个故障存在时均不能点燃爆炸性气体混合物的电气设备。

② ib 级：在正常工作和一个故障存在时均不能点燃爆炸性气体混合物的电气设备。

(2)本质安全型防爆电气设备防爆模式

本质安全型防爆电气设备通常由三部分组成：现场仪表(本安设备)、连接电缆和关联设备。

现场仪表包括各种形式的“物理量 - 电量”变换器。其中使用的有：流量变送器、液位变送器、温度变送器(热电阻，热电偶)、爆炸性混合气体探测器等。

连接电缆包括电源电缆、信号电缆、控制电缆等，但必须注意采用有防爆性能的电缆。

关联设备包括安全栅和二次仪表。安全栅是限制电气能量的电气设备，常用的有电阻限压式、齐纳二极管限压式、光电耦合式和机械隔离式等。二次仪表用于被测物理量的显示、报警和控制。

本质安全电气设备防爆模式见表 9 - 7 所示。

表 9 - 7　本质安全型电气设备防爆模式

序号	安装场所	
	爆炸危险区	非爆炸危险区
1	本安设备→本安电路→	→关联设备→一般电路→普通设备
2	本安设备→本安电路→关联设备→防爆外壳→	→一般电路→普通设备
3	本安设备→本安电路→关联设备→防爆外壳→	→一般电路→关联设备
4	本安设备→本安电路→	→本安设备
5	本安设备	

(3)安装与维护

在爆炸危险场所安装及维护本质安全型电气设备应注意以下几点。

①检查设备的防爆标志和铭牌是否与使用场所的环境条件相符。如爆炸性气体混合物的级别、组别、环境温度、湿度、海拔高度、设备防护等级、防腐、振动冲击、供电电压等级等。

②确定接地方式。根据产品说明书及现场情况、安全栅电路结构形式而定。

③在调试设备时，应严格检查场所内是否有爆炸性气体混合物的存在，调试中的仪器仪表是否影响安全。一般调试只限于机械调零，不得触动或更改线路；除规定的调试设备外，不得用其他任何电表或仪器。调试工作尽可能在安全场所进行。

9.3.4　防爆电气设备的基本要求

除了符合普通电气设备电气性能的基本要求外，防爆电气设备还应满足以下几方面的要求：

1. 防爆必备标志

(1)防爆电气设备必须有明显的永久性的“Ex”防爆标志。

(2)铭牌上必须标明电气设备适用的爆炸性气体混合物场所的类别、级别和组别，如dⅡBT4。

(3)铭牌上必须标明国家指定的检验单位发给的防爆合格证号。

上述三个条件缺一不可。

2. 外壳表面温度

外壳表面温度，其数值不得超过对应级别的下限值，否则将引燃对应爆炸性气体混合物。如表 9－8 所示。

表 9－8　防爆电气设备外壳表面的最高温度

温度组别	T1	T2	T3	T4	T5	T6
最高温度/℃	450	300	200	135	100	85

3. 设备的选用

(1)根据爆炸危险区域的分区、电气设备的种类和防爆结构的要求，选择相应的电气设备。

(2)选用的防爆电气设备的级别和组别，不应低于该爆炸性气体环境内爆炸性气体混合物的级别和组别。当存在有两种以上易燃性物质形成的爆炸性混合物时，应按危险程度较高的级别和组别选用防爆电气设备。

(3)爆炸危险区域内的电气设备，应符合周围环境对电气设备的要求，如防水、防尘、防潮等。

必须注意，在选择防爆电气设备的级别和组别时，应根据爆炸性气体混合物的类、级、组来确定。如内汽油等轻质油品挥发产生的爆炸性气体混合物级别和组别为ⅡAT3，因此，选择的防爆电气设备的级别和组别应在ⅡAT3 以上，通常选用ⅡBT4。

爆炸危险区域内 1 区和 2 区使用的电气设备，如旋转电机、低压开关、控制器、灯具及电气连接件等采用隔爆型(d)为宜；信号、报警装置等电气设备防爆结构选型如表 9－9 所示。

表 9－9　信号、报警装置等电气设备防爆结构选型

区域 设备	0 区	1 区				2 区			
	i_a	i_a，i_b	d	p	e	i_a，i_b	d	p	e
信号报警装置	○	○	○	○	×	○	○	○	○
插接装置			○				○		
接线箱(盒)			○		△		○		○
电气测量表			○	○	×		○	○	○

注：○为适用，△为慎用，×为不适用。

9.3.5　爆炸危险区域的电气线路

1. 通用要求

(1)(镀锌)钢管配线，导线耐压不少于 500V，0 区、1 区采用铜芯线(不能用铝芯)，2 区尽可能采用铜芯。

(2)最小截面积要求。导线允许载流量不少于 1.25 倍电气设备额定工作电流。具体要求如表 9－10 所示。

表 9-10 爆炸危险区域导线最小截面要求/mm

项目 \ mm	电力线路	控制线路	照明线路	备注
1 区	≥2.5	≥2.5	≥2.5	铜芯
2 区	≥1.5	≥1.5	≥1.5	铜芯
	≥4		≥2.5	铝芯

2. 电缆线路

(1)1 区、2 区应采用铠装电缆(防爆电缆)。

(2)敷设方式。直接埋地：深度≥0.7m，沿路边或墙根敷设；电缆沟敷设：细砂充填电缆沟，排水通畅；电缆穿过承压路面，穿钢管保护。

(3)接头要求。1 区内严禁线路有中间接头，非正常情况下，必须在防爆接线盒或分线盒内连接和分线。

(4)跨区域。电缆穿过两个爆炸等级的区域时，必须用阻燃堵料密封孔洞。如导线埋地(穿管)进入加油机，必须堵塞保护管与导线间的孔洞。

(5)室内敷设。处于爆炸危险区域内的电气线路，室内敷设时必须穿(镀锌)钢管保护，照明和控制线路一般采用明敷形式，电机动力线路一般采用暗敷形式，螺纹连接扣数≥6 扣。

要在适当处加装防爆挠性连接管(如电机进线口，加油机内电气线路)。

9.3.6 电气整体防爆

所谓电气设备的整体防爆是指在爆炸危险区域内的所有电气设备、线路、附件、安装方式及安全管理均应符合该区域的防爆要求。

在整体防爆中，不但要求构成整体，即在爆炸危险区域内设置的全部电气设备、线路和附件、建构筑物的建设构成一个完整的电气防爆体系；而且要求全过程防爆，即电气设备自设计、选用、施工、安装、交接验收、运行维修、更新改造直至停用报废前的全过程中，应始终保持完好的电气防爆性能。

9.4 石油静电的危害及预防

多年来国内外石油工业的静电事故不断发生，造成了很大的经济损失和人身伤亡。有些事故，操作人员并未违反操作规程，所以较难查出事故的原因，致使人们对石油静电事故有一种神秘感。一些先进的国家，在接受事故教训后，加强了石油防静电的研究，取得了一些可喜成果，但石油静电事故并未能完全杜绝。在日本，火灾爆炸事故中约有 10% 属于静电引发的事故。

我国石油工业近年来发展较快，伴随而来的静电事故也屡屡发生。近年来发生多起静电事故，主要原因是缺乏对石油静电知识的基本了解，以致操作和管理不够科学，存在较多事故隐患。

9.4.1 输油管道起电规律

油品在管道内流动时与管壁摩擦，油品中便产生了静电荷。油品因摩擦带电，其静电量与流速的平方成正比。由于油品的电导率小，绝缘性能好，因此它能够良好地保持静电能，且短时间内不能消散。产生的静电荷将随着油品的流动进入油罐或铁路、公路油罐车内。

管道内油品流速及其管径对油品静电起电的影响，如表9－11和表9－12所示。

表9－11　油品流速对静电的影响

地　　点	油 品 名 称	鹤管管径/mm	流速/(m/s)	静电电位/V
抚顺	车用汽油	100	7.4	500
			2.9	250
	2号航煤	80	12.6	13400
			5.24	9600
镇海	柴油	100	14.1	-9000
			8.7	-1700

表9－12　输油管径对静电的影响

地　　点	油 品 名 称	管径/mm	静电电位/V
北京	2号航煤	200	16000
南京		150	12000
抚顺		80	9600

9.4.2　油罐中的静电

成品油在输转过程中，通过泵与管道送往各种油罐。油品在管道内输转，虽然有静电产生，但由于管道内充满油品而缺乏足够的空气，不具备爆炸起火的条件。如果把已带有电荷的油品装入油罐，则因电荷不能迅速泄掉而积聚起来，使油面具有一个较高电位。此时若油罐气相空间有浓度适宜的爆炸性气体混合物，那么就十分危险。所以，可以认为静电荷主要来自于管道输送系统，而静电荷积聚和引起火灾的危险则主要发生在可形成爆炸性混合气体的油罐或铁路和公路油罐车。

油罐内静电荷大部分产生于进罐前的输送系统，其余部分则是在灌装时新产生的。研究表明：油罐内静电荷的产生与装油方式有很大的关系。底部装油是合理的，上部装油容易产生静电。这是因为当油品从鹤管内高速喷出时，发生液体分离而产生电荷；油品冲击到罐壁造成喷溅飞沫时也会产生静电。

用蒸汽清洗油罐也会产生很高的静电电位，有很多事故是油罐清洗操作造成的。这种静电的起因是由于油和水混合所致。

油罐在装油过程中，油品电位的最大值有时发生在停止装油之后。从装油结束的时刻到最大电位值出现的时刻，称为延迟时间，其值通常为30s左右。装油结束80s之后静电电位才开始明显下降。油罐内电位的分布如图9－10所示。

9.4.3　铁路、公路油罐车的静电

据统计，国内较大的石油储运静电事故中，铁路油罐车、公路油罐车事故占首位，其次是油罐事故。因此对油罐车的静电规律更应重视。

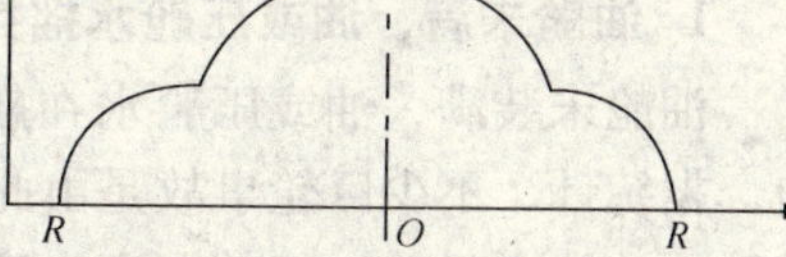

U

R　O　R

图9－10　油罐静电电位分布图

9.4.3.1 静电的产生

国内公路轻油罐车上部装卸和下部装油方式。上部装卸将产生大量的静电电荷。装油系统为泵送和自流两种形式。泵送装油系统的静电荷从泵入口处就开始大量产生，在过滤器处达到高峰，然后进入罐车。自流装油系统进入过滤器的初始电荷量较小。

铁路油罐车装油使用大鹤管和小鹤管进行装油作业。小鹤管按铁路油罐车车位布置，平均 12m 左右设置 1 只，管径一般为 100mm；大鹤管一般设置两个鹤位集中装油，管径大于 100mm。小鹤管管径小，可多辆罐车同时装油，流速为 3.5 ~ 4m/s，但由于操作和工艺上的原因，满车顺序总有先后，即各车位油品流速不均，有的可达 6 ~ 8m/s，甚至高达 13m/s，这是小鹤管在操作时特别要注意的工况。对于大鹤管，由于口径大，流量大，5 ~ 8min 就可以装满两辆车，相对而言其流速较高。大鹤管装车时罐车油面静电电位较高。

上部装油除因喷溅产生静电荷外，还会加大油气产生，使油气、空气混合物达到爆炸浓度范围。此外上部装油还会使油品局部电荷较为集中，容易产生放电。

汽车油罐车一般采用 *DN*80 ~ *DN*100 的鹤管装油。装车时应把鹤管伸入罐底，防止喷溅装油，从而减少产生新的静电荷。

9.4.3.2 油罐车内静电分析

(1)油料的电导率较大时，车内各部分油料的电荷密度容易趋向均匀。同时因电荷有同性相斥的作用，油中的电荷有流向油面的趋势；又因液体表面张力，油面电荷较多。

(2)采用鹤管装油，其管口末端形状对电荷密度及电位都有明显差异。实验表明以平口形式为佳。

(3)在装车的整个过程中，油面电位是随着液面上升而变化。最高电位出现在 1/2 ~ 3/4 容积处。

9.4.3.3 乙醇汽油、甲醇汽油静电危害风险明显增大

国外研究表明，乙醇、甲醇与汽油按一定比例混合，形成乙醇汽油、甲醇汽油，油品在输送过程、以调合为目的的输转作业中，与纯汽油比较，静电电位将明显升高，发生静电放电的概率也大大增加。国内推广乙醇汽油、甲醇汽油的省份，多个油库发生过在油品向公路油罐车灌装过程中静电放电引起油气闪爆的案例。而这些油库在推广乙醇汽油、甲醇汽油前，却没有发生过静电引起油气闪爆的情况。

两种不同性质的液体介质混合输送时，静电电位将明显增加。水是静电良导体，但当少量的水混杂在汽油中，因水滴油品相对流动时要产生静电，反而使油品中静电量增多。汽油中含有 1% ~5% 的水时静电危害性最大，静电电位将增加 2 ~ 50 倍。

9.4.4 油轮静电

9.4.4.1 油轮静电的产生

油轮上引起静电的因素较多，油在管道内流动、油品通过过滤器、油从管口喷出、洗舱水和水蒸汽的高速喷射、用压缩空气清除管道存油、用尼龙绳系船等都能产生静电。

1. 油舱未满，油或压舱水摇晃带电

油舱未装满，油或压舱水在航行中由于风浪，使油品在舱内摇晃而与船壁发生冲击带电。据统计，不少巨轮事故是由此产生的。为验证此项结果曾做如下试验：用 3000t 海水及 200t 原油注入船舱，使其深度为满舱的 30%，并让船体按 ±5% 度横摇。经 16h 后测得空间电荷密度高达 $18 \times 10^{-12} C/m^3$。由此可见，必须把油品液面晃动看作与洗舱一样，是引起着

火的重要因素。

2. 用气体驱油起电

在装油后期经常用空气或惰性气体清扫管道，把管道内残油驱向油舱。这时，舱内的油也受到剧烈的搅动，并将下层的水顶到较高的位置。由于水和空气的扩散，水滴沉降将使油面电位上升形成高电位。

3. 油轮静电的积聚和放电

油轮静电常在下列情况积聚和放电：

(1)连接在绝缘软管上的喷嘴、绝缘绳系着的采样筒、吊在舱内的未接地的洗舱机、穿着绝缘鞋的人体等都是被绝缘的导体。当这些绝缘导体接触带电的油、雾滴以及飞沫时都会积聚电荷，变成高电位带电体。另外，在空间电场中也会产生感应电荷。

(2)泵送发油。与铁路油罐车和油罐一样，当油品经管道注入油舱的同时也注入了电荷。

某油轮左右两个舱，合计装油446t。汽油经 ϕ100 耐油橡胶软管和船上 *DN*200 输油管，约以 121t/h 的速度注入，测得最高油面电位达 5000V。某些油码头给油船装汽油，其注油速度有时高达350t/h，装柴油时有时高达600t/h。这就使得油面上积聚的电位将会很高，便很可能对梁、线棱或隔板等突出的部位以及对油中的浮游物发生火花放电。

(3)洗舱过程。如前所述，在洗舱过程中可长时间存在空间电荷，当油气混合浓度达到爆炸范围之内时是极其危险的。这是因为：其一，带电云雾有可能向船体构件直接放电，这种放电虽然多半是电晕放电，一般不具有着火的足够能量，但在某些不均匀部位有可能引起放电引爆；其二，带电云雾中的绝缘导体可能向船体构件放电，例如，金属工具、零件及水等从舱顶坠落，通过带电云雾积聚电荷成为带电体，而舱内又存在各种突出物体，当上述带电体触及这些金属物体时，便很可能发生火花放电。

(4)油轮上绝缘软管放电。油轮上备用的各种绝缘软管也是积聚电荷的一个地方，油品与管壁摩擦而使绝缘管带电。曾有一艘内河油轮在快速装柴油时发现软管表面电晕放电。另有一艘轴轮用4英寸尼龙管装甲苯，装完后卸下尼龙管放在甲板上。当用水冲洗甲板时，尼龙管放电起火。另外，尼龙缆绳与甲板摩擦也会产生静电，尼龙绳表面对接地的船体结构物、绞车等也会发生静电放电。

9.4.5 过滤器起电规律

过滤器是必不可少的工艺设备。但是油品流过过滤器产生的静电荷比油品流过泵、管道时产生的静电荷还要多。油品通过过滤器时，与滤芯材质摩擦产生静电。我国曾对管道上安装过滤器对油品静电起电的影响作过专门研究。如表9－13所示。

表9－13 过滤器对静电的影响

油品名称	流速/(m/s)	过滤器	油面最高电位/V
车用汽油	4.67	无	2400
	5.20	有	9300
2号航煤	4.46	无	8500
	4.33	有	9000

为了减少过滤器的起电量，对过滤器的制造和使用应考虑以下几个方面的因素：

(1)不同物质其带电性质有所不同。某材料与油品接触时带正电，另一材料与油品接触带负电。使用时应选用由两种材料制成两层滤芯套在一起，使油品带上正、负电荷自行中和，从而达到消电效果。

(2)在过滤器制造时，在滤芯后设置一个缓冲室，使油品在缓冲室内有一定的缓和时间，以利静电荷的消散。

(3)过滤器安装使用时，要求在过滤器后留有足够长的管道再接入油罐。

(4)在实践中发现滤芯使用时间过长，起电量可能增加且会改变极性。因此应及时对滤芯材料进行清洗或更换。

9.4.6 石油静电的预防技术

防止石油静电灾害的措施较多。例如：减少静电的产生；采取接地等有效措施导走或中和静电荷使其不能积聚；防止爆炸性气体混合物的形成等。因此对于防止石油静电灾害，不是完全消除静电荷，而是控制各项指标值不致引起灾害。

9.4.6.1 控制流速

实验表明油品在管道中流动所产生的流动电流或电荷密度的饱和值与油品流速的二次方成正比。可见，控制油品流速是减少静电荷产生的一个有效措施。见表9-14(a)所示。

表9-14(a) 油品流速限制一览表

作业方式	流速限制/(m/s)	工况条件
油罐作业	≤1	1. 油罐进出油管口浸没深度达到200mm以前 2. 油品中含水量1%~5%范围
	≤7	浸没深度大于200mm后，逐渐提高
铁路油罐车装油作业	$VD \leq 0.8$ 大鹤管≤5m/s	V：油品流速，m/s D：鹤管直径，m
汽车油罐车装油作业	$VD \leq 0.5$	V：油品流速，m/s D：鹤管直径，m
油轮装卸作业	≤1	装油初速，浸没入口管后可逐渐提高
	≤7	浸没入口管后

9.4.6.2 选择合适的静置时间

带电油品进入油罐后，由于油品的绝缘性能良好，静电荷消散很慢。只有经过一定的静置时间才能基本消散完。也就是说，当需要直接进行测量液位或油温时，应该待罐内静电荷基本消散完方可作业。

石油产品防静电静置时间，详见表9-14(b)所示。

表9-14(b) 石油产品防静电静置时间

设施设备	工艺或作业条件	静置时间要求/min
储油罐	$<5000m^3$	10
	$\geq 5000m^3$	30
汽油油罐车	无容量限定	2

续表

设 施 设 备	工艺或作业条件	静置时间要求/min
铁路罐车	无容量限定	2
油轮或油船	舱容<5000m³	10
	舱容≥5000m³	30

9.4.6.3 油罐和管道的可靠接地与跨接

静电接地是指将设备容器及管道通过金属导线和接地体与大地联通，形成等电位，并有最小电阻值。跨接是指将金属设备以及各管道之间用金属导线相连接，形成等电位。显然，接地与跨接的目的是在于人为地使设备与大地形成一个等电位体，不致因静电的电位差形成火花放电而引起灾害。管道跨接的另一个目的是当有杂散电流时，给它一个良好通路，以避免在断路处发生火花而造成事故。

静电接地电阻值的规定见表9－15所示。

表9－15 静电接地电阻值

序　号	电阻值/Ω	说　明
1	≤100	单独接地
2	≤10	(1)易燃油品油罐与防雷接地合用
		(2)洞库油罐
3	≤30	输油管道，接地点设在管墩处

接地干线和接地体应选用镀锌材料，选材见表9－16所示。

表9－16 接地干线和接地体选材

单位：mm

名　称	地　上		地　下	备　注
	室内	室外		
扁钢	25×4	40×4	40×4	镀锌材料
圆钢	$\phi12$	$\phi14$	$\phi14$	
角钢			50×50×5	
钢管			*DN*50	

1. 油罐接地

金属储罐应作环型接地，其接地点不应少于2处，并应沿罐周均匀或对称布置，其罐壁周长间距不应大于30m，接地体距罐壁的距离应大于3m。引下线宜在距离地面0.3m至1.0m之间装设断接卡，用两个不小于M10的不锈钢螺栓加防松垫片连接。宜将储罐基础自然接地体与人工接地装置相连接，其接地点不应少于2处。冲击接地电阻不应大于10Ω。

对于浮顶油罐或内浮顶油罐，除外壁接地外，尚需将浮顶与罐体、活动扶梯与罐顶进行跨接。浮顶金属储罐应采用两根截面不小于50mm²的扁平镀锡软铜复绞线或绝缘阻燃护套软铜复绞线作电气连接，其连接点不少于2处。宜采用有效的、可靠的连接方式将浮顶与罐体沿罐周做均布的电气连接，连接点沿罐壁周长的间距不应大于30m。

金属储罐的阻火器、呼吸阀、量油孔、人孔、切水管、透光孔等金属附件应等电位连接。应设立上罐静电消散扶手。

2. 管道的接地与跨接

管道连着阀门、流量计、过滤器、泵和油罐等设备。输油管道的所有金属件(包括护套的金属包复层)均应接地。管道两端和每隔 200～300m 接地一次。平行管道间距不足 10cm 时，每隔 20m 进行一次等电位连接。交叉管道间距小于 10cm 时，应进行等电位连接。

金属管道法兰连接处，法兰盘连接螺栓大于 5 根时，在非腐蚀环境下可不跨接。连接处应压接接线端子。

3. 其他接地与跨接

汽车油罐车装卸时应与鹤管、输油管道作可靠的电气连接并接地。

油轮作业时应与码头静电接地装置有两处以上的电气连接。

清洗油罐时，油罐应与机械通风设备，临时管道作可靠电气连接并接地。

4. 接地线截面要求

固定设备用：－12mm×4mm 镀锌扁钢，≥$16mm^2$，铜芯软绞线；

大型移动设备≥$16mm^2$，铜芯软绞线；

一般移动设备≥$10mm^2$，铜芯软绞线；

固定设备跨接线≥$6mm^2$，铜芯软绞线、铜编织线。

9.4.7 石油静电的其他预防技术

9.4.7.1 控制油面空间的混合气体

在可能形成爆炸性气体混合物的空间充以惰性气体(如 N_2)，使该空间的气体达不到爆炸气体浓度范围。其使用方法有全部惰性化和局部惰性化、密封隔离式和置换稀释式之分。密闭隔离式可以切断空气(氧)，并可防止和抑制可燃性气体的形成；置换稀释式是稀释可燃性气体和空气(氧)，把可燃性气体和空气(氧)的混合浓度抑制在爆炸极限以下，以至于即使有火源也不可能引燃。

充惰性气体的方法是防止形成爆炸性气体混合物。充填惰性气体后，只要保证氧气所占体积小于 7%，生产操作就不受许多条件限制，并可大大提高效率。

9.4.7.2 避免水、空气和油品相混

当油中含水或不同油品相混并通入压缩空气时，静电的发生量将大大增加。实验表明，油中含水 5% 时，会使起电效应增大 10～50 倍。另外，油品通风调合是十分危险的。某炼厂一个 $5000m^3$ 油罐，罐内原装有 40t 航空煤油，之后装柴油并通风调合，在通风仅一分多钟时便发生了爆炸。因此，油品调合时必须采取相应的安全措施。

进行甲醇汽油、乙醇汽油输转作业、油品发放作业时，要特别注意做好静电消散的各项预防措施。

9.4.7.3 加强组织管理

控制和防止静电灾害，必须加强组织管理工作。一是要使操作人员有一定的石油静电知识；二是要有完整的管理制度和操作规程。

1. 建立静电安全管理体制

如建立石油静电安全操作规范；石油静电测试方法标准；建立用于检测、取样及衣、鞋等器具标准。

2. 测定现场安全状况

如在现场安装可燃气体测爆和报警装置；确定静电危险源场所，测定接地电阻值，静电

接地检测报警仪。

3. 加强防静电的研究与教育

定期举办普及防静电知识技术讲座，增强防静电意识。

4. 加强人身静电的预防

人体在行走、穿脱衣服或从坐椅上起立时都会产生静电，这也是一种危险的火源，其能量足以引燃(爆)爆炸性气体混合物。为确保进入轻油泵房或液化气站等具有较大浓度爆炸性气体混合物场所操作人员的人身安全，操作人员必须严格按规定穿着特制的导电衣物。如防静电工作服、防静电鞋等。

9.5 雷电危害及防护

雷电会破坏建筑物，破坏电气设备和造成人畜雷击伤亡。所以必须采取有效措施进行防护。

9.5.1 雷电现象及危害

9.5.1.1 雷电的形成

雷电是雷云之间或雷云对地面放电的一种自然现象。在雷雨季节里，地面上的水分受热变成水蒸气，并随空气上升，在空气中与冷空气相遇，使上升气流中的水蒸气凝成水滴或冰晶，形成积云。云中的水滴受强烈气流的摩擦产生电荷，微小的水滴带负电，小水滴容易被气流带走形成带负电的云；较大的水留下来形成带正电的云。由于静电感应，带电的云层在大地表面会感应出与云块异性的电荷，当电场强度达到一定值时，即发生雷云与大地之间放电；在两块异性电荷的雷云之间，当电场强度达到一定值时，便发生云层之间放电。放电时伴随着强烈的电光和声音，这就是雷电现象。

9.5.1.2 雷电破坏的基本形式

1. 直击雷

雷电直接击中建筑物或其他物体，对其放电，强大的雷电流通过这些物体入地，产生破坏性很大的热效应和机械效应，造成建筑物、电气设备及其他被击中物体损坏。当击中人、畜时造成人、畜死亡。这就是我们常说的直击雷。

2. 感应雷

雷电放电时能量很强，电压可达上百万伏，电流可达数万安培。强大的雷电流由于静电感应和电磁感应会使周围的物体产生极高的过电压，造成设备损坏，人畜伤亡。

3. 雷电波

输电线路上遭受直击雷或发生感应雷，雷电波便沿着输电线侵入变、配电所或用户。强大的高电位雷电波如不采取防范措施将造成变配电所及用户电气设备损坏，甚至造成人员伤亡事故。

9.5.1.3 雷电的危害

雷电破坏力极大，有多方面的破坏作用。高层建筑、楼房、油罐、水塔等建筑物尤其易遭雷击。

就其破坏因素来讲，雷电主要有以下几方面破坏作用：

1. 热效应

雷电放电通道温度很高，一般在6000～20000℃，甚至高达数万度，这么高的温度虽然只维持几十微秒，但它碰到可燃物时，能迅速燃烧起火。强大雷电流通过电气设备会引起设备燃烧、绝缘材料起火。

2. 机械效应

雷电流效应产生的温度很高，当它通过树木或墙壁时，其所含水分受热急剧气化或分解出气体并剧烈膨胀，产生强大的机械力，使树木或建筑物遭受破坏。强大的雷电流通过电气设备会产生极大的电动力使电气设备变形损坏。

3. 雷电反击

接闪器、引下线和接地体等防雷保护装置在遭受雷击时，都会产生很高的电位，当防雷保护装置与建筑物内部的电气设备、线路或其他金属管线的绝缘距离太少时，它们之间就会发生放电现象，即出现雷电反击。发生雷电反击时，可能引起电气设备的绝缘被破坏，金属管道被烧穿，甚至可能引发火灾和人身伤亡事故。

4. 雷电流的电磁感应

由于雷电流的迅速变化，在它的周围空间会产生强大而变化的磁场，处于这电磁场中的导体就会感应出很高的电动势。这种强大的感应电动势可以使闭合回路的金属导体产生很大的感应电流，其感应电流的热效应(尤其是导体接触不良部位局部发热更厉害)会使设备损坏，甚至引起火灾。对于存放可燃物品，尤其是存放易燃易爆物品的将更危险。

5. 雷电流引起跨步电压

当雷电流入地时，在地面上就会引起跨步电压。当人在雷电落地点周围20m范围内行走时，两只脚之间就会有跨步电压，造成人身触电事故。如果地面泥水很多人脚潮湿，就更危险。

由上面的分析可以看到，雷电的破坏性很大，我们必须采取有效措施予以防范。在防雷措施上，要根据雷暴日的多少因地制宜的选用。

雷暴日是表示雷电活动频繁程度的一个指标。在一天内只要听到雷声就算一个雷暴日。年平均雷暴日不超过15d的地区称为少雷区；年平均雷暴日超过40d的地区称为多雷区；年平均雷暴日超过90d的地区以及雷害特别严重的地区称为雷电活动特殊强烈地区。

9.5.2 建筑物防雷分类

9.5.2.1 第一类防雷建筑物

(1)凡制造、使用或储存炸药、火药、起爆药、火工品等大量爆炸物质的建筑物，因电火花而引起爆炸，会造成巨大破坏和人身伤亡者。

(2)具有0区或20区爆炸危险环境的建筑物。

(3)具有1区或21区爆炸危险环境的建筑物，因电火花而引起爆炸，会造成巨大破坏和人身伤亡者。

9.5.2.2 第二类防雷建筑物

(1)国家级重点文物保护的建筑物。

(2)国家级的会堂、办公建筑物、大型展览和博览建筑物、大型火车站和飞机场、国宾馆，国家级档案馆、大型城市的重要给水泵房等特别重要的建筑物。

(3)国家级计算中心、国际通信枢纽等对国民经济有重要意义的建筑物。

(4)国家特级和甲级大型体育馆。

(5)制造、使用或储存火炸药及其制品的危险建筑物，且电火花不易引起爆炸或不致造成巨大破坏和人身伤亡者。

(6)具有1区或21区爆炸危险场所的建筑物，且电火花不易引起爆炸或不致造成巨大破坏和人身伤亡者。

(7)具有2区或22区爆炸危险场所的建筑物。

(8)有爆炸危险的露天钢质封闭气罐。

(9)预计雷击次数大于0.05次/a的部、省级办公建筑物和其他重要或人员密集的公共建筑物以及火灾危险场所。

(10)预计雷击次数大于0.25次/a的住宅、办公楼等一般性民用建筑物或一般性工业建筑物。

9.5.2.3 第三类防雷建筑物

(1)省级重点文物保护的建筑物及省级档案馆。

(2)预计雷击次数大于或等于0.01次/a，且小于或等于0.05次/a的部、省级办公建筑物和其他重要或人员密集的公共建筑物，以及火灾危险场所。

(3)预计雷击次数大于或等于0.05次/a，且小于或等于0.25次/a的住宅、办公楼等一般性民用建筑物或一般性工业建筑物。

(4)在平均雷暴日大于15d/a的地区，高度在15m及以上的烟囱、水塔等孤立的高耸建筑物；在平均雷暴日小于或等于15 d/a的地区，高度在20m及以上的烟囱、水塔等孤立的高耸建筑物。

9.5.3 防雷措施和要求

各类防雷建筑物应采取防直击雷、防雷电波侵入和防感应雷的措施。

1. 防直击雷措施

防直击雷的有效方法是在建筑物上(周围)设置避雷针或架空避雷线，使建筑物处于接闪器的有效保护范围内；突出屋面的物体应沿其顶部四周装设避雷带。

第一、二、三类防雷建筑物防直击雷的措施如表9-17所示。

表9-17 建筑物防直击雷措施

防雷内容		第一类建筑物	第二类建筑物	第三类建筑物
架空避雷网格		5m×5m或6m×4m	10m×10m或12m×8m	20m×20m或24m×16m
冲击电阻		≤10Ω	≤10Ω	≤30Ω
引下线	数量	≥2	≥2	≥2
	间距	≤12m	≤18m	≤25m
防雷电反击距离		≥3m	计算确定	计算确定

装有阻火器的卧式油罐、地上固定顶钢油罐，当顶板厚度大于或等于4mm时，不应装设避雷针。

2. 防雷电波侵入

防止雷电波侵入的措施主要有以下两个方面：

(1)架空线与电缆连接处设置避雷器；

(2)电缆金属外皮、钢管与接地装置连接，冲击电阻满足规范规定值。

3. 防感应雷措施

由雷电的静电感应或电磁感应引起危险的过电压会引起建筑物、构筑物内设备爆炸和火灾事故。对于一、二类防雷建筑必须考虑防感应雷的措施，对于第三类防雷建筑物一般不考虑感应雷防护，但电气设备金属外壳应接地。

为了防止静电感应产生的高压，应将建筑物内的金属设备、金属管道、结构钢筋予以接地。防感应雷接地装置可与电气设备接地装置共用。

为了防止电磁感应，平行敷设的金属管道，其净距小于100mm时应采用金属线跨接，跨接点的间距不应大于30m；管道交叉点净距小于100mm时，其交叉点应用金属线跨接。对有不少于5根螺栓连接的法兰盘，在非腐蚀环境下，可不跨接。

金属油罐防感应雷接地要求与防静电接地要求相同。防感应雷接地电阻值为不大于10Ω。

9.5.4 浪涌保护器

浪涌也叫突波，顾名思义就是超出正常工作电压的瞬间过电压。本质上讲，浪涌是发生在仅仅几百万分之一秒时间内的一种剧烈脉冲。可能引起浪涌的原因有：重型设备、短路、电源切换或大型发动机。当电压增加仅持续一毫微秒或两毫微秒时，被称为尖峰。当电压增加持续三毫微秒(十亿分之一秒)或更长时间时，被称为浪涌。如果浪涌或尖峰电压足够高，它就可能对计算机造成某种严重损坏。

浪涌保护器(Surge Protection Device，也称为电涌保护器)是电子设备雷电防护中不可缺少的一种装置，过去常称为“避雷器”或“过电压保护器”，英文简写为SPD。电涌保护器的作用是把窜入电力线、信号传输线的瞬时过电压限制在设备或系统所能承受的电压范围内，或将强大的雷电流泄流入地，保护被保护的设备或系统不受冲击而损坏。

浪涌保护器，是一种为各种电子设备、仪器仪表、通信线路提供安全防护的电子装置。当电气回路或者通信线路中因为外界的干扰突然产生尖峰电流或者电压时，浪涌保护器能在极短的时间内导通分流，从而避免浪涌对回路中其他设备的损害。

9.5.4.1 浪涌保护器(SPD)工作原理

浪涌保护器的类型和结构按不同的用途有所不同，但它至少应包含一个非线性电压限制元件。用于电涌保护器的基本元器件有：放电间隙、充气放电管、压敏电阻、抑制二极管和扼流线圈等。

1. 放电间隙(又称保护间隙)

它一般由暴露在空气中的两根相隔一定间隙的金属棒组成，其中一根金属棒与所需保护设备的电源相线 L_1 或零线(N)相连，另一根金属棒与接地线(PE)相连接，当瞬时过电压袭来时，间隙被击穿，把一部分过电压的电荷引入大地，避免了被保护设备上的电压升高。这种放电间隙的两金属棒之间的距离可按需要调整，结构较简单，其缺点是灭弧性能差。改进型的放电间隙为角型间隙，它的灭弧功能较前者为好，它是靠回路电动力的作用以及热气流的上升作用而使电弧熄灭的。

2. 气体放电管

气体放电管由相互离开的一对冷阴板封装在充有一定的惰性气体(Ar)的玻璃管或陶瓷

管内组成的。为了提高放电管的触发概率，在放电管内还有助触发剂。这种充气放电管有二极型的，也有三极型的。

气体放电管可在直流和交流条件下使用，其所选用的直流放电电压 U_{dc} 分别如下：在直流条件下使用：$U_{dc} \geqslant 1.8U_0$（U_0 为线路正常工作的直流电压）。

在交流条件下使用：$U_{dc} \geqslant 1.44U_n$（U_n 为线路正常工作的交流电压有效值）。

3. 压敏电阻

它是以 ZnO 为主要成分的金属氧化物半导体非线性电阻，当作用在其两端的电压达到一定数值后，电阻对电压十分敏感。它的工作原理相当于多个半导体 P－N 的串并联。压敏电阻的特点是非线性特性好，通流容量大，常态泄漏电流小，残压低（取决于压敏电阻的工作电压和通流容量），对瞬时过电压响应时间快，无续流。

压敏电阻的最大参考电压应由被保护电子设备的耐受电压来确定，应使压敏电阻的残压低于被保护电子设备的耐受电压水平。

4. 抑制二极管

抑制二极管具有箝位限压功能，它是工作在反向击穿区，由于它具有箝位电压低和动作响应快的优点，特别适合用作多级保护电路中的最末几级保护元件。

（1）额定击穿电压。它是指在指定反向击穿电流下的击穿电压，这于齐纳二极管额定击穿电压一般在 2.9～4.7V 范围内，而雪崩二极管的额定击穿电压常在 5.6～200V 范围内。

（2）最大箝位电压。它是指管子在通过规定波形的大电流时，其两端出现的最高电压。

（3）脉冲功率。它是指在规定的电流波形（如 10/1000μs）下，管子两端的最大箝位电压与管子中电流等值之积。

（4）反向变位电压。它是指管子在反向泄漏区，其两端所能施加的最大电压，在此电压下管子不应击穿。此反向变位电压应明显高于被保护电子系统的最高运行电压峰值，也即不能在系统正常运行时处于弱导通状态。

（5）最大泄漏电流。它是指在反向变位电压作用下，管子中流过的最大反向电流。

5. 扼流线圈

扼流线圈是一个以铁氧体为磁芯的共模干扰抑制器件，它由两个尺寸相同，匝数相同的线圈对称地绕制在同一个铁氧体环形磁芯上，形成一个四端器件，对于共模信号呈现出大电感具有抑制作用，而对于差模信号呈现出很小的漏电感几乎不起作用。扼流线圈使用在平衡线路中能有效地抑制共模干扰信号（如雷电干扰），而对线路正常传输的差模信号无影响。

9.5.4.2 浪涌保护器的分级防护

由于雷击的能量是非常巨大的，需要通过分级泄放的方法，将雷击能量逐步泄放到大地。第一级防雷器可以对于直接雷击电流进行泄放，或者当电源传输线路遭受直接雷击时传导的巨大能量进行泄放，对于有可能发生直接雷击的地方，必须进行 CLASS I 的防雷。第二级防雷器是针对前级防雷器的残余电压以及区内感应雷击的防护设备，对于前级发生较大雷击能量吸收时，仍有一部分对设备或第三级防雷器而言是相当巨大的能量会传导过来，需要第二级防雷器进一步吸收。同时，经过第一级防雷器的传输线路也会感应雷击电磁脉冲辐射 LEMP，当线路足够长感应雷的能量就变得足够大，需要第二级防雷器进一步对雷击能量实施泄放。第三级防雷器是对 LEMP 和通过第二级防雷器的残余雷击能量进行保护。

1. 第一级保护

目的是防止浪涌电压直接从 LPZ0 区传导进入 LPZ1 区，将数万至数十万伏的浪涌电压限制到2500～3000V。入户电力变压器低压侧安装的电源防雷器作为第一级保护时应为三相电压开关型电源防雷器，其雷电通流量不应低于60kA。该级电源防雷器应是连接在用户供电系统入口进线各相和大地之间的大容量电源防雷器。一般要求该级电源防雷器具备每相100kA以上的最大冲击容量，要求的限制电压小于1500V，称之为CLASS I级电源防雷器。这些电磁防雷器是专为承受雷电和感应雷击的大电流以及吸引高能量浪涌而设计的，可将大量的浪涌电流分流到大地。它们仅提供限制电压(冲击电流流过电源防雷器时，线路上出现的最大电压称为限制电压)为中等级别的保护，因为CLASS I级保护器主要是对大浪涌电流进行吸收，仅靠它们是不能完全保护供电系统内部的敏感用电设备的。

第一级电源防雷器可防范10/350μs、100kA的雷电波，达到IEC规定的最高防护标准。其技术要求为：雷电通流量大于或等于100kA(10/350μs)；残压值不大于2.5kV；响应时间小于或等于100ns。

2. 第二级防护

目的是进一步将通过第一级防雷器的残余浪涌电压的值限制到1500～2000V，对LPZ1－LPZ2实施等电位连接。分配电柜线路输出的电源防雷器作为第二级保护时应为限压型电源防雷器，其雷电流容量不应低于20kA，应安装在向重要或敏感用电设备供电的分路配电处。这些电源防雷器对于通过了用户供电入口处浪涌放电器的剩余浪涌能量进行更完善的吸收，对于瞬态过电压具有极好的抑制作用。该处使用的电源防雷器要求的最大冲击容量为每相45kA以上，要求的限制电压应小于1200V，称之为CLASS II级电源防雷器。一般用户供电系统做到第二级保护就可以达到用电设备运行的要求了。

第二级电源防雷器采用C类保护器进行相—中、相—地以及中—地的全模式保护，主要技术要求为：雷电通流量大于或等于40kA(8/20μs)；残压峰值不大于1000V；响应时间不大于25ns。

3. 第三级保护

目的是最终保护设备的手段，将残余浪涌电压的值降低到1000V以内，使浪涌的能量不致损坏设备。

在电子信息设备交流电源进线端安装的电源防雷器作为第三级保护时应为串联式限压型电源防雷器，其雷电通流容量不应低于10kA。

最后的防线可在用电设备内部电源部分采用一个内置式的电源防雷器，以达到完全消除微小的瞬态过电压的目的。该处使用的电源防雷器要求的最大冲击容量为每相20kA或更低一些，要求的限制电压应小于1000V。对于一些特别重要或特别敏感的电子设备具备第三级保护是必要的，同时也可以保护用电设备免受系统内部产生的瞬态过电压影响。

对于微波通信设备、移动机站通信设备及雷达设备等使用的整流电源，宜视其工作电压的保护需要分别选用工作电压适配的直流电源防雷器作为末级保护。

根据被保护设备的耐压等级，假如两级防雷就可以做到限制电压低于设备的耐压水平，就只需要做两级保护，假如设备的耐压水平较低，可能需要四级甚至更多级的保护。第四级保护其雷电通流容量不应低于5kA。

9.5.4.3 浪涌保护器的分类

1. 按工作原理分

(1)开关型。其工作原理是当没有瞬时过电压时呈现为高阻抗，但一旦响应雷电瞬时过电压时，其阻抗就突变为低值，允许雷电流通过。用作此类装置的器件有：放电间隙、气体放电管、闸流晶体管等。

(2)限压型。其工作原理是当没有瞬时过电压时为高阻扰，但随电涌电流和电压的增加其阻抗会不断减小，其电流电压特性为强烈非线性。用作此类装置的器件有：氧化锌、压敏电阻、抑制二极管、雪崩二极管等。

开关型 SPD 为间隙放电型器件，其雷电能量泄放能力大，在线路上使用的主要作用是泄放雷电能量；限压型 SPD 为氧化锌压敏电阻器件，其雷电能量泄放能力小，但其过电压抑制能力好，在线路上使用的主要作用是限制过电压。因此，一般在建筑物入口处选用开关型 SPD 来泄放雷电能量，然后，在后级电路使用限压型 SPD 来限制因前级雷电能量泄放后，在后级线路产生的高过电压。两种 SPD 配合使用，能保证配电线路中设备的安全。

(3)分流型或扼流型。分流型：与被保护的设备并联，对雷电脉冲呈现为低阻抗，而对正常工作频率呈现为高阻抗。扼流型：与被保护的设备串联，对雷电脉冲呈现为高阻抗，而对正常的工作频率呈现为低阻抗。

2. 按用途分类

(1)电源保护器。交流电源保护器、直流电源保护器、开关电源保护器等。

(2)信号保护器。低频信号保护器、高频信号保护器、天馈保护器等。

9.5.4.4　SPD 的安装要求

1. 抗冲击要求

(1)总配电柜。要求耐冲击电流≥50kA，耐冲击电压≥6kV。SPD 与相线连接的铜导线要求≥16mm^2，与 PE 线连接的铜导线要求≥25mm^2。

(2)分配电柜(与总配电柜在同一建筑物)。要求耐冲击电流≥20kA，耐冲击电压≥4kV。SPD 与相线连接的铜导线要求≥10mm^2，与 PE 线连接的铜导线要求≥16mm^2。

分配电柜(与总配电柜不在同一建筑物)。要求耐冲击电流≥50kA，耐冲击电压≥6kV。

(3)区域配电箱。要求耐冲击电流≥10kA，耐冲击电压≥2.5kV。SPD 与相线连接的铜导线要求≥6mm^2，与 PE 线连接的铜导线要求≥10mm^2。

(4)需要特殊保护的配电箱。要求耐冲击电流≥10kA，耐冲击电压≥1.5kV。SPD 与相线连接的铜导线要求≥4mm^2，与 PE 线连接的铜导线要求≥6mm^2。

(5)需要特殊保护的信息设备(如安防系统、监控系统、火灾报警及消防联控系统)。要求耐冲击电流≥10kA，耐冲击电压≥0.5kV。

2. 安装要求

(1)二级 SPD 间距要求。总配电柜与分配电柜分别安装浪涌防护箱，两级之间距离过近，将起不到雷电流良好泄放的作用。《建筑物电子信息系统防雷技术规范》规定，当电压开关型浪涌保护器至限压型浪涌保护器之间的线路长度小于 10m、限压型浪涌保护器之间的线路长度小于 5m 时，在两级浪涌保护器之间应加装退耦装置。

(2)连接导线长度要求。“浪涌保护器连接导线应平直，其长度不宜大于 0.5m”据统计，我国 80% 的雷电冲击电流在 40 ~ 330kA 之间，其中 60% 在 100kA 以下。经计算，在 50kA 的雷电冲击电流作用下，导线截面为 16mm^2 的 1m 长导线，电阻约为 1.075×10^{-3} 欧姆，线路将产生 54V 的压降。线路压降越大，将导致 SPD 达不到工作电压而不动作，起不到防雷的作用。

(3)3 +1 接线方式。TN－S 系统中，接线方式为 L1、L2、L3、N 安装四个 SPD，称为 3 +1接线方式，放电电流通过 PE 线入地。

N 线接线排：应架设在绝缘子上，不得与 PE 线作电气连接(连接就变成 TN－C 系统)。PE 线接线排：应与配电柜机壳连接。SPD 出线与 PE 线连接，不得与 N 线连接。SPD 应对 N 线起保护作用(如 SPD 出线与 N 线连接，N 线就起不到保护作用)。

9.6 杂散电流危害及防护

杂散电流是指任何不按照有规则的电流通路流动的电流。它流经的通路可能是大地特别是与大地接触的管道或其他金属物体和建(构)筑物。杂散电流可以是连续的或间断的、直流的或交流的，并通常会分布在许多它可以利用的并联线路上，其分布与各线路的电阻成反比。

对于油库这个特定的场所，如果有杂散电流的存在，将会引起火灾爆炸事故，同时，还将加快油库设备设施的电化学腐蚀速度，造成设备设施的腐蚀孔，引发漏油等事故。因此，杂散电流的危害是不容忽视的。

9.6.1 杂散电流的类型及危害

杂散电流产生的主要原因是用电线路漏电所致，可以是偶然的，或是人为的，也可以是某些场所固有的。如对埋地管道设置强制阴极保护系统，引起的杂散电流就是人为的。而电力机车铁路线同铁路专用线未采取绝缘隔离措施时，由于电场、磁场、地电场的影响，对铁路线、管道等感应产生干扰电压，形成的杂散电流应是非人为的。由电力系统杂散电流引起的电流和电位都没有确定的界限。虽然电位超过两个固定极间的空气间隙所需要的电位可能性极小，但短暂的接通和断开电路会引起放电，或者电位超过安全电压的地方产生持续的电弧是非常危险的。

杂散电流的另一个起源是由于金属与土壤的接触产生电化常腐蚀。腐蚀电流会沿着地下管道，从一类土壤的接触点流到另一类不同土壤的接触点。由电化学腐蚀产生的电位须严格限制并且在任何情况下不得超过 1.5V，否则电路中断时，虽然有中断点冷却效应作用，也有可能产生电火花。

杂散电流引起的事故在事故中比例很小。如某铁路专用线与相邻的仓库共用，仓库利用铁路线作地线进行电焊作业，而该铁路油罐车正在卸油。因为相距较远，相互均不知道对方的情况。当作业时，卸油鹤管插入铁路油罐车，碰到铁路油罐车罐口边缘，当即产生火花，将铁路油罐车内的汽油点燃。在电焊过程中，电焊机零线导线相对于接地极电阻来说电阻很小，因此，电焊机输出端输出电流，电流通过焊把线到达焊钳，再通过电焊条进入被焊管道，电焊电流主要通过电焊机零线返回电焊机，其他的进入管道的杂散电流分别通过以下通路流入大地：在管道中的电流通过管道表面防腐层的孔隙进入大地；通过被焊接管道上的接地极流入大地；通过储罐的接地极流入大地。

杂散电流的存在能引起火灾爆炸事故，还能加速设备的电化学腐蚀速度，造成设备腐蚀穿孔漏油事故。因此杂散电流的危害也是不容忽视的。

9.6.2 杂散电流的防护措施

杂散电流的存在并没有明显的迹象，故很难测出杂散电流的存在以及它们的方向和大小来进行防护。通常作法是在比较容易出现杂散电流的场地和有易燃混合气体存在的那些点上，采取某些预防性措施。

9.6.2.1 管道

输送易燃油品的管道带有较大杂散电流时，是非常危险的。杂散电流可能在管道的隔断点或分叉的地方产生电弧火花，并引燃爆炸性气体混合物。这样一方面要在管道的始末端或杂散电流可能流入的管段设置绝缘法兰；另一方面要加强对管道的检测，发现管道上有杂散电流存在时，应及时采取措施。其方法主要是在管道隔断处或交叉处装设跨接导线采取等电位措施，以防止杂散电流因电位不同产生火花放电。跨接线必须用不小于 $16mm^2$ 铜线或不小于 25mm×4mm 规格的扁钢，不得使用铝导线，必须保证以接触电阻最小的方式连接在管道上。

9.6.2.2 铁路专用线

位于岔道上的油罐车装卸时使用的管道，由于杂散电流侵入，可能与铁轨间存在电位差，于是杂散电流可能在管道中或轨道上流动。对一些油罐车的连接处在断开时可能产生的杂散电流所引起的电弧，常用的防护方法是将两条铁轨与装卸管道用导线跨接起来。这种跨接可作为一种永久性电气连接。如果有特大杂散电流存在时，应在输油管道跨接点以下，地面以上加设绝缘法兰，以防油库杂散电流流向铁路油罐车。

铁路专用线是与铁路主干线用岔道相接的，它可能与其他仓库或货栈专用线共用，铁路干线可能设有轨道电路信号系统，也可能与电气化铁路轨道相连，铁轨检修作业时干线将带电，所以应在岔道与专用线的连接处设置专用的绝缘连接器，通常称绝缘鱼尾板，以便使专用线与外部铁路干线达到相互绝缘的目的，防止铁路杂散电流流入作业区。在装卸油作业时，绝缘装置不得被路轨配件所跨接。对电气化铁路，还应考虑在两绝缘轨缝后，作强排流接地。

9.6.2.3 跨接和接地

将相邻的设备设施用导线进行等电位跨接连接并接地。这种跨接线可作为永久性电气连接，以防止杂散电流因电位差产生火花放电。跨接的方法还可用于输油管道的维修中，即在拆卸管道上的法兰时，先将两侧的管道用导线跨接起来，以防止管道两端因杂散电流的电位差而引起跳火。跨接和接地的方法可参考防雷防静电的方法和要求进行。

案例　违规焊接作业导致柴油罐爆炸事故

情景：

2008 年 3 月某日傍晚，某油污水处理有限公司储油罐区一只 $500m^3$ 重质燃料油罐（空罐，未进行清罐、测爆、点爆等作业）在焊接计量平台过程中发生爆炸，导致正在进行作业的 2 名电焊工飞出 170m 开外，当场死亡。事故发生后，在当地消防部门和相邻危化品企业消防队共同救援下，成功扑灭了大火，减少了事故损失，避免了事态扩大。

问题：

1. 基础设施方面

- 防火堤建设不规范。油罐区总容积约为 $3000m^3$，其中最大油罐容积为 $500m^3$，而实际防火堤容积约为 $432m^3$。

● 油罐建设不规范。相邻油罐防火间距不能满足≥0.6D的要求，同时，从爆炸形态来看，估计油罐拱顶与罐壁连接为实焊，没有采取弱顶焊接技术。

2. 施工作业环节管理方面

● 对承包商没有及时进行安全教育，导致施工人员安全意识淡薄和安全知识匮乏，从而不能满足安全生产所需。

● 对特种作业人员持证情况没有及时掌控，导致无证上岗。

● 用电、用火作业没按程序进行申请、审批，导致整个作业过程失控，建设方无一个监护人在场，同时也没有审批。

● 没有进行施工作业环节的风险管理，即没能进行危害识别、风险评估和风险控制。

● 电器设备连接没按规定由专职电工实施操作，仅由无证人员在压缩机房进行连接，同时焊接用电焊机存放在防火堤内。

● 没按规定对该油罐进行清罐作业（该油罐事故前储存过燃料油），更没有进行测爆，导致油蒸气失控，从而引发事故的发生。

● 焊接作业过程中，对储油设施应进行“三脱开”，据现场勘察，没有脱开，导致杂散电流到处乱窜。

简析：

1. 3月9日是星期天，而且又是晚上17时30分左右，焊接作业现场建设方无一人在场，经调查，说是无人知晓，这充分暴露出该单位安全责任没落实，安全管理相当紊乱。因此，严格落实“谁主管，谁负责”、“谁使用，谁负责”等安全生产管理制度是安全生产的基础和保障。

2. 严格作业审批程序，严反“三违”，狠抓施工和直接作业环节的安全管理。做好此方面工作，必须是在建立和健全作业票管理制度的基础上，至少应加强以下五个方面工作：一是严把审批关；二是加强风险管理；三是加强过程管理；四是严格责任；五是严格作业程序。

3. 严格承包商管理，严禁无证上岗。石化企业属于高危行业，一不小心，很容易造成人身伤害、财产损失和环境污染，其社会负面影响极大。这就需要高素质的员工队伍。对企业承包商也必须要求具备相应的素质。

4. 加大应急管理，完善应急体系。从事故现场了解到，当地消防部门和企业消防队在不到20min的时间内，相继就位，并立即展开救援，在2个小时左右时间内扑灭了大火。而爆炸事故现场所处的环境相当恶劣，周边均是石油化工企业，一旦现场无法控制，其造成的影响相当可怕。对此，企业自救是首要前提，因此，加大应急管理力度是当务之急。

第 10 章　消防安全管理

销售企业消防工作贯彻“预防为主，防消结合”的方针，坚持“谁主管、谁负责”的原则，实行消防安全责任制，保障消防安全；遵守国家和地方政府法律法规，建立健全消防安全组织体系，成立防火安全委员会和明确消防安全管理部门，制定并完善各级消防安全管理制度，明确消防安全职责，逐级落实消防安全责任制；单位主要负责人是消防安全责任人，对消防安全工作全面负责；确定本单位的消防安全主管领导，对消防安全工作负直接领导责任；确定各级、各岗位的消防安全管理人员，对本级、本岗位的消防安全负直接责任；按照当地公安机关消防机构要求将发生火灾可能性较大以及发生火灾可能造成重大的人身伤亡或者财产损失的单位或场所，确定为消防安全重点单位，并报当地公安机关消防机构备案；将消防工作纳入单位生产发展计划，保障消防工作与生产发展相适应；各单位和员工有维护消防安全、保护消防设施、预防火灾、报告火警和参加灭火的义务。

10.1　消防日常安全管理

消防日常安全管理主要包括有消防安全组织体系的建立、各项消防安全制度和保障消防安全的操作规程的建立健全、消防安全教育培训的开展、防火检查、火灾隐患整改、灭火、应急疏散预案的编制与演练、消防档案的建立等，具体如下所述。

10.1.1　建立健全消防安全组织体系

(1) 各单位职责：落实消防安全责任制，制定本单位消防安全制度、消防安全操作规程，以及消防档案、消防应急预案和消防员训练方案等；按照国家、行业标准配置消防设施、器材，设置消防安全标志，并定期组织检验、维修，确保完好有效；对建筑消防设施每年至少进行 1 次全面检测，确保完好有效；检测记录应当完整准确，存档备查；保障疏散通道、安全出口、消防道路畅通，保证防火防烟分区、防火间距符合消防技术标准；组织防火检查，及时消除消防隐患；组织进行有针对性的消防演练；国家、地方政府法律、法规规定的其他消防安全职责。

消防安全重点单位除履行以上规定外，还应当履行下列消防安全职责：确定消防安全管理负责人，组织实施本单位的消防安全管理；建立消防档案，确定消防安全重点部位，设置防火标志，实行严格管理；实行每日防火巡查，并建立巡查记录；对员工定期组织消防安全培训和消防演练。

(2) 各单位防火安全委员会职责：认真贯彻执行国家、地方政府消防法律、法规和中国石化消防安全制度，落实消防安全责任制；负责企业消防安全制度和消防安全操作规程的发布；定期召开消防工作会议，贯彻落实上级消防工作要求；研究解决消防隐患和不安全因素；对在消防工作中做出显著成绩和因违反消防安全制度造成不良后果的单位和个人做出奖罚决定；组织专职、志愿消防队伍进行培训和演练，开展消防安全宣传教育工作；发生火灾时迅速成立灭火指挥部，组织指挥现场扑救工作，追查火灾原因，对有关责任人提出处理意见；确定单位消防安全主管理领导、消防安全管理部门或专职消防管理人员。

(3) 消防安全责任人职责：贯彻执行国家、地方政府消防法律、法规及中国石化消防安全制度，保障消防安全符合规定，掌握本单位消防安全情况；将消防工作与本单位生产、科研、经营、管理等活动统筹安排，批准实施年度消防工作计划；提供消防安全必要的经费和组织保障；确定逐级消防安全责任，批准实施消防安全制度和消防安全操作规程；组织防火检查，督促落实消防隐患整改，及时处理涉及消防安全的重大问题；依据消防法律法规建立专职消防队和志愿消防队；组织制定消防应急预案，并实施演练。

(4) 消防安全主管领导职责：制订年度消防工作计划，组织实施日常消防安全管理；组织制定消防安全制度和消防安全操作规程，并督促落实；编制消防安全的资金投入和组织保障方案；组织实施防火检查和消防隐患整改；组织实施本单位消防设施、灭火器材和消防安全标志的维护保养，确保完好有效，确保疏散通道和安全出口畅通；负责专职消防队和志愿消防队的管理；组织火灾、爆炸事故调查、处理；定期向消防安全责任人报告消防安全情况，及时报告涉及消防安全的重大问题；消防安全责任人委托的其他消防安全管理工作。

(5) 消防安全管理部门或专职消防管理人员职责：协助消防安全责任人、消防安全主管领导抓好日常的消防安全工作；制定消防安全制度和消防安全操作规程，并监督执行；定期组织召开消防工作会议，起草消防工作报告及消防隐患整改报告；制订消防工作计划和资金投入方案；组织开展消防安全培训教育，组织消防应急预案的制定与演练；组织日常防火检查和消防考核，发现消防隐患及时督促改正，并及时向单位主管领导汇报；编制消防设施、器材购置、维修计划，及对消防设施、器材进行检查、维修，确保完整好用；负责新建、改建、扩建、装修工程项目消防“三同时”管理工作；组织火灾事故现场灭火和应急疏散；负责火灾原因调查，火灾损失核定，查明火灾事故责任；完成消防安全责任人和主管领导委托的其他消防安全工作。

(6) 实行承包、租赁或者委托经营、管理的消防安全责任：在订立的合同中应明确各方的消防安全责任消防通道、涉及公共消防安全的疏散设施和其他建筑消防设施；应当由产权单位或者委托管理的单位统一管理；要求承包、承租或者委托的经营、管理单位遵守本规定，在其使用、管理范围内履行消防安全职责。

(7) 工程施工现场消防安全责任：工程施工现场的消防安全由施工单位负责；实行施工总承包的，由总承包单位负责；分包单位对总承包单位负责，服从总承包单位对施工现场的消防安全管理；对装置、罐区和建筑物进行局部改建、扩建和装修的工程，建设单位应当与施工单位在订立的合同中明确各方对施工现场的消防安全责任；建设单位、工程监理负责施工现场的消防安全监督。

10.1.2 建立健全各项消防安全制度和保障消防安全的操作规程

销售企业应当按照国家有关规定，结合生产经营特点，建立健全各项消防安全制度和保障消防安全的操作规程，并公布执行。消防安全制度主要包括以下内容：消防安全宣传与培训教育；防火巡查、检查；安全疏散设施管理；消防(控制室)值班；消防设施、器材维护管理；消防隐患整改；用火、用电安全管理；易燃易爆危险物品和场所防火防爆；专职和志愿消防队的组织管理；消防应急预案演练；燃气和电气设备的检查和管理(包括防雷、防静电)；消防安全工作考评和奖惩；其他必要的消防安全内容。

10.1.3 开展消防安全教育培训

各单位应当根据本单位的特点，建立健全消防安全教育培训制度，明确机构和人员，保障教育培训工作经费，按照下列规定对职工进行消防安全教育培训：定期开展形式多样的消防安全宣传教育；对新上岗和进入新岗位的职工进行上岗前消防安全培训；对在岗的职工每年至少进行一次消防安全培训；消防安全重点单位每半年至少组织一次、其他单位每年至少组织一次灭火和应急疏散演练。

单位对职工的消防安全教育培训应当将本单位的火灾危险性、防火灭火措施、消防设施及灭火器材的操作使用方法、人员疏散逃生知识等作为培训的重点。

10.1.4 进行防火检查

消防安全重点单位应当进行每日防火巡查，并确定巡查的人员、内容、部位和频次。其他单位可以根据需要组织防火巡查。巡查的内容应当包括：用火、用电有无违章情况；安全出口、疏散通道是否畅通，安全疏散指示标志、应急照明设备是否完好；消防设施、器材和消防安全标志是否在位、完整；常闭式防火门是否处于关闭状态，防火卷帘下是否堆放物品影响使用；消防安全重点部位的人员在岗情况；其他消防安全情况。

公众聚集场所在营业期间的防火巡查应当至少每两小时一次；营业结束时应当对营业现场进行检查，消除遗留火种。防火巡查人员应当及时纠正违章行为，妥善处置火灾危险，无法当场处置的，应当立即报告。发现初起火灾应当立即报警并及时扑救。防火巡查应当填写巡查记录，巡查人员及其主管人员应当在巡查记录上签名。

10.1.5 积极整改火灾隐患

单位对存在的火灾隐患，应当及时予以消除。对下列违反消防安全规定的行为，单位应当责成有关人员当场改正并督促落实：违章进入生产、储存易燃易爆危险物品场所的；违章使用明火作业或者在具有火灾、爆炸危险的场所吸烟、使用明火等违反禁令的；将安全出口上锁、遮挡，或者占用、堆放物品影响疏散通道畅通的；消火栓、灭火器材被遮挡影响使用或者被挪作他用的；常闭式防火门处于开启状态，防火卷帘下堆放物品影响使用的；消防设施管理、值班人员和防火巡查人员脱岗的；违章关闭消防设施、切断消防电源的；其他可以当场改正的行为。违反以上规定的情况以及改正情况应当有记录并存档备查。

10.1.6 编制灭火、应急疏散预案并组织演练

消防安全重点单位制定的灭火和应急疏散预案应当包括下列内容：组织机构，包括灭火行动组、通信联络组、疏散引导组、安全防护救护组；报警和接警处置程序；应急疏散的组织程序和措施；扑救初起火灾的程序和措施；通信联络、安全防护救护的程序和措施。

消防安全重点单位应当按照灭火和应急疏散预案，至少每半年进行一次演练，并结合实际，不断完善预案。其他单位应当结合本单位实际，参照制订相应的应急方案，至少每年组织一次演练。消防演练时，应当设置明显标识并事先告知演练范围内的人员。

10.1.7 建立健全消防档案

消防安全重点单位应当建立健全消防档案。消防档案应当包括消防安全基本情况和消防

安全管理情况。消防档案应当翔实，全面反映单位消防工作的基本情况，并附有必要的图、表，根据情况变化及时更新。单位应当对消防档案统一保管、备查。

消防安全基本情况应当包括以下内容：单位基本概况和消防安全重点部位情况；建筑物或者场所施工、使用或者开业前的消防设计审核、消防验收以及消防安全检查的文件、资料；消防管理组织机构和各级消防安全责任人；消防安全制度；消防设施、灭火器材情况；专职消防队、义务消防队人员及其消防装备配备情况；与消防安全有关的重点工种人员情况；新增消防产品、防火材料的合格证明材料；灭火和应急疏散预案。

消防安全管理情况应当包括以下内容：公安消防机构填发的各种法律文书；消防设施定期检查记录、自动消防设施全面检查测试的报告以及维修保养的记录；火灾隐患及其整改情况记录；防火检查、巡查记录；有关燃气、电气设备检测(包括防雷、防静电)等记录资料；消防安全培训记录；灭火和应急疏散预案的演练记录；火灾情况记录；消防奖惩情况记录。

10.2 消防安全检查

《中国石化消防安全管理规定》中国石化安【2011】661号规定：各单位每半年、其下属单位每季度、基层单位每月至少进行一次消防安全检查，并填写检查记录，发现隐患应当及时填发《消防隐患整改通知书》。消防安全重点单位应当每日进行防火巡查，并填写巡查记录。

10.2.1 消防检查的内容

(1) 各单位及其下属单位：消防安全宣传教育及培训情况。消防安全规定及责任制落实情况消防安全工作档案建立健全情况。单位防火检查及记录情况。消防隐患和隐患整改及防范措施落实情况。消防设施、器材配置及完好情况。消防应急预案的制定和消防演练情况。其他需要检查的内容。

(2) 基层单位：消防隐患和隐患整改情况及防范措施落实情况。疏散通道、疏散指示标志、应急照明和安全出口情况。消防通道、消防水源情况。消防设施、器材配置及有效情况。消防安全标志设置及其完好有效情况。用火用电有无违章情况。重点工种人员及其他员工消防知识掌握情况。消防安全重点单位(部位)管理情况。易燃易爆危险物品和场所防火防爆措施落实情况以及其他重要物资防火安全情况。消防(控制室)值班情况和设施、设备运行、记录情况。防火巡查落实及记录情况。其他需要检查的内容。

10.2.2 防火巡查的内容

内容包括：用火、用电有无违章情况。安全出口、疏散通道是否畅通，安全疏散指示标志、应急照明是否完好。消防设施、器材和消防安全标志是否在位、完好。常闭式防火门是否处于关闭状态；防火卷帘下是否堆放物品，其使用影响情况。消防安全重点部位人员在岗情况。其他消防安全情况。

10.2.3 消防设施检查要点

10.2.3.1 消防供水系统

(1) 消防水源：消防水源供水量是否保证，供水设备是否完好可靠。发生火灾时能否保证向消防水池连续补水。给空消防水池补水至标准水位是否不超过48小时；消防水池坚固，无明显渗漏；补水阀、连通阀、出水阀开启灵活可靠。有无自动补水系统，是否完好在用。

（2）消防泵：消防稳压泵是否正常运行，是否达到稳压值。消防泵启动运转是否正常。消防泵房是否双路供电(备有柴油机动力的是否完好)。消防稳压泵与消防泵自动启动连锁系统是否完好。消防泵是否坚持定期盘车、试泵，记录齐全。

（3）消防管网和消火栓：大型装置区、罐区等是否设立独立的稳高压消防管网系统。环状管道是否用阀门分成若干独立管段，每段消火栓的数量不宜超过5个。消火栓数量和分布位置是否能满足灭火需要。消火栓顶盖、侧盖是否齐全完好，阀门开启是否灵。设置场所有可能受到车辆冲撞时，是否安装防护设施。

10.2.3.2 消防道路

是否为环行消防车道。因受地形限制不能设环行消防车道时，是否设尽头式回车场。消防道路是否路面宽度不小于6m，路面内缘转弯半径不小于12m，路面净空高度不低于5m。消防道路是否通畅。临时断路能否绕行通过。

10.2.3.3 固定和半固定泡沫灭火设施

是否明示泡沫灭火系统操作程序、泡沫灭火流程图、泡沫类型、储量和有效期。泡沫泵系统中泵、比例混合器、液罐及管路是否完好。泡沫液数量是否符合规定，是否在有效期内，性能是否与水质相衬，是否适用灭火物料性质的需要。消防泡沫炮转动开启是否灵活。供人工使用的泡沫消防栓或泡沫管线出口处是否配有消防水带和泡枪。油罐的泡沫产生器有无锈蚀，玻璃封片、网罩是否完好。油罐半固定泡沫管线快速接口、闷盖是否齐全完好，是否跨越式置于防火堤外。是否按有关规定设置了泡沫产生器型号等内容的标牌。岗位人员是否会熟练操作固定泡沫灭火设施。

10.2.3.4 干粉灭火器

布置点及数量是否符合国家规范要求；保险销、铅封和压力表是否完好，气压是否在规定值范围；是否在使用有效期内；罐体是否完好无锈蚀损伤；是否置于消防器材箱(棚)；推车式干粉灭火器车轮是否转动灵活；干粉输送管和干粉喷枪是否安装牢固，输送管有无老化、损伤，枪扳机是否灵活。

10.2.4 用火作业检查

10.2.4.1 销售企业检查用火作业分级管理

（1）一级用火作业

储存收发易燃、可燃液(气)体的罐区、泵房、装卸作业区(铁路、公路、码头)、桶装仓库用火。

加油(气)站的罐区(储气瓶)、加油(气)区、液态烃泵房、压缩机房、接卸站区用火。

输油(气)管道、隔油池、污水处理设施用火。

易燃、可燃液体和气体的罐车、油轮、驳船等爆炸危险性区域的用火。

（2）二级用火作业

从易燃易爆及有毒储罐、泵房、装卸区等拆除的容器、管线、附件，已运到安全地点并经吹扫处理检验合格的用火。

罐区、泵房、装卸作业区等的非防爆区域及防火间距以外的区域用火。

发电机房、配电间、消防泵房、化验室、储存收发润滑油的储罐、桶装油品仓库、灌装、收发区域等火灾危险性区域的用火。

(3) 三级用火

作业范围是在油库、加油站内，除一、二级以外的用火均属三级用火。

(4) 固定用火作业区

它是除特级、一级、二级用火范围外，从没有火灾危险性区域划出固定用火作业区。在二级以上用火区域内，不得设固定用火作业区。

(5) 日常用火

日常实行每周2天集中用火，节假日期间的用火实行升级管理，即在原定用火级别的基础上升一级。

10.2.4.2 检查用火作业安全措施落实情况

(1) 凡在生产、储存、输送可燃物料的设备、容器及管道上用火，应首先切断物料来源并加好盲板；经彻底吹扫、清洗、置换后，打开人孔，通风换气；打开人孔时，应自上而下依次打开，经分析合格方可用火。若间隔时间超过1小时继续用火，应再次进行用火分析或在管线、容器中充满水后，方可用火。

(2) 在正常运行生产区域内，凡可用可不用的用火一律不用火，凡能拆下来的设备、管线均应拆下来移到安全地方用火，严格控制一级用火。

(3) 各级用火审批人应亲临现场检查，督促用火单位落实防火措施后，方可审签许可证。

(4) 一张用火作业许可证只限一处用火，实行一处(一个用火地点)、一证(用火作业许可证)、一人(用火监护人)，不能用一张许可证进行多处用火。

(5) 销售企业的许可证有效时间为一个作业周期，最多不超过5天。若中断作业超过1小时后继续用火，监护人、用火人和现场负责人应重新确认。固定用火作业区，每半年检查认定1次。

(6) 用火分析。凡需要用火的塔、罐、容器等设备和管线，均应进行内部和环境气体化验分析，并将分析数据填入许可证，分析单附在许可证的存根上，以备查和落实防火措施。

(7) 用火部位存在有毒有害介质的，应对其浓度作检测分析。若含量超过车间空气中有害物质最高容许浓度时，应采取相应的安全措施，并在许可证上注明。

(8) 施工单位(含承包商)应做好施工前的各项准备工作，化验中心(室)应尽可能缩短采样分析时间，为用火作业创造条件。

(9) 停工大修装置在彻底撤料、吹扫、置换、化验分析合格后，工艺系统须采取有效隔离措施。设备、容器、管道首次用火，须采样分析。

(10) 设备、容器与工艺系统已有效隔离，内部无夹套、填料、衬里、密封圈等，不会再释放有毒、有害和可燃气体的，首次取样分析合格后，分析数据长期有效；当设备、容器内存有夹套、填料、衬里、密封圈等，有可能释放有毒、有害、可燃气体的，采样分析合格后超过1小时用火的，须重新检测分析合格后方可用火。

(11) 装置停工吹扫期间，严禁一切明火作业。在用火作业过程中，当作业内容或环境条件发生变化时，应立即停止作业，许可证同时废止。

(12) 在用火前应清除现场一切可燃物，并准备好消防器材。用火期间，距用火点30m内严禁排放各类可燃气体，15m内严禁排放各类可燃液体。在同一动火区域不应同时进行可燃溶剂清洗和喷漆等施工。

(13) 在盛装或输送可燃气体、可燃液体、有毒有害介质或其他重要的运行设备、容器、管线上进行焊接作业时，设备管理部门必须对施工方案进行确认，对设备、容器、管线进行测厚，并在用火作业许可证上签字。

(14) 新建项目需要用火时，施工单位(含承包商)提出用火申请，用火地点所辖区域单位负责办理许可证，并指派用火监护人。

(15) 施工用火作业涉及其他管辖区域时，由所在管辖区域单位领导审查会签，双方单位共同落实安全措施，各派1名用火监护人，按用火级别进行审批后，方可用火。

(16) 用火作业过程的安全监督。用火作业实行"三不用火"，即没有经批准的用火作业许可证不用火、用火监护人不在现场不用火、防护措施不落实不用火。各单位安全监督管理部门和消防部门的各级领导、专职安全和消防管理人员有权随时检查用火作业情况。在发现违反用火管理制度或危险用火作业时，有权收回许可证，停止用火，并根据违章情节，由各单位安全监督管理部门对违章者进行严肃处理。

(17) 在受限空间内用火，除遵守上述安全措施外，还须执行以下规定：

① 在受限空间内进行用火作业、临时用电作业时，不允许同时进行刷漆、喷漆作业或使用可燃溶剂清洗等其他可能散发易燃气体、易燃液体的作业。

② 在受限空间内进行刷漆、喷漆作业或使用可燃溶剂清洗等其他可能散发易燃气体、易燃液体的作业时，使用的电气设备、照明等必须符合防爆要求，同时必须进行强制通风；监护人应佩带便携式可燃气体报警仪，随时进行监测，当可燃气体报警仪报警时，必须立即组织作业人员撤离。

10.2.4.3 检查用火作业人

用火作业人员应持有效的本岗位工种作业证。

10.2.4.4 检查用火监护人

(1) 用火监护人应有岗位操作合格证和用火监护人资格证书，做到持证上岗。

(2) 用火监护人在用火过程中，不得离开现场，确需离开时，由监护人收回用火许可证，暂停用火。监火时应佩戴明显标志。

10.2.4.5 检查用火作业许可证管理

(1) 许可证是用火作业的凭证和依据，不得随意涂改、代签，应妥善保管。

(2) 许可证一式四联，一联存放在签发部门，一联由用火作业人持有，一联由用火监护人持有，一联存放在用火点所在操作控制室或岗位。

(3) 油田和销售企业一级、炼化企业特级许可证由各单位安全监督管理部门备案；油田和销售企业二级、炼化企业一级许可证由二级单位安全监督管理部门存档；油田和销售企业三级、炼化企业二级许可证由二级单位安全监督管理部门备案；油田企业四级和炼化企业三级许可证由基层单位安全管理人员存档。

(4) 许可证保存期限为1年。

10.3 编制灭火预案及火灾扑救

10.3.1 编制灭火预案

10.3.1.1 编制灭火预案的指导思想

灭火预案是对企业生产、存储、公用等设施发生火灾紧急情况或灾害的辨识评价，对灭火的人力、物资和工具、工艺的确认与准备，对现场内外合理有效的应急灭火组织指挥及应急灭火行动措施等事先拟定的对策。

企业制定灭火预案要体现科学性、实用性、应急性。科学性指灭火预案总体构思合理，应急措施可行，图例准确，数据精确。实用性指灭火预案要立足于本单位的实际情况，包括装置的布局，罐区的分布，工艺特点、物料产品理化性质、地形地貌特点、消防道路、消防水源、灭火力量等情况。应急性指灭火预案既要有超前性和预见性，又能紧急情况时立即启动实施，确保灭火效果。

10.3.1.2　灭火预案编制依据

《中华人民共和国消防法》(中华人民共和国主席令第6号)

《危险化学品安全管理条例》(国务院令第591号)

《危险化学品名录》(国家安全生产监督管理局公告2003第1号)

《重大危险源辨识》(GB 18218—2009)

《建筑设计防火规范》(GB 50016—2006)

《石油化工企业设计防火规范》(GB 50160—2008)

《常用化学危险品贮存通则》(GB 15603—1995)

《城市消防站建设标准(修订)》(建标[2006]42号)

《消防基本术语》(GB 5907—1986)

《企事业单位专职消防队组织条例》公安部/财政部/劳动人事部/国家经济委员会1987-01-19发布

《公安消防部队执勤条令》公安部2009年05月26日颁布

《机关、团体、企业、事业单位消防安全管理规定》公安部2001年11月14日第61号令

《消防安全管理规定》、《大型公共场所消防安全管理规定》、《消防达标规定》中国石化集团公司安全生产监督管理制度(2011)

10.3.1.3　编制灭火预案的基本内容

灭火指挥部组成及职责和紧急召集。消防战备值班灭火力量(消防员、消防车及灭火药剂、器材)标准及出动规定。有关生产、检维修、运输、保卫、环保人员的紧急召集。与当地公安消防灭火增援力量和企业灭火联防增援力量的调动。企业与当地政府联动机制。火场指挥通信联络。消防水源分布情况。固定和半固定消防设施分布、种类、型号。灭火物资的储备和紧急调运。相关单位人员或居民的紧急疏散措施。重点部位的灭火作战计划。灭火技术资料。

10.3.1.4　灭火作战计划

灭火作战计划是针对企业装置、罐区以及其他重点部位可能发生的火灾，根据灭火战斗的指导思想和战术原则以及现有的消防装备而拟订的灭火战斗具体行动方案，是灭火预案的重要内容。一般包括两方面：一是平面部署图，一是文字说明；以平面图为主，辅之文字说明。

(1) 灭火作战计划内容：重点单位的地理位置，交通道路，行车路线，以及与毗邻单位的距离；重点单位的平面布局，重要部位的建筑结构特点，耐火等级，建筑面积和高度，生产或储存物质的性质、数量和堆放形式；消防泵房、消火栓的分布位置、距离、种类、供水量等；设定的着火部位，火势可能蔓延的方向，火势发展可能造成的后果；批次投入灭火的消防车停车位置及进攻方向、路线和供水干线走向。灭火所需器材、灭火剂的种类和数量；

火场指挥部位置。灭火战斗过程中应注意的事项。

（2）制订灭火作战计划的范围：

“一个一案”：关键装置、要害部位应每个部位制订一个灭火作战计划。

“一罐一案”：400m^3 及以上的液化烃罐、5000m^3 以上拱顶罐、$1\times10^4m^3$ 以上油罐“一罐一案”；400m^3 以下的液化烃罐、5000m^3 以下拱顶罐、$1\times10^4m^3$ 以下油罐组成的单、双排的罐组，每排应选择最难扑救的油罐为目标，制订灭火作战计划。

10.3.1.5 灭火预案的演练和完善

（1）组织职工学习和熟悉灭火预案。

（2）进行消防演练。

基层单位组织职工和志愿消防队每月训练演习一次。

消防队应制订消防员训练计划，定期进行消防技能训练、体能训练和现场战术训练。

企业安全部门每季度在事前不通知情况下组织一次消防演习。

企业应每半年组织一次大规模演练。

各级各种规模的演练都应从实战出发，严密组织，认真讲评，并根据演习中发现的问题修改完善预案。

10.3.2 火灾扑救

10.3.2.1 初期火灾

根据火灾的发展过程，可分为初期阶段、发展阶段、猛烈阶段、熄灭阶段。初期火灾是指火灾的初期阶段，此时，着火时间不长(一般 10min 以内)，着火面积不大，着火温度不高，火势较小，是火灾扑救的最佳时期。

石油化工火灾，发展迅速猛烈，一旦处于火灾的发展阶段或猛烈阶段，火势蔓延开来，将会给扑救带来较大困难。因此，一线人员要抓住发现火灾时机早的有利条件，迅速采取正确的灭火方法，把火灾消灭在初期阶段，最大限度地降低火灾损失。

10.3.2.2 灭火常识

1. 灭火的基本方法

（1）窒息灭火法

窒息灭火法，就是阻止空气流入燃烧区，或用不燃物质冲淡空气，使燃烧物质断绝氧气的助燃而熄灭。

减少空气中氧气含量的灭火方法，适用于扑救比较密闭的房间、生产装置设备内发生的火灾。这些部位发生火灾的初期，空气充足，燃烧发展比较迅速，随着燃烧时间的延长由于被封闭在这些内部的空气(氧)越来越少，烟雾及其他燃烧产物逐渐充满空间，因此，燃烧的不完全性加强，燃烧强度降低。当空气中氧含量降低到 12% ~14%，燃烧即将停止。

在火场上采用窒息的方法扑灭火灾时，可采用石棉布，浸湿的棉被、帆布等不燃或难燃材料，覆盖燃烧或封闭孔洞；用水蒸气、惰性气体(二氧化碳、氮气等)充入燃烧区域内；利用建筑物上原有的门、窗以及生产储运设备上的部件，封闭燃烧区，阻止新鲜空气流入，以降低燃烧区氧气的含量，达到窒息燃烧的目的。

（2）冷却灭火法

冷却灭火法，就是将灭火剂直接喷洒在燃烧着的物体上，将可燃物质的温度降低到燃点以下，终止燃烧，这是扑救火灾常用的方法。

在火场上，除用冷却法扑灭火灾外，在必要的情况下，可用冷却剂冷却建筑构件、生产装置、设备容器，防止结构变形。

（3）隔离灭火法

隔离灭火法，就是将燃烧物体与附近的可燃物质隔离或疏散开，使燃烧停止，这种方法适用于扑救各种固体、流体和气体火灾。

采用隔离灭火法的具体措施有：将火源附近的可燃、易燃、易爆和助燃物质，从燃烧区内转移到安全地点；关闭阀门，阻止气体，流体流入燃烧区，排除生产装置、设备容内的可燃气体或流体；设法阻拦流散的易燃、可燃流体或扩散的可燃气体；拆除与火源相毗连的易燃建筑结构，造成防止火势蔓延的空间地带；以及用水流封闭或用爆炸等方法扑救油气井喷火灾。

（4）抑制灭火法

抑制灭火方法与前三种灭火方法不同。窒息、冷却、隔离的灭火方法，就其使用的灭火剂（或方法）来说，在灭火过程中不参与燃烧过程中的化学反应，均属于物理灭火方法，抑制灭火法，是使灭火剂参与到燃烧反应历程中去，使燃烧过程中产生的游离基消失，而形成稳定分子或低活性的游离基，使燃烧反应停止。

2. 灭火战术指导思想、原则和方法

（1）灭火作战指导思想

灭火作战指导思想是消防队伍灭火作战的指导原则，是灭火指挥的行动纲领。“救人第一、科学施救”是消防队伍在灭火作战中必须坚持的指导思想。“救人第一”是指在灭火战斗中，积极抢救人命是指挥员优先考虑和竭力实现的首要任务。“科学施救”突出的是灭火作战指挥的科学性，要求各级灭火指挥员在作战指挥中做到正确运用战术、周密部署战斗、精确计算力量、善于掌握主动。要求指挥员必须“增强科学进攻、及时转移或撤退的指挥意识；增强优化作战成果的效益意识；增强科学的防范风险的意识；增强作战方法的创新意识；增强主动防护的安全意识”。

（2）灭火战术原则

先控制、后消灭。先控制是指灭火作战中必须将阻止火势蔓延作为作战行动首先采取的措施予以落实。火场指挥员必须根据着火对象的特点、着火部位、火势蔓延的方向和速度，以及火势对处在火场周围的可燃物质、建（构）筑物威胁程度，确定控制火势的方向、距离、部位，控制的方法和所需的力量。做到“积极控制、重点设防、重点守护”。后消灭是指在控制火势的同时，抓住火灾初期阶段、爆炸物品发生之前或再次爆炸之前和原油储罐（池）发生沸溢喷溅之前的有利战机，及时组织灭火力量向火势展开全面进攻，逐一或全面彻底消灭火灾。

集中兵力、准确迅速。集中兵力是指根据火情和灭火作战的需要，调集灭火力量，使火场上形成相对的兵力优势。体现在集中兵力于火场的主要方面，以保证有足够的灭火力量来控制火势。准确迅速地实质是要体现一个“准”字，落实一个“快”字。消防人员应以最快的速度，在最短的时间内，以准确迅速的战斗行动和有效措施，积极抢救生命，制止火势蔓延，以减少人员伤亡和财产损失，避免灾情扩大。

攻防并举、固移结合。攻防并举指进攻和防御同时进行，进攻和防御相结合的战术原则，一是指在火场部署进攻的同时，必须加强消防人员的个人防护。二是指在确定进攻阵地时，要考虑进攻阵地的安全性。三是指在整个灭火过程中，都要防止灾情突变，特别是防止出现爆炸、中毒、倒塌等险情，做到有备无患；四是指在灭火进攻中，要科学确定主攻阵地和防御阵地。固移结合是指在灭火战斗中把移动灭火装备和固定灭火系统结合使用，力求发挥最大灭火效益的战术原则。应成为灭火作战行动中的主要战法，特别是在扑救高层建筑、油品储罐和化工装置等火灾时，应首先启用单位和建筑内的固定消防设施，并综合运用移动灭火装备，进行火势控制和抢救被困人员。

(3) 灭火战术方法

灭火战术方法，是灭火作战实践中总结出来的控制火势、消灭火灾的基本作战方法。主要有堵截、突破、夹攻、合击、分割、围歼、破拆、封堵、排烟、监护等。

堵截：是积极防御与主动进攻相结合的基本战法。其实质是现行控制火势，阻止蔓延。

突破：是火场上为完成比较艰巨的灭火、救人和排险任务，组织灭火力量进行强攻的战法。运用突破战术时，必须组织精干力量，选用精良装备，配备必要的防护器具，严密组织实施。

夹攻：是指用一部分灭火力量进入建(构)筑物或物体(飞机、船舶)等地内部灭火，同时用其余力量在建(构)筑物或物体外部灭火的战法。

合击：是在火场上从两个或两个以上的方向同时向燃烧区域进攻的战法。合击战法的运用，通常是火灾现场灭火力量充足，可以实现多个方位布置进攻阵地，从而形成多个方位向燃烧区域进攻的态势，进而迅速灭火。

分割：是将大面积燃烧区域分割成若干个分区，分别布置力量逐个消灭的战法。在扑救大面积燃烧区域火灾时，根据需要和可能，及时实施分兵穿插，协同作战，将燃烧区域分割包围，使火场形成若干片、层、段，以便逐片、层、段依次形成灭火力量优势，迅速扑灭火灾。

围歼：是对燃烧区域形成围攻态势，完成战术包围，发起总攻，消灭火灾的战法。其前提是：火势已得到有效控制，灭火剂充足，灭火力量已对燃烧区域形成包围的态势。

破拆：是指消防人员通过破拆或拆除建筑物的构件或可燃物，形成“隔离带”或改变烟气流向，防止火势蔓延的战法。

封堵：即封闭或堵漏，是灭火战斗中对某一空间实施封闭灭火，或对发生泄漏的生产装置、容器、管线进行堵漏的战法。

排烟：是指火场上运用烟气流动规律，通过适当调控排烟方式，及时排除建筑物内有毒烟气或改变烟气流向，控制或延缓火势蔓延，迅速抢救人命的战法。

监护：是为防止发生意外而对火场或战斗行动进行监视和守护的战法。

10.3.2.3 罐区初期火灾的扑救措施

1. 浮顶罐初期火灾

浮顶罐火灾大部分是由于雷击的感应电荷产生的火花引燃，或密封检修不良所致。火灾初起时，只在油罐的浮盘与罐壁之间的密封圈处燃烧，先是密封圈处某一段或几段燃烧，火势不大。灭火时要迅速选派精干人员携带灭火装备例如干粉灭火器、泡沫枪等登罐灭火。如罐顶有平台通道，登罐人员可沿通道用手提式干粉灭火器灭火，灭火时应两人合作，从一点开始背向而行绕罐一周灭火。如罐顶有固定或半固定泡沫灭火系统接口，登罐人员可使用泡沫枪连接固定或半固定泡沫灭火系统出泡沫灭火，在使用该方法时要求在人员登罐的同时要启动固定或半固定泡沫灭火设施。

2. 拱顶罐或内浮顶罐初期火灾扑救

油蒸气通过油罐的透气孔、量油孔、呼吸阀冒出在罐外形成稳定的火炬型燃烧时，可选派人员登罐使用湿毛毡、浸湿的棉被或麻袋、石棉被等覆盖物盖住火焰，造成瞬时燃烧缺氧，促使火焰熄灭。采用此法应将人员分工，一部分人负责拿覆盖物灭火，一部分人负责射水掩护。在覆盖之前，用水流对覆盖物及燃烧部位冷却。进行灭火时，覆盖人员携带覆盖物，在掩护人员的射水掩护下，自上风方向靠近火焰，迅速覆盖，将火焰窒息。若油罐上孔洞较多，同时形成多个火炬燃烧，应用水流充分冷却油罐的全部表面，尽量使罐内温度及蒸气压降低，再从上风方向将火炬一个一个地扑灭。

10.4 消防设施与配置

10.4.1 消防设施

10.4.1.1 消防系统

1. 泡沫灭火系统

泡沫灭火系统按接灭火时泡沫喷射方式，分为液上喷射泡沫灭火系统、液下喷射泡沫灭火系统和泡沫喷淋系统。液上喷射泡沫灭火系统是指泡沫从液面上喷入罐内的灭火系统；液下喷射泡沫灭火系统是指泡沫从液面下喷入罐内的灭火系统；泡沫喷淋系统是指用喷头喷洒泡沫的固定式灭火系统。

泡沫灭火系统按设备安装使用方式，可分为固定式泡沫灭火系统、半固定式泡沫灭火系统和移动式泡沫灭火系统。固定式泡沫灭火系统是指由固定的泡沫消防泵、泡沫比例混合器、泡沫产生装置和管道组成的灭火系统；半固定式泡沫灭火系统是指由固定的泡沫产生装置、泡沫消防车或机动泵，用水带连接组成的灭火系统或者由固定的泡沫消防泵，相应的管道和移动的泡沫产生装置，用水带连接组或的灭火系统；移动式泡沫灭火系统是指由消防车或机动消防泵、泡沫比例混合器、移动式泡沫产生装置，用水带连接组成的灭火系统。

此外，泡沫灭火系统按泡沫灭火剂的发泡性能，可分为低倍数泡沫灭火系统、中倍数泡沫灭火系统和高倍数泡沫灭火系统。泡沫灭火系统按灭火范围，可分为全淹没式泡沫灭火系统和局部应用式泡沫灭火系统。

油库泡沫灭火系统形式的选择，应根据油库等级、油罐类型、火灾危险性、总体布置、扑救难易程度、当地消防力量和保护设备的重要性等因素，遵循国家的有关方针政策，按照规范标准要求来确定，做到安全可靠、技术先进、经济合理、管理方便。

2. 二氧化碳灭火系统

二氧化碳灭火系统可用于扑救下列火灾：灭火前可切断气源的气体火灾；液体火灾或石蜡、沥青等可熔化的固体火灾；固体表面火灾醌棉毛、织物、纸张等部分固体探位火灾；电气火灾。不能用于扑救下列火灾：硝酸纤维、火药等含氧化剂的化学制品火灾；钾、钠、镁等活泼金属火灾；氢化钾、氢化钠等金属氢化物火灾。根据二氧化碳灭火系统的特性，二氧化碳灭火系统可用于油库泵房、库房控制室、化验室等场所的火灾扑救。

3. 干粉灭火系统

干粉灭火系统应用范围较大，对 A、B、C、D 四类火灾都可以使用，尤其适用于 B、C

类火灾。干粉灭火系统可以用于扑救以下火灾：易燃、可燃液体和可熔化的固体火灾，如易燃、可燃液体储罐、桶装库房、油泵房、加油站、装卸油栈桥等；可燃气体和可燃液体以压力形式喷射的火灾，如输油管、辅气管、液化石油气站等；各种电气火灾。由于干粉灭火剂有很好的绝缘性能，可以在不切断电源的情况下扑救电气火灾，尤其适用于含油的电气设备火灾，如室内外变压器、油浸开关等；木材、纸张、纺织等 A 类火灾的明火，如木材厂、造纸厂等。在用干粉灭火设备扑救这类火灾时，宜与喷水灭火设备配合使用。干粉能迅速控制明火，降低火势和辐射热，而水能扑灭余火。

罐装金属干粉灭火剂，用于扑救 D 类火灾即金属火灾。

10.4.1.2 消防给水系统

设备设施发生火灾时，泡沫灭火系统、水雾灭火系统以及设备设施的冷却保护等均需要供水，担负消防灭火任务的给水系统统称为消防给水系统。消防给水系统在消防灭火系统中占有重要的地位。

消防给水系统按消防水压要求可分为高压消防给水系统、临时高压消防给水系统和低压消防给水系统；按用途可分为独立的消防给水系统，生活、消防共用消防给水系统，生产、消防共用消防给水系统以及生产、生活、消防共用消防给水系统；按管网形式可分为环状管网消防给水系统和枝状管网消防给水系统；按位置可分为室外消防给水系统和室内消防给水系统等。

油库的火灾次数按一次计算。油库的消防用水量，应按油罐区消防用水量计算确定。油罐区的消防用水量，应为扑救油罐火灾配制泡沫最大用水量与冷却油罐最大用水量的总和。灭火用水量应按罐区内最大罐配制泡沫的用水量和扑救流散液体火焰泡沫枪配制泡沫的用水量之和确定。油罐区的冷却用水量，应按一次灭火最大需水量计算。冷却用水量包括燃烧油罐冷却用水量和邻近罐冷却用水量。

1. 消防水源的供水量

石油库水源工程的供水量的确定，应符合下列规定：

（1）消防、生产和生活用水采用同一水源时，水源工程的供水量应按最大消防用水量的 1.2 倍计算确定；如采用消防水池时，应按消防水池的补充水量、生产用水量及生活用水量总和的 1.2 倍计算确定。

（2）当消防与生产用水采用同一水源时，而生活用水采用另一水源时，消防与生产用水水源工程的供水量应按最大消防用水量的 1.2 倍计算确定；当采用消防水池时，应按消防水池的补充水量与生产用水量总和的 1.2 倍计算确定。

（3）当消防用水采用单独水源，生产和生活用水合用另一水源时，消防用水水源工程的供水量，应按最大消防用水量的 1.2 倍确定；如设有消防水池时，应按消防水池补充水量的 1.2 倍确定。生产和生活用水水源工程的供水量，应按生产用水量与生活用水量之和的 1.2 倍计算确定。生产用水量和生话用水量应按最高日用水量计算。

2. 消防水泵

消防水泵是对消防用水提升并加压的机械，它是整个消防给水系统的心脏，油库常见的消防水泵主要有消防车消防水泵和固定消防水泵两种，而且广泛使用的是离心泵。

3. 消防水带、消防软管卷盘

消防水带和消防软管卷盘是用于输送水或其他液态灭火药剂的器材。消防水带以输送液态灭火剂为主，流量大但不能承受过高压力；消防软管可输送高压液态、气态和气溶胶状态的灭火剂，但流量小。

4. 消防车

消防车是装备了各种消防器材、消防器具的各类机动车辆的总称。一般由底盘部分、上装(消防设备)部分组成消防车是消防队伍的重要装备。消防车的品种、数量、质量和性能，反应一个国家的消防装备水平，也是衡量一个国家的消防实力重要标志之一。此外，消防车也从一个侧面反映出一个国家的汽车制造水平。

10.4.1.3 常用灭火剂及灭火器

燃烧是一种放热和发光的化学连锁反应，它必须具备三个必要条件，即可燃物、助燃物和着火源，三者缺一不可。一切灭火措施，都是为了破坏已形成的燃烧条件，并使燃烧的连锁反应中断。灭火剂是能够有效地破坏燃烧条件，中止燃烧的物质。灭火剂在被喷射到燃烧物上和燃烧区域后，通过一系列的物理化学作用，就能使燃烧冷却、燃烧物与氧气隔绝、燃烧区域内的氧气浓度降低，燃烧的连锁反应中断，最终导致维持燃烧的必要条件受到破坏而停止燃烧反应，从而起到灭火作用。

1. 常用的灭火剂

常用的灭火剂，主要有水、泡沫灭火剂、干粉灭火剂、二氧化碳灭火剂等，不同的灭火剂有各自不同的特点和性能，为了更有效地发挥其灭火效力，应详细了解各类灭火剂的物理、化学性质，灭火原理以及适用范围等，以便针对不同的火灾对象，选择适宜的灭火剂。

(1) 泡沫灭火剂

凡能够与水混溶，并可通过化学反应或机械方法产生灭火泡沫的灭火药剂，称为泡沫灭火剂。泡沫灭火剂一般由发泡剂、泡沫稳定剂、抗冻剂、助溶剂、防腐剂及水组成。

(2) 干粉灭火剂

干粉灭火剂是一种干燥的、易于流动的面体粉末，一般借助于灭火器或灭火设备中的气体压力，将干粉从容器喷出，以粉雾形态扑救火灾。干粉灭火剂按使用范围可分为普通干粉和多用干粉两大类。普通干粉主要用于扑救可燃液体火灾、可燃气体火灾以至带电设备火灾。多用干粉不仅适用于扑救可燃液体、可燃气体和带电设备的火灾，还适用于扑救一般固体物质火灾。

(3) 二氧化碳灭火剂

二氧化碳是一种不燃烧、不助燃的惰性气体，而且价格低廉易于液化，便于灌装和储存，是一种常用的灭火剂。

(4) 水成膜泡沫灭火剂

水成膜泡沫灭火剂由氟表面活性剂、碳氢表面活性剂、溶剂、稳定剂等多组分配合而成，是一种新型、高效的灭火剂。除具有氟蛋白泡沫灭火剂的显著特点外，还可在烃类物质表面迅速形成一层能抑制其蒸发的水膜，靠泡沫和水膜的双重作用迅速有效地灭火。主要用于扑救石油及石油产品等非水溶性物质的火灾，不适用于扑救醇、醛、醚、酮等水溶性物质的火灾。

2. 常用的灭火器

灭火器是扑救初起火灾最常用的灭火器材，尤其以手提式和推车式灭火器使用较为普遍。常用的有以下三种。

(1) 泡沫灭火器

泡沫火火器包括化学泡沫灭火器和空气泡沫灭火器两种。化学泡沫灭火器按使用操作方式可分为 MP 型手提式、MPZ 型舟车式和 MPT 型推车式 3 种。空气泡沫灭火器内部充装 90% 的水和 10% 的 6% 型空气泡沫灭火剂。依靠二氧化碳气体将泡沫压送至喷射软管，经喷枪作用产生泡障。按照所装灭火剂种类不同，可分蛋白泡沫灭火器、氟蛋白泡沫灭火器、抗溶性泡沫灭火器和“轻水”泡沫灭火器。它们扑救可燃液体火灾的能力要比化学泡沫灭火器高 3 ~4 倍。虽然它们类型各异，但组成及使用方法大体相似。

(2) 干粉灭火器

干粉灭火器是以高压二氧化碳为动力，喷射干粉灭火剂的器具。干粉灭火器按移动方式分为 Mr 型手提式、MFT 型推车式和 MFB 型背负式 3 种；按储气瓶在灭火器上安装的形式又分为内装式和外装式两种。凡是二氧化碳储气瓶，装在干粉筒内的称为内装式干粉灭火器，装在干粉筒身外面的称为外装式干粉灭火器。

(3) 二氧化碳灭火器

二氧化碳灭火器是(高压)储压式灭火器，利用其内部灌装的高压液化二氧化碳喷出灭火。二氧化碳灭火器的规格，按灌装灭火剂的重量分为 MT2、MT3(多为手轮式)、MT25 和 MT27(多为鸭嘴式)4 种；按移动方式(手提式按开关形式)分为 MT 型手提(手轮)式、MTZ 型手提(鸭嘴)式、MTT 型推车式 3 种。适用于扑救贵重设备、档案资料、仪器仪表、600V 以下的电气装置以及一般的 B 类火灾。

10.4.2 消防设施配置

10.4.2.1 汽车加油加气站消防设施的配置

加油站可不设消防给水系统，加油站的灭火器材配置应符合下列规定：

(1) 每 2 台加油机设置不少于 1 只 4kg 手提式干粉灭火器和 1 只泡沫灭火器；加油机不足 2 台按 2 台计算。

(2) 地下储罐须设 35kg 推车式干粉灭火器 1 个。当两种介质储罐之间的距离超过 15m 时，须分别设置。

(3) 一、二级加油站须配置灭火毯 5 块，沙子 $2m^3$；三级加油站须配置灭火毯 3 块，沙子 $2m^3$。

(4) 其余建筑的灭火器材配置须符合现行国家标准《建筑灭火器配置设计》规范 GB 140 的规定。

10.4.2.2 油库消防设施的配置

1. 一般规定

石油库应设消防设施。石油库的消防设施设置，应根据石油库等级、油罐型式、油品火灾危险性及与邻近单位的消防协作条件等因素综合考虑确定。石油库的油罐应设置泡沫灭火设施；缺水少电及偏远地区的四、五级石油库中，当设置泡沫灭火设施较困难时，亦可采用烟雾灭火设施。

泡沫灭火系统的设置，应符合下列规定：地上式固定顶油罐、内浮顶油罐应设低倍数泡沫灭火系统或中倍数泡沫灭火系统。浮顶油罐宜设低倍数泡沫灭火系统；当采用中心软管配置泡沫混合液的方式时，亦可设中倍数泡沫灭火系统。覆土油罐可设高倍数泡沫灭火系统。

油罐的泡沫灭火系统设施的设置方式，应符合下列规定：单罐容量大于 $1000m^3$ 的油罐应采用固定式泡沫灭火系统。单罐容量小于或等于 $1000m^3$ 的油罐可采用半固定式泡沫灭火系统。卧式油罐、覆土油罐、丙 B 类润滑油罐和容量不大于 $200m^3$ 的地上油罐，可采用移动式泡沫灭火系统。当企业有较强的机动消防力量时，其附属石油库的油罐可采用半固定式或移动式泡沫灭火系统。

油罐应设消防冷却水系统。消防冷却水系统的设置应符合下列规定：单罐容量不小于 $5000m^3$ 或罐壁高度不小于 17m 的油罐，应设固定式消防冷却水系统。单罐容量小于 $5000m^3$ 或罐壁高度小于 17m 的油罐，可设移动式消防冷却水系统或固定式水枪与移动式水枪相结合的消防冷却水系统。

石油库所属的油品装卸码头的消防设施应符合下列规定：石油库所属的油品装卸码头等于或大于 5000t 级时，消防设施可按现行国家标准《石油化工企业设计防火规范》(GB 50160)中油品装卸码头消防的有关规定执行。石油库所属的油品装卸码头小于 5000t 级时，应配置 30L/s 的移动喷雾水炮 1 只和 500L 推车式压力比例混合泡沫装置 1 台。四、五级石油库所属的油品装卸码头，应配置 7.5L/s 喷雾水枪 2 只和 200L 推车式压力比例混合泡沫装置 1 台。

2. 消防器材设置

控制室、电话间、化验室宜选用二氧化碳灭火器；其他场所宜选用干粉型或泡沫型灭火器。灭火器材配置应执行现行国家标准《建筑灭火器配置设计规范》的有关规定，且还应符合下列规定：

(1) 油罐组按防火堤内面积每 $400m^2$ 应设 1 具 8kg 手提式干粉灭火器；当计算数量超过 6 具时，可设 6 具。

(2) 五级石油库主要场所灭火毯、灭火砂配置数量不应少于表 10－1 的规定。

(3) 四级及以上石油库配备的灭火毯数量应同五级石油库，灭火毯数量在表 10－1 所列各场所应按 4～6 块配置。

表 10－1　五级石油库主要场所灭火毯、灭火砂配置数量

场所 灭火器材	罐区	桶装油品库房	油泵房	灌油间	铁路油品装卸栈桥	汽车装卸场地	油品装卸码头
灭火毯(块)	2	2	—	3	2	2	—
灭火砂(m^3)	2	1	0.5	1	—	1	1

3. 消防车设置

消防车辆数量的确定，应符合下列规定：当采用水罐消防车对油罐进行冷却时，水罐消防车的台数应按油罐最大需要水量进行配备；当采用泡沫消防车对油罐进行灭火时，泡沫消防车的台数应按着火油罐最大需要泡沫液量进行配备。设有固定消防系统、油库总容量等于或大于 $50000m^3$ 的二级石油库中，固定顶罐单罐容量不小于 $10000m^3$ 或浮顶油罐单罐容量不小于 $20000m^3$ 时，应配备 1 辆泡沫消防车或 1 台泡沫液储量不小于 7000L 的机动泡沫设备。设有固定消防系统的一级石油库中，固定顶罐单罐容量不小于 $10000m^3$ 或浮顶油罐单罐容量不小于 $20000m^3$ 时，应配备 2 辆泡沫消防车或 2 台泡沫液储量不小于 7000L 的机动泡沫设备。

石油库应和邻近企业或城镇消防站协商组成联防。联防企业或城镇消防站的消防车辆符合下列要求时，可作为油库的消防计算车辆：在接到火灾报警后 5min 内能对着火罐进行冷却的消防车辆；在接到火灾报警后10min内能对相邻油罐进行冷却的消防车辆；在接到火灾报警后20min内能对着火油罐提供泡沫的消防车辆。消防车库的位置，应能满足接到火灾报警后，消防车到达火场的时间不超过5min的要求。

4. 其他设置

石油库内应设消防值班室。消防值班室内应设专用受警录音电话。一、二、三级石油库的消防值班室应与消防泵房控制室或消防车库合并设置，四、五级石油库的消防值班室可和油库值班室合并设置。消防值班室与油库值班调度室、城镇消防站之间应设直通电话。油库总容量等于或大于50000m^3的石油库的报警信号应在消防值班室显示。储油区、装卸区和辅助生产区的值班室内，应设火灾报警电话。储油区和装卸区内，宜设置户外手动报警设施。单罐容量等于或大于50000m^3的浮顶油罐应设火灾自动报警系统。石油库内的集中控制室、变配电间、电缆夹层等场所采用气溶胶灭火装置时，气溶胶喷放出口温度不得大于80℃。石油库火灾自动报警系统设计，应符合现行国家标准《火灾自动报警系统设计规范》的规定。缺水少电及偏远地区的四、五级石油库采用烟雾灭火设施时，应符合下列规定：

(1) 立式油罐不应多于5个，且甲类和乙$_A$类油品储罐单罐容量不应大于700m^3，乙$_B$和丙类油品储罐单罐容量不应大于2000m^3。

(2) 当1座油罐安装多个发烟器时，发烟器必须联动，且宜对称布置。

(3) 烟雾灭火的药剂强度及安装方式，应符合有关产品的使用要求和规定。

(4) 药剂损失系数应为1.1～1.2。

第 11 章　安全检测

11.1　储油罐液位自动监测

11.1.1　液位自动检测方法

我国的石油储运行业多年来一直沿用传统的手工检尺计量方法，随着石化行业工艺设备的不断更新，为改进传统计量方法，我国近几年吸取了国外的先进经验，引进并研制了多种油罐静态自动计量系统，实现油品液位自动监测和自动计量。随着新技术的引进和推广应用，我国石油库储运行业已成功应用了储油罐液位自动检测技术，并取得了较好的效果。

11.1.1.1　静压法

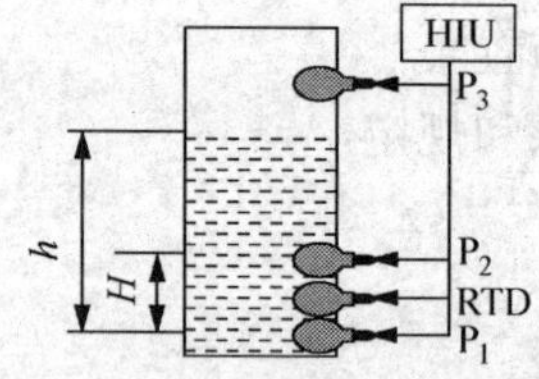

图 11－1　差压法原理

静压法顾名思义是利用液体静压的原理来测量罐内油品的物理参数。油罐内的液体对安装在罐底部的压力传感器产生一个静压力，这个压力反应在传感器模片上是一个压强，即单位面积上的压力，而且这个压强乘以油罐平均有效截面积即得到罐内液体的质量。

静压法应用于油罐差压液位测量中，如图 11－1 所示。

图中：P_1、P_2、P_3—高精度压力传感器；RTD—温度检测元件；HIU—接口单元。P_1 位于罐底附近的罐壳处，P_2 比 P_1 高 8 英尺，P_3 位于罐顶附近的罐壳处。对于常压油罐，压力传感器 P_3 可以省去。设压力传感器 P_1、P_2、P_3 测得的压力分别为 p_1、p_2、p_3，则

$$G = (p_1 - p_3) \cdot S_{av}$$

$$\rho_{av} = p_1 - p_2 / Gh$$

$$h = p_1 - p_3 / \rho_{av} + h_0$$

式中　G——油品重量；

S_{av}——油罐平均截面积；

ρ_{av}——介于压力传感器 P_1、P_2 之间的油品密度；

H——压力传感器 P_1、P_2 之间的距离；

h——油品高度；

h_0——压力传感器 P_1 的高度。

11.1.1.2　微波法

测量基本原理：电磁波在传播过程中遇到障碍物能反射回来，雷达就是利用这个原理，通过测量电磁波从发射到反射的时间差，计算出电磁波传播的距离。

雷达液位计使用频率在 10Hz 附近的微波。油罐相对来说高度不高，而所要求的精度、分辨率高，直接测量反射时间几乎不大可能，这就需要对雷达波进行合成。雷达液位计脉冲雷达波为合成脉冲雷达波，通过剩量发射波与反射波的频率差，间接地求得反射时间，计算出雷达波传播的距离。

11.1.1.3 超声波法

超声波测量液位的基本原理是：由超声探头发出的超声脉冲信号，在液体中传播，遇到空气与液体的界面后被反射，接收到回波信号后能得到超声波传播时间。根据其传播速度和传播时间计算出其传播距离，得到液位高度。

超声波测量方法有很多其他方法不可比拟的优点：

（1）测量精度高；

（2）响应时间短可以方便地实现无滞后的实时测量；

（3）非接触测量，性能稳定可靠，对液体的物理化学性质的适应性极强。

测量液位的方法有很多，以上几种测量方法是液位测量方法中比较准确的，每一种都有自身的优点和不足，所以采用哪种方式测量液位，要根据实际情况来进行选择。目前，油罐液位测量仪表正向高精度、多功能、高度自动化方向发展。利用微电子、光纤、雷达等高技术设计的液位测量仪表为油罐计量自动化奠定了良好的基础。

11.1.1.4 磁致伸缩法

磁致伸缩法：该方法用于测量油罐液位的原理如图 11－2 所示。

图 11－2 中有两个浮子，分别用来检测油气界面和油水界面。各浮子内都藏有一组永久磁铁，用来产生固定磁场。测量时，液位计头部发出低电流“询问”脉冲，该电流产生的磁场沿波导管向下传导。当电流磁场与浮子磁场相遇时，产生“返回”脉冲(也称“波导扭曲”脉冲)。询问脉冲与返回脉冲之间的时间差即对应油水界面和油气界面的高度。磁致伸缩液位计安装容易，测量精度很高，但液体密度变化和温度变化会带来测量误差，浮子沿着波导管外的护导管上下移动，容易被卡死。

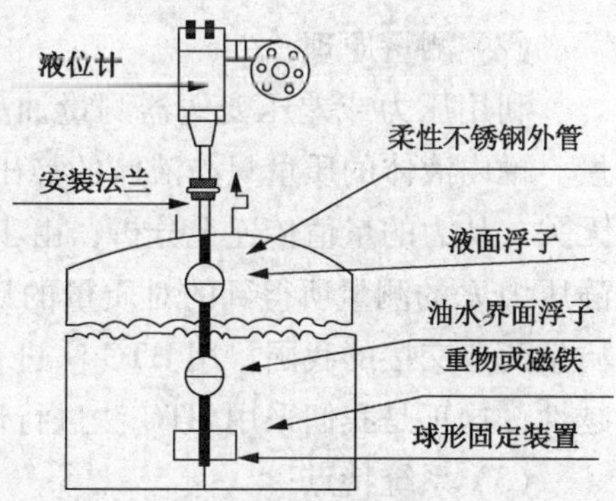

图 11－2 磁致伸缩法原理图

11.1.2 液位计自动检测设备

近几年来，我国引进并研制了多种油罐静态自动计量系统，实现了油罐液位自动监测和自动计量。下面简略介绍几种常用的静态自动计量和混合式计量检测设备。

11.1.2.1 静压式自动计量系统(简称 HTG 系统)

静压式自动计量，是指以测量压力传感器上液体静压为基础的直接测量罐内液体质量的计量方法。

（1）系统结构

静压法自动计量系统是由安装在控制室内的计算机和通信接口单元及安装在罐区的高精度差压变送器、油温传感器、罐前处理器等组成，如图 11－3 所示。

静压法自动计量系统结构简单、实用，性价比较高。该系统主要适合于对油罐油品质量的直接测量，同时能提供油库管理所需的常用计量参数，如油品的液位和油品的温度、密度等。它是构成现场总线式计算机网络系统最基本的数字平台，易于挂接其他仪器仪表设备如伺服液位计或雷达液位计或磁致伸缩液位计使系统升级为混合式油罐自动计量系统(简称 HTMS 系统)。

图 11－3　静压式自动计量系统图

（2）测量原理

利用压力或差压变送器测量油品介质作用在罐底部静压的方法来测量储罐内介质的质量。罐内液体的质量只与液体的静压力和储罐的有效截面积有关，而与储罐内的密度和温度无关。从力的量值传递上分析，由于压力传感器是可以精确标定的，因此，通过 HTG 法对静压力 P 的测量所得到的对质量的计量其数据是准确的，也是有理论科学依据的。在采用质量商业交接的我国，用 HTG 法进行油品质量计量比用体积法进行油品质量计量更具有优越性，这正是我们采用 HTG 法进行油品计量的理论基础。

（3）系统特点

不同于传统的储罐测量系统，它的基本测量参数是质量而不是液位；填补了许多传统储罐测量系统遗留的空白；采用现场总线技术，升级能力强；安装方便，调试及维修简单；读数直观，可直接读出油品的库存量，实现实时的罐前计量参数的显示。

11.1.2.2　混合式自动计量系统

混合式自动计量系统是把液位计计量系统和静压式自动计量系统的有机整合，它具有液位计计量系统高准确度液位测量和静压式自动计量系统的质量测量的优势，而且可同时得到高准确度液位高度、质量、密度、温度和油水界面参数，功能最全，是现代技术最新产物。下面主要介绍几种混合式自动计量系统中常见的液位仪：

（1）伺服式液位仪

伺服液位计是用于存储罐及工艺过程罐的高精度测量的液位计。对罐区内所有罐的液位、温度、压力等进行集中测量、控制、显示及打印报表等，并可根据以上参数实行罐区的自动化计量及数据的上传，从而真正做到了“方便”、“直观”。

① 仪表结构

一般结构见图 11－4，主要包括鼓室、接线端室和电气单元室。在电气单元室内可以根据要求，分别插入平均温度、压力、密度等测量卡件，实现罐内液位、油水界面、温度和密度的准确测量。

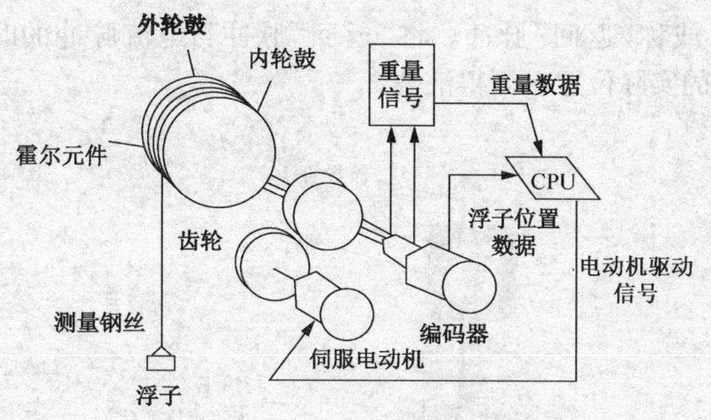

图 11－4　伺服式液位仪结构图

② 工作原理

伺服液位计的测量是基于浮力平衡的原理而设计的。固定在驱动电机的内磁铁轮与经过精密加工的轮鼓(即外磁铁轮)之间完成磁偶合，使得轮鼓和驱动电机形成同步旋转，而内磁铁轮与轮鼓(外磁铁轮)之间被仪表外壳完全隔离，从而使得被测液体腔与电气部分完全隔离而满足防爆要求，将测量钢丝均匀整齐地排列在轮鼓上。浮子通过测量钢丝被送到罐内。当罐内液位(界面或比重)变化时，由于浮子的重量随变化的液位而改变，浮子变化的重量使得轮鼓(外磁铁轮)与内磁铁轮之间形成耦合差。将该信号送入微处理器进行计算判断后，给伺服电机发出控制指令，使得罐内浮子始终随液位高度的变化而变化。从而即可以通过测量轮鼓的旋转角度，计算后得到液位的高度值。

③ 主要技术指标

测量范围：	0～37m	精度：	±1mm
示值分辨率：	＜±1mm	环境温度：	－40℃～＋85℃
相对湿度：	≤95%	电源电压：	24VDC
工作压力：	＜4.0MPa	伺服密度测量误差：	＜±5kg/m³
防爆等级：	Exd IIC T6	防护等级：	IP67

④ 系统特点

高精度、高性能、高可靠性；液位、温度可同时传送；主要采用双线式信号总线、降低接线成本；双通道数据通信，远距离操作与控制的液位计；适用于圆锥屋顶水箱、储藏油的浮顶油罐、液化石油气和其他液化气用的密封形罐、地下罐。

(2) 磁致伸缩液位计

磁致伸缩液位计是一种可连续液位、界面测量，并提供用于监视和控制的模拟信号输出的极高精度的测量仪表。

① 仪表结构

磁致伸缩液位计主要由三部分组成：传感器(压磁传感器和磁致传感器)，电路单元和内磁浮子组成，如图 11－5 所示。

② 工作原理

如图 11－6 所示，测量时，电路单元产生电流脉冲，该脉冲沿着磁致伸缩线向下传输，并产生一个环形的磁场。在探测杆外配有浮子，浮子沿探测杆随液位的变化而上下移动。由于浮子内装有一组永磁铁，所以浮子同时产生一个磁场。当电流磁场与浮子磁场相遇时，产生一个“扭曲”脉冲，或称“返回”脉冲。将“返回”脉冲与电流脉冲的时间差转换成脉冲信号，从而计算出浮子的实际位置，测得液位。

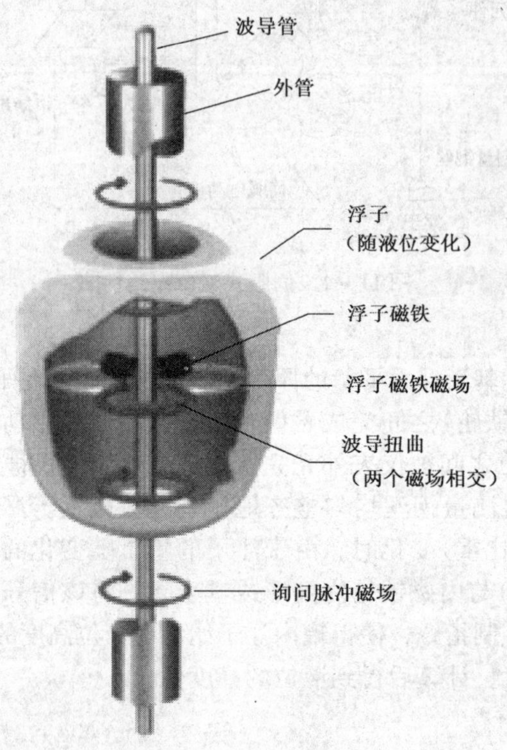

图 11－5　磁致伸缩液位计

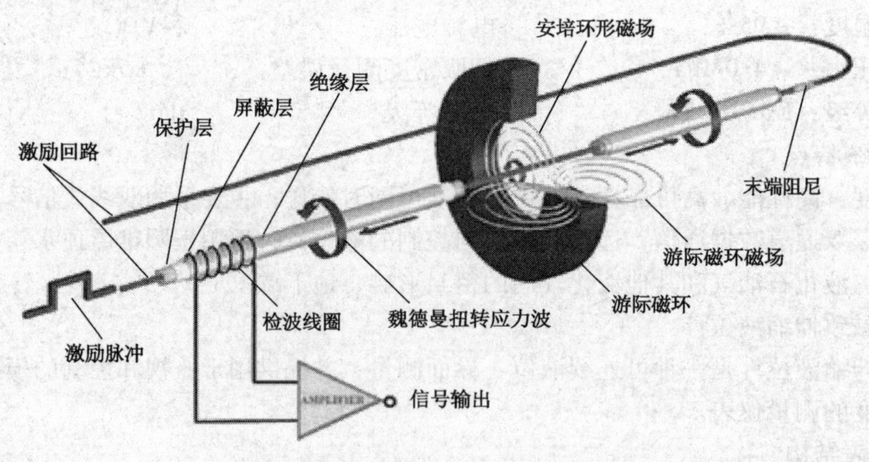

图 11－6　磁致伸缩液位计测量原理图

③ 特点

可靠性强：由于磁致伸缩液位计采用波导原理，无机械可动部分，故无摩擦，无磨损。整个变换器封闭在不锈钢管内，和测量介质非接触，传感器工作可靠，寿命长。

精度高：由于磁致伸缩液位计用波导脉冲工作，工作中通过测量起始脉冲和终止脉冲的时间来确定被测位移量，因此测量精度高，分辨率优于 0.01% FS，这是用其他传感器难以达到的精度。

安全性好：磁致伸缩液位计的防爆性能高，本安防爆，使用安全，特别适合对化工原料和易燃液体的测量。测量时无须开启罐盖，避免人工测量所存在的不安全性。

磁致伸缩液位计易于安装和维护简单：磁致伸缩液位仪一般通过罐顶已有管口进行安装，特别适用于地下储罐和已投运储罐的安装，并可在安装过程中不影响正常生产。

便于系统自动化工作：磁致伸缩液位计的二次仪表采用标准输出信号，便于微机对信号进行处理，容易实现联网工作，提高整个测量系统的自动化程度。

（3）雷达式液位计

雷达式液位计是近几年来推出的一种新型的油罐液位测量仪表，无须传输媒介，不受大气、蒸气、槽内挥发雾影响的特点，能用于挥发介质的液位测量。采用非接触式测量，不受槽内液体的密度、浓度等物理特性的影响。

① 工作原理

雷达液位计的工作原理类似超声波式的测量方法。以光速 c 传播的超高频电磁波，经天线向被探测容器液面发射，当电磁波碰到液面后反射回来，雷达液位计是通过测量发射波到反射波之间的延时 Δt 来确定天线与反射面之间的高度（空高 h）。

$$\Delta t = \frac{2h}{c}$$

由于光速 c 不受介质环境的影响，传播速度稳定，测得延迟时间 Δt 则可获得高度 h。但经天线发射的电磁波的传播速度 c 太快，延迟时间 Δt 极其微小，直接测量 Δt 非常困难。实际应用时，雷达系统不断地发射线性调频（频率与时间成线性关系）信号，得到的反射信号是经过时间延迟 Δt 的线性调频信号。发射信号频率与反射信号在同一时刻上的频率，因时间延迟而不同。它们之间的差频率 Δf，正比于延迟时间 Δt，即正比于空高 h。差频信号经过数据处理，可获得空高值 h。罐高值与空高值之差即为液位高度值。

② 特点及应用

雷达液位计是通过计算电磁波到达液体表面并反射回接收天线的时间来进行液位测量的。与超声波液位计相比，电磁波的传播速度受气体的性质及状态的影响较小。

雷达液位计采用了非接触测量的方式，没有活动部件，可靠性高，平均无故障时间长，安装方便。适用于高黏度、易结晶、强腐蚀及易燃易爆介质，特别适用于大型立罐和球罐等液位的测量。

图 11－7　雷达液位计

雷达液位计按天线形状分为喇叭口型和导波型两类。喇叭口型天线主要用于液面波动小、介质泡沫少、介电常数高的液位测量；导波型天线是在喇叭口型的基础上增加了一根导波管，可使电磁波沿导波管传播，减少障碍物及液位波动或泡沫对电磁波的散射影响，用于波动较大、介电常数低的非导电介质（如烃类液体）的液位测量。

（4）超声波液位计

超声波式液位计是利用超声波在液面上反射和透射传播特性测量液位的。因此，它有两类液位测量方法，即透射式和反射式。

透射式测量方式，一般是利用有液位或无液位时声阻抗的显著差别作为超声液位开关，产生开关量信号，作为液位高、低限报警信号或连锁信号使用。

反射式测量方式是测量入射波和反射波的时间差，从而计算出液位高度。探头到液位的高度 h 可用下式来表示：

$$h=\frac{v_c t}{2}$$

式中 v_c——超声波在被测介质中的传播速度，即声速；

t——超声波从探头到液面的往返时间。

对于一定的介质，v_c 是已知的，因此，只要测得时间 t，即可确定被测液位高度 h。

无论透射式还是反射式，产生超声波和接收超声波的探头都是利用压电元件构成的。发射超声波是利用了逆压电效应，接收超声波是利用了正压电效应。反射探头和接收探头的结构是相同的，只是工作任务不同。

11.2 安全检测

11.2.1 油气浓度监测

油气浓度的检测，通常采用可燃气体检测仪表。可燃气体浓度测定仪用于测定空气中各种油气的含量、LPG 中丙烷和丁烷等含量、CNG 中甲烷含量。当空气中可燃气体浓度达到某个设定值时，可以发出报警。同时也能进行作业环境卫生浓度检测分析，便于采取措施，改善作业环境，保障作业人员健康，预防事故发生。

1. 可燃性气体浓度检测仪分类

可燃性气体浓度检测仪按其结构形式可分为固定安装式和便携式两种。固定安装式由检测器和报警器两部分组成，检测器安装在被监视的现场，报警器安装在控制室内。便携式一般是检测元件和报警器为一体结构，使用时由巡检人员带到现场，对可疑处进行检测。根据可燃性气体检测仪采集可燃性气体自由扩散的方式进行检测，是常用的一种结构形式。其特点是无须采样装置，结构简单、体积小，使用方便，但易受风向和风速的影响，因此检测效果视安装位置和环境条件的不同而异，适用于室内和不易受风影响的场所。

可燃气体浓度测定仪表品种比较多，工作原理也各不相同，现以 XP－311A 型便携式可燃气体检测仪为例，简单介绍其原理。

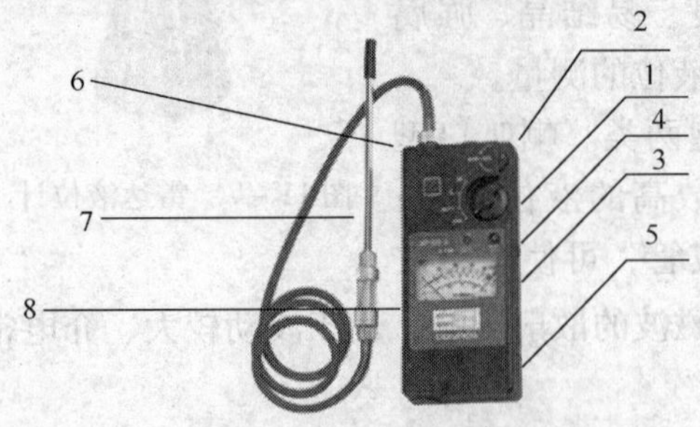

图 11－8 XP－311A 型便携式可燃气体检测仪外形图

1—电源/测定转换开关；2—调零旋钮；3—表盘；4—照明按钮；5—电池腔；6—吸引管；7—气体导入胶管；8—过滤/除潮器

XP－311A 型便携式可燃气体检测仪（如图 11－8）用机内的微气泵将气体自动吸入后，以接触燃烧式原理进行检测，可检测 0～10% LEL，0～100% LEL 的可燃气体浓度。

（1）使用方法

① 准备

可燃性气体浓度检测准备工作，必须在无可燃性气体泄漏的安全场所中进行。

安装电池：正确装入 4 节 5 号电池（以碱性电池为宜）。

检验电池电压：将转换开关由“OFF”挡转至“BATT”挡位置，检验电池电压，判断能否使用。

检验结果，从标度盘上最下层刻度的(蓝色宽窄条)指示可见。如果指针不能进入蓝色刻度范围，表示电池电压不足，需要更换电池；反之，则可以放心使用。

调“0”：将转换开关由“BATT”挡转至“L”挡位置(调“0”必须在“L”挡位进行)，待指针稳定后，确认“0”。若指针偏离“0”时，将“调零旋钮(ZERO)”缓转，进行调节，调至“0”为止。

② 检测

采气：先将转换开关转至“H”挡位置，将吸引管靠近所要检测的地点采气检测。若标度盘指针指示在10% LEL以下时，即指针指向最上层刻度层的绿线刻度范围的一半以下刻度时，则将转换开关转至“L”挡位置，以便读到更精确的数值。

读取数值：当标度盘指针稳定下来后，所指示的刻度值便是可燃性气体的浓度。当达到危险浓度(20% LEL)时，则有声、光报警。

示值判读：标度盘刻度形式。用于可燃性气体浓度检测的标度盘刻度，从上至下依次为“LEL”、“LPG”、汽油三层计数形式标示，每层均设有“L”、“H”两栏。LPG表示液化石油气。可用于液化石油加气站的可燃气体监测。

“LPG”及“汽油”气体浓度标示：“LPG”及“汽油”的指示，以气体体积浓度直接读出。但因汽油的组成成分不定，故为参考标度。

电池电量不足处置：检测中，若声音连续鸣响报警、警灯熄灭，则为电池电量不足，必须按前述准备工作中要求的在无可燃性气体泄漏的安全场所中，同时换上4节新电池。

关机：检测完毕，必须使检测仪吸入干净空气，待指针回到“0”位置后，方可关机。

(2) 注意事项

① 须避免强烈的机械性冲击。

② 不在高温多湿地方存放。

③ 如果长时间不使用，应将电池取出，更换电池时，须在无气体泄漏的安全地方装入，应同时换上4节新电池。

④ 请勿着水。

⑤ 机器保养时，请用柔软布料擦拭，勿用有机溶剂或湿布擦拭。不可用有机溶剂及湿布擦拭。

⑥ 注意更换过滤纸FE－2型。由于过滤纸经常接触可燃性气体，容易沾染油污和灰尘达到饱和，堵塞毛细孔，阻碍可燃气体的导通。因此，一旦过滤纸过脏，仪表的测量精度将严重下降，甚至导致失灵，要特别注意及时检查和更换过滤纸。

2. 可燃性气体检测报警器

顾名思义，可燃气体报警器就是可燃气体泄漏检测报警仪器，当超过浓度设定值时，发出报警。固定式可燃气体浓度测定仪，可连续地监视这些地点的可燃气体浓度。可燃气体报警系统的设置应符合以下要求：

(1) 该系统应能检测到超量泄漏的油蒸气并能发出报警信号。

(2) 可燃气体浓度自动检测装置，当可燃气体浓度达到气体爆炸极限下限的20%时，应设置自动报警装置。

(3) 报警装置集中设在控制室或值班室内，并应与油泵和压缩机的供电电源联锁，并配置不间断供电电源。

(4) 可燃气安装高度；检测比空气重的可燃气体或有毒气体(油品蒸气、液化石油气等），其安装高度应距地坪（或楼地板）0.3～0.6m；检测比空气轻的可燃气体或有毒气体（天然气等），其安装高度宜高出释放源0.5～2m。

3. KCB－12H便携式可燃气体检测报警仪

可燃性气体浓度检测仪用于测定空气中各种油气的含量，当空气中油气浓度达到或超过爆炸下限时，发出报警信号，便于采取措施，预防事故的发生。国内可燃性气体浓度检测报警器主要有KJB－1型、KQB－83－2型、BJ－3A型、ED090型、RB－JB－2000型和RB－KX型等。下面重点介绍一下便携式可燃气体检测报警仪的使用。

以KCB－12H便携式可燃气体检测报警仪为例，该仪器有两只传感器检测、使用方便、性能可靠，采用强吸式，具有最高防爆等级，设有过浓度报警装置和低浓度检测量程，适应安全动火分析。

（1）主要技术指标

① 测定方式：载体催化接触燃烧方式，自动抽吸气体。

② 防爆性能：安全火花型和隔爆型iadⅡCT6。

③ 仪表指示范围：0～100% LEL和0～20% LEL（两挡）。

④ 指示精度：≤±5%。

⑤ 响应时间：反应时间≤3s，稳定时间≤15s。

⑥ 报警方式：声、光报警。

⑦ 报警点设置：25% LEL（可调）。

⑧ 电源：可充电型镉镍电池。

⑨ 连续使用时间：3h。

（2）使用操作

① 将仪器放在新鲜空气中进行调零：开启电源开关→接上取样管→加热几分钟→将波段开关拨到所测气体挡→使指针调零。

② 测量：将取样管伸到所要测的地点→开启电源→待指针停留在摆动后的最大值时读取测得值→重复测定2～3次→取平均值。

③ 测量结束：将仪器放置在新鲜空气中→工作几分钟后清洗气路系统→切断电源→恢复原样。

11.2.2 接地电阻检测

接地电阻测定仪即接地摇表，主要用于直接测量各种接地装置的接地电阻和土壤电阻率。接地电阻测定仪本身能产生交变的接地电流，不需要外加电源，而且使用简单，携带方便，抗干扰性能较好，故应用十分广泛。常用的接地电阻测定仪有国产ZC－8型和ZC－29型。

ZC－8型接地电阻测定仪是由一只高灵敏度的检流计、手摇发电机、电流互感器及调节电位器等组成。其工作原理是：当手摇发电机的摇把按120r/min的速度转动时，便发生90～98周的交流电流，电流经电流互感器一次绕组、接地极、大地和探测针后，回到发电机，电流互感器便感应产生二次电流表，检流指针偏转，借助调节电位器使检流针达到平衡。

ZC－8 型接地电阻测定仪有两种量程，范围为 0～100Ω 和 100～1000Ω。它们都带有两根探测针，其中一根为电位探测针，另一根为电流探测针。测量前，先把被检测的接地电极引线与保护体脱开，将两根探针分别插入地中(图 11－9)，其距离沿被测接地极 E′使电位探测针 P′和电流表探测针 C′，以直线相距离 20m，P′插于 E′和 C′之间，然后用专用导线分别将 E′、P′和 C′接到仪表的相应接线柱上。测量时，先将仪表放在水平位置，检查检流计的指针是否在红线上，若未在红线上，则可用“调零螺丝”把指针调整于红线。然后将登记表的“二倍率标度”置于最大倍数，慢慢转动发电机摇把，同时旋转“测量标度盘”，使检流计指针平衡。当指针接近红线时，加快发电机摇把的转速，达到 120r/min 以上，再调整“测量标度盘”，使指针指于红线上。如果“测量标度盘”的读数特别小时，应将“二倍率标度”置于较小的倍数，再重新调整“测量标度盘”，以得到正确的读数。当指针完全平衡在红线上以后，用“测量标度盘”的读数乘以倍率标度，即为所测的电阻值。

使用接地电阻测定仪时，当检流计的灵敏度过高，可将电位探针 P′插入土中浅一些；当检流计灵敏度不够时，可沿电位计指针 P′和电流计指针 C′注水使其潮湿。测量时，均应将被测接地体同其他接地体或保护体分开，以保证测量的正确性，也有利于测量工作的安全，并且能防止测量电压反馈到与被测接地休相连的其他导休上所引起的事故，还能消除离散电流引起的误差。

11.2.3　CR86 系列钳形接地电阻仪

CR86 系列钳形接地电阻仪有长钳口及圆钳口之分。长钳口特别适宜于扁钢接地的场合，在测量有回路的接地系统时，不需断开接地引下线，不需辅助电极，安全快速、使用简便。广泛应用于电力、电信、气象、油田、建筑及工业电气设备的接地电阻测量。

(1) 测量原理

① 电阻测量原理

CR86 系列钳形接地电阻仪测量接地电阻的基本原理是测量回路电阻。如图 11－10 所示，钳表的钳口部分由电压线圈及电流线圈组成。电压线圈提供激励信号，并在被测回路上感应一个电势 E。在电势 E 的作用下将在被测回路产生电流 I。钳表对 E 及 I 进行测量，并通过下面的公式即可得到被测电阻 R。

$$R=\frac{E}{I}$$

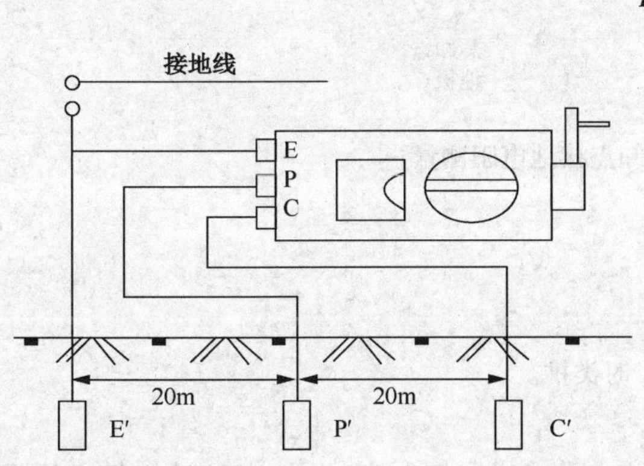

图 11－9　静电接地电阻测定仪

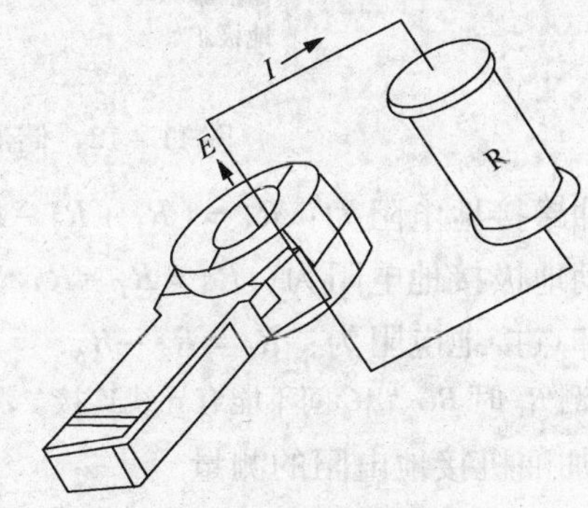

图 11－10　钳形接地电阻仪接地电阻测量原理图

② 电流测量原理

CR86 钳形接地电阻仪测量电流的基本原理与电流互感器的测量原理相同。如图 11－11 被测量导线的交流电流 I，通过钳口的电流磁环及电流线圈产生一个感应电流 I_1，钳表对 I_1 进行测量，通过下面的公式即可得到被测电流 I。

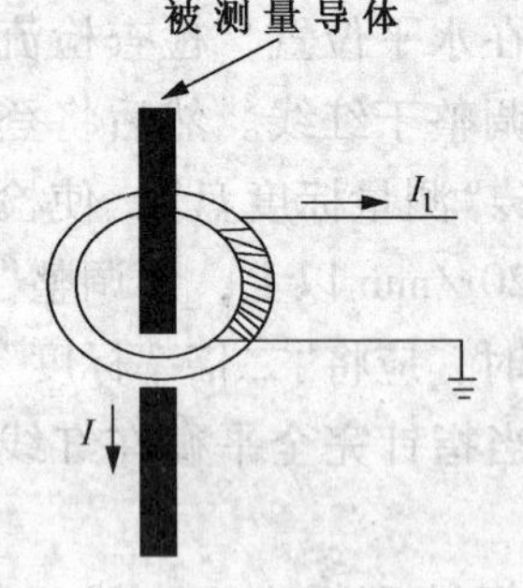

图 11－11　钳形接地电阻仪电流测量原理图

$$I = n \cdot I_1$$

其中：n 为副边与原边线圈的匝数比。

（2）在加油站的应用

根据《接地式防静电装置检测规范》（JJF2—2003），加油站主要需测试的设备、设施的接地电阻及连接电阻见表 11－1。测试时使用的仪器必须满足《爆炸性气体环境用电气设备》（GB 3836—2000）的要求。CR86B 钳表已通过防爆认证。它可应用于相应的易燃易爆环境中。

表 11－1　加油站接地电阻及连接电阻技术要求

序　号	检　测　项　目	技　术　要　求
1	储油罐接地电阻	≤10Ω
2	装卸点接地电阻	≤100Ω
3	加油机接地电阻	≤4Ω
4	加油机输油软管连接电阻	≤5Ω

① 储油罐、装卸点接地电阻的测量

如图 11－12 所示，在加油站接地系统中，储油罐接地极 A 与加油机相连接，装卸点接地极 C 是一个独立的接地极。再找一个独立的接地极作为辅助接地极 B（如自来水管等），按三点法用钳表分别测出 R_1、R_2 和 R_3。则可计算出：

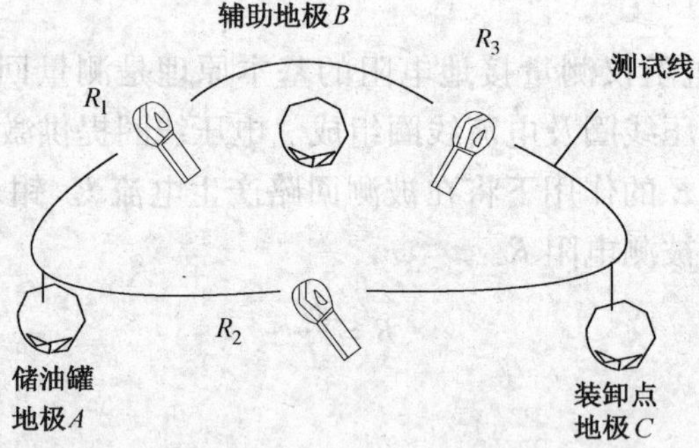

图 11－12　储油罐、装卸点接地电阻测量

储油罐接地电阻为：$R_A = (R_1 + R_2 - R_3)/2$

辅助地极接地电阻为：$R_B = R_1 - R_A$

装卸点接地电阻为：$R_C = R_2 - R_A$

注：测 R_1 时 BC、AC 间不能有导线连接。测 R_2、R_3 时类推。

② 加油机接地电阻的测量

如图 11－13 所示，找一个与加油机接地极互相独立的接地极，如装卸点接地极等。用测试线将两点连接起来，用钳表测出读数 R_T。则可计算出：加油机接地电阻为：$R = R_T - R_C$

式中　R_T——钳表所测阻值；

　　　R_C——装卸点接地电阻。

③ 加油机输油软管连接电阻的测量

用一根测试线将加油枪和加油机连接起来。如图 11－14 所示，用钳表测出读数 R_T。则可计算出加油机软管连接电阻为：

图 11－13　加油机接地电阻测量

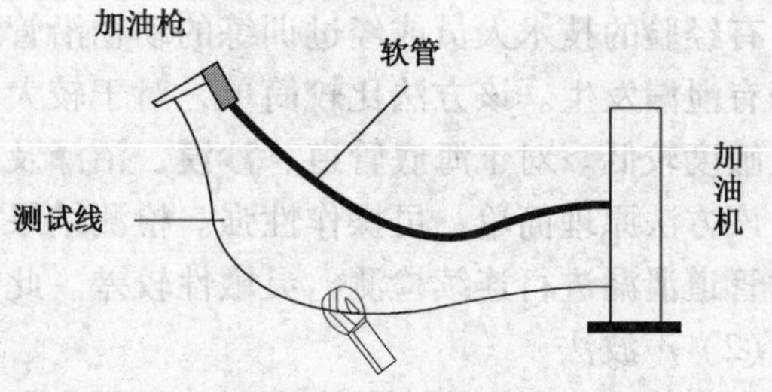

图 11－14　加油机输油软管连接电阻测量

$$R = R_T - R_L$$

式中　R_T——钳表所测阻值；

　　　R_L——测试线的电阻。

11.2.4　成品油管道检测

11.2.4.1　成品油管道概况

现代管道运输业始于 19 世纪中叶。随着现代工业的发展，管道建设进入了一个新阶段。到 20 世纪初，成品油管道输油开始起步，其技术水平不断提高。纵观管道输送的历史和现状，以长距离成品油输送管道替代铁路成品油运输这一发展趋势不可逆转。

11.2.4.2　成品油管道的基本构成及特点

(1) 成品油管道的基本构成

成品油管道由站场、线路和辅助系统构成。

成品油管道的站场分为首站、中间分输泵站、中间泵站、中间分输站、末站、集输站等。

(2) 成品油管道的特点

① 输送介质压力高。

② 需采用密闭顺序输送，防止混油事故发生。

③ 输送的油品安全、便捷。

④ 生产调度责任大。

⑤ 跟踪液体界面进行监测。

11.2.4.3　SCADA 系统的基本概念

现代输油管道通过计算机监控与数据采集系统（SCADA）实现全线的集中控制。SCADA 系统是英文 Superivisory Control and Date Acquisition 的缩写，即数据采集与监控控制系统。它是以计算机为基础的生产过程控制与调度自动化系统，建立在 3C＋S 技术上的一门科学。该系统主要由控制中心计算机系统、远程终端装置（RTU）、数据传输机网络系统及应用软件组成。控制中心的计算机通过数据传输系统对设在泵站、计量站或远程阀室的 RTU 定期进行查询，连续采集各站的操作数据和状态信息，并向 RTU 发出操作和调整设定值的指令，从而实现对整条管道的统一监视、控制和调度管理。

11.2.4.4 成品油管道泄漏检测技术

成品油管道泄漏的识别和定位技术包括泄漏检测和监测两方面。这里主要介绍管道泄漏检测技术。

(1) 巡线观察法

有经验的技术人员或经过训练的动物沿管线巡查，通过看、闻、听或者其他方式来判断是否有泄漏发生。该方法比较简单，对于较大的泄漏误报率较低，且定位精度较高，但报警的灵敏度较低。对于海底管道、沙漠、沼泽及人迹罕见的荒原上的管道，泄漏检测的难度更大。该方法原理简单，可操作性强。检测结果主要依赖个人经验和查看前后泄漏的发展，无法对管道泄漏进行连续检测，灵敏性较差。此方法适用于所有埋地成品油管道。

(2) 声波法

压力管道泄漏所产生的声发射信号是广义的声发射信号，管壁本身不释放能量，而只是作为一种传播介质。泄漏过程中，在泄漏点处由于罐内外压差，使管道中的液体在泄漏处形成多相湍射流，这一射流不但使流体的正常流动发生紊乱，而且与管道及周围介质相互作用向外辐射能量，在管壁上产生高频应力波。该应力波携带着泄漏点信息(泄漏孔形状和大小等)沿管壁向两侧传播，对这种声发射信号进行采集和分析处理，就可以对泄漏及其位置进行判断。见图 11 -15。

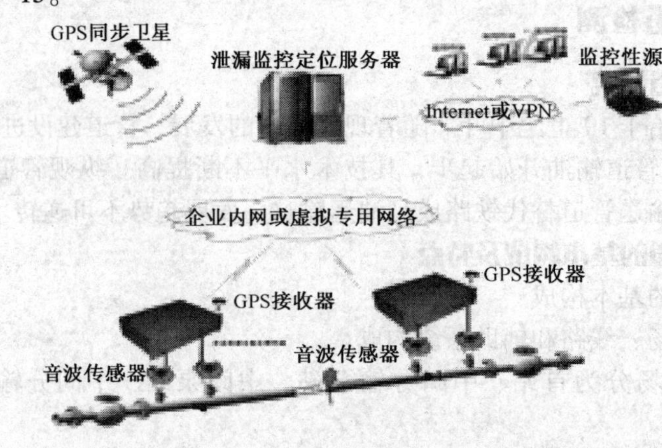

图 11 -15　声波法泄漏定位原理图

管道泄漏声发射信号是一种连续型信号，频带范围主要分布在 1 ~ 80kHz。管道泄漏时产生的声发射信号具有以下特点：

① 泄漏声发射信号是由管中流体介质泄漏时与管道及周围介质相互作用激发的，是一种连续型信号，因此监测仪器不需要采用较高的采样频率。

② 泄漏声发射信号沿管道向上、下游传播，接受并分析该信号，可以获得泄漏源大小位置等信息。

③ 管道泄漏声发射信号受诸多因素的影响，如泄漏孔径大小和形状以及介质压力、管道周围介质、环境噪声等，因此，声发射信号本质上属于一种非平稳随机信号。

④ 根据导波理论，泄漏声发射信号具有多模态特性，并且在管道内传播时存在。

此方法操作简单，使用方便，检测速度快、成本低。能识别较小泄漏，泄漏识别和定位受多种因素影响，检测距离短，两传感器的间距一般不超过 300m。该方法可用于所有埋地管道的泄漏判断和定位。

（3）超声导波检测法

超声导波也称为制导波，其原理是探头阵列发出一束超声能量脉冲，此脉冲充斥整个圆周方向和整个管壁厚度向远处传播，导波传输过程中遇到缺陷时，缺陷在径向截面上有一定的面积，导波会在缺陷处返回一定比例的反射波，因此可由同一探头阵列检出返回信号即反射波来发现和判断缺陷的大小。管壁厚度中的任何变化，无论内壁或外壁都会产生反射信号，被探头阵列接收到，因此可以检出管子内外壁由腐蚀或侵蚀引起的金属缺损，根据缺陷产生的附加波型转换信号，可以把金属缺损与管道外形特征识别开来。

（4）激光检测法

该方法是利用激光吸收光谱及谐波探测的基本原理，基于现代光学、微电子学和计算机技术的基础，其测量系统主要包括激光扫描探头、运动控制盒定位系统、数据采集和分析系统三个部分。

第12章　建设项目安全管理

12.1　建设项目安全监督

12.1.1　安全责任

我国《建设工程安全生产管理条例》中，规定了建设单位、勘察和设计单位、监理单位、施工单位的主要安全责任。

12.1.1.1　建设单位的主要安全责任

（1）向施工单位提供资料的责任。建设单位应当向施工单位提供施工现场及毗邻区域内供水、排水、供电、供气、供热、通信等地下管线资料，气象和水文观测资料，相邻建筑物、地下工程的有关资料。

（2）依法履行合同的责任。建设单位不得对勘察、设计、施工、监理等单位提出不符合建设工程安全生产法律、法规和强制性标准规定的要求，不得压缩合同约定工期。

（3）提供安全生产费用的责任。建设单位在编制工程概算时，应当确定建设工程安全作业环境及安全措施所需要的费用。

（4）不得推销劣质材料设备责任。建设单位不得明示或者暗示施工单位购买、租赁、使用不符合安全施工要求的安全防护用具、机械设备、施工机具及配件、消防设施等器材。

（5）提供安全施工措施资料的责任。建设单位在申请领取施工许可证时，应当提供建设工程有关安全施工措施的资料。

（6）对拆除工程进行备案的责任。建设单位应在拆除工程施工15日前，将下列资料报送建设工程所在地的县级以上地方人民政府建设行政主管部门或者其他有关部门备案。

12.1.1.2　勘察、设计单位的主要安全责任

（1）勘察单位的安全责任

① 确保勘察文件的质量，以保证后续工作的安全责任；

② 科学勘察以保证周边建筑物安全的责任。

（2）设计单位的安全责任

① 科学设计的责任。设计单位应当按照法律、法规和工程建设强制性标准进行设计，防止因设计不合理导致生产安全事故的发生。

② 提出建议的责任。设计单位应当考虑施工安全操作和防护的需要，对涉及施工安全的重点部位和环节在设计文件中注明，并对防范生产安全事故提出指导意见。

③ 承担后果的责任。设计单位应对其设计负责。

12.1.1.3　监理单位的主要安全责任

（1）审查施工组织设计的责任。施工组织设计中必须包含安全技术措施和施工临时用电方案。对基坑支护、土方开挖、起重吊装、拆除等危险性较大的分项工程，施工单位应编制专项的施工方案。工程监理单位依法对这些安全技术措施和专项施工方案进行审查，审查的

重点是其是否符合工程建设强制性标准。

（2）安全隐患报告的责任。工程监理单位在实施监理的过程中，发现存在安全隐患的，应当要求施工单位整改；情况严重的应当要求施工单位暂停施工，并及时报告建设单位。

（3）依法监理的责任。工程监理单位应当依照法律、法规和工程建设强制性标准实施监理，并对建设工程安全生产承担监理责任。

12.1.1.4 施工单位的主要安全责任

（1）主要负责人

依法对本单位的安全生产工作全面负责。

① 建立健全安全生产责任制度和安全生产教育培训制度；

② 制定安全生产规章制度和操作规程；

③ 保证本单位安全生产条件所需资金的投入；

④ 对所承建的建设工程进行定期和专项安全检查，并做好检查记录。

（2）项目负责人

由取得相应资格的人员担任，对建设工程项目的安全施工负责。这里的项目负责人主要指项目经理，在工程项目中处于中心地位，对建设工程项目的安全全面负责。

① 落实安全生产责任制度、安全生产规章制度和操作规程；

② 确保安全生产费用的有效使用；

③ 根据工程的特点组织制订安全施工措施，消除安全事故隐患；

④ 及时、如实报告生产安全事故。

（3）施工现场专职安全生产管理人员

① 对安全生产进行现场监督检查；

② 发现安全事故隐患，应当及时向项目负责人报告；

③ 对违章指挥、违章操作的，应当立即制止。

（4）总承包单位和分包单位的安全责任

建设工程实施总承包的，由总承包单位对施工现场的安全生产负总责。总承包单位依法将建设工程分包给其他单位的，分包合同中应明确各自的安全生产方面的权利和义务。总承包单位和分包单位对分包工程的安全生产承担连带责任。

分包单位应当服从总承包单位的安全生产管理，分包单位不服从管理导致生产安全事故的，由分包单位承担主要责任。

12.1.2 承包商资质

建设单位工程项目管理部门对承包商承担工程项目的相应施工资质进行审核。承包商应具备与所承担工程项目相应的等级资质，应建立 HSE 管理体系或职业安全健康管理体系，并有 2 年以上良好的安全业绩。承包商应取得该部门签发的《工程项目承包商施工资格确认证书》。

建设单位安全监督管理部门对承包商的 HSE 资质进行审查。承包商在取得《工程项目承包商施工资格确认证书》后，向安全监督部门申请，并提交建筑施工企业的《安全生产许可证》；2 年以上安全事故、事故发生率的原始记录以及安全隐患治理台账；符合国家法规规定的特殊工种作业人员操作证和安全管理人员资格证的原件及复印件。建设单位安全监督管理部门对承包商进行审查后，签发《工程项目承包商 HSE 资格确认证书》，每年复审 1 次，连续3年复审合格的承包商可将复审周期延长至2年1次。

承包商HSE管理体系的主要内容至少包括：

(1) 承包商HSE承诺；

(2) HSE管理组织机构；

(3) HSE管理体系文件和规章制度；

(4) 危害识别、风险评价及风险控制措施；

(5) 承包商HSE培训计划；

(6) 安全监督管理人员及作业人员的HSE培训计划、内容和相关会议纪要；

(7) 个人职业防护器具的目录和有效检验证书；

(8) 职业健康体检程序；

(9) 事故(事件)调查和处理管理规定。

12.1.3 安全协议或安全合同

对承包商承接的所有工程项目应按照中国石化合同管理要求签订工程合同，合同中应明确双方HSE管理工作的内容及应负的责任。为保证HSE职责明确，在签订合同的同时，双方应签订HSE管理协议。HSE管理协议应进一步明确其对HSE管理人员配备的数量和素质要求。工程项目实行总承包的，分包合同中应明确双方安全生产方面的权利和义务。合同在双方确认签订前，应报建设单位安全监督管理部门会审。

12.1.4 安全教育

施工前，承包商应持《工程项目承包商HSE资格确认证书》，到建设单位安全监督管理部门接受全员HSE教育。考核合格后，由建设单位向承包商发放“临时出入证”，其有效期应与施工期限同步，最长不超过6个月。

12.1.5 施工方案内容及审核

施工方案是以一个较小的单位工程或大型复杂工程中的某个分布(分项)工程，以及单项专业为对象所编制的指导性技术文件。施工方案是施工组织的核心内容，施工方案应具备先进性、合理性、经济性。

(1) 施工方案的主要内容：确定施工程序和施工流向、划分施工段、确定施工组织、确定施工方法、选择施工机械和技术组织措施。其主要包括：

① 工程概况；

② 施工依据、标准；

③ 施工进度计划，包括施工顺序、工程量、施工进度等；

④ 施工组织，包括机构设置和人员配备；

⑤ 主要施工方法和技术措施；

⑥ 主要施工机具、设备；

⑦ 保证质量措施、安全措施、文明施工措施等。

(2) 施工方案编制的依据：

① 施工图样；

② 施工现场勘察、调查得到的资料；

③ 施工验收规范、质量检查验收标准、安全操作规程、施工手册；

④ 新技术、新设备、新工艺；

⑤ 组织设计人员的施工经验、技术素质。

（3）施工现场应急预案。

工程项目施工前，承包商要在危害识别与风险评价基础上，编制施工现场应急预案，并将应急预案报建设单位安全监督管理部门备案。实行总承包的，由总承包单位统一组织编制应急预案。各分包单位按照应急预案要求落实本单位应急措施，建立应急救援组织，配备救援器材，并定期组织演练。

12.1.6 施工监督管理

施工期间的安全管理主要由施工单位负责，但建设方应密切配合，监督检查。建设单位工程项目管理部门、安全监督管理部门应定期深入现场，监督检查直接作业环节安全措施的落实情况，发现承包商施工人员违反 HSE 管理规定，有权勒令其整改或停止作业，向承包商下达“整改通知单”并跟踪检查。对承包商违反 HSE 管理规定的不良行为，应按照合同条款进行处罚；对多次违章或违章情节较为严重的承包商进行通报批评、警告，直至收回《工程项目承包商 HSE 资格确认证书》，责令其停工整顿；对 HSE 管理混乱、违章施工导致发生安全事故的承包商，建设单位应按照合同条款对其进行处罚。情节严重的按照有关规定予以清退。

施工现场安全管理就是在现场施工过程中采用现代管理的科学知识，防止危险、事故、损失进行安全目标要求的管辖、控制和处理。施工现场安全管理主要包括：施工现场作业管理、设施设备管理和作业环境安全管理三个方面。施工安全贯穿于现场的生产和生活的所有时间，自始至终的全过程。施工过程的每时每刻都可能产生不安全因素，危及作业现场的人、设施设备和环境安全。施工安全贯穿于施工的每一项施工工艺、每一项分项作业、每一个工种、每一位成员的生产活动，涉及全方位的所有空间。因此，施工现场的安全管理工作必须贯穿施工的全过程、全方位。

施工现场的工地围挡、临时用电线路架设、排水、供水设施、工棚、办公室等临时设施，各类施工设备设施，安全宣传图牌标志，安全防护设施和其他设施的使用，均应在符合安全、消防、卫生、环境保护的前提下，按照国家和地方有关法规和要求进行，做到合理有序，便利施工。

施工过程中发生的安全事故应按照国家有关法律法规及中国石化事故管理规定调查处理。承包商事故要与企业内部事故同样对待、处理和考核，对事故中负有责任的有关人员要严肃追究其责任。承包商应建立与中国石化事故管理相适应的管理制度。建设单位对承包商的事故调查处理情况予以监督。

12.1.7 施工作业基本条件

（1）明确承包商 HSE 管理工作的第一责任人；

（2）确定承包商现场 HSE 管理及应急联络人员；

（3）承包商施工方案已报建设单位工程管理部门审核；

（4）承包商应针对施工方案开展危害识别和风险评价，并将风险识别结果及控制措施报建设单位工程项目管理、安全监督部门审核确认；

(5) 建设单位工程项目管理部门、项目所在基层单位已向施工单位明确了 HSE 措施及要求；

(6) 建设单位已对全体施工人员进行三级安全教育；

(7) 施工用的建筑物、临时设施符合防火、防爆、防毒等要求，消防器材配备齐全，道路畅通；

(8) 双方确认作业现场已具备安全作业条件。

12.1.8 HSE 现场管理要求

(1) 使用的机具、工具应符合安全要求；

(2) 遵守建设单位的安全生产管理规定，办理相关作业许可证；

(3) 进入施工现场应穿戴符合国家标准及建设单位规定的劳动防护用品；

(4) 施工作业人员自觉接受建设单位安全监督管理部门、总承包及监理单位的检查和监督。

12.1.9 施工安全技术措施

由于施工条件、环境等不同，同类工程不同之处在共性措施中就无法解决。应根据有关法规的规定，结合以往的施工经验与教训，制定安全技术措施。一般工程安全技术措施主要有以下几个方面：

(1) 土石方开挖工程，应根据开挖深度、土质类别，选择开挖方法，确定保证边坡稳定或采取支护结构措施，防止边坡滑动和塌方；

(2) 脚手架、吊篮等选用及设计搭设方案和安全防护措施；

(3) 高处作业的上下通道、安全网的设置要求和范围；

(4) 对施工电梯、井架等垂直运输设备，位置搭设要求，稳定性、安全装置等的要求；

(5) 施工洞口的防护方法和主体交叉施工作业区的隔离措施；

(6) 场内运输道路及人行通道的布置；

(7) 编制临时用电的施工组织设计和绘制临时用电图纸，在建工程的外侧边缘与外电架空线路的间距达到最小安全距离采取的防护措施；

(8) 防火、防爆、防窒息、防雷等安全措施；

(9) 在建工程与周围人行通道及民房的防护隔离设置；

(10) 起重机回转半径达到项目现场范围以外的要设置安全隔离设施。

季节性施工安全技术措施是考虑不同季节的气候条件对施工生产带来的不安全因素可能造成的各种突发性事件，从技术上、管理上采取的各种预防措施。季节性主要指夏季、雨季和冬季。夏季气候炎热，高温持续时间较长，主要是做好防暑降温工作，避免员工中暑和因长时间暴晒造成职业病；雨季主要应做好防静电、防雷击、防水淹、防塌方、防台风和防洪等；冬季主要应做好防冻、防火、防滑等工作。

12.2 建设项目“三同时”管理

“三同时”是指生产经营单位新建、改建、扩建工程项目(以下统称建设项目)的安全设施，必须与主体工程同时设计、同时施工、同时投入生产和使用。

12.2.1 “三同时”的管理程序

第一步：由建设单位组织起草项目可行性研究报告。

第二步：安全预评价。由建设单位委托中介机构根据建设项目可行性研究报告的内容，分析和预测该建设项目可能存在的危险、有害因素的种类和程度，提出合理可行的安全对策措施及建议，编制出安全预评价报告。

第三步：安全预评价审核。由政府组织专家或委托中介机构对安全预评价报告进行评审，及项目的设立审查。

第四步：设计单位依据可研和预评价报告进行建设项目设计。

第五部：由政府组织专家对设计单位编制的安全设施设计专篇进行评审。

第六步：施工、监理单位严格按照设计进行施工和监理。

第七步：建设单位委托中介机构对建设项目进行安全验收评价。

第八步：由政府组织专家对建设项目的安全验收评价报告和项目现场进行验收。

第九步：建设单位获得生产许可证。

12.2.2 建设项目安全预评价

1. 项目可行性研究

建设单位委托具有相应资质的设计院编制可行性研究报告，其中必须有“职业安全健康”专篇内容。

职业安全健康专篇的主要内容：

（1）生产过程中生产和使用的主要有毒有害物质；

（2）主要防范措施；

（3）职业安全健康机构设置。

2. 安全预评价

按照《危险化学品建设项目安全监督管理办法》，危险化学品的建设项目以及具有较大安全风险的建设项目，建设单位在进行项目可行性研究时，应对安全生产条件进行专门论证，委托中介机构进行安全生产评价。

安全预评价是为了贯彻“安全第一，预防为主”的方针，为建设项目初步设计提供科学依据，是根据建设项目可行性研究报告的内容，分析和预测该建设项目可能存在的危险、有害因素的种类和程度，提出合理可行的安全对策措施和建议。

3. 评价报告的主要内容

（1）概述，包括评价依据、建设单位简介、建设项目内容等；

（2）生产工艺简介和主要危险、有害因素分析；

（3）评价方法和评价单元；

（4）定性、定量安全评价；

（5）安全对策措施，主要包括总布置和建筑、工艺和设备设施、安全工程设计、安全管理、其他等；

（6）预评价结论和建议；

（7）附件。

12.2.3 建设项目安全设施设计专篇

设计单位应严格依据可行性研究报告和安全预评价所提出的要求进行安全设施设计，落实安全生产措施。安全设施设计应报经安全生产监督管理部门审查。

安全设施分为预防事故设施、控制事故设施和减少与消除事故影响设施三类。

12.2.4 项目试运行

建设项目在竣工后，应当在正式投入生产或使用前进行联合试运转。建设项目联合试运转，应经有关主管部门批准，并报安全监察机构备案。联合试运转期间，建设单位应当制定可靠的安全措施，做好现场检测、检验，收集有关数据，并编制联合试运转报告。

12.2.5 建设项目安全验收

1. 安全验收的目的和作用

在建设项目竣工、试生产运行正常后，通过对建设项目的设施、设备、装备实际运行状况及管理状况的安全评价，查找该建设项目投产后存在的危险、有害因素的种类和程度，提出合理可行的安全对策措施与建议。同时对系统存在的危险、有害因素进行定性和定量检查，判断系统在安全上的符合性和配套安全设施的有效性，从而作出评价结论并提出补救或补偿的安全对策措施，实现系统安全的目的，为项目安全专项验收提供依据。

2. 安全验收资料

建设项目经安全验收评价达到验收条件的，建设单位应当向安全监察机构提出书面申请。

申请验收建设项目的安全设施和安全条件，应当提交下列资料：

（1）申请报告及申请表；

（2）初步设计、安全专篇及设计修改的有关文件、资料；

（3）安全设施工程质量认证书复印件；

（4）施工期间安全事故及其他重大工程质量事故的有关资料；

（5）负责人、管理人员、作业人员安全资格的有关资料；

（6）联合试运转报告；

（7）安全验收评价报告书（消防、防雷检测、环保等专项验收和检测意见书）；

（8）其他需说明的事项。

3. 安全验收

安全监察机构接到验收申请后，组织专家组应当对上报资料进行审查，并组织现场验收。有下列情形之一的，为验收不合格：

（1）安全设施和安全条件不符合设计要求，或未通过工程质量认证的；

（2）安全设施和安全条件不能满足正常生产和使用的；

（3）未按规定建立安全生产管理机构和配备安全生产管理人员的；

（4）企业负责人、管理人员和作业人员不具备相应资格的；

（5）不符合安全监察机构规定的其他条件的。

12.3 油库建设项目设计安全要求

12.3.1 总平面布置要求

油库内的设施应按其功能分区布置，油库改造应结合原有设施状况，合理调整布局。新建油库应结合地形、地貌及库外交通设施等条件，优化分区布置。在保证安全间距符合要求的前提下，合理安排各分区的间距，减少油品输送距离。分区内的主要建构筑物见表12－1。

表12－1 油库分区及其主要建筑物和构筑物

序号	分区		区内主要建筑物和构筑物
1	储油区		油罐组、防火堤、油泵组、配电间、油污水处理设施等
2	油品装卸区	铁路装卸区	油品装卸栈桥、站台、油泵棚(房)、桶装油品库房、配电间等
		水运装卸区	油品装卸码头、油泵棚(房)、水上加油设施、变配电设施等
		公路装卸区	油泵组(棚)、油品装卸设施、桶装油品库房、综合管理室等
		管道站场	输油泵组、下载计量设施、混油及回掺设施、变电所等
3	辅助生产区		消防泵房－消防车库、消防水池(罐)、变配电间、器材库、锅炉房、化验室、污水处理设施等
4	行政管理区		办公室、化验室、控制室、浴室、食堂、值班、警卫及消防人员宿舍、警卫室等

储油罐区在满足工艺流程的前提下，应集中布置，以减少管道及配套设施的投资。消防道路与库区道路要形成网络，道路宽度、转弯半径、与防火堤之间的距离等应符合《石油库设计规范》的要求。一级油库的消防道路转弯半径不宜小于12m，一级以下油库的消防道路转弯半径为9～12m。道路坡度不宜大于8%。公路装卸区应靠近库外道路布置，并设有单独的出入口。公路装卸区与其他分区应设隔离设施(非实体围墙、绿篱等)。

辅助生产设施应靠近生产设施布置，新建油库的辅助生产设施与行政管理设施应合并为综合管理区。合并建造的行政综合楼，其防火距离按有明火及散发火花的建筑物考虑，合并建设的辅助生产建筑物的安全间距取规范较大值。

油库必须具有可靠的防洪、排涝措施。采取平坡无组织排水的库区场地，应有不小于2‰的设计坡度，以保证雨水迅速排除。竖向设计应根据地形和地质条件，结合油库的规模、功能分区及道路布置等因素，选择平坡式或阶梯式布置。其相邻阶梯高差宜控制在6m，不宜超过8m。相邻阶梯可采取护坡或重力式挡土墙等方式分隔，超过2m高的变阶处应设防护措施。山区或丘陵地区的土石方工程应防止滑坡、塌方，并应注意保护山坡植被，避免水土流失。

12.3.2 储油罐区

1. 油罐布置

在同一油罐组内宜双排布置油品火灾危险性相同或相近的油罐，相同规格油罐应靠近布置，油罐规格不应超过三种。沸溢性油品不应与非沸溢性油品储罐同组布置。水溶性与非水溶性油品储罐之间应设隔堤。罐组内油罐数量、隔堤及防火堤踏步等的设置，应满足《石油库设计规范》的要求。

油罐罐底标高应符合下列要求：

（1）满足泵的吸入要求；

（2）满足罐前支管道与主管道连接所需安装尺寸的要求；

（3）地上立式油罐的基础顶面标高，宜高出油罐周围设计地坪标高0.5m。

2. 工艺管道

工艺管道应集中布置，双排布置的油罐组，宜在中间布置管带。管道连接应采用焊接方式，有特殊需要的部位可采用法兰连接。管道敷设应避免出现低点(液袋)、高点(气袋)和盲管。采用地上管道敷设方式，主管带应以不小于0.2%的坡度坡向泵组，管墩顶宜高出设计地面0.3m，应在适当位置设人行过桥跨越管带。油罐进出口管道与主管道之间应采用挠性或柔性连接，在抗震设防烈度大于7度、管径大于*DN*150时，可采用抗震用金属软管进行连接。金属软管应设在油罐进出口2个阀门之间，在油罐试水沉降稳定后安装。金属软管的横向补偿量除考虑地震的影响外，还应同时考虑油罐在使用过程中的沉降量。不保温、不放空的地上油品管道，在其封闭管段上应设有效的泄压装置。

3. 防火堤

防火堤、防火隔堤可根据建设条件选择砖砌体防火堤、钢筋混凝土防火堤或浆砌毛石防火堤，一般条件下应优先采用双面抹灰的砖砌体防火堤。防火堤内侧应喷涂耐火极限不小于2h的隔热防火涂料。防火堤内的有效容积除满足规范要求外，应考虑事故水的容积(一次灭火的计算消防水量和降水量)。

防火堤变形缝间距应根据建筑材料、气候特点和地质条件，按相关结构设计规范确定。变形缝宽度为30～50mm，缝内采用非燃烧的柔性防水材料填实。变形缝两侧的填充材料挡板采用金属材质，自罐组地面以下150mm至防火堤顶面整板通长设置。防火堤堤身必须密实、无渗漏。

油罐组防火堤内不应有与罐区无关的管道和电缆穿越。进出油罐组的各类管道、电缆应从防火堤顶部跨越或从地面以下穿过。当管道必须穿越防火堤时，应设刚性防水套管。严禁在防火堤及隔堤上开洞。油罐组防火堤内雨水排放采用明沟收集或平坡无组织排水方式收集至罐组内的集水井，平坡排水坡度不宜小于0.3%。排出防火堤或穿越隔堤时，应设置截断阀。

12.3.3 铁路装卸油设施

铁路装卸区宜布置在油库的边缘地带，以避免铁路油罐车的进出影响其他分区的操作和管理，减少铁路与库内道路的交叉，有利于安全和消防。

铁路卸油泵站应采用地上泵棚形式，极端最低气温低于－30℃的地区和极端气温在－20～－30℃且风沙较大地区，可设泵房。泵棚(房)宜附设值班室、配电间、厕所等房间。配电间门窗应设在爆炸危险区域以外，若窗设在爆炸危险区域以内时，应为密闭固定窗。栈桥应设在铁路装卸线的平直段上，铁路装卸线应为尽头式。同类油品鹤管间距宜为12m。单侧操作的栈桥宽度宜为1.5m，双侧操作的栈桥宽度宜为1.8～2m。栈桥集油管和扫舱管宜地上敷设，宜按不小于0.3%的坡度坡向油泵。集油管最低处管底标高宜高出周围地坪标高0.3m。

12.3.4 水路收发油系统

水运装卸区除装卸油品码头外，还应根据具体情况设置相应的配套设施。当装卸油品码头与库区距离较近或毗邻时，供配电、消防等应依托油库设施。若码头与油库距离较远，其水运装卸区应设置独立的变配电、消防、污水处理等配套设施。油品码头应设置必要的人行通道和检修通道，并应采用不燃或阻燃型材料。

输油臂(管)应设置排空系统。当采用顶水方式扫线时宜设顶水罐，如采用直接进罐方式时，油罐应有脱水措施。在通向水域引桥、引堤的根部和装卸油平台靠近装卸设备的工艺管道上，应设置便于操作的紧急切断阀。

12.3.5 公路装卸系统

公路装卸区内车辆组织应顺畅，避免行车路线交叉。公路装卸区车道转弯半径不应小于18m，作业场地和道路应采用混凝土路面，其路面采用厚度为250mm的C25混凝土现场浇注。路基及路基下的不良土质的处理，回填土的密实度等，应严格按照设计要求控制施工质量。

汽车发油亭应采用通过式。操作平台距地面高度不宜小于2.1m，平台宽度按工艺要求，一般为2.4~2.7m。两个上装车位或上装与下装车位共用一个通道时，通道净宽度宜为9m。全部下装的发油亭通道净宽度不应小于5m，可不设操作平台。下装发油岛应采用单侧布置，装油口及油气回收口均应设在车辆行驶方向的右侧。每个车位宜设1~3路发油鹤管，宜汽、柴油混设，兼顾同品种多舱车和多品种多舱车的装车需求。

12.3.6 安全监控子系统

安全监控子系统主要具备可燃气报警、火灾(事故)报警、智能电子巡更、闭路电视监控、周界报警等功能。在易燃油品罐区、公路发油亭、汽油泵组等重点部位，应设置可燃气体检测器。报警器应设在消防值班室内，并通过RS485通信接口将报警讯号传至总控制室。

消防值班室应设置专用的受警录音电话，总容量大于或等于$5\times10^4m^3$的油库应设置火灾报警系统和报警电话。报警显示及控制器应设在消防值班室或总控制室，设在总控制室时，消防值班室应设分显器。地面罐组、火车装卸栈桥、汽车装卸台、油泵组、门卫及行政区综合楼、总控制室等部位，应设置手动火灾报警按钮(宜在爆炸危险区域外设置)。

在装卸区、罐区、桶装仓库、变配电所等适当的位置，按照固定的巡检路线设置巡检信息采集点，记录巡检人员的巡视时间，并通过信息棒将信息存储到安全监控机。

油库应设置数字式电视监控系统。在罐区、收发油区、油泵组、大门处安装摄像机，在总控室、消防值班室监控，系统硬盘容量宜能保存一个月的信息。硬盘录像机及监视器应与计算机系统联网。管道配套库的电视监控后台系统应依托站场的电视监控系统。

油库宜设周界报警系统。探测方式应根据当地的气候和环境条件确定，报警器应带通信接口。

12.3.7 消防设施

一、二、三级油库，储存甲、乙类油品的立式储罐，应设固定式泡沫灭火系统和固定式消防冷却系统。油库消防灭火应采用同一种类型的泡沫灭火系统，宜优先采用低倍数泡沫灭火系统。当油库同时储存水溶性、非水溶性甲、乙类液体时，宜统一选用抗溶性泡沫液。

消防泵房、消防值班室及消防车库应集中布置。油库内的消防车库位置应能满足接到火灾报警后，消防车到达火场的时间不超过5min的要求。

（1）泡沫灭火系统

泡沫混合装置应采用隔膜式压力比例泡沫混合流程，也可采用平衡压力式泡沫比例混合流程。当一座储罐所需的泡沫产生器数量为两个及以上时，应选用同规格的泡沫产生器，且应沿罐周均匀布置。

（2）消防给水

油罐冷却环管应安装水膜喷头。消防冷却水泵、泡沫混合液泵应采用正压启动或自吸启动。当采用自吸启动时，自吸时间不宜大于45s。消防水池（罐）补水时间不应超过96h。水池（罐）容量大于1000m^{3}时，应分设2座。消防水池（罐）应设消防车专用吸水口。消防冷却水泵、泡沫混合液泵应各设1台备用泵。当消防冷却水泵与泡沫混合液泵的压力、流量接近时可共用1台备用泵。

在寒冷及严寒地区消防冷却水干管和环管，应埋地敷设在冰冻线以下，消防冷却水支管应有放空措施。消防水系统管道上所设置的消火栓的间距不应大于60m；消火栓宜采用1.6MPa、*DN*100的地上消火栓。寒冷及严寒地区消火栓应有防冻、放空措施。

12.3.8 污水处理

油库的含油与不含油污水，必须采用分流制排放。含油污水应采用管道排放。未被油品污染的地面雨水和生产废水可采用明渠排放，但在排出石油库围墙之前必须设置水封装置和控制阀门。水封装置与围墙之间的排水通道必须采用暗渠或暗管。

含油污水处理应根据油库总体规划及城市排水规划、环境质量评价或环境影响报告以及水域功能区的要求进行设计。油罐组防火堤内的含油污水管道引出防火堤时，应设水封装置，并在堤外采取防止油品流出罐区的切断措施。埋地的含油污水管宜采用球墨铸铁管道、耐油橡胶圈接口。储油罐区、公路收发油区应设置含油污水收集设施。

12.3.9 油气回收

油气回收处理装置宜在发油区内或靠近发油区布置，与油库内其他建筑物、构筑物之间的防火距离应按甲、乙类油品泵房确定，且工艺先进、成熟可靠。

油气回收处理装置的技术指标应符合下列规定：

（1）油气排放质量浓度应不大于25g/m^3；

（2）在不低于20℃的环境温度下，油气处理效率不应小于95%；

（3）装置噪声（距离装置1m处测量）不大于85dB（A）。

油气回收主管道的直径应根据油罐车的承压能力、油气回收装置及其油气回收管道系统允许的压力损失，经计算确定，可参照表12-2。

表12-2 油气回收主管道直径选取表

最大发油量（m^3/h）	≤200	201~400	401~700	700~1000	>1000
管道公称直径（mm）	150	200	250	300	350

油气回收管道的水平段应坡向油气收集装置，管道敷设坡度不应小于0.2%。若管道中

间有低点，管道应坡向低点，并在低点处设置凝液收集容器，油气回收装置入口处应设置气液分离装置。油气回收支管道末端应设自闭式快速接头或软密封止回阀(压损不大于1000Pa)及波纹板式阻火器，油气回收主管道靠近与油气回收处理装置的法兰处应设截断阀及波纹板式阻火器。油气回收主管道应设供油气回收处理装置故障或检修时用的排气管，排气管距离油气回收装置不小于4m，排气管应高出地面4m以上，管道上设置阀门，排气管顶端设置全天候防爆阻火呼吸阀(正压3000Pa，负压2000Pa)。

12.4 加油站建设项目安全要求

12.4.1 总平面布置

加油站的油罐、加油机、通气管管口与站外建、构筑物之间的距离应符合《汽车加油加气站设计与施工规范》(GB 50156)的要求。油气排放处理装置与站内其他设施的防火间距等同于通气管管口。站区四周除道路一侧开敞或设置非实体围墙外，应设置高度不低于2.2m的非燃烧实体围墙。站区内加油车道宽度、柱距及转弯半径除满足规范要求外，宜参照加油站总平面布置图要求设计。

加油站出入口处道路坡度不宜大于3%，坡度宜向站外；平坡排水的站区地面坡度为0.3%~1.0%。在汽车槽车卸车停车位处，应按平坡设计。加油加气站内不应种植油性植物，油罐区内严禁植树。

12.4.2 建(构)筑物

(1) 罩棚

罩棚一般采用安全可靠的钢结构形式，优先选用轻钢结构；在台风频发区域也可选用钢筋混凝土结构。罩棚活荷载、雪荷载与风荷载设计标准值的确定：应从安全、成本，实用、美观等综合因素考虑，严格按《建筑结构荷载规范》(GB 5009)国家标准执行。

罩棚悬挑部分自罩棚立柱中心挑出的长度不宜超过6m，罩棚立柱与罩棚立柱之间跨度不应超过15m。

(2) 地下油罐

埋地油罐单罐容量及油罐个数，应根据加油站等级、用地条件、加油品种、加油量进行设计布置。当加油站土地面积或安全距离受限时，宜将油罐埋设在车行道下，其人孔操作井可设在车行道以外。若人孔井设在车行道内时，人孔井盖应采用复合材料制造的承重型井盖。当油罐埋设在行车道下时，行车道根据荷载应进行承重设计；加油站行车道地坪面层宜采用C30砼，厚度为25cm，6m×6m规格，与站外路面连接的引道宜采用沥青路面。

储油罐应从符合国家规定的设计、制造资质的生产厂家采购。油罐的设计应符合《汽车加油加气站设计与施工规范》的要求。与土壤接触的钢制钢罐外表面，其防腐设计应符合现行行业标准《石油化工设备和管道涂料防腐技术规范》(SH 3022)的有关规定，且防腐等级不应低于加强级。油罐操作井井内宜采用耐油、易清洗的材料。井盖应启闭方便，并有效防止雨水进入。液位计与潜油泵不宜设在同一人孔盖上。

12.4.3 供配电

加油加气站的供电负荷等级可为三级。加油站宜采用220/380V外接电源，CNG加气站和合建站宜采用电压为6/10kV的外接电源。

当外电源不能保证供电需要时，且严重影响加油站经营，宜配置小型发电机，发电机组功率通常可按保障负荷(保证加油和照明等重要生产运营所需的最低负荷)的1.25～1.3倍选择，一般可选用12～30kW发电机。发电机组的排烟管口应装阻火器，且排烟管口到爆炸危险区域边界的水平距离为：排烟口高度低于4.5m时应为5m，排烟口高于4.5m时应为3m；配置发电机的加油站，发电机宜设置在独立发电间或按区域配置移动式小型发电机。

加油罩棚下面的照明灯具应选用加油站专用节能型灯具，灯具防护等级不低于IP44，并应均匀布置。CNG加气站罩棚照明灯具如安装在爆炸危险区域，则必须选择防爆型，不能选择防护型。加油加气站罩棚与罩棚檐口照明宜采用多回路供电系统；并在宜设置灯箱广告位置预留电线套管；三相用电功率应平衡。

加油加气营业场所、营业厅(便利店)、配电间、压缩机间均应设应急照明。加油站应设置在线式UPS电源，其功率应按电脑、液位仪、IC卡系统、监控、加油机弱电设备总功率的1.2～1.5倍确定，后备时间不宜小于15min。

加油加气站的380/220V供配电系统，采用TN－S系统，即在总配电盘(箱)开始引出的配电线路和分支线路，PE线与N线必须分开设置，使各用电设备形成等电位连接。

加油站室外线路埋地敷设埋深0.8m，当敷设在行车道水泥地面下时，须穿镀锌钢管保护，且防爆设备布线安装应符合防爆要求，加油机坑内电缆套管与加油机连接宜采用金属防爆软管，采用保护管端头应用防爆隔离密封胶泥做密封处理，其填充长度不小于50mm，且不小于管径的2倍(用石棉绳封底)。室内线路均采用BV－500V塑铜线穿钢管(或阻燃塑料管)沿墙、地、顶暗敷或在吊顶内敷设，站内设置的灯箱均应采用护套线配线。

12.4.4 防雷、防静电

加油加气站防雷应在其建筑物和罩棚顶上用Φ10镀锌圆钢做避雷网，引下线可利用柱内4根主筋通长焊接引下或利用罩棚立柱引下。出屋面金属管应与避雷网相连。

油罐接地不少于2点，埋地油罐的罐体、量油孔、阻火器等金属部件应进行接地，输油管线与通气管法兰螺栓少于5颗时应用25mm×4mm镀锌扁钢或30mm×1mm铜片跨接。加油站内接地极为镀锌角钢50mm×50mm×5mm或*DN*50mm×3.5mm，埋深应距室外地坪以下0.7m。接地极连接的焊接长度，当采用镀锌扁钢时不小于宽度的2倍，当采用圆钢时不小于直径的6倍，且应三边焊。接地装置的所有焊接点均应防腐处理。接地装置如采用镀锌扁钢时其厚度不应小于4mm。

电源入户的高低压侧应设过电压保护装置(氧化锌避雷器或与之相应的保护器)信息系统的配电线路首、末端应安装与电子器件耐压水平相适应的过电压(电涌)保护器。

12.4.5 液位仪和电视监控

新建、重建、扩建、改造的加油站均应设置油罐液位计量仪表，油罐液位计应采用本安仪表，并应配置安全栅。

新建、重建、扩建、改造的加油站应安装闭路电视监控系统。要对加油站的出入口、罩棚下、营业室(便利店)、财务室和罐区进行监控，其中监控罐区的摄像头应可在夜间进行监控。

加油机及油罐仪表的线路配管必须穿镀锌钢管保护并应采用屏蔽线缆，且防爆设备布线安装应符合防爆要求。配线钢管两端应接地，屏蔽线的屏蔽网应在室内端接地。

12.5 成品油管道建设项目安全要求

12.5.1 成品油管道的线路选择

成品油输送工艺按照成品油输量、品种，以及分输、输入数量进行设计。输送多品种成品油时，宜采用单管顺序输送。油品批量输送的排列顺序，应将油品性质相近的紧邻排列。

输油管道的线路选择，应根据该项目工程建设的目的和市场需要，结合沿线城市、工矿企业、交通、电力、水利等建设的现状与规划，以及沿途地区的地形、地貌、地质、水文、地震等自然条件，在营运安全和施工便利的前提下，通过综合分析和技术经济比较，确定线路走向。输油管道不得通过城市水源区、工厂、飞机场、火车站、码头、军事设施、国家重点文物保护单位和国家级自然保护区。当输油管道受条件限制必须通过时，应采取必要的保护措施并经国家有关部门批准。确定输油管道线路时还应避开滑坡、崩塌、沉陷、泥石流等不良工程地质区、矿产资源区、严重危及管道安全的地震区。当受条件限制必须通过时，应采取防护措施并选择适当位置，缩小通过距离。

当输油管道通过城市、乡镇时，输油管道同地面建(构)筑物的最小距离应符合《输油管道工程设计规范》(GB 50253)的要求。

12.5.2 成品油管道的敷设

输油管道一般应采用地下埋设的敷设方式，当受自然条件限制时，局部地段可以采用地上敷设。埋地管道的埋设深度，应根据管道所经地段的农田耕作深度、冻土、地形和地质条件、地下水深度、地面车辆所施加的载荷及管道稳定性的要求等因素，综合分析后确定。一般情况下管顶的覆土厚度不应小于0.8m。管沟沟底宽度根据管沟深度、管道的结构外径及采取的施工措施确定，管沟沟底应平整，管道应紧贴沟底。岩石、冻土区的管沟，应在沟底铺设0.2m厚的细土或细沙垫层且平整后，方可用吊带吊管下沟，回填土作业时应先用细土或细沙回填至管顶0.3m以上后，方可用原状土回填。当埋地输油管道同其他埋地管道或金属构筑物交叉时，其垂直净距不应小于0.3m；管道与电力、通信电缆交叉时，其垂直净距不应小于0.5m，并应在交叉点处输油管道两侧各10m以上的管段和电缆采用相应的最高绝缘等级防腐层。

输油管道的外防腐设计应符合SY 0007《钢质管道及储罐腐蚀控制工程设计规范》、SY/T 0036《埋地钢质管道强制电流阴极保护设计规范》、SY/T 0019《埋地钢质管道牺牲阳极保护设计规范》等国家现行标准。

输油管道沿线应安装截断阀，阀门的间距不应超过32km，人烟稀少地区可适当加大阀门的间距。在跨越大型河流、湖泊、水库和人口密集地区的管道两端均应设置线路截断阀。截断阀应设置在不受地质灾害及洪水影响、交通便利、检修方便的地方，并应设置保护设施。同时，输油管道沿线应设置里程桩、转角桩、阴极保护测试桩和警示牌等永久性标志。里程桩应设置在油流方向的左侧，沿管道从起点至终点，每隔1km设置1个，不得间断。阴极保护测试桩可同里程桩结合设置。在管道改变方向处应设置水平转角桩，转角桩应设置在管道中心线的转角处左侧。当输油管道穿越人工或天然障碍物时，应在穿跨越处两侧设置标志。通航河流上的穿跨越工程，必须设置警示牌。

输油管道运行前，必须进行强度试验和严密性试验，但在试压前必须进行清管。穿跨越大中型河流、国家铁路、一、二级公路和高速公路的管段，应单独试压，合格后再同相邻管段连接。用于更换现有管道或改线的管段，在同原有管道连接前应单独试压，试验压力不小于原管道的试验压力。同原管道连接焊缝，应采用射线探伤进行100%的检查。试压介质一般应采用水，在人烟稀少、寒冷、严重缺水地区，可酌情采用气体作为试压介质。当采用水作为实验介质时，输油干线一般地段强度试验压力不应小于设计内压力的1.25倍，持续稳压时间应不小于4h；当无泄漏时，试验压力可降至设计压力的1.1倍进行严密性实验，持续稳压时间应不小于4h。

12.5.3 输油站场的布置

管道站场总平面应根据油库地形统一布置，站场与周围设施的间距应符合《石油天然气工程设计防火规范》(GB 50183)的规定。站场消防、电气、通信、自控、办公等设施应按照"站库一体"的原则与油库统一设置，相互依托。管道站场工艺设施宜露天布置。

12.5.4 站场的供配电

首站、末站、减压站和压力不可逾越的中间泵站应为一级负荷，其他各类输油站为二级负荷。输油站场及远控线路截断阀的自动控制系统、通信系统、输油站的紧急切断阀及事故照明应为一级负荷中特别重要的负荷，应采用不间断电源(UPS)供电，蓄电池的后备时间不应少于2h。

一级负荷的输油站应由两个独立电源供电，当条件受限制时，可由当地公共电网同一变电站不同母线段分别引出两个回路供电，但作为上级电源的变电站应具备至少两个电源进线和至少两台主变压器。输油站每一个电源(回路)的容量应满足输油站的全部计算负荷，两路架空供电线路不应同杆架设。

12.5.5 站控系统

输油站的控制水平与控制方式，应根据输油工艺、操作和监控系统的要求以及输油站的具体情况确定。输油工艺过程及确保安全生产的重要参数，应进行连续监测或记录。输油站应设置紧急停车系统，该系统应能实现就地或远程进行操作、切断所有生产电源和在事故状态下使该站停运并与管道线路迅速隔离的功能。

对工艺和设备的监控主要是正常工况下，对输油温度、压力进行监视、调节；异常工况下报警和紧急事故的处理。

12.6 案例分析

某油库"10·8"油品泄漏事故

2006年10月8日，某油库发生一起漏油事故，事故共泄漏0#柴油35.8t(其中回收15.34t)。

(1) 事故经过

该油库是一座新建的成品油管道下载库，2004年由某成品油管道项目部承建，库容4000m^3，2006年5月20日投油试生产。

2006年10月8日6时05分左右，油库巡检员在巡检时发现防火进雨水排放口处有油品外泄，随即登上防火进踏梯查看，发现6#柴油罐(罐容1000m^3，罐内装有柴油775t)沿罐基周边有大量漏油，油品经排水管正流出防火堤，进而经油库雨水排放系统流向库外。某油库立即启动应急预案，经全力抢险，到9日8时，6#罐中油品被安全转出，泄漏的油品回收完毕，险情解除。事故未造成环境污染及其他次生事故。

(2) 事故原因

经事故调查组现场勘查和全面调查，结合有关机构检测提供的"6#油罐焊缝裂纹分析报告"的结论，经总部相关部门多次组织有关单位和专家综合分析，认定该起事故是由工程施工质量造成的责任事故。

① 油罐底板集水坑焊接处产生裂纹是导致漏油事故发生的主要原因。施工单位在安装施工中，不按设计施工。擅自用焊接件的集水坑代替原设计为冲压件的集水坑，擅自将市尺厚度为8mm的集水坑钢板使用6mm的钢板制作，集水坑边缘板与罐底板焊接安装中，未按设计要求进行100mm的搭接焊，使该处承拉强度仅为按原设计搭接焊强度的20%。焊接方式不合理，导致焊缝外侧存在尖角，且熔焊区的厚度小于基体板材厚度，强度不足。违反了《立式圆筒形钢制焊接油罐设计规范》(GB 50341—2003)和《现场设备、工业管道焊接工程施工规范》(GB 50236—2011)有关规定要求。

② 施工监理工作不到位，是造成漏油事故的重要原因。某工程监理有限公司是该油库6#罐施工的监理单位，在施工单位制作和安装油罐集水坑过程中，监理公司没有认真履行监理职责，现场监理对违规行为视而不见，没有及时纠正不按图纸和规范施工的行为。对油罐底板集水坑这样关键点的安装施工，既没有对集水坑制作过程严格进行监理检查，也没有进行严格的验收把关。违反了《建设工程质量管理条例》(国务院令第279号)第三十六条规定及《成品油管道工程分监理合同》的要求。

③ 工程施工过程中现场管理责任不清、施工现场管理混乱也是事故发生的重要原因。某项目部对负责承建的油库油罐安装施工项目管理不严格。在设计、施工、监理、现场管理、检查验收等环节中没有做到"全员、全过程、全方位、全天候"的工程质量管理与监督，存在施工质量把关不严、施工现场管理责任不清、施工现场管理混乱的现象。对监理、施工单位的组织管理要求不严，措施不利，使不按设计和有关规范施工的情况，在施工过程中没有被及时发现和制止，在验收中也没有被发现和整改，质量控制走了过场，留下了安全隐患。

④ 含油污水管道穿越防火堤处密封不严、堤外含油水管道截止阀螺栓孔与阀兰孔不对称，雨水、污水出油库前未设计水封井是泄漏油品流出罐区和油库围墙的主要原因。某建筑集团有限公司是该油库6#罐防火堤的施工单位。在土建施工时，含油污水管道穿越防火堤处密封不严，导致泄漏到防火堤内的部分油品通过密封处流出罐区。

油库防火堤外的含油污水管道截止阀与法兰不匹配，螺栓孔不一致(12孔对16孔)、螺栓未上满(只上了四条)造成阀门法兰密封不严，导致泄漏到防火堤内的部分油品通过含油污水管道截断阀流出罐区。

设计单位在油库设计时，雨水、污水在排出油库围墙前均未设计水封井，不符合《石油库设计规范》(GB 50074—2002)第13.2.1条、13.2.5条的要求，导致泄漏流出罐区进入雨水沟的油品直接流出库外。

⑤ 油库日常安全管理粗放、隐患治理责任不落实、职工安全意识不强是泄漏油品流出罐区的重要原因。

油库主任作为油库主要负责人、安全第一责任人，在带领维修班拆除防火堤外的阻油装置，安装新闸阀时，责任心不强，在闸阀螺栓也与法兰孔不对称时，未采取相应措施进行解决，而是野蛮作业，不负责任地只上了四个螺栓，也未进行检查验收，导致截止阀密封不严密。2006年9月，在对该油库进行安全检查时指出了上述问题并要求立即整改，但油库对此不以为然，始终没有进行整改。

油库中控室值班员负责油罐液位监控工作，在6#油罐没有发油作业的情况下，对液位明显异常下降的情况没有及时分析上报，致使对油罐漏油事故没有尽早发现，错失了处置时机，最终导致柴油大量泄漏。

第 13 章　事故与应急管理

13.1　事故管理

在油品运输、接卸、储存、发放、销售等经营作业过程中，因油品具有易燃、易爆、易挥发、易产生静电积聚等危险特性，一旦发生事故，就可能造成较大的财产损失或人员伤亡。因此，事故管理是安全管理最重要的工作内容之一。

事故管理是指对事故的抢救、调查、分析、研究、报告、处理、统计、建档、制定预案和采取防范措施的事故发生后的一系列工作和管理的总称。其意义在于依据科学的方法，通过对事故的调查和分析，找出事故发生和发展的规律，从而制定有效的事故预防措施和恰当的应急救助预案，预防事故的发生或重复发生，确保安全。

13.1.1　事故分类与等级

事故是指造成死亡、职业病、伤害、财产损失或环境破坏的事件。

1. 事故分类

按事故发生的形式将事故分为爆炸事故、火灾事故、设备事故、生产事故、交通事故、人身事故、放射事故七大类；按事故性质将事故分为责任事故、非责任事故或破坏事故。

(1) 爆炸事故。在生产过程中，由于各种原因引起的爆炸，并造成人员伤亡或财产损失的事故。

(2) 火灾事故。在生产过程中，由于各种原因引起的失去控制的燃烧，并造成人员伤亡或财产损失的事故。

(3) 设备事故。由于设计、制造、安装、施工、使用、检维修、管理等原因造成机械、动力、电气、电信、仪器(表)、容器、运输设备、管道等设备及建(构)筑物等损坏造成损失或影响生产的事故。

(4) 生产事故。由于“三违”(违章指挥、违章作业、违反劳动纪律)或其他原因造成停产、减产以及井喷、跑油、跑料、串料、油气泄漏、油品变质、混油等事故。

(5) 交通事故。车辆、船舶在行驶、航运过程中，由于违反交通、航运规则或因机械故障等造成车辆、船舶损坏、财产损失或人身伤亡的事故。

(6) 人身事故。员工在劳动过程中发生的与工作有关的人身伤亡和急性中毒事故。

(7) 放射事故。放射源丢失、失控、保管不善等，造成人身伤害、环境污染以及重大社会影响的事故。

2. 事故分级

(1) 集团公司级事故。根据事故造成的人员伤亡、直接经济损失情况，集团公司级事故一般分为以下四个等级：

① 特别重大事故。指造成 30 人以上死亡，或者 100 人以上重伤(包括急性工业中毒，下同)，或者 1 亿元以上直接经济损失的事故。

② 重大事故。指造成10人以上30人以下死亡，或者50人以上100人以下重伤，或者5000万元以上1亿元以下直接经济损失的事故。

③ 较大事故。指造成3人以上10人以下死亡，或者10人以上50人以下重伤，或者1000万元以上5000万元以下直接经济损失的事故。

④ 一般事故。指造成3人以下死亡，或者10人以下重伤，或者1000万元以下直接经济损失的事故。

本事故分级中所称的"以上"包含本数，所称的"以下"不包含本数。

凡在火灾和火灾扑救过程中因烧、摔、砸、炸、窒息、中毒、触电、高温辐射等原因所致的人员伤亡，列入火灾人员伤亡统计范围，其中死亡以火灾发生后7天内死亡为限，交通事故受伤人员于事故发生7天以后死亡的，不列入死亡人数统计范围。

(2) 上报总部备案事故(事件)。下列事故(事件)为上报总部备案事故：

① 按照属地化管理的原则，上报总部备案事故包括各单位辖区内(含厂区外独立油库、码头、铁路油品作业区、加油站、长输管道及站场等)发生的，且事故造成人员伤亡、直接经济损失严重程度尚未构成集团公司级事故的火灾、爆炸、油气泄漏、井喷和放射事故；发生油品变质5t及以上事故；一次混入量20t及以上的混油事故；承包商在辖区内作业过程中发生的死亡、重伤、急性中毒，或其他造成重大影响的事故。

② 承运商在公路、水路运输中发生的人身伤亡、火灾、爆炸、油品泄漏事故，以及水路运输中发生撞船、搁浅事故。

③ 被授权使用中国石化形象标识的单位所发生的人身伤亡、火灾、爆炸、油品泄漏事故。

④ 发生未在以上规定之内，且在社会上造成重大影响的事故、事件。

3. 重伤标准

重伤标准按照原劳动部《关于重伤事故范围的意见》(〔60〕中劳护久字第56号)执行。

13.1.2 事故报告

事故或未遂事件发生后，若能及时报告和采取有效的措施进行处理，能最大限度地减少损失或人员伤亡。及时、准确地报告事故信息更是科学决策、果断处置，把事故损失和影响降到最低程度的重要依据。

1. 事故报告要求

(1) 各单位发生集团公司级事故或总部备案事故后，事故单位应立即上报。各单位接到报告后，应在1小时内报告安全环保局。情况特别紧急时可先用电话口头报告。

(2) 各单位应当按照国家有关规定，及时向事故发生地人民政府安全生产监督管理部门和负有安全生产监督管理职责的有关部门报告有关事故情况，同时向安全环保局报告。

(3) 各单位应当在事故(事件)发生12小时内填写《中国石化事故快报》或《中国石化备案事故快报》上报安全环保局。

(4) 当关键装置要害部位发生火灾、爆炸或可燃物质、有毒有害气体非正常排放、严重泄漏，危及周边社会公共安全时，各单位要立即用简明文字或电话报告办公厅总值班室和安全环保局。

(5) 事故发生后，事故单位要立即启动应急预案，采取有效措施组织抢救，防止事故扩大，努力减少人员伤亡和财产损失。

（6）各单位要建立健全事故新闻发布制度和媒体应对机制，及时、主动、准确、客观地向新闻媒体公布事故的有关情况。

（7）在事故抢险过程中，应妥善保护事故现场以及相关证据。任何单位和个人不得故意破坏事故现场、毁灭相关证据。因抢救人员、防止事故扩大以及疏散交通等原因，需要移动事故现场物件时，应当作出标记，妥善保存现场重要痕迹和物证。

（8）凡发生集团公司级事故或单位应承担一定责任的备案事故，各单位应在事故发生后30天内，按照《中国石化事故调查报告》的要求提交事故调查报告，连同《中国石化“四不放过”登记表》一并上报安全环保局。

（9）事故调查、处理过程中发现新情况，要及时上报补充报告。自事故发生之日起30日内，事故造成伤亡人数发生变化的，应当及时补报。道路交通事故、火灾事故自发生之日起7日内，事故造成伤亡人数发生变化的，应当及时补报。

（10）事故报告应当及时、准确、完整，任何单位和个人不得迟报、漏报、谎报或者瞒报。

（11）各单位辖区周边发生的，可能对企业造成影响的重大事故、事件，也要作为紧急信息报告安全环保局。

2. 事故报告内容

报告事故应当包括下列内容：

（1）事故发生单位概况。

（2）事故发生的时间、地点以及事故现场情况。

（3）事故的简要经过。

（4）事故已经造成或者可能造成的伤亡人数（包括下落不明的人数）和初步估计的直接经济损失。

（5）已经采取的措施。

（6）其他应当报告的情况。

13.1.3 事故调查

1. 事故调查权限范围

（1）各单位发生事故后，在地方政府部门调查处理的同时，中国石化内部也应组织调查。一般事故由各单位组织调查；较大及以上事故由总部组织调查。受安全环保局委托，青岛安全工程研究院参与事故调查工作。必要时，总部可对一般事故进行调查处理。

（2）系统外的承包商、承运商发生事故，由其自行组织调查。各单位应对承包商、承运商的事故调查工作进行监督。

（3）各单位安全监督管理部门负责本单位各类事故的汇总、统计、分析和上报工作，对本单位各类事故的调查处理情况进行监督管理。各类事故的调查、处理、统计、分析、归档等工作要按照“谁主管，谁负责”的原则，由各单位相关职能部门分工负责。具体职责如下：

① 人身事故由安全监督管理部门负责。

② 火灾和爆炸事故由消防管理部门负责。

③ 设备事故由设备管理部门负责。

④ 生产事故由生产、技术管理部门负责。

⑤ 放射事故由环境保护管理部门负责。

⑥ 交通事故由交通管理部门负责。

2. 事故调查组组成

成立事故调查组应遵循精简效能的原则。根据事故情况，事故调查组一般由安全、生产、设备、技术、环保、职业卫生、消防、交通管理、人事、纪检监察等相关职能部门和工会组成。必要时可聘请有关专家参与调查。

3. 事故调查组职责

事故调查组的职责有：

（1）查明事故发生的经过、原因、人员伤亡情况及直接经济损失。

（2）认定事故的性质和事故责任。

（3）提出对事故责任者的处理建议。

（4）总结事故教训，提出防范和整改措施。

（5）提交事故调查报告。

4. 事故调查组成员权限及要求

（1）事故调查组成员应具有事故调查所需要的知识和专长，与所调查的事故没有直接利害关系，诚信公正、恪尽职守、遵守纪律、保守秘密。

（2）事故调查组有权向有关单位和个人了解与事故有关的情况，并要求其提供相关文件、资料，有关单位和个人应积极配合，不得拒绝。事故发生单位的负责人和有关人员在事故调查期间不得擅离职守，应当随时接受事故调查组的询问，如实提供有关情况。

（3）事故调查中需要进行技术鉴定的，事故调查组应当委托具有国家规定资质的单位进行技术鉴定。必要时，事故调查组可以直接组织专家进行技术鉴定。

（4）事故调查组实行组长负责制，事故调查组成员不得擅自发布有关事故的信息。

（5）事故调查报告无法在30日内完成的，经安全环保局同意后，可适当延长，延长期最长不得超过30天。

（6）事故调查的有关资料应当归档保存。

5. 事故调查与分析的内容

（1）调查内容

① 调查事故发生时间、地点、季节、气候、经过、原因、损失、责任情况。

② 调查死伤者姓名、性别、年龄、工种、工龄、工资、级别、职称、职务、受过何种安全教育、技术培训、伤势部位和有无预防事故的措施。

③ 调查人证、物证、旁证、了解事故前的情况，事故中的变化，事故后的状况。

④ 事故调查报告。根据调查结果，由调查组写出事故调查报告，经调查人员和单位负责人签字后，按规定上报。

（2）调查方法

① 现场勘察。保护与事故现场有关的物体、痕迹、状态，并做好标记；采用拍照和录像方式保存事故现场视频资料；绘制事故现场图、工艺流程图、设备结构图。

② 物证收集。对损坏的物体、部件、碎片、残留物、致害物进行收集和标记，注明时间、地点、名称、管理者。

③ 人证材料收集。尽快收集证人口述材料，了解事故的经过。

④ 背景资料的收集。发生事故当天的工作程序、活动情况；操作者的动作、位置；过

去有否事故记录；设备、设施、材料的性能、质量；设计资料、技术文件；工作指令；规章制度的执行情况；工作环境状况；个人防护措施及出事前的健康状况。

⑤ 采样分析。采集发生事故设备、管线及空间的残余气体、液体及火灾、爆炸生成物，并对其进行分析。

⑥ 采集数据。采集事故发生期间事故单元或设备记录等历史数据，并加以分析。

(3) 事故分析

① 整理和分析有关现场调查材料、化验分析数据、工艺操作数据、设备技术资料。

② 确定事故发生的时间、地点、经过等基本情况。

③ 确定事故的直接原因和间接原因。

④ 进行事故责任分析。

(4) 编制事故调查报告

事故调查组人员在对所发生的事故进行全面深入的调查分析后，应写出事故报告(详见附录1)，报告应包括以下几个方面的内容：

① 事故的基本情况，包括单位名称、行业经济类型、隶属关系、发生事故的日期、类别、地点、伤亡人数、伤亡人员情况、经济损失、事故等级等；

② 事故经过(附事故现场示意图、工艺流程图、设备结构图)；

③ 事故原因分析(包括直接原因和间接原因的分析)；

④ 事故教训及预防措施；

⑤ 事故责任分析及对事故责任者的处理意见；

⑥ 附件(包括图表、照片、图像、技术鉴定等资料)。

事故调查结束，事故调查的有关资料应当建档保管。

13.1.4 事故处理

1. 事故处理的原则

事故处理要坚持“四不放过”的原则，即事故原因未查清不放过、责任人员未处理不放过、整改措施未落实不放过、有关人员未受到教育不放过。

2. 事故处理规定

(1) 对事故中负有责任的事故单位、负责人和责任人应按照国家有关法律法规、企业安全生产事故责任追究制度，以及有关处理规定进行行政处分和经济处罚；涉嫌构成犯罪的，由司法机关依法追究刑事责任。

(2) 事故发生后隐瞒不报、谎报、故意拖延不报、故意破坏事故现场，或者无正当理由拒绝接受调查以及拒绝提供有关情况和资料的，应按照有关规定，对单位负责人和直接责任人给予从重行政处分或经济处罚；涉嫌构成犯罪的，由司法机关依法追究刑事责任。

(3) 需严肃处理的人员情形。对下列人员按照中国石化《安全生产禁令》及有关规定给予严肃处理：

① 没有履行安全职责或因“三违”造成事故的主要责任者。

② 对已列入事故隐患治理或安全技术措施计划的项目，不按期实施整改和采取应急措施造成事故的主要责任者。

③ 强令冒险作业，或不听劝阻造成事故的主要责任者。

④ 因忽视劳动条件，削减安全防护设施造成事故的主要责任者。

⑤ 因设备长期失修、带病运转，不采取措施造成事故的主要责任者。

⑥ 发生事故后，不按照“四不放过”的原则处理、认真吸取教训、落实防范措施，造成事故重复发生的主要责任者。

（4）地方政府组织调查的事故，事故单位应当根据事故调查结果，对本单位负有事故责任的人员进行处理。

（5）事故单位应认真吸取事故教训，落实防范和整改措施，防止事故再次发生。安全监督管理部门应当对事故单位落实防范及整改措施的情况进行监督检查。

3. 处理建议的提出和审批权限

（1）一般事故由事故调查组提出处理建议，经各单位审批后，报安全环保局备案；由总部组织的一般事故调查，其处理意见通报各单位。

（2）较大、重大事故由事故调查组提出处理建议，报总部审批。

（3）特别重大事故的处理，按照国家有关规定执行。

4. 事故汇报

（1）各单位发生集团公司级事故或辖区内发生承包商死亡事故，应到总部汇报。一般事故由各单位主管领导、主管部门负责人、安全监督管理部门负责人及事故单位主要负责人汇报；较大及以上事故由各单位主要领导、主管领导、主管部门负责人、安全监督管理部门负责人及事故单位主要负责人汇报。

（2）事故汇报一般在事故发生后30天内进行。

（3）汇报材料内容包括事故调查报告、事故现场视频、照片等资料。

（4）一般事故向安全环保局汇报，有关事业部、管理部参加；较大及以上事故向总部领导汇报，安全环保局和相关事业部、管理部、人事部、监察局等部门参加。

（5）安全环保局应作事故汇报记录并存档。

13.1.5 事故统计

1. 事故统计规定

（1）各单位安全监督管理部门每月6日前填写《中国石化各单位（年）月事故统计表》报安全环保局。

（2）交通事故统计原则。交通事故统计应遵循以下原则：

① 在生产厂区、作业场所内，本单位车辆发生负主要责任的事故，造成执行任务的员工伤亡或直接经济损失在10万元及以上的，作为工业伤亡事故统计；负次要责任的作为交通事故统计。

② 在生产厂区、作业场所内，本单位车辆发生负主要责任的事故，造成单位外部人员伤亡或直接经济损失在10万元及以上的，作为交通事故统计；负次要责任的不作考核统计。

③ 在生产厂区、作业场所内，外单位车辆发生负次要责任的交通事故，造成我单位执行任务的员工伤亡或直接经济损失在10万元及以上的，作为交通事故统计；负主要责任的不作考核统计。

④ 在公共交通道路上，本单位车辆在执行任务中发生负主要责任的交通事故，造成人员伤亡或直接经济损失在10万元及以上的，作为交通事故统计；负次要责任的不作考核统计。

⑤ 船舶发生事故，应按照海(水)上交通事故有关规定处理。

2. 事故经济损失计算

事故直接经济损失包括人身伤亡后支出的费用、善后费用及财产损失价值。

(1) 人身伤亡损失。人身伤亡后支出的费用、善后费用按照当地工伤保险规定执行。

(2) 固定资产损失价值。固定资产损失价值按照下列情况计算：

① 报废的固定资产按照固定资产净值减去残值计算。

② 损坏后能修复使用的固定资产，按照实际修复费用计算。

(3) 流动资产损失价值。流动资产损失价值按照下列情况计算：

① 原材料、燃料、辅助材料等均按照账面值减去残值计算。

② 成品、半成品、在制品等均以实际成本减去残值计算。

(4) 火灾损失。火灾损失按照公安部《火灾直接财产损失统计方法》(GA 185—1998)中关于火灾损失额的计算方法计算。

(5) 交通事故中的车辆、船舶损失。交通事故中的车辆、船舶损失按照当地保险公司理赔额计算。

3. 未遂安全环保事件管理

未遂安全环保事件(以下简称未遂事件)是指可能导致健康损害、人员伤(亡)、财产损失、环境破坏或声誉损害，低于本单位事故等级的安全环保事件。

推行未遂事件报告，加强未遂事件管理，实现未遂事件共享，是提高员工安全防范意识，增强员工自我保护和处置各类突发事件的能力，为安全管理决策提供第一手材料，预防事故发生的重要途径和管理手段。

(1) 未遂事件管理基本要求。未遂事件管理基本要求有：

① 各单位负责对未遂事件进行分析、分级，建立台账，制定预防措施。

② 各单位及二级单位业务主管部门按照“谁主管谁负责”的原则，负责对本专业管理范围内的高危未遂事件进行分析，监督落实防范措施。

③ 各单位及二级单位 HSE 管理部门负责未遂事件的汇总、统计，建立未遂事件信息库，并对下属单位未遂事件的管理进行督导和考核。

④ 员工应及时准确报告未遂事件，并配合事件分析。

(2) 未遂事件分类。未遂事件可根据事件主要致因和潜在后果的严重性来划分。按照事件主要致因分为人的不安全行为引发的未遂事件、物的不安全状态引发的未遂事件、环境的不安全因素引发的未遂事件 3 类；按照潜在后果的严重性分为一般未遂事件和高危未遂事件两级。一般未遂事件是指潜在后果可能导致本单位级事故的事件，高危未遂事件是指潜在后果可能导致集团公司级事故的事件。

(3) 未遂事件报告。发现未遂事件后，应及时填写《未遂事件报告卡》报基层单位。未遂事件发现人对一般未遂事件应于 12 小时内向基层单位报告，对高危未遂事件应于 24 小时内逐级报告至本单位业务主管部门；基层单位(含辖区内施工承包商)对一般未遂事件进行管理，并根据未遂事件的潜在严重性和分析难度决定是否向上级业务主管部门报告，对高危未遂事件应逐级报告至上级业务主管部门。

(4) 未遂事件分析、预防和验证。

① 一般未遂事件由基层单位组织分析，高危未遂事件由二级单位组织分析，必要时由各单位业务主管部门组织分析。

② 承包商发生的未遂事件由承包商负责《未遂事件报告卡》的收集、整理、分析和上报工作；各单位业务主管部门进行监督，必要时协助分析。

③ 未遂事件分析人员应具有相应的技能、专业知识和经验。

④ 未遂事件分析应找出发生原因和潜在后果，提出防范措施，填写《未遂事件报告卡》。

⑤ 未遂事件分析结束后，业务主管部门将事件分析信息输入 HSE 管理系统，13 个工作日内将事件分析结果反馈给未遂事件发生单位，并对相关人员进行教育和培训。

⑥ 应将具有共性的未遂事件分析报告报上一级 HSE 管理部门。

⑦ 各单位及基层单位的业务主管部门应跟踪验证未遂事件防范措施的落实情况。

（5）统计分析与经验共享。

① 各单位 HSE 管理部门每季度对未遂事件进行统计分析，提出 HSE 管理改进建议，编制《未遂事件季报》。

② 各单位 HSE 管理部门应通过中国石化 HSE 管理系统向集团公司安全环保局上报本单位《未遂事件季报》。

③ 总部、各单位及二级单位 HSE 管理部门应将统计分析结果、典型未遂事件案例定期发布，分享经验。

（6）考评。各单位应根据未遂事件的上报情况对未遂事件报告人予以奖励；各单位 HSE 管理部门要对二级单位未遂事件的管理情况进行考评；集团公司安全环保局负责对各单位未遂事件管理情况进行监督检查。

13.1.6 事故档案管理

1. 事故档案

事故档案是指安全事故调查报告、事故调查和处理过程中形成的具有保存价值的各种文字、图表、声像、电子等不同形式的历史记录。事故档案主要包括：

（1）事故调查报告及领导批示。

（2）事故调查组织工作的有关材料，包括事故调查组成立批准文件、内部分工、调查组成员名单及签字等。

（3）事故抢险救援报告。

（4）现场勘查报告及事故现场勘查材料，包括事故现场图、照片、录像，勘查过程中形成的其他材料等。

（5）事故技术分析、取证、鉴定等材料，包括技术鉴定报告，专家鉴定意见，设备、仪器等现场提取物的技术检测或鉴定报告，以及物证材料或物证材料的影像材料，物证材料的事后处理情况报告等。

（6）安全生产管理情况调查报告。

（7）伤亡人员名单，尸检报告或死亡证明，受伤人员伤害程度鉴定或医疗证明。

（8）调查取证、谈话、询问笔录等。

（9）其他有关认定事故原因、管理责任的调查取证材料，包括事故责任单位营业执照、有关资质证书复印件、作业规程等。

（10）事故经济损失的材料。

（11）事故调查组工作简报。

（12）与事故调查工作有关的会议记录。

（13）其他与事故调查有关的文件材料。

（14）事故调查处理意见的请示(附事故调查报告)。

（15）事故处理决定、批复或结案通知。

（16）相关单位对事故责任认定和对责任人进行处理的意见函。

（17）对事故责任单位和责任人责任追究落实情况的文件材料。

（18）其他与事故处理有关的文件材料。

2. 事故档案管理要求

（1）事故档案管理应与事故调查处理同步进行。事故调查组应安排专门人员负责收集、整理事故调查和处理期间形成的文字材料，并在事故调查结束后及时移交有关部门。

（2）事故档案由组织事故调查处理的单位或部门负责管理。

13.1.7　生产安全事故调整报告书

样例如下：

生产安全事故调查报告书

一、单位概况

单位名称：

地址：

经济类型：　　　　　　　　　行业分类：

隶属关系：　　　　　　　　　直接主管部门：

组织机构代码：　　　　　　　法定代表人：

从业人员总数：　　　　　　　企业规模：

联系人：　　　　　　　　　　联系电话：

二、事故概况

事故地点：

事故发生时间：

事故类别：

事故等级：

事故损失工作日总数：

事故原因：

三、事故损失及等级

1. 人员伤亡情况

本次事故共造成××人死亡、××人重伤、××人轻伤。

2. 事故经济损失

本次事故造成直接经济损失××万元，间接经济损失××万元，总计××万元。

（1）直接经济损失。本次事故造成直接经济损失××万元。分别为：

① 人员伤亡后所支出的费用××万元。包括医疗费用(含护理费用)、丧葬费及抚恤费、补助及救济费用、歇工工资等。

② 善后处理费用××万元。包括处理事故的事务性费用、现场抢救性费用、清理现场费用、事故罚款及赔偿费用。

③ 财产损失××万元。包括固定资产损失价值和流动资产损失价值。

(2) 间接经济损失。本次事故造成间接经济损失××万元。分别为：

① 停产、减产损失的价值。

② 工作损失价值。

③ 资源损失价值。

④ 治理环境污染的费用。

⑤ 补充新员工的培训费用。

⑥ 其他损失费用。

3. 事故等级

四、事故经过

描述事故经过时应包括事故发生前，事故发生单位生产作业状况；事故发生的具体时间、地点；事故现场状况及事故现场保护情况；事故发生后采取的应急处置措施情况；事故的报告经过；事故抢救及事故救援情况；事故的善后处理情况；其他与事故发生经过有关的情况等内容。

五、事故原因及性质

1. 直接原因

(1) 物的原因。

(2) 环境原因。

(3) 人的原因。

2. 间接原因

(1) 技术的原因。包括：主要装置、机械、建筑的设计，建筑物竣工后的检查保养等技术方面不完善，机械装备的布置，工厂地面、室内照明以及通风、机械工具的设计和保养，危险场所的防护设备及警报设备，防护用具的维护和配备等所存在的技术缺陷。

(2) 教育的原因。包括：与安全有关的知识和经验不足，对作业过程中的危险性及其安全运行方法无知、轻视不理解、训练不足，坏习惯及没有经验等。

(3) 身体的原因。包括：身体有缺陷或由于睡眠不足而疲劳、酩酊大醉等。

(4) 精神的原因。包括怠慢、反抗、不满等不良态度，焦虑、紧张、恐怖、不和等精神状况，狭隘、固执、冲动等性格缺陷。

(5) 管理原因。包括：企业主要领导人对安全的责任心不强，作业标准不明确，缺乏检查保养制度，劳动组织不合理等。

3. 事故性质

综合以上原因，事故调查组认为该起事故是一起××事故。

六、事故责任认定与处理意见

1. 事故责任人

(1) 直接责任人。

(2) 主要责任人。

(3) 领导责任人。

2. 处理意见

对责任事故人的处理意见包括行政处分、纪律处分或者追究刑事、民事责任等。

七、事故教训

事故发生单位要认真总结事故的教训，主要是在安全生产管理、安全生产投入、安全生产条件等方面存在哪些薄弱环节、漏洞和隐患，要认真对照问题查找根源。包括：

（1）事故发生单位应该吸取的教训。

（2）事故单位主要负责人应该吸取的教训。

（3）事故单位有关主管人员和有关部门应该吸取的教训。

（4）从业人员应该吸取的教训。

八、事故防范和整改措施

事故防范和整改措施是在事故调查分析的基础上针对事故发生单位在安全生产方面的薄弱环节、漏洞、隐患等提出的，要具备以下性质：

（1）针对性。

（2）可操作性。

（3）普遍适用性。

（4）时效性。

九、附件

（1）调查询问笔录。包括对受伤人员（当事人）、现场目击人员和有关管理人员的笔录。调查询问笔录要求 2 名事故调查组成员对事故有关人员进行询问，1 人负责问话，另 1 人负责记录。询问过程要以一问一答的形式书面记录，并要求被询问人在询问笔录上签名确认盖指纹。

（2）受伤人员的基本情况及医学证明资料。包括员工入职基本资料、初次门诊病历、疾病诊断证明书等。

（3）事故现场照片、受伤人员及其受伤部位照片。

（4）有关管理制度及操作规程。主要是针对事故发生环节的有关管理制度及操作规程。

（5）事故机械设备的技术鉴定资料。如特种设备定期检验资料，专业检验机构出具的检测报告等。

（6）现场示意图。主要是事故现场平面示意图、工艺流程图等。

十、调查组成员名单

事故调查组成员在以下位置亲笔签名。

	姓 名	单位、职称及职务
组　长：	____________	____________
副组长：	____________	____________
组　员：	____________	____________

负责人（签名）：

报告人（签名）：

报告日期：　　年　　月　　日

报告单位：（盖章）

13.2 应急管理

13.2.1 组织机构

中国石化应急组织机构如图 13－1 所示。

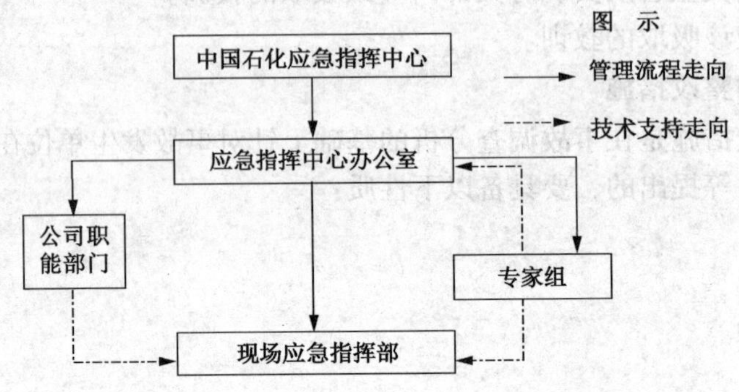

图 13－1 中国石化应急组织机构框图

1. 总部的应急组织机构

（1）中国石化应急指挥中心是中国石油化工集团公司、中国石油化工股份有限公司（以下统称中国石化）应急管理的最高指挥机构，负责中国石化各类突发事件的应急工作；总部机关各部门及各单位均接受其统一领导。

（2）中国石化应急指挥中心办公室是中国石化应急指挥中心的执行机构，由办公厅、生产经营管理部、安全环保局、外事局组成，负责应急指挥中心 24 小时值班，组织应急准备工作；在突发事件应急响应期间负责传达和贯彻应急指挥中心的指令，具有应急值守、信息汇总和综合协调职能。

（3）安全环保局为常态下应急管理工作的办事机构，负责应急预案体系和应急保障体系建设等应急管理工作，并对各单位应急管理工作进行业务指导和督促检查。

2. 各单位的应急组织机构

（1）各单位要建立应急管理组织机构，落实各级人员的应急职责，形成主要领导全面负责、分管领导具体负责、有关部门分工负责、相关人员全部参与的应急组织体系。

（2）各单位应设置应急指挥中心，负责本单位突发事件的应急工作；设置或指定应急管理工作日常办事部门，日常办事部门宜设置或指定在安全环保部门，配备专职应急工作人员，落实应急管理措施，指导和协调各相关部门开展应急管理工作。

13.2.2 应急管理工作

应急管理工作是指组织在突发事件的事前预防、事发应对、事中处置和善后管理过程中，通过建立必要的应对机制，采取一系列必要措施，保障员工和公众的生命安全，最大限度地减少环境破坏、社会影响和财产损失的活动。

这里所称的突发事件，是指突然发生，造成或者可能造成人员伤亡、财产损失、环境破坏和社会影响的，需要采取应急处置措施予以应对的自然灾害、事故灾难、公共卫生事件和社会安全事件。

13.2.2.1 工作原则

应急管理工作必须坚持"以人为本，减少危害；预防与应急并重，常态与非常态结合；统一领导，分级负责；依法规范，加强管理；整合资源，协同应对；依靠科技，提高素质"的原则。

（1）以人为本，减少危害的原则。牢固树立安全第一的思想，把保障员工、公众的生命和健康放在首位，落实到应急准备、抢险救援、恢复重建等各环节。

（2）预防与应急并重、常态与非常态结合的原则。落实各项防范措施，做好人员、技术、物资和设备的应急准备工作，加强监测监控，切实做到准备在先、防患未然，确保突发事件一旦发生，能够及时有效处置。

（3）统一领导，分级负责的原则。在中国石化应急指挥中心的统一领导下，建立健全应急组织体系，落实应急职责，实行应急分级管理。

（4）依法规范，加强管理的原则。加强各项应急管理制度的建设，逐步形成规范各类突发事件预防和处置工作的制度体系，使应急管理工作规范化、制度化和法制化。

（5）整合资源，协同应对的原则。整合各单位应急资源，充分利用社会资源，建立和完善区域应急网络，实行区域联防制度。

（6）依靠科技，提高素质的原则。利用先进适用的监测、预测、预警、预防、应急处置技术装备以及信息化建设，提高应对突发事件的科技水平和指挥能力。

13.2.2.2 工作内容

1. 预防与应急准备

（1）应急预案管理

① 各单位应根据国家、地方政府的相关法律、法规和标准以及中国石化的要求，结合本单位机构设置、管理模式、风险分析等实际情况，制定各级各类应急预案。

② 各单位的应急预案应当符合有关法律、法规、规章和标准及本单位的安全生产实际和危险性分析的要求；应急组织和人员分工明确，职责落实；有明确、具体的应急程序和保障措施，并与应急能力相适应；预案基本要素齐全、完整，预案附件提供的信息准确；各级应急预案之间应当相互衔接，同时与中国石化和地方政府相关部门的应急预案相衔接，确保其针对性强、可操作性高。

③ 对于新建、改建、扩建及检维修项目，各单位要与承包商等相关方进行施工作业前的危害识别和风险评估，编制相应的应急预案或现场应急处置方案。

④ 较大规模集会、节会、庆典、会展、商贸、文化、体育等公众聚集活动的应急预案，按照谁主办谁负责的原则，由组织承办方负责制定。

⑤ 应急预案涉及的部门、人员均要参与预案的编制，使预案的制定过程成为隐患排查治理和全员应急知识培训教育的过程。

⑥ 应急预案编制后，应当按照国家、地方政府及上级主管部门的要求，组织专家进行评审，形成评审书面纪要并附专家名单。

⑦ 应急预案经评审、完善后，应以文件形式报经单位主要负责人批准后，发布实施。

⑧ 应急预案实行分级备案制度，即下级单位应急预案报上一级主管部门备案。各单位将应急预案报总部备案，同时应根据所在地省、自治区、直辖市或者设区的市人民政府及有关部门的要求报送备案。

⑨ 各级应急预案至少每3年修订1次，预案修订情况应有记录并归档。有下列情形之

一的，应及时予以修订：依据的法律、法规、规章和标准发生变化的；隶属关系、经营方式等信息发生变化的；地域、环境、生产工艺和技术发生变化的；应急组织指挥体系或者职责调整的；应急预案演练及实战过程中发现问题的；应急预案管理部门要求修订的。

（2）应急培训和宣传教育

① 各单位应将应急培训纳入单位年度培训计划，制订培训计划和具体内容，开展企业负责人、应急管理人员、应急救援人员、从业人员等各级各类人员的应急培训，特别是对新入厂、转岗员工，领导干部职务变动的要适时进行相关应急培训。

② 应急培训的主要内容有：相关法律法规、标准和规章；相关应急预案；危害因素识别与风险分析；应急对策与防护措施；应急职责、应急响应及其实施程序；应急设施、设备、器材的性能与使用方法；应急救援知识与技能，个人防护、自救、互救等基本知识。

③ 各级宣传部门应充分利用电视、广播、网络、宣传栏、标语、报纸等宣传手段，向中国石化员工和各单位周边公众广泛宣传应急法律法规和普及安全生产事件预防、避险、自救、互救和应急处置知识。

（3）应急队伍、装备及物资保障

① 中国石化本着“统筹规划、合理布局”的原则，逐步建立和完善区域应急救援中心；整合各单位应急资源，实行区域联防制度；充分利用社会应急资源，签订互助协议，保障应急救援工作的需要。

② 各单位要结合行业、专业特点建立一支专兼职应急救援抢险队伍，并加强队伍建设。没有专业抢险救援队伍的单位必须与邻近的具备相应能力的专业救援队签订应急救援协议。

③ 各单位要按照分类管理、分级负责的原则，根据相关标准和规定合理配备应急装备和储备应急物资；建立应急装备、物资的调配和更新机制，确保储备充足、调运顺畅。

④ 建立健全应急资源档案，包括：本单位现有应急救援队伍情况，应急装备、物资种类、名称、数量；联防区域内应急救援队伍情况，应急装备、物资种类、名称、数量；周边可利用的社会应急救援力量，应急装备、物资种类、名称、数量；重要应急物资生产企业信息。

（4）信息和技术保障。各单位应加快应急信息平台建设步伐，建立和健全应急预案、重大危险源和各类应急资源的数据库，建立统一高效的应急指挥系统，与总部应急平台上下互通，实现快速预警、研判、科学决策指挥。同时，各单位要根据工作需要，积极引进先进适用的应急救援装备和技术，不断提高安全保障和应急救援能力以及成立应急管理专家组，对应急管理、突发事件应急处置和救援提供技术支持。

（5）财力保障。各单位要将应急体系建设所需资金纳入年度资金预算，建立应急体系建设保障资金投入机制，保障应急工作正常开展。应急体系建设保障资金主要用于应急预案制修订、应急培训与演练、宣传教育、信息平台建设，以及应急队伍、装备、物资储备等方面的建设与更新维护。

2. 监测监控、预测预警与应急值班

（1）监测监控

应建立突发事件风险趋势分析机制，对可能发生的突发事件进行综合性分析，有针对性地采取预防措施。同时，加强对重大危险源的管理，明确操作规程和应急处置措施，配备必要的监测监控设施，加强重点岗位和重点部位的监测监控，发现事故预兆立即发布预警信息，并采取有效防范和处置措施，防止事故发生和事故损失扩大，做到早防御、早响应、早处置。

（2）预测预警

要加强信息管理，及时收集、获取、掌握有关突发事件的预警信息，并对信息分析、评估，确定预防措施及应急处置措施。对国家、地方政府和总部发布的可能影响安全生产的自然灾害、事故灾难的预警信息，根据紧急程度和发展势态，及时采取有效措施。同时，根据事态发展，对预警信息随时调整直至解除，并相应调整预警级别和防范措施。

（3）应急值班

① 中国石化办公厅秘书处（总值班室）负责总部的总值班工作，实行24小时值班制度。各单位办公室或指定部门负责本单位应急值班工作，承担日常24小时应急值班工作。法定节假日，各单位要安排熟悉情况的干部值班，单位负责人带班。

② 应急值班工作应遵循有情必报、及时准确、运转高效、反应迅速、安全保密的原则。

③ 要明确落实责任，健全应急值班工作制度，明确信息处理、报送程序和方法，确保突发事件信息及时准确上报。

④ 要重视和加强应急值班工作的软硬件建设，配备良好的通信设施和相关设备，确保值班工作反应灵敏、应对迅速、处置及时。

3. 应急响应

应急响应包括信息报告、应急处置与救援和媒体应对与信息发布三个方面的内容。

（1）信息报告

突发事件发生后，事发单位要立即启动相应级别的应急预案，按照相关规定和程序，向上一级主管部门报告；当发生直属企业级及以上突发事件时，各单位应在1小时内向办公厅总值班室、安全环保局报告，并随时报送最新进展情况。事件处置结束后，要进行终报；信息报告的内容包括突发事件发生时间、单位、地点、事件类型、造成的后果、初步原因分析、影响范围、事件发展趋势、目前采取的解决措施以及是否需要增援等；报送信息事实清楚、文字精练，报送前须经单位主要负责人签发。特别紧急的情况下，可先电话报告，再迅速补报书面材料；事发单位应按照国家、地方政府有关规定，及时向事发地人民政府、安全生产监督管理部门或其他有关部门报告。

（2）应急处置与救援

① 突发事件发生后，事发单位要立即启动相应级别的应急预案，采取有效措施组织抢险，防止事件扩大，努力减少人员伤亡、财产损失和环境破坏。一旦事态超出本级应急能力，且无法得到有效控制时，应立即向上一级机关请求实施更高级别的应急救援。

② 事发单位必须指定相关部门处理公共关系，接受公众咨询，接待、安抚突发事件影响或受到波及的相关方。

③ 在突发事件处理过程中，必须保持通信畅通，将现场救援情况及时传递到应急指挥部门；应急信息的传递与接收必须有专人负责。

④ 当上级机关领导到达现场后，要做好现场处置情况汇报和指挥权的移交工作，并积极配合现场应急处置。

⑤ 在应急抢险过程中，注意保护突发事件现场，为突发事件调查工作的顺利开展提供保障。

⑥ 应急处置应当遵循以下基本原则：

及时性原则：包括及时撤离人员、及时报告上级有关主管部门、及时拨打报警电话和及时进行救助等。

先撤人、后排险的原则：即在发生事故或出现紧急险情之后，应首先将处于危险区域内的一切人员先撤出危险区域，然后再有组织地进行排险工作。

先救人、后排险的原则：当有人受伤或死亡，应先救出伤员和撤出亡者，然后进行排险处理工作，以免影响对伤员的及时抢救和对伤员、亡者造成新的伤害。

先防险、后救人的原则：在险情和事故仍在继续发展或险情仍未消除的情况下，必须先采取支护等安全保险措施，然后救人，以免使救护者受到伤害和使伤员受到新的伤害。救人要求“急”，同时也要求“稳妥”，否则，不但达不到救人的目的，还会使救助者受伤。

先防险、后排险的原则：在进入现场进行排险作业时，必须采取可靠的保护措施，以免排险人员受到伤害。

先排险、后清理的原则：只有在控制事故继续发展和排除险情以后，才能进行事故现场的清理工作。但这一切，都必须遵守事故的处理程序规定和得到批准以后，才能进行。

保护现场的原则：在事故调查组未决定结束事故原状之前，必须全力保护好现场的原状，以免影响事故的调查和处理工作。

（3）媒体应对与信息发布

① 在应急状态下，要做好媒体应对与信息发布工作，明确归口管理部门和信息发布人，并规范应急新闻发布程序。

② 信息发布要准确、及时、客观，必须经过严格审核和批准，保证发布信息的统一性。

③ 要做好当地主流媒体的舆情监控工作，根据舆情监控情况，确定信息发布的目的、内容与重点、时机及方式。

④ 要做好新闻媒体的采访接待工作，主动向媒体提供审议通过的新闻稿，必要时通过信息发布人向新闻单位说明发稿要求，掌握报道主动，引导社会舆论，创造有利的舆论环境。

4. 应急终止与后期处置

（1）应急终止

应急处置后，当现场应急救援指挥部确认突发事件的处置已同时满足终止条件时，应急指挥中心应及时宣布应急处置活动终止；同时采取或继续实施必要措施，防止灾害复发。应急终止应符合的条件有：事件已得到有效控制；受伤人员得到妥善救治；环境污染得到有效控制；社会影响降到最小。

（2）后期处置

后期处置工作包括：

① 应急终止后，事发单位对突发事件应对情况进行评估与总结，并于应急结束后的30个工作日内上报安全环保局。总结报告主要内容包括：事件情况，包括事件发生时间、地点、波及范围、损失、人员伤亡情况、事件发生原因；应急处置救援过程；处置过程中专业救援队伍、装备等应急资源动用情况，救援过程中发生的实际费用；处置过程遇到的问题、取得的经验和吸取的教训；应急预案启动和执行情况以及对预案的修改建议。

② 根据国家有关政策规定和中国石化相关规定，积极开展救助、补偿、抚慰、抚恤、安置等善后工作，妥善解决因处置突发事件引发的矛盾和纠纷。

③ 对紧急调集、征用的设备、物资，在使用完毕或者突发事件应急工作结束后，应及时返还、补偿和储备。

④ 按照《中国石化事故管理规定》做好事故报告、事故调查、事故处理及汇报等工作。

13.2.3 报告制度

（1）季报制度

每季度汇总本单位的应急管理培训、应急演练、应急救援队伍开展预防性安全检查、事故救援以及安全技术等情况，填写相关季度报表，于本每季度结束后的2个工作日报送安全环保局。

（2）半年度、年度总结报告制度

每半年对本单位应急管理工作进行总结，编写半年度、年度总结报告，并分别于每年7月5日和1月5日前报安全环保局。总结报告的主要内容有：应急机构、应急平台、应急体系建设情况；救援队伍建设情况、事故救援情况、预防性安全检查工作情况；预案编制、执行及演练情况；应急管理规章制度建设情况；事故救援效果及存在的问题；应急管理培训及宣传教育情况；应急管理及应急救援经费投入情况；应急管理工作中存在的突出矛盾、问题及对策、建议，以及下半年、下一年度工作计划。

（3）活动报告制度

各单位应将应急管理方面的重要活动（包括应急演练等）、参与重大突发公共事件应急救援工作情况、重要会议、重大举措和成果、重大问题等重要信息和重要事项，及时报告安全环保局。

13.2.4 应急救援预案编制

13.2.4.1 应急预案体系的构成

应急预案应形成体系，针对各级各类可能发生的事故和所有危险源制定专项应急预案和现场应急处置方案，并明确事前、事发、事中、事后的各个过程中相关部门和有关人员的职责。

中国石化应急预案体系由总体应急预案、直属企业应急预案、二级单位应急预案、基层单位应急预案组成。

总体应急预案是从总体上阐述处理事故的应急方针、政策，应急组织结构及相关应急职责，应急行动、措施和保障等基本要求和程序，是应对各类事故的综合性文件。

专项应急预案是针对具体的事故类别（如油罐爆炸、输油管道泄漏等事故）、危险源和应急保障而制订的计划或方案，是综合应急预案的组成部分，应按照综合应急预案的程序和要求组织制定，并作为总体应急预案的附件。专项应急预案应制定明确的救援程序和具体的应急救援措施。

现场处置方案是针对具体的装置、场所或设施、岗位所制定的应急处置措施。现场处置方案应具体、简单、针对性强。现场处置方案应根据风险评估及危险性控制措施逐一编制，做到事故相关人员应知应会，熟练掌握，并通过应急演练，做到迅速反应、正确处置。

13.2.4.2 应急预案的主要内容

1. 总体应急预案的主要内容

（1）总则。包括编制目的、编制依据、分类分级、适用范围、应急工作原则、应急预案体系、应急启动条件等方面的内容。

（2）危险性分析。包括生产经营单位概况、危险源与风险分析等内容。主要阐述本单位存在的危险源及风险分析结果。

（3）组织机构及职责。包括应急组织体系、指挥机构及职责两方面的内容。

（4）预测与预警。包括危险源监控、预报、预测、预警、信息报告与处置、预警解除等内容。

（5）应急响应。包括响应分级、响应程序、应急结束等方面的内容。

（6）信息发布。明确事故信息发布的部门，发布原则。

（7）后期处置。主要包括污染物处理、事故后果影响消除、生产秩序恢复、善后赔偿、抢险过程和应急救援能力评估及应急预案的修订等内容。

（8）保障措施。包括通信与信息保障、应急队伍保障、应急物资装备保障、经费及其他保障等。

（9）监督管理。包括应急预案演练、宣传与培训、责任与奖惩、应急预案管理等内容。

（10）附则。包括术语和定义、预案备案、预案维护和更新、预案制定与解释、应急预案实施等内容。

2. 专项应急预案的主要内容

（1）事故类型和危害程度分析。在危险源评估的基础上，对其可能发生的事故类型和可能发生的季节及其严重程度进行确定。

（2）应急处置基本原则。明确处置安全生产事故应当遵循的基本原则。

（3）组织机构及职责。包括应急组织体系、指挥机构及职责等。

（4）预测与预警。包括危险源监控和预警行动等内容。

（5）信息报告程序。包括确定报警系统及程序；确定现场报警方式，如电话、警报器等；确定 24 小时与相关部门的通信、联络方式；明确相互认可的通告、报警形式和内容；明确应急反应人员向外求援的方式等内容。

（6）应急处置。包括响应分级、响应程序、处置措施等内容。

（7）应急物资与装备保障。明确应急处置所需的物质与装备数量、管理和维护、正确使用等。

3. 现场处置方案的主要内容

（1）事故特征。主要包括危险性分析，可能发生的事故类型；事故发生的区域、地点或装置的名称；事故可能发生的季节和造成的危害程度；事故前可能出现的征兆等。

（2）应急组织与职责。主要包括基层单位应急自救组织形式及人员构成情况；应急自救组织机构、人员的具体职责，应同单位或车间、班组人员工作职责紧密结合，明确相关岗位和人员的应急工作职责。

（3）应急处置。主要包括以下内容：

① 事故应急处置程序。根据可能发生的事故类别及现场情况，明确事故报警、各项应急措施启动、应急救护人员的引导、事故扩大及同企业应急预案的衔接的程序。

② 现场应急处置措施。针对可能发生的火灾、爆炸、危险化学品泄漏、坍塌、水患、机动车辆伤害等，从操作措施、工艺流程、现场处置、事故控制，人员救护、消防、现场恢复等方面制定明确的应急处置措施。

③ 报警电话及上级管理部门、相关应急救援单位联络方式和联系人员，事故报告的基本要求和内容。

（4）注意事项。主要包括佩戴个人防护器具方面的注意事项；使用抢险救援器材方面的注意事项；采取救援对策或措施方面的注意事项；现场自救和互救注意事项；现场应急处置能力确认和人员安全防护等事项；应急救援结束后的注意事项；其他需要特别警示的事项。

13.2.4.3 应急救援预案编制的依据

应急救援预案制定的依据主要有：

(1) 法律、法规和政府规定。《中华人民共和国突发事件应对法》、《中华人民共和国安全生产法》、《中华人民共和国职业病防治法》、《中华人民共和国消防法》、《中华人民共和国防震减灾法》、《危险化学品安全管理条例》、《国家安全生产事故灾难应急预案》、《生产经营单位安全生产事故应急预案编制导则》(AQ/T 9002—2006)等。

(2) 本行业有关管理规定、技术规范和标准等。

(3) 应急救援对象的实际情况。

13.2.4.4 应急预案的编制程序

(1) 编制准备

编制应急预案应做好以下准备工作：

① 全面分析本单位危险因素、可能发生的事故类型及事故的危害程度；

② 排查事故隐患的种类、数量和分布情况，并在隐患治理的基础上，预测可能发生的事故类型及其危害程度；

③ 确定事故危险源，进行风险评估；

④ 针对事故危险源和存在的问题，确定相应的防范措施；

⑤ 客观评价本单位应急能力；

⑥ 充分借鉴国内外同行业事故教训及应急工作经验。

(2) 成立应急预案编制工作组

结合本单位部门职能分工，成立以单位主要负责人为领导的应急预案编制工作组，明确编制任务、职责分工，制订工作计划。

(3) 收集资料

收集应急预案编制所需的各种资料(相关法律法规、应急预案、技术标准、国内外同行业事故案例分析、本单位技术资料等)。

(4) 危险源与风险分析

在危险因素分析及事故隐患排查、治理的基础上，确定本单位的危险源、可能发生事故的类型和后果，进行事故风险分析，并指出事故可能产生的次生、衍生事故，形成分析报告，分析结果作为应急预案的编制依据。

(5) 应急能力评估

对本单位应急装备、应急队伍等应急能力进行评估，并结合本单位实际，加强应急能力建设。应急能力评估时，主要回答以下几个问题：

① 在紧急情况下谁该做什么，什么时候做，怎么做?

② 整个应急过程由谁负责，管理结构应该如何适应这种情况?

③ 如何通报紧急情况，谁负责通知?

④ 可获得哪些外部援助，什么时候能到达?

⑤ 在什么情况下站内和站外人员应该进行避难或疏散?

⑥ 如何恢复正常操作?

(6) 编制应急预案

针对可能发生的事故，按照有关规定和要求编制应急预案。应急预案编制过程中，应注重全体人员的参与和培训，使所有与事故有关人员均掌握危险源的危险性、应急处置方案和技能。应急预案应充分利用社会应急资源，与地方政府预案、上级主管单位以及相关部门的预案相衔接。

(7) 应急预案评审与发布

应急预案编制完成后，应进行评审。评审由本单位主要负责人组织有关部门和人员进行。外部评审由上级主管部门或地方政府负责安全管理的部门组织审查。评审后，按规定报有关部门备案，并经生产经营单位主要负责人签署发布。

13.2.5 应急演练

1. 基本要求

(1) 各单位应制订年度应急演练计划，按照“先单项后综合、先桌面后现场、循序渐进、时空有序”等原则，合理安排计划演练的频次、规模、形式、内容、时间、地点、经费以及责任人等。

(2) 各单位应根据实际情况每年至少组织 1 次综合性应急演练，所属二级单位每半年至少组织 1 次综合性应急演练，基层单位每季度至少组织 1 次现场处置方案演练。

(3) 应急演练应以相关应急预案为基础，体现和执行应急预案所有环节，确保达到检验预案、锻炼队伍、磨合机制、提高应急处置能力的目的。

(4) 应急演练后，要对演练效果进行评估，提出持续改进措施，完善应急预案，形成演练总结报告，并报上一级主管部门备案。

2. 基本内容

(1) 预警与通知

接警人员接到报警后，按照应急预案规定的时间、方式、方法和途径，迅速向可能受到突发事件波及区域的相关部门和人员发出预警通知，同时报告上级主管部门或当地政府有关部门、应急机构，以便采取相应的应急行动。

(2) 决策与指挥

根据应急预案规定的响应级别，建立统一的应急指挥、协调和决策机构，迅速有效地实施应急指挥，合理高效地调配和使用应急资源，控制事态发展。

(3) 应急通信

保证参与预警、应急处置与救援的各方，特别是上级与下级、内部与外部相关人员通信与联络的畅通。

(4) 应急监测

对突发事件现场及可能波及区域的气象、有毒有害物质等进行有效监控并进行科学分析和评估，合理预测突发事件的发展态势及影响范围，避免发生次生或衍生事故。

(5) 警戒与管制

建立合理警戒区域，维护现场秩序，防止无关人员进入应急处置与救援现场，保障应急救援队伍、应急物资运输和人群疏散等的交通畅通。

(6) 疏散与安置

合理确定突发事件可能波及区域，及时、安全、有效的撤离、疏散、转移、妥善安置相关人员。

(7) 医疗与卫生保障

调集医疗救护资源对受伤人员合理检伤并分级，及时采取有效的现场急救及医疗救护措施，做好卫生监测和防疫工作。

(8) 现场处置

应急处置与救援过程中，按照应急预案规定及相关行业技术标准采取的有效技术与安全保障措施。

(9) 公众引导

及时召开新闻发布会，客观、准确地公布有关信息，通过新闻媒体与社会公众建立良好的沟通。

(10) 现场恢复

应急处置与救援结束后，在确保安全的前提下，实施有效洗消、现场清理和基本设施恢复等工作。

(11) 总结与评估

对应急演练组织实施中发现的问题和应急演练效果进行评估总结，以便不断改进和完善应急预案，提高应急响应能力和应急装备水平。

(12) 其他

根据相关行业(领域)安全生产特点所包含的其他应急功能。

3. 应急演练实施

(1) 熟悉演练方案

召开会议，重点介绍有关应急演练的计划安排，了解应急预案和演练方案，做好各项准备工作。

(2) 安全措施检查

确认演练所需的工具、设备、设施以及参演人员到位。对应急演练安全保障方案以及设备、设施进行检查确认，确保安全保障方案的可行性，安全设备、设施的完好性。

(3) 组织协调

应在控制人员中指派必要数量的组织协调员，对应急演练过程进行必要的引导，以防出现发生意外事故。组织协调员的工作位置和任务应在应急演练方案中作明确规定。

(4) 开展应急演练

应急演练总指挥下达演练开始指令后，参演人员针对情景事件，根据应急预案的规定，紧张有序地实施必要的应急行动和应急措施，直至完成全部演练工作。

(5) 应急演练评估和总结

① 应急演练讲评。应急演练结束后应立即进行讲评。评估人员对应急演练目标的实现情况、参演队伍及人员的表现、应急演练中暴露的主要问题等进行讲评，并出具评估报告。对于规模较小的应急演练，评估也可以采用口头点评的方式。

② 应急演练总结。应急演练结束后，应撰写评估总结报告，重点对应急演练组织实施中发现的问题和应急演练效果进行评估总结，也可对应急演练准备、策划等工作进行简要总结分析。应急演练评估总结报告通常包括以下内容：

本次应急演练的背景信息；

对应急演练准备的评估；

对应急演练策划与应急演练方案的评估；

对应急演练组织、预警、应急响应、决策与指挥、处置与救援、应急演练效果的评估；

对应急预案的改进建议；

对应急救援技术、装备方面的改进建议；

对应急管理人员、应急救援人员培训方面的建议。

(6) 注意事项

① 应急演练过程要力求紧凑、连贯，尽量反映真实事件下采取预警、应急处置与救援的过程。

② 应急演练应遵照应急预案有序进行，同时要具有必要的灵活性；

③ 应急演练应重视评估环节，准确记录发现的问题和不足，并实施后续改进；

④ 应急演练实施过程应作必要的评估记录，包括文字、图片和声像记录等，以便对演练进行总结和评估。

(7) 应急演练后续行动

① 应急演练资料的归档与备案。应急演练活动结束后，将应急演练方案、应急演练评估报告、应急演练总结报告等文字资料，以及记录演练实施过程的相关图片、视频、音频等资料归档保存；对主管部门要求备案的应急演练资料，演练组织部门(单位)将相关资料报主管部门备案。

② 应急预案的修改完善。根据应急演练评估报告对应急预案的改进建议，由应急预案编制部门按程序对预案进行修改完善。

③ 应急管理工作的持续改进。应急演练结束后，组织应急演练的部门(单位)应根据应急演练评估报告、总结报告提出的问题和建议，督促相关部门和人员，制订整改计划，明确整改目标，制定整改措施，落实整改资金，并应跟踪督查整改情况。

13.2.6 现场急救

1. 烧伤人员的急救

遇到人员烧伤，可采取下列方法进行急救：

(1) 一灭。迅速灭火是火灾烧伤急救的基本原则。切不可呼喊，以免吸入火焰引起呼吸道烧伤。

(2) 二查。检查有无危及生命的严重损伤，如颅脑和内脏损伤、呼吸道烧伤致呼吸困难等。严重伤员应立即就地抢救，心跳、呼吸停止者立即进行心肺复苏(包含人工呼吸和胸外心脏按压)。

(3) 三冷。立即冷却烧伤的部位，用清水冲洗烧伤部位 10～30min 或冷水浸泡直到无痛的感觉为止。

(4) 四防。防疼痛、感染、休克和窒息。

(5) 五包。现场救护注意保护烧伤创面，用干净纱布、被单包裹或覆盖，然后送医院处理。

2. 昏倒人员的急救

(1) 将伤员移至阴凉处，以获得充分的新鲜空气；

(2) 有呕吐者应侧卧，以防将呕吐物吸入肺部；

(3) 无呕吐者应平躺，下肢抬高 20～30cm，松解颈部、胸部衣服，保持呼吸道通畅；

(4) 有呼吸困难情形，应将其置于半坐卧姿势；

（5）如急救后未马上恢复知觉者，应立即送往医院治疗。

3. 高处坠落人员应急处置

（1）当发生高处坠落事故后，抢救的重点是对休克、骨折和出血进行处理。

（2）发生高处坠落事故，应马上组织抢救伤员，首先观察伤员的受伤情况、部位、伤害性质，如伤员发生休克，应先处理休克。

（3）遇呼吸、心跳停止，应立即进行人工呼吸和胸外心脏按压。处于休克状态的伤员要让其安静、保暖、平卧、少动，并将下肢抬高约20°，并尽快送医院进行抢救治疗。

（4）出现颅脑外伤，必须维持呼吸道通畅。昏迷者应平卧，面部转向一侧，以防舌根下坠或吸入分泌物、呕吐物，发生喉阻塞。

（5）有骨折者，应初步固定后再搬运。偶有凹陷骨折、严重的颅底骨折及严重的脑损伤症状出现，用消毒的纱布或清洁布等覆盖伤口，用绷带或布条包扎后，及时送往附近有条件的医院治疗。

（6）发现脊椎受伤者，用消毒的纱布或清洁布等覆盖伤口，用绷带或布条包扎后，送往附近医院。搬运时，将伤员平卧放在帆布担架或硬板上，以免受伤的脊椎移位、断裂造成截瘫，导致死亡。抢救脊椎受伤者，搬运过程严禁只抬两肩与两腿或单肩背运。

（7）发现伤员手足骨折，不要盲目搬运伤员。应在骨折部位用夹板把受伤位置临时固定，使断端不再移位或刺伤肌肉、神经或血管。固定方法：以固定骨折处上下关节为原则，可就地取材，用木板、竹头等，在无材料的情况下，上肢可固定在身侧，下肢与健侧下肢缚在一起。

（8）遇有创伤型出血的伤员，应迅速包扎止血，使伤员保持在头低脚高的卧位，并注意保暖，尽快送医院进行抢救治疗。

4. 人员中毒应急处置

（1）应立即打开门窗通风，将中毒人员抬到有新鲜空气的地方，解开中毒人员的衣领、裤带，放低头部，并使其头向后仰，使呼吸道通畅；

（2）注意保温，防止着凉；

（3）如中毒人员已昏迷，但有呼吸和脉搏，可用手指按压刺激人中、涌泉等穴位，让其苏醒；

（4）如中毒人员神志不清，且无呼吸和脉搏，应立即做人工呼吸和胸外心脏按压，并尽快送医院急救。在送医院途中一定要坚持做人工呼吸和胸外心脏按压。

5. 心肺复苏术

（1）判断伤员有无意识。轻拍伤员的肩部，并大声呼喊，如果伤员没有反应（如睁眼、说话、肢体活动等），说明没有意识。

（2）呼救。若无意识，立即呼叫尽可能多的专业人员参加急救，并拨打120急救电话。

（3）抢救的体位。伤员正确的抢救体位是水平仰卧位，即伤员平卧，头、颈、躯干不扭曲，两上肢放在躯干旁边，抢救者应跪在伤员肩部上侧，这样就不需要移动自己膝部，也可依次进行人工呼吸和胸外心脏按压。

（4）保持呼吸道畅通。将伤员衣领口、领带、围巾等解开；用一只手掌根部置于伤员前额使头后仰，另一只手的食指和中指置其下颌处，抬起下颌；用手或器具去除口腔内的异物。要求：抬颌的手指不要压迫颌下软组织；抬颌，使咽喉和气道在一条水平线上为宜。

（5）判断伤员有无呼吸。若无呼吸，必须进行人工呼吸。

（6）人工呼吸。维持伤员气道畅通；用压前颌的那只手的拇指、食指捏紧伤员的鼻孔，另一只手托下颌；抢救者深吸一口气，用口紧贴并包住伤员口部用力吹气，使胸廓扩张；如果伤员的牙关紧闭或口腔严重受伤，可用一只手使伤员的口紧闭，做口对鼻人工呼吸；用力吹气并观察伤员胸部有无起伏，确认人工呼吸是否有效；一次吹气完毕后，抢救者与伤员的口脱开，并吸气准备第二次吹气。吹气频率一般为 13 次/min。

（7）判断伤员有无脉搏。若有脉搏，继续人工呼吸；若无脉搏，在进行人工呼吸的同时进行胸外心脏按压。

（8）胸外心脏按压。正确的按压部位时胸骨下切迹上三横指的上方；将一只手掌根重叠在另一只手上放在按压点上，双手手指交叉或伸直，但不接触胸壁，然后平稳地、有规律地按压；单人抢救时，以每分钟按压胸部 80 次为宜。吹气和按压同做时，可按压 13 次，吹气 2 次。

6. 止血

（1）将伤口冲洗干净后，在伤口处包上干净的布（或干净的手绢），紧紧压住。止血点压迫法：

① 上臂动脉。用四根手指掐住上臂的肌肉并压向臂骨。

② 大腿动脉。用手掌根部压住大腿中央稍微偏上点的内侧。

③ 桡动脉。用 3 个手指压住靠近大拇指根部的地方。

（2）将伤口抬至高于心脏的位置。

（3）对于四肢大出血时，就必须采用止血带止血法，方法如下：

① 橡皮带止血。用弹性好的橡皮管或橡皮带，上肢可扎在上臂上部 1/3 处，下肢扎于大腿的中部。

② 布料止血带止血。在没有橡皮止血带的紧急情况下，用三角巾、腰带、布条等环绕肢体打一活结，在结下放一短棒，旋转短棒使带绞紧，等出血停止后，拉紧活结固定木棒。

（4）采用止血带止血要求。止血带与皮肤间应加一层垫布；扎止血带要松紧适宜，以止住血为宜；止血带的部位要尽可能靠近伤口；严重挤压的肢体或伤口远端肢体严重缺血时，禁止使用止血带；标明绑止血带的时间。

（5）大量吐血时要让伤员侧向躺好，解开衣扣和皮带，不要让身体有任何束缚；然后用凉毛巾或冰袋冷敷伤员腹部，保持静卧直到救护车到来。

7. 伤员搬运

（1）搬运原则。现场救护后，要根据伤员的伤情轻重分别采取搀扶、背运、双人搬运等措施；疑有脊柱、骨盆、双下肢骨折时不能让伤员站立；疑有肋骨骨折的伤员不能采取背运的方法；伤势较重，有昏迷、内脏损伤、脊柱、骨盆骨折、双下肢骨折的伤员应采取担架搬运方法；现场如无担架，制作简易担架，并注意禁忌范围。

（2）搬运方法。搬运方法有：

① 单人搬运法。将双臂从伤员身后插入腋下，紧握住伤员一只手臂，尽量平衡地搬运。

② 多人平托法。几个人分别托住伤员颈、胸、腰、腿部，一起进行。

③ 担架搬运法。把伤员移至担架，头部向后，足部向前。抬担架行走时，两人速度要

相同，平稳前进。向高处抬时，担架前面的人手要放低，要弯着腿走，担架后面的人要抬在肩上，勿使担架两头高低相差太大，向低处抬时则相反。担架的两旁都要有人看护，防止伤员翻落，伤员头部应始终向上。

④ 其他搬运法。用折叠椅、毯子、木板等代替担架进行搬运。

（3）搬运注意事项。尽量多找一些人来搬运；观察伤员呼吸和脸色的变化；如果是脊椎骨折，不要弯曲、扭动伤员的颈部和身体；不要接触伤员的伤口要使伤员身体放松。尽量将伤员放到担架或平板上进行搬运。

第 14 章　环境保护

中国石化油品销售企业油库储存有极易挥发的汽油、煤油等油品，油品挥发形成挥发性有机物进入大气不仅对大气产生污染，同时对作业环境带来安全生产隐患，对现场作业人员的职业健康也会带来一定的影响。

油品销售企业有不少沿海、沿江油库，每年都要产生大量的含油污水，其来源有压舱水和洗舱水、油罐底水和清洗水、罐区含油初期雨水、其他清洗用水等。该污水具有排放不连续，水量变化幅度大，变化规律性差，难以控制等特点。油品检测环节也会产生少量有害污水。

油品销售企业固废主要来自于油品储存过程中沉积在储油罐底部的油泥等胶状物，以柴油、润滑油、燃料油等油品产生的胶状物为甚。油污水处理系统隔油沉淀池也会产生大量的含油固体沉积物。

14.1　石化销售企业环保要求

我国《大气污染防治法》规定，企业在运输、装卸、储存能够散发有毒有害气体或者粉尘物质的，必须采取密闭措施或者其他措施。《储油库大气污染物标准》、《加油站大气污染物标准》、《汽油运输大气污染物标准》三个国家标准，对油品储存、销售和运输企业油气回收处理及排放提出了明确的要求。

我国《水污染防治法》要求造成水污染的企业进行技术改造，采取综合防治措施，提高水的重复利用率，减少污水和污染物排放量。排放工业污水的企业，应当对其所排放的工业污水进行监测，并保存原始监测记录。《海洋环境保护法》第三十二条规定，“排放陆源污染物的单位，必须向环境保护行政主管部门申报拥有的陆源污染物排放设施、处理设施和在正常作业条件下排放陆源污染物的种类、数量和浓度，并提供防治海洋环境污染方面的有关技术和资料”。国家标准《污水综合排放标准》，对油库含油污水的排放指标提出了明确的要求。

我国《固体废物污染环境防治法》规定，产生固体废物的单位和个人，应当采取措施，防止或者减少固体废物对环境的污染。产生危险废物的单位，必须按照国家有关规定处置危险废物，不得擅自倾倒、堆放。转移危险废物的，必须有危险废物转移记录。《危险废物填埋污染控制标准》、《危险废物贮存污染控制标准》、《危险废物焚烧污染控制标准》、《国家危险废物名录》对固体废物处理作出了具体的要求。

石化销售企业油库、加油站需要对油品装卸、加油作业过程中挥发的油气进行回收，每年一次对油气回收系统排放浓度、密闭性、液阻、气液比等国家强制检测指标进行监测；对储存过程中产生的含油污水进行处理，达标后方可排放，并进行定期抽样监测；对储存过程中产生的固废实行控制处理。

14.2 含油污水处理

14.2.1 含油污水来源及危害

油库污水有生产污水、生活污水及雨水形成的地面污水。生产污水有被油污染的含油污水和未被油污染的生产用水。后者污染不大，可以不进行处理直接排入水体或者在生产上重复利用。而含油污水则不能直接排放，需进行处理，使排放水中污染物浓度小于国家规定的最高允许浓度，否则容易造成环境污染。

油类物质可在水中形成油膜，阻碍大气中的氧溶于水中，妨碍鱼类和其他水生物的生长。鱼虾等长期在受油污染的水中生活，将会使肉内有石油味，严重时油黏在鱼腮上，影响呼吸使鱼类窒息死亡。在污油污染的水中孵化出的幼鱼，大部分是畸形，鱼体扭曲，生命力弱。用含油污水灌溉农田，石油会黏结在土壤内并黏在植物根部，危害农作物生长，严重时甚至会导致死亡。

含油污水中其他化学物质，如酸、硫化物、氰化物等都有毒和腐蚀作用，如不作处理让其排入江河湖海，对人、畜、家禽、鱼虾等水生动物产生危害，严重时可引起中毒甚至大量死亡。用化学物质含量高的污水灌溉农田，会使农作物烂根黑根，枯萎死亡，会使土壤板结。有些化学物质，在土壤中会逐渐积累，转入植物的果实中或蔬菜的叶子里而不能食用。

目前，多数油库用简单的沉淀池对含油污水静置，油水重力分离后排放或不处理直接排放，达不到国家规定的要求。对油库含油污水进行处理，不仅能防止环境污染，改善作业条件，而且有利于油库安全生产，能回收有利用价值的油品，减少经济损失。因此，建立油库含油污水处理设施是十分必要的。

含油污水的来源与油品的运输方式、作业要求、油品种类及地理环境有关。沿海、沿江油库以油轮的压舱水、洗舱水和卸油顶水为主。陆运油库以油罐清洗污水和底水为主。不同的污水其含油量也有明显差异，油库含油污水量取决于油库收发方式及油库业务量，来源受季节及作业时间限制，一次性来水量一般不大，并且不连续。水运油库含油污水量相对较大，一次顶水作业可产生含油污水100t。有的沿海油库，年吞20万吨油品，则含油污水每年可达3000～15000m^3，并且集中在业务繁忙季节或夏、秋季节。内陆油库的含油污水相对较少，油罐清洗产生的污水与清洗方式直接有关，一般清洗1000m^3 油罐污水量30～60t，5000m^3 油罐有80～120t。采用化学清洗剂清洗时污水量更少，但含油污水成分复杂，处理比较困难。根据水被油品的污染程度，把含油污水分为重污染含油污水和轻污染含油污水两种，见表14－1。

表14－1　油库含油污水来源

重污染含油污水	轻污染含油污水
油罐、油罐车及管道清洗污水	油轮卸油顶水
油轮洗舱水及机舱水	油轮压舱水
废油再生的含油污水	油罐底水
跑、冒、漏油事故引起的污水	作业区地面清洗污水
化验室器皿清洗污水	含油地面雨水
油品调配产生的污水	

14.2.2 油库污水的特性指标

油库含油污水水质的特性可以用一些物理及化学指标来表示。主要包括：水色、pH 值、生化需氧量、化学耗氧量、悬浮物及石油类含量等。通过这些指标的分析化验，就可以对污水的性质有较全面的评价，以便制订合理的处理方案。

1. 色度

清洁的水是透明无色的，遇有污染常常改变颜色，色素虽不一定有害，但带有颜色的水使人厌恶。如碱洗水呈乳白色，汽油罐清洗水呈棕色，重柴油罐清洗水呈偏黑的深色。

2. pH 值

pH 值范围从 0 ~ 14，表示溶液的酸碱性。由于 pH 值有效地表示出溶液的化学及生物特性，因此排放水的 pH 值有一定的范围，一般为 6 ~ 9。生物有机体只能在接近中性的条件下生存，超出一定范围将引起毒害。pH 值越低的污水，酸性较强，对设备有较大的腐蚀作用。

3. 化学耗氧量

化学耗氧量，即 COD，是表示污水中利用化学氧化剂氧化有机物所需的氧量，量纲也是以单位体积污水所耗的氧量来表示，通常采用重铬酸钾或高锰酸钾作氧化剂，污水的耗氧量越多，表示所含有机物越多。

化学耗氧量不能反映被微生物氧化分解的有机物量，而生化需氧量基本上能反映出有机物进入水体后，微生物氧化分解的有机物量，比较符合实际。在污水处理中，采用生化需氧量作为有机的指标较为合适。但生化需氧量的测定时间较长，实际应用中，常用化学耗氧量来代替。

4. 石油类

油类排入水体后，将浮飘在水面，形成一层薄膜，阻止大气中的氧气溶于水中，从而影响水体的自净作用，造成水体污染。污水中石油类通常以三种状态存在于水中。

（1）浮油：浮油是含油污水中的分散油，一般指在 2h 静置状态下可浮到水面的油珠，直径在 100 ~ 150μm，在污水中呈悬浮状态，可以依靠它与水的密度差而很容易从水中分离出来。浮油是含油污水中的主要组分，约占含油污水中总油量的 60% ~ 80%。

（2）乳化油：在油罐清洗时，将会产生一些乳化的油品，以较小的颗粒存在于水中。这些油粒的直径一般为 6 ~ 7μm，最大的约为 15μm，最小的为 0.5μm，常以乳化状态存在，即使长期静置也难以从水中分离出来。这是由于油滴表面存在双电层或受乳化剂的保护而阻碍了油滴的合并，使其长期保持稳定状态，用一般简易隔油方法很难把它们分离出来。乳化油必须先经过破乳处理转化为浮油，然后再加以分离。

（3）溶解油：在水中呈溶解状态的油品称溶解油，其溶解度很小，一般为 5 ~ 15mg/L，溶解油占含油量的百分比一般小于 5%。此类污水的处理方法视溶解油的种类及物理化学性质来决定。

5. 悬浮物

污水中的物质，根据它的物理情况，分为可沉物和浮漂物，胶体物和溶解物等几类。在水质分析中，通常用过滤的方法将杂质分为悬浮物和溶解物。截留在滤纸上的为悬浮物，能通过滤纸的为溶解物。悬浮物会阻塞土壤的孔隙，形成河底淤泥，悬浮物可用沉淀设备去除，去除率是衡量沉淀效果的重要指标。沉淀设备中沉淀下来的物质，如果主要是有机物，常称污泥，如果主要是无机物质，则称为沉渣，油罐污水经沉淀后，有大量的污泥。污泥的成分复杂，一般含油在12%～15%，含泥15%～22%，含水在70%左右，密度在1.2～1.8g/cm^3，并且不易沉淀也不易上浮。含油污泥之所以稳定不易沉淀，原因在于其表面带有负电荷，胶体悬浮物颗粒之间相互产生排斥作用，阻碍互相凝聚沉淀。

6. 五天生化需氧量

生化需氧量，即BOD_5，是表示利用微生物的作用氧化污水中有机物所需的氧量。其量纲常用单位体积污水所消耗的氧量来表示。生物需氧量越高，表示污水中有机物越多。但由于有机物在培养下氧化作用相当迟缓，促使有机物全部氧化，需要很长时间，这在实用上是很困难，规定以培养5天的结果作为测定生化需氧量的标准时间，通称为五天生化需氧量。

14.2.3 含油污水排放标准

由于污水来源途径不同，各种污水的成分是有所差别的。油罐底水及清洗水一般含油量较多，悬浮物较多，含硫量及含铅量也高，石油以乳化油的形式存在占较多成分，且污水带有一定颜色。油轮的压舱水及洗舱水含油量约在100～5000mg/L，沉淀物较多，石油多以浮油形式存在于水中。油罐或专门的装置中脱水时形成的污水，含油量可达7600～11200mg/L，机械杂质为7400～9560mg/L。

为保证水体清洁，排入水体的污水，应控制其污染物的数量。若污染物较多，超过了水体的自净能力时，水体就不能保持正常状态，生态平衡受到破坏，形成恶劣的自然环境。我国《污水综合排放标准》(GB 8978)，对含油污水的水质指标范围和排放水标准如表14－2所示。

表14－2 油库含油污水的指标范围与排放标准

项目		污水成分	允许排放标准	
			一级	二级
色度		混浊，浮油，呈褐色或铁锈色	50	80
pH值		4.5～9	6～9	6～9
含油量 mg/L	轻污染	50～2000	5	10
	重污染	1500～60000		
五天生化需氧量(BOD_5)/(mg/L)		150～670	20	30
化学耗氧量(COD)/(mg/L)		72～274	60	120
悬浮物(SS)/(mg/L)		600～850	70	150

14.2.4 含油污水处理方法

油库污水未经处理，直接排入水体，虽然由于水体的自净作用会减小污水直接造成的污染，日积月累难免会带来严重危害。根本的解决方法是对油库污水进行处理，使排放水达到排放标准。

油库污水处理最主要的目的是去除污水中的油份。故其处理方法取决于油污水中石油的存在状态。处理油库含油污水的方法，广泛采用的是物理方法和化学方法。即隔油/沉淀、浮选/混凝、吸附等。

14.2.4.1 隔油

隔油就是去除污水中可浮油的处理方法，主要用于对污水中浮油的处理，它是利用水中油品与水密度的差异与水分离并加以清除的过程。油品相对密度一般都小于1。如果油珠粒径较大，呈悬浮状态，则可利用重力进行分离，这类设备通称为隔油池。隔油池的种类很多，普遍采用的是平流隔油池和斜板隔油池。

(1) 平流式隔油池

平流式隔油池的构造如图14－1所示，污水自进水管流入，经水槽进入澄清区。由于池内水平流速很小，进水中的轻油滴在浮力作用下上浮，并且聚集在池的表面，通过设在池面的集油管和收油机收集浮油，浮油一般可以回用。相对密度大于1的固体杂质则沉到池底。

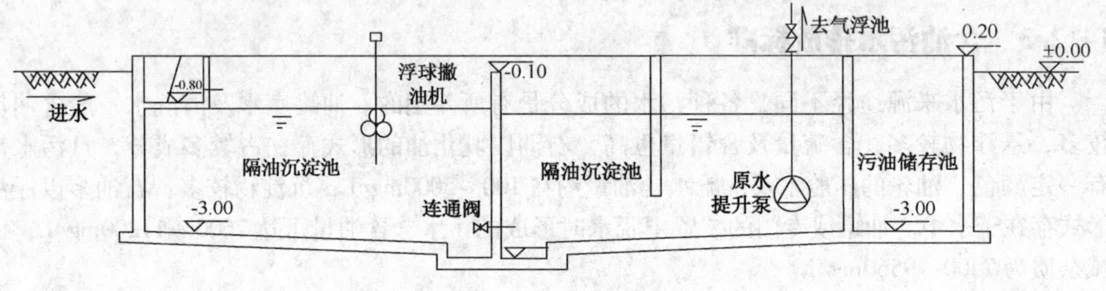

图14－1 平流式隔油池

污水在池内停留时间一般为1.5～2h，水平流速很低，一般为2～5mm/s，最大不超过10mm/s，以利于油品的上浮和泥渣的沉降。池长与池深之比不小于4。

平流隔油池一般不少于两个，除油率一般为60%～80%。粒径150μm以上的油珠均可除去。它的优点是构造简单，运行管理方便，除油效果稳定。缺点是体积大、占地面积大、处理能力低、排泥难，出水中仍含有乳化油和吸附在悬浮物上的油分，一般很难达到排放要求。这种隔油池可去除的最小油珠粒径一般不低于100～150μm。

隔油池的进水端一般采用穿孔墙进水，在出水端采用溢流堰。

(2) 斜板隔油池

为了提高单位池容积的处理能力，隔油池也有采用斜板形式，如图14－2所示。池内斜板大多数采用聚酯玻璃钢波纹板，板间距为20～50mm，倾角不小于45°，斜板采用异向流形式，污水自上而下流入斜板组、油粒沿斜板上浮。而泥渣则滑落至池底。池内增加斜板提高了单位池容的分离面积，即使污水处理量增大数倍，板间水流仍然处于层流状态。斜板隔油池所需停留时间为平流隔油池的1/2～1/4，约30min。斜板隔油池去除油滴的最小直径为60μm。

为了防止油类物质附着在斜板上，应选用不亲油材料做斜板，但实际上比较困难，所以，在斜板隔油池的运行中也常有挂油现象，应定期冲洗，防止斜板间堵塞。污水含油量大时，可采用较大的板间距(或管径)，含油量小时，间距可以减小。

在含油污水的处理中，为进一步处理出水中残油，通常应用加压溶气气浮作为隔油后的补充处理。

14.2.4.2 沉淀

悬浮物(SS)是衡量水体水质好坏的一项重要指标，也是水处理的一项重要考核指标。沉淀是去除悬浮物的重要手段之一，它是利用水中悬浮颗粒与水的密度差进行分离的基本方法。当悬浮物的密度大于水时，在重力作用下，悬浮物下沉形成沉淀物。沉淀法可以去除污水中的砂粒、化学沉淀物、混凝处理所形成的絮体和生物处理的污泥，也可用于沉淀污泥的浓缩。

沉淀主要用于去除粒径在 20 ~ 100μm 以上的可沉固体颗粒，对胶体粒子(粒径约为 1 ~ 100nm)和粒径为 100 ~1000nm 的细微悬浮物来说，由于布朗运动、水合作用，尤其是微粒间的静电斥力等原因，它们能在水中长期保持悬浮状态，因此不能直接用承力沉降法分离，而必须首先投加混凝剂来破坏它们的稳定性，使其相互聚集为数百微米以至数毫米的絮凝体，才能用沉降、过滤和气浮等常规固液分离法予以去除。

自由沉淀是沉淀的常用方法。在沉淀过程中，水中悬浮物颗粒浓度低，颗粒呈离散状态，彼此互不聚合、黏合或干扰，各自完成沉淀过程，颗粒在下沉过程中的形状、尺寸、密度、不发任何变化。在污水中悬浮物的浓度不太高、颗粒多为无机物时常发生自由沉淀。

14.2.4.3 气浮

气浮法是利用高度分散的微小气泡作为载体吸附油粒或悬浮物，使其视密度小于水而上浮到水面，进而实现固液或液液分离的过程。气浮法也称为浮选法，在污水处理中，气浮法广泛应用于：分离地面水中细小悬浮物、藻类及微絮体；分离回收含油污水中的悬浮油和乳化油；代替二次沉淀池，分离和浓缩剩余活性污泥，特别适用丁那些易于产牛污泥膨胀的生化处理工艺中。

气浮法具有以下特点：①气浮池的表面负荷率可达到 $12m^3/(m^2 \cdot h)$，较一般沉淀池大得多[沉淀池仅为 $1.0 \sim 3.0m^3/(m^2 \cdot h)$]；停留时间为 0.5h 以内(沉淀池为 1 ~3h)，池深 2m 左右，因此池子的基建投资小、占地少，在用地紧张的场合下较适用。②气浮池有预曝气作用，出水和浮渣含氧量都较高，有利于后续处理或再用，泥渣不易腐化。③ 能够有效地分离那些不能或难于沉淀的悬浮物，如油污低浊含藻的水杂。气浮法处理效率高，有时还可去除原水中的浮游生物，出水水质好。④浮渣含水率低。一般在 96% 以下，比沉淀池污泥体积少 2 ~ 10 倍，这对污泥的后续处理有利，而且表面刮渣也比池底排泥方便。气浮法也有其缺点：如溶气水减压释放器易堵塞；工艺过程复杂，操作烦琐且要求高，运行费用高等。

气浮分离效率与气泡量、气泡粒径及是否加药剂等因素有关。对一定量的空气，若气泡粒径小，表面积大，吸附油机会多，浮选效率高。

溶解空气浮选是最常用的方法。利用增加气体压力，使其更多地溶入水中，然后通过溶气释放器的卸压喷射完成气体的释放产生众多的微气泡。浮选主要用于去除水体中的乳化油，浮选设备常被安放在初级除油设备后面作为二级治理设备。

(1)溶气气浮

气浮过程包括气泡产生、气泡与颗粒(固体或液滴)附着以及上浮分离等连续步骤。实现气浮法分离的必要条件有两个：第一，必须向水中提供足够数量的微细气泡；第二，必须使颗粒(固体或液滴)呈悬浮状态或具有疏水性质，从而附着于气泡上浮升。浮选法对于去除污水中的乳化油有特殊功效。

产生气泡的方法一般分两种：一是溶气法，将气体压入盛有污水的溶气罐中，在水 - 气充分接触下，使气在水中溶解并达到饱和，然后使污水压力骤然降低，这时溶解的空气便以微小的气泡从水中析出并进行气浮，故又称加压溶气气浮。此种气泡的直径一般约为 20 ~ 100μm。二是散气法，主要采用多孔的扩散板曝气和叶轮搅拌产生气泡，因此气泡直径较大，约在1000μm左右。实践表明：气泡的直径越小，能除去的污染物颗粒就越细，净化效率也越高。故目前工业污水处理中，多采用溶气法，该法气泡微小、大小均匀、密度高，气泡上升速度慢，水力状况稳定，特别适用于松散和细小的悬浮颗粒分离。通常将加压溶气气浮作为隔油后的深化处理。

溶气气浮装置由溶气泵、溶气罐、溶气释放器和气浮池等组成。气浮工艺流程，按加压情况分为部分污水加压溶气气浮、全部污水加压溶气气浮和部分回流水加压溶气气浮三种。目前较常用的是部分回流水加压溶气气浮工艺流程，见图14-2。

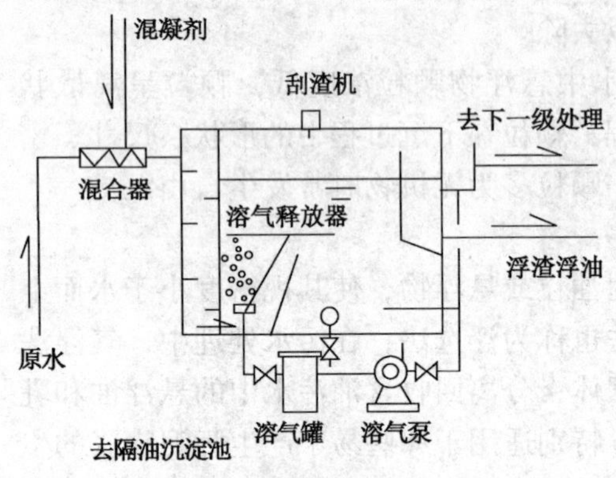

图14-2　部分回流水加压溶气气浮工艺

溶气泵将污水送入溶气罐，同时注入空气，在0.3～0.4MPa压力下停留几分钟，使空气溶解于污水中，成过饱和状态，然后通过减压阀将污水送入浮选池。由于突然减至常压，水中溶解的过饱和空气就形成许多细小气泡，油粒就黏附于气泡上而溢出水面，在水面形成泡沫，用刮渣机将其连续地排入泡沫收集槽。该流程将处理后的部分污水加压溶气，回流量一般为10%～20%，污水直接送回气浮池。部分回流加压溶气气浮不会打碎絮凝体，出水的水质稳定，加压泵及溶气罐的容量及能耗都较小，该方法适用于含悬浮物浓度高的污水处理，但气浮池的容积较大。

通常加入混凝剂可使浮选法的除油效率成倍提高。可用带有正电性胶粒阳离子型混凝剂，如聚合氯化铝、聚合硫酸铁等无机高分子混凝剂，与带负荷的乳化油进行电中和，降低其电势。同时通过连续吸附作用，使小油滴聚集粒径变大，浮出水面。利用混凝剂电中和、架桥、吸附等综合作用使小油珠及悬浮固体脱稳，聚集粒径增大的现象，俗称矾花。以油为主的矾花上浮，密度小于水的悬浮物矾花也上浮，而密度大于水的悬浮粒子则下沉到罐底，最后达到油水分离、固液分离的效果。表14-3对比了含浓度60mg/L的污水在未加混凝剂和加混凝剂浮选处理结果。

表14-3　浮选法除油效果

浮选方式	除油率/%	
	浮油	浮化油
加混凝剂	75～95	50～90
未加混凝剂	70～95	10～40

影响气浮效率的主要因素有污水流速、进气速度及单位液体所使用的气体体积、气泡大小及分散程度、水温、pH值、化学物质等。在气浮工艺中最常使用的是空气，也可使用其他多种气体。如用惰性气体，同时还可以用真空浮选法或沸腾法、化学反应法和发酵法等产生气泡。

（2）溶气气浮设备的运行管理

加压溶气气浮设备的运行管理应注意以下事项：

① 根据气浮反应池的絮凝情况及气浮池出水水质，注意调节混凝剂的投加量，特别要防止加药管的堵塞。冬季水效率低影响混凝效果时，除可采取增加投药量的措施外，还可利

用增加回流水量或提高溶气压力的方法，增加微气泡的数量及其与絮粒的黏附，以弥补因水流黏度的升高而降低带气泡絮粒的上浮性能，保证出水水质。

② 经常观察气浮池池面情况，如果发现接触区浮渣面不平，局部冒出大气泡，则多半是释放器受到堵塞；如果分离区浮满面不平，池面上经常有大气泡破裂，则表明气泡与絮粒黏附不好，应采取适当措施(如投加表面活性剂等)。

③ 经常观察溶气罐的水位指示管，使其控制在一定的范围内，以保证溶气效果。避免因溶气罐水位脱空，导致大量空气窜入气浮池而破坏净水效果与浮渣层。对已装有溶气罐液位自动控制装置的，则需注意设备的维护保养。

④ 掌握浮渣积累规律，选择最佳的浮渣含水率，以及按最大限度地不影响出水水质的要求进行刮渣，并建立每隔几小时刮渣一次的制度。

⑤ 做好日常的运行记录，包括处理水量、投药量、溶气水量、溶气罐压力、水温、耗电量、进出水水质、刮渣周期、泥渣含水率等。

14.2.4.4 混凝

在污水处理工艺中，混凝与溶气气浮同时进行。

污水中的微小悬浮物和胶体粒子很难用沉淀方法除去，它们在水中能够长期保持分散的悬浮状态而不自然沉降，具有一定的稳定性。混凝法就是向水中加入混凝剂来破坏这些细小粒子的稳定性，首先使其互相接触而聚集在一起，然后形成絮状物并下沉分离的处理方法。前者称为凝聚，后者称为絮凝，一般将这两个过程通称为混凝。具体地说，凝聚是指使胶体脱稳并聚集为微小絮粒的过程，而絮凝则是使微絮粒通过吸附、卷带和架桥而形成更大的聚体的过程。

混凝在污水处理中可以用于预处理、中间处理和深度处理的各个阶段。它除了除浊、除色之外，对高分子化合物、动植物纤维物质、部分有机物质、油类物质、微生物、某些表面活性物质、农药，汞、镉、铅等重会属都有一定的清除作用，所以它在污水处理中的应用十分广泛。

混凝法的优点是：设备费用低，处理效果好，操作管理简单。缺点是要不断向污水中加药剂，运行费用较高。

(1) 混凝剂

① 无机混凝剂

用于水处理的混凝剂要求混凝效果好，对人类健康无害，价廉易得，使用方便。目前常用的混凝剂按化学组成分为无机盐类和有机高分子类。

日前应用最广的无机混凝剂是铁系和铝系金属盐，可分为普通铁、铝盐和碱化聚合盐。其他还有碳酸镁、活性硅酸、高岭土、膨润土等。

三氯化铁　三氯化铁有无水物、结晶水物和液体，其中常用的是三氯化铁($FeCl3 \cdot 6H_2O$)，它是黑褐色的结晶体，有强烈吸水性，极易溶于水，其溶解度随温度上升而增加，形成的矾花，沉淀性好，处理低温水或低浊水效果比铝盐的好。三氯化铁液体、晶体物或受潮的无水物腐蚀性极大，调制和加药设备必须考虑用耐腐蚀材料。

硫酸亚铁　硫酸亚铁($FeSO_4 \cdot 7H_2O$)，是半透明绿色晶体，易溶于水，在水温20℃时溶解度为21%。硫酸亚铁离解出的Fe^{2+}只能生成最简单的单核络合物，因此，不如三价铁盐那样有良好的混凝效果。残留在水中的 Fe^{2+} 会使处理后的水带色，Fe^{2+} 与水中的某些有色物质作用后，会生成颜色更深的溶解物。因此，使用硫酸亚铁时应将二价铁先氧化为三价铁，然后再起混凝作用。

硫酸铝　硫酸铝[$Al_2(SO_4)_3 \cdot 18H_2O$]，是水和污水处理中使用最多的混凝剂，外观呈淡绿色或粒状，适用水温 20 ~ 40℃，当 pH 值为 4 ~5 时，主要去除污水中的有机物和色度，当 pH 值为 6.5 ~7.5 时主要去除污水中 SS。

硫酸铝使用便利，混凝效果较好，不会给处理后的水质带来不良影响。当水温低时硫酸铝水解困难，形成的絮体较松散。

硫酸铝可分干式或湿式投加。湿式投加时一般采用 10% ~20% 的含量(按商品固体质量计算)。硫酸铝使用时水的有效 pH 值范围较窄，跟原水硬度有关，对于软水，pH 值在 5.7 ~6.6；中等硬度的水为 6.6 ~7.2；硬度较高的水则为 7.2 ~7.8。因此在投加硫酸铝时应考虑上述特性，以免加入过量硫酸铝，会使水的 pH 值降至其适宜的 pH 值以下，既浪费了药剂，又使处理后的水发浑。

聚合氯化铝　聚合氯化铝作为一种高分子混凝剂，其化学式可写[$Al_2(OH)_nCl_{6-n}$]$_m$，式中 n 可取 1 到 5 中间的任何整数，m 为 10 的整数。这个化学式实际指 m 个 $Al_2(OH)_nCl_{6-n}$(称羟基氯化铝)单体的聚合物。

除聚合氯化铝之后，在污水处理中聚合硫酸铝及聚合氯化铝与聚合硫酸铝的混合物常被作为混凝剂使用。

② 有机混凝剂

合成有机高分子絮凝剂中，聚丙烯酰胺(PAM)使用范围最广泛。聚丙烯酰胺絮凝剂是由丙烯酰胺聚合而成的有机高分子聚合物，无色、无味、无臭、易溶于水，没有腐蚀性。聚丙烯酰胺在常温下比较稳定，高温、冰冻时易降解，并降低絮凝效果，故其储存与配制投加时，温度不得超过 65℃，室内温度不得低于 2℃。聚丙烯酰胺分子量一般为 1.5×10^6 ~ 6×10^6。聚丙烯酰胺产品按其纯度来分，有粉剂和胶体两种。粉剂产品含聚丙烯酰胺 92%，胶体产品含聚丙烯酰胺 8% ~9%。按离子型分，PAM 有阳离子型、阴离子型和非离子型。阳离子型毒性较强，主要用于工业用水和有机质胶体多的工业污水；阴离子型是水解产品，由非离子型改性而来，它带有部分阴离子电荷，可使这种线型聚合物得到充分伸展，从而加强了吸附能力，适用于处理含无机质多的悬浮液或高浊污水。

聚丙烯酰胺与其他混凝剂一起使用，可产生较好的混凝效果。聚丙烯酰胺的投加次序与污水水质有关。当污水浊度低时，宜先投加其他混凝剂，再投加聚丙烯酰胺，使胶体颗粒先脱稳到一定程度，为聚丙烯酰胺的絮凝作用创造有利条件；当污水浊度高时，应先投加聚丙烯酰胺，再投加其他混凝剂，以让聚丙烯酰胺先在高浊度水中充分发挥作用，吸附部分胶粒，使浊度下降，其余胶粒由其他混凝剂脱稳，再由聚丙烯酰胺吸附，这样可降低其他混凝剂的用量。

聚丙烯酰胺一般按 0.5 ~1 kg 均匀倒于 1000kg 水中，并在转速 60r/min 的搅拌条件下搅拌溶解 10 ~20min，溶解后加入水中并充分搅拌混合，与无机或有机混凝剂配合使用，其用量一般在 1 ~7mg/kg[即(1 ~7) ppm]。

(2) 助凝剂

助凝剂是指与混凝剂一起使用，以促进水的混凝过程的辅助药剂。助凝剂本身可以起混凝作用，也可不起混凝作用。按其功能，助凝剂分为三种。

pH 调整剂　在污水 pH 值不符合工艺要求或在投加混凝剂后，pH 值有较大变化时，影响后续工序水质要求时，就需要投加 pH 调整剂。常用的 pH 调整剂包括石灰、硫酸、氢氧化钠等。

絮体结构改良剂　当生成絮体小、松散且易碎，漂浮流失时，可投加絮体结构改良剂以改善絮体的结构，增加其粒径，提高密度和机械强度。这类物质有活性炭、活性硅酸、黏土等。

氧化剂　当污水中的有机物含量过高或含有表面活性剂物质时，易产生泡沫，影响絮体沉降，此时应投加氯气、次氯酸钠、臭氧等氧化剂来破坏有机物，以提高混凝效果。

(3) 影响混凝效果的因素

混凝过程是混凝剂与水及胶体和细微悬浮物之间相互作用的复杂过程。化学混凝过程与效果受到多种因素的影响，因此必须科学地控制混凝条件。影响混凝的因素主要有：药剂选用与投加、原水水质、水温、污水的 pH 值、搅拌强度与搅拌时间等。

① 混凝剂选用与投加

混凝剂的选择　要根据污水的具体性质而定，总的原则是所用的混凝剂必须价廉、易得，使用量少，效率高。生成的混凝物易沉降分离。药剂投加量除与水中微粒种类、性质，浓度有关外，还与药剂品种、投加方式及介质条件有关。对任何污水的混凝处理，都存在最佳药剂和最佳投药量的问题，应通过试验确定。当使用几种药剂时，应通过加试验来确定其最佳的投加顺序。铝盐和聚丙烯酰胺是常用的几种混凝剂。混凝剂投加量过大或过小都不利于污染物的净化，同时药剂投加量和水中污染物含量关系密切。在很多情况下，将无机混凝剂与高分子絮凝剂并用，可使混凝效果明显提高，扩大应用范围。当无机药剂与有机药剂并用时，通常是先投加无机药剂，再投加有机药剂，但当处理的胶粒在 50μm 以上时，常先投加有机药剂吸附架桥，再加无机药剂压缩扩散层而使胶体脱稳。高分子絮凝剂选用的基本原则是：阴离子和非离子型主要用于去除浓度较高的细微悬浮物，但前者更适用于中性和碱性水质，后者更适于中性和酸性水质，阳离子型主要用于去除胶体状有机物，pH 值为酸性至中性均可。

药剂投加方法　主要有重力投加法、压力投加法。重力投加法是利用重力的作用，将高位水池或罐中的药液投入管道内或水泵吸入管喇叭口处。此法操作简单，投加安全可靠，但必须设高位池或罐。压力投加法是利用水射器或计量泵将混凝剂投入处理水中。此法可确保加药量，不受加药点位置高低及管道压力限制，并可实现加药量的自动控制。

② 搅拌强度与搅拌时间

搅拌对混合、反应、凝聚几个阶段都有影响，因此，搅拌一定要适度。混凝时的搅拌速度和时间不仅影响物质之间的接触、反应，并且将影响形成的絮体大小和结构。一般在混凝剂混合阶段，就是为了让混凝剂与污水迅速均匀的混合。要求搅拌强度大，但时间要短，搅拌时间应小于 2min，以使混凝剂迅速、均匀地扩散到全部水中，创造良好的水解和聚合条件，使胶体脱稳并借助颗粒的布朗运动和湍动的水流凝聚，此阶段不要求形成大的絮凝体。

在混凝反应阶段，要求形成大而具有良好沉淀性能的絮凝体，此时过于激烈的搅拌反而会打碎已凝聚的絮状沉淀物，不利于混凝沉淀，所以此阶段搅拌的强度和水流速度应随絮凝体增大而降低。此时搅拌强度要小，但时间要长，搅拌时间一般在15～30min。

14.2.4.5 吸附

利用吸附法进行污水处理，具有适应范围广、处理效果好、可回收有用物料、吸附剂可重复使用等优点。该法适用于深度处理污水的微油，一般费用较高，在污水处理中有较广泛的应用。

(1) 吸附法的基本概念和原理

固体表面的分子或原子因受力不均衡而具有剩余的表面能，当某些物质碰撞固体表面时，受到这些不平衡力的吸引而停留在固体表面上，这就是吸附。吸附法利用多孔性的固体物质使污水中的一种或多种物质被吸附在固体表面而去除。这种有吸附能力的多孔性物质亦称为吸附剂，被固体吸附的物质称吸附质。能作为吸附剂的固体物质必须具有较大的吸附容量和一定的机械强度及较好的化学稳定性。在水中不致溶解于水，不能含有毒物质。

溶质在固体表面上的吸附分为：物理吸附和化学吸附两类。吸附剂和吸附质之间通过分子间力所产生的吸附称为物理吸附，物理吸附可以形成单分子吸附层和多分子吸附层，由于分子间力是普遍存在的，所以一种吸附剂可以吸附多种吸附质。但是物理吸附的吸附剂和吸附质之间吸附力较弱，容易解吸。当吸附剂和吸附质之间发生化学作用，由于化学键作用而产生的吸附称为化学吸附。化学吸附是一个吸热过程，温度提高将促进化学吸附，化学吸附对吸附质有选择性，只能形成单分子吸附层，吸附剂和吸附质之间的吸附作用较强，解吸较困难。

(2) 吸附剂

吸附剂可分为3类：炭质吸附剂、无机吸附剂和有机吸附剂。对吸附剂材料的要求是：吸油量大、吸水量小、吸油速度快，重复使用性好，压缩回弹性能好等。

① 炭质吸附剂 炭质吸附剂中以活性炭吸附油类物质效果较好。活性炭可由木材、木屑、果壳或煤粉等制备。制备过程包括脱水炭化和活化两步。脱水在120～130℃以下进行；炭化一般在1000℃以下进行；活化是用试剂或气体通过高温加热挥发，使炭内部产生微孔，把内部有机物除去的增孔—造孔过程。药剂活化所用试剂有$ZnCl_2$、磷酸、H_2SO_4等；气体活化所用气体有CO_2、N_2、H_2O、空气、Cl_2等。活化通常在200～500℃较低温度下进行。

活性炭具有很大的比表面，它来源于内部有许多孔隙，按孔的大小可分为：微孔($\phi<2.0$nm)，孔体积通常为0.15～0.50ml/g，过渡孔(ϕ为2～50nm)，孔体积通常为0.02～0.1ml/g；大孔($\phi>50$nm)，孔体积为0.2～0.8ml/g。表面积越大吸附容量越大，空隙尺寸越大，吸附大分子的容量也越大。

活性炭属于非极性吸附剂，因此很容易吸附油类等非极性物质。活性炭表面还有含氧基团，所以也能吸附某些极性物质，如金属离子。近年来人们研究对活性炭改性以提高其吸附选择性和吸附量。例如，在活性炭中加入碱性物质，可吸附酸性有害气体H_2S、SO_2等；在活性炭中加入酸性物质，可吸附碱性有害气体氨；用多氯烃改性后活性炭对有机气体吸附的选择性提高；用铜盐改性活性炭用于吸附氨气等。

近年来，屡见报道活性炭纤维是用有机纤维经过炭化、活化而制成的，与颗粒活性炭相比，其吸附速度快，吸附量大，脱附容易，再生简单。仅用200～500℃过热蒸汽就可使之完全脱附，恢复原有的物理、化学形态和性能，使用寿命长、对进水要求低、适应能力强等特点，对 COD_{Cr}、BOD_5 及挥发性酚均有净化作用。

炭质吸附剂中以活性炭处理含油污水效果最佳，具有适用范围广，大多数重金属、有机物和生物分子都能被吸附出去，吸附能力强，可再生使用等优点，但价格昂贵，处理费用高。为增强吸附能力，活性炭可与其他材料一起组成复合吸附剂。如将沸石粉与活性炭混合物与水泥或鼓风炉渣细粉(作为黏合剂)搀和、加水、混凝，在蒸汽或室温中老化、干燥制成吸油剂；也可将沸石和活性炭粉混合物与有机黏合剂搀和、加水、絮凝、干燥后制成吸油剂。

② 无机吸附剂　无机吸附剂种类很多，按照其来源可分为天然、人工型吸附剂，其特点是价格便宜，再生容易。天然无机吸附剂如活化矾土、硅藻土、钙质泥岩及褐煤等。人工型吸附剂通常有木屑、胡桃壳碎末等。

③ 有机吸附剂　一般来讲，有机吸附剂的除油能力要比无机吸附剂强。如合成树脂已大量应用于水处理行业，如离子交换树脂、吸附树脂、氧化还原树脂、粉状树脂、磁性树脂、炭化树脂、热再生树脂等。其中吸附树脂是利用树脂的吸附解吸作用对水体中的污染物进行分离、浓缩、提纯处理，已用于脱酚、除油以及各种含大分子有机杂质的污水处理。树脂的吸附能力一般随被吸附分子亲油性的增加而增加。吸附树脂大体上可以分为非极性(烃类聚合物如聚苯乙烯)、中等极性(带酯基聚合物如聚丙烯酸酯)、极性(带有酰胺基等聚合物加聚丙烯酰胺)和强极性(含有氧化氮、吡啶等聚合物)4 种基本类型。使用吸附树脂时应根据被吸附物质的形状、极性大小和体积，适当选择合适的吸附树脂。树脂吸附剂吸附溶质后用溶剂冲洗再生，一般可重复使用千次以上。

总的来讲，吸附法可以使出水含油量大大降低，采用吸附法处理含油污水，处理后的水含油量可达到 5mg/L 以下。此法适于水质较好的水体，且用于多级处理工艺中的后处理。

14.3　污泥(废渣)处理

油品销售企业固废主要来自于油品储存过程中沉积在储油罐底部的油泥等胶状物，以柴油、润滑油、燃料油等油品产生的胶状物为甚。油污水处理系统隔油沉淀池也会产生大量的含油固体沉积物即污泥。

污泥处理与处置是污水处理系统的重要组成部分，必须予以高度重视，只有对这些污泥进行及时处理和处置，才能确保污水处理效果，防止二次污染，使容易腐化发臭的有机物得到稳定处理，并将有毒有害物质得到妥善处理。总之，污泥处理和处置的目的是减量、稳定、无害化及综合利用。脱除污泥水分，缩小污泥体积的方法主要有浓缩、调理、脱水和干化；稳定污泥中有机物主要通过消化、焚烧、氧化和消毒等。

目前，油品销售企业污泥(废渣)的处理，委托有处理资质的专业处理企业进行处理是一个安全有效的途径。

14.3.1　污泥的分类和性质

(1) 污泥

以有机物为主要成分的称污泥。污泥的性质是易于腐化发臭，颗粒较细，相对密度较小，含水率尚且不易脱水，属于胶状结构的亲水性物质。初次沉淀池与二次沉淀池的沉淀物均属污泥。

(2) 沉渣

以无机物为主要成分称沉渣。沉渣的主要性质是颗粒较粗，相对密度较大，含水率较低且易于脱水，流动性差。油库油污污水处理沉淀池的沉淀物属沉渣。

14.3.2 污泥的性质指标

表征污泥性质的主要指标有：含水率和含固率、挥发性固体、有毒有害物质的含量以及脱水性能等。

1. 污泥含水率

污泥中所含水分的质量与污泥总质量之比称为污泥含水率。污泥含水率一般都很高，密度接近于水，污泥含水率对污泥特性有重要影响。不同污泥，含水率差别很大。污泥的体积、质量及所含固体物浓度之间的关系，可用下式表示：

$$\frac{V_1}{V_2}=\frac{W_1}{W_2}=\frac{100-p_1}{100-p_2}=\frac{c_1}{c_2}$$

式中 V_1、W_1、c_1——污泥含水率为 p_1% 时的污泥体积、质量与固体物浓度；

V_2、W_2、c_2——污泥含水率为 p_2% 时的污泥体积、质量与固体物浓度。

由上式可知，当污泥含水率由99%降至98%，或由98%降至96%，或由97%降到94%，污泥体积均能减少一半。也即污泥含水率超高，降低污泥的含水率对减容的作用越大。通常，含水率>90%，污泥几乎为液体；含水率在70%~90%之间，污泥呈粥状物；含水率60%~70%之间，污泥几乎为固体；含水率<50%，污泥呈黏土状。

2. 挥发性固体(或称灼烧减重)和灰分(或称灼烧残渣)

挥发性固体即VSS，通常用于表示污泥中的有机物的量，近似地等于有机物含量，有机物含量越高，污泥的稳定性就更差。灰分表示无机物含量。

3. 脱水性能

污泥的脱水性能与污泥性质、调理方法及条件等有关，还与脱水机械种类有关。在污泥脱水前进行强处理，改变污泥粒子的物化性质，破坏其胶体结构，减少其与水的亲和力，从而改善脱水性能，这一过程称为污泥的调理或调质。

14.3.3 污泥浓缩

污泥浓缩的主要目的是降低污泥的含水率，使污泥体积大为降低，即通常所说的减容，因此可以大幅度降低后续处理的费用。将污泥浓缩以减少体积，对于减少后续处理过程如消化、脱水、干化和焚烧等的负担都是非常有利的。污泥中所含水分大致分为4类：颗粒间的空隙水，约占总水分的70%；毛细水，即颗粒间毛细管内的水，约占20%；污泥颗粒表面吸附水和颗粒内部水(包括细胞内部水)，约占10%。如图14-3所示。

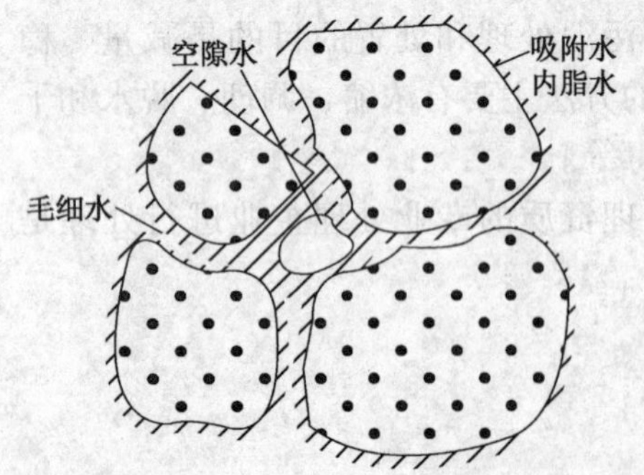

图14-3 污泥水分示意图

降低含水率的方法有：浓缩法，用于降低污泥中的空隙水，因空隙水所占比例最大，故浓缩是减容的主要方法；自然干化法和机械脱水法，主要脱除毛细水；干燥与焚烧法，主要脱除吸附水与内部水。不同脱水方法的效果如表14-4所示。

表 14－4　不同脱水方法及脱水效果

<table>
<tr><th colspan="2">脱水方法</th><th>脱水装置</th><th>脱水后含水率/%</th><th>脱水后状态</th></tr>
<tr><td colspan="2">浓缩法</td><td>重力浓缩、气浮浓缩、离心浓缩</td><td>95～97</td><td>近似糊状</td></tr>
<tr><td colspan="2">自然干化法</td><td>自然干化场</td><td>70～80</td><td>泥饼状</td></tr>
<tr><td rowspan="4">机械脱水法</td><td>真空过滤法</td><td>真空转鼓</td><td>60～80</td><td>泥饼状</td></tr>
<tr><td>压滤法</td><td>板框压滤机</td><td>45～80</td><td>泥饼状</td></tr>
<tr><td>滚压带法</td><td>滚压带式压滤机</td><td>78～86</td><td>泥饼状</td></tr>
<tr><td>离心法</td><td>离心机</td><td>80～85</td><td>泥饼状</td></tr>
<tr><td colspan="2">干燥法</td><td>各种干燥设备</td><td>10～40</td><td>粉状、粒状</td></tr>
<tr><td colspan="2">焚烧法</td><td>各种焚烧设备</td><td>0～10</td><td>灰状</td></tr>
</table>

油品销售企业油库储存过程中产生的污泥，脱水方法主要有自然干化法、压滤法、焚烧法。如柴油、润滑油储存过程中产生的污泥，多采取焚烧法。将污泥送到砖瓦厂、焚烧厂进行处理。油污水处理过程中产生的污泥，多采用自然干化法、压滤法等进行处理。

污泥的处理过程中，要特别注意：一是对污泥的去向要有跟踪记录，防止污泥接收单位违规处置；二是采用自然干化法、焚烧法进行处理时，要特别注意不能对水系、大气造成二次污染；三是对污泥处理现场或接收单位要做好告示或告知工作。

14.3.4　污泥的自然干化

污泥自然干化的主要构筑物是干化场。干化场可分为自然滤层干化场与人工滤层干化场两种。油品销售企业所属油库产生的污泥，多采用自然滤层干化场。自然滤层干化场适用于自然土质渗透性能好，地下水位低的地区。干化场脱水主要依靠渗透、蒸发与撇除。渗透过程约在污泥排入干化场最初的 2～3d 内完成，可使污泥含水率降低至 85% 左右。此后水分不能再渗透，只能依靠蒸发脱水，约1周或数周后，含水率可降低至75%左右。影响干化场脱水的因素有气候条件和污泥性质等。

14.4　油气回收

油品销售企业油库储存有极易挥发的汽油、煤油等油品，在油品储运、装卸作业过程中，特别是油品公路发放环节，将产生大量的油气挥发。加油站在油品接卸、加油过程中，也会产生大量的油气挥发。油品挥发形成挥发性有机物进入大气不仅对大气产生污染，同时对作业环境带来安全生产隐患，对现场作业人员的职业健康也会带来一定的影响。

14.4.1　油库油气回收

油库油气回收，主要针对油罐车装车作业时大量挥发油气的回收。油库油气回收的技术方案主要有三种：活性炭吸附法、冷凝法、膜分离法。目前，中国石化系统油库均采用活性炭吸附法，下面介绍活性炭吸附法油气回收装置，如图 14－4 所示。

14.4.1.1　工作原理

灌装过程中产生的油气经过油气集输管、分液罐后进入油气回收装置的吸附罐，在吸附罐内油气通过活性炭床层后，油气中的烃分子(油蒸气)被吸附在活性炭的微孔中，被净化后的“油气”(主体为空气)从吸附罐的顶部直接排放到大气。当活性炭床层吸附饱和后，将吸附工作切换到另外一台吸附罐，并开始对饱和的吸附罐进行解吸。在解吸过程中，使用真空系统降低活性炭床层的压力，当压力降低到一定的程度时，吸附在活性炭微孔中的烃分子开始“脱离”，并被真空泵抽出。被真空泵抽出的“高浓度油气”进入吸收塔回收，在吸收塔内油气自下而上，与自上而下的吸收“贫液(90#或者 93#汽油)”逆流接触，在填料中发生传质，大部分油气被“贫液”吸收回到油罐中；未被吸收的小量油气通过吸收塔顶部的管线回到吸附罐入口再次进行吸附处理。

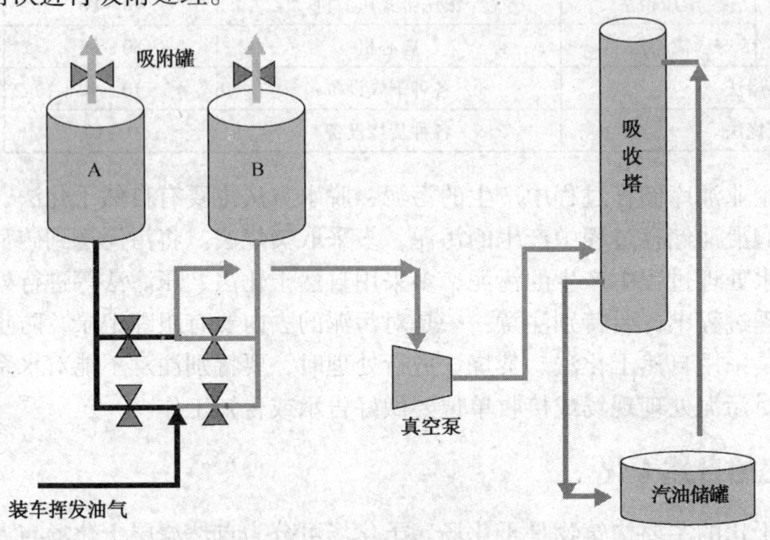

图 14－4　油气回收装置流程简图

14.4.1.2　装置组成

吸附法油气回收装置采用了两罐(吸附罐)、一塔(吸收塔)结构，可分为四大系统，包括：

(1) 吸附系统

主要功能是完成对油气的吸附和解吸，两个罐交替使用。主要部件有气体流量计、进气阀、吸附罐、活性炭床层、排气阀、吹扫气阀、温度仪等。

(2) 真空系统

主要功能是为解吸过程提供真空环境，间歇性工作。主要部件有解吸控制阀、液环真空泵、气液分离罐、密封液冷却器、液位计、止回阀等。

(3) 吸收系统

主要功能是吸收回收从吸附罐中解吸出来的油气，间歇性工作。主要部件有吸收塔、规整填料与除沫器、喷头、进油泵、回油泵、进油控制阀、回油控制阀、止回阀、液体流量计、液位计等。

(4) 控制系统

主要功能是完成装置的生产控制和安全控制。上位机监控软件通过 RS－485 通信协议和 PLC 控制器实时通信，用于监控油气回收装置的运行状况。正常情况下显示各个仪表的当前数值，一旦装置现异常情况，上位机监控软件会以声光报警的形式通知操作员，同时会给出装置的报警原因以及处理问题的方法。系统包括，工控机、PLC 系统、电动阀、电机、变频器、配电系统等。

14.4.1.3 技术特点

流程简单，具净化率高，节能效果好，技术性能达到进口装置水平；独特的床层设计采用多层填充方式，使得吸附剂利用率高，而且压降低，对发油作业没有影响；床层多点测温，系统更安全；智能化的控制系统，采用工控机模拟显示，使操作简单明了，能有效保证系统长期稳定的运行，无须专人监管；装置基本实现国产化，便于操作与维护；控制系统采用在线故障诊断技术，提高了系统的安全、可靠性。

14.4.2 加油站油气回收

加油站油气回收的任务：一是油罐车向埋地储油罐卸油过程中，油罐内有与卸进油品等体积的油气被置换出来需要进行回收。二是加油机加油时，通过油气回收真空泵做动力，把汽车油箱内的油气收集到地下储油罐内。三是埋地油罐内气相压力高于呼吸阀控制压力时，会有部分油气呼出排放到大气中，这部分油气也需要进行处理和回收。

14.4.2.1 卸油过程油气回收

油罐车、埋地油罐均有两个管道工艺系统，油品输转工艺和油气工艺。卸油作业时，油品输转工艺中，油品从油罐车出油口→卸油胶管→埋地油罐；油气工艺中，油气从埋地油罐气相空间→(埋地油罐接卸口处)气管接口→胶管→油罐车进气接口→油罐车气相空间。卸油过程中，埋地油罐与油罐车形成密闭系统，埋地油罐内气相空间与油罐车气相空间达到压力平衡，油品靠重力作用从油罐车自流进入埋地油罐内，随着油罐内液位升高，气相压力增大，通过胶管被压入油罐车的气相空间，完成油气置换，整个卸油过程没有油气排放到大气中。

14.4.2.2 加油过程油气回收

加油机为汽车加油时，油品进入油箱，油箱内油气向外排放，因此需要将加油过程中油箱内的油气进行回收。此时同样有两个管道工艺系统，油品工艺和油气工艺。油品工艺，从埋地油罐→埋地输油管道→加油机→油/气同轴胶管→加油枪→汽车油箱；油气工艺气体为反向流动，从汽车油箱气相空间→加油枪→油/气同轴胶管→真空泵→埋地气路管道→埋地油罐气相空间。

油气反向流动的动力由真空泵提供。油气通过回收型专用加油枪，把加油时产生的汽车油箱内油气通过同轴管线和地下输气管线送入加油站储油罐。我国相关国家标准规定，为汽车加1L油品，抽回的油气为1～1.2L，也即理论上埋地油罐内的压力始终高于大气压。

14.4.2.3 储存过程油气回收

如上所述，埋地油罐内气相空间的压力始终高于大气压。另外，由于环境温度的影响，也会导致埋地油罐内气相压力升高。我国相关国家标准规定的控制压力为750Pa，为防止埋地油罐内气相压力超过750Pa时对大气排气，因此需要利用压缩冷凝或先进的膜分离技术，将油气处理后变成液体回埋地油罐利用，同时将分离释放出清洁的空气(油气排放浓度≤25mg/L)，保持加油站油气呼出接近于零。油气冷凝或膜式处理装置俗称油气后处理设备。

后处理设备投入成本、运行费用较高。在实践中，我们可以通过调整埋地油罐压力/真空控制阀的设定值，省去后处理设备，减少埋地油罐的呼吸。通过实践，笔者认为此值设定为负压1500 Pa，正压2000Pa，可以有效地控制油气呼出。

14.4.2.4 加油站油气回收工艺流程

可分为卸油过程油气回收工艺、加油过程油气回收工艺，要特别注意工艺管线敷设时应坡向埋地油罐，坡度为1%～2%。

(1) 卸油过程油气回收工艺

该工艺有两种形式，即总管工艺和独立管工艺。

① 总管工艺，如图 14－5 所示，即每个汽油罐的回气管与总管连接，优点是卸油速度影响小，缺点是每个油罐进气管必须安装浮球阀，防止同品种油品的混油事故。这种工艺系统，由于浮球阀设备故障会导致油品混油事故或者因气路系统闭塞而无法正常卸油。

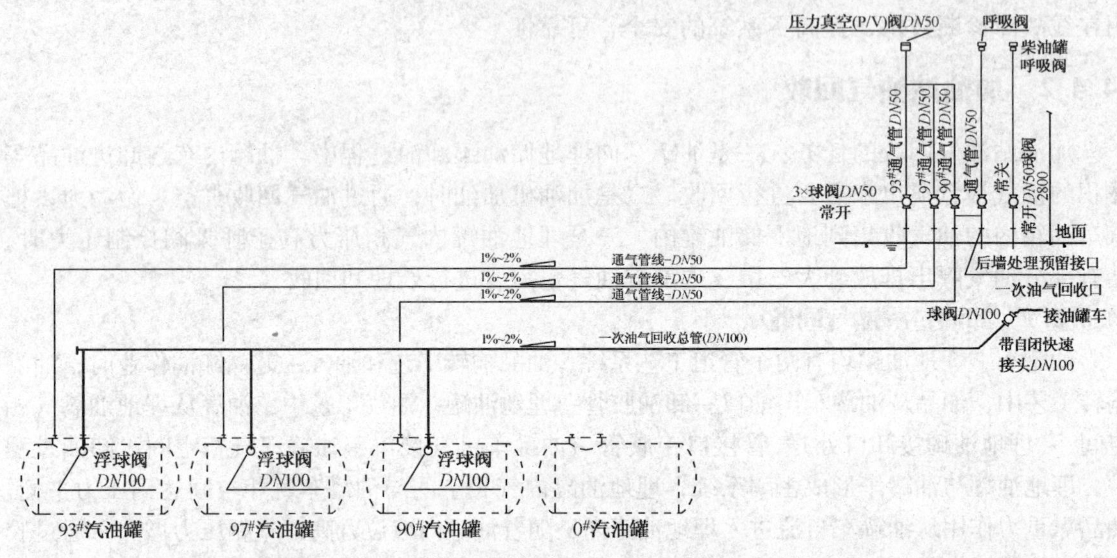

图 14－5　加油站一次油气回收总管工艺

② 独立管工艺，如图 14－6 所示，回气总管仅与其中一个汽油罐连接，其他汽油罐的气路通过通气管处的连接点形成油气通路。优点是只要控制通气管连接点的高度(约 2.8m)，可有效防止同品种油品的混油事故，各油罐进气管也不必安装浮球阀。缺点是除连接回气总管的埋地油罐外，其他油罐卸油时，气路系统需要通过通气管连接点后，再回到回气总管。而加油站埋地油罐通气管的管径通常为 *DN*50，而卸油胶管为 $\phi80$ 或 $\phi100$，两者管径不匹配，其结果是油罐车卸油时间会明显增加。解决的方法是加大每个油罐通气管使其管径为 *DN*80。

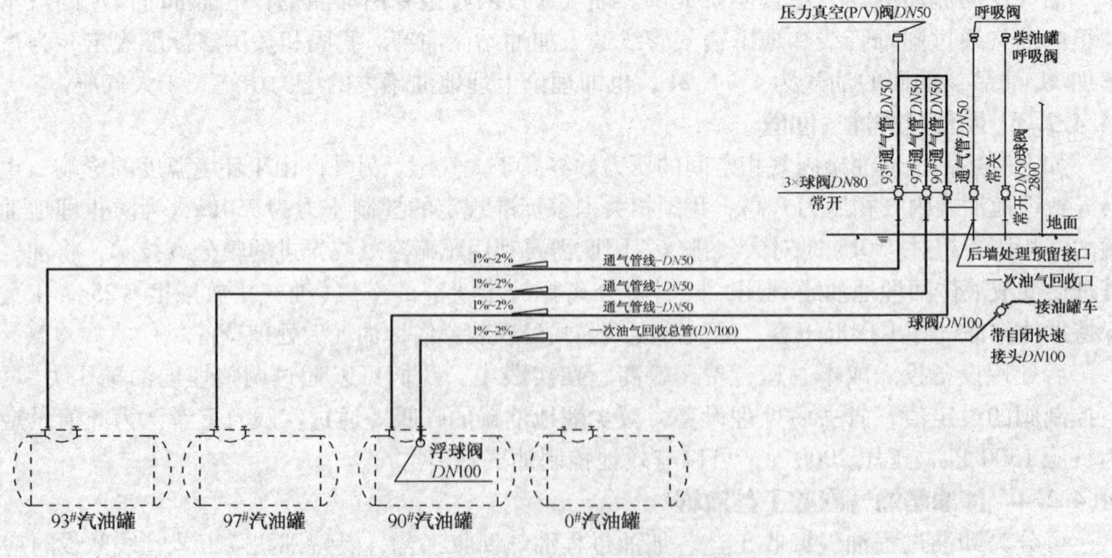

图 14－6　加油站一次油气回收独立管工艺

（2）加油过程油气回收工艺

通常采用 *DN*80/*DN*100 总管方式，连接每台加油机的支管采用 *DN*50。二次回收工艺，如图 14－7 所示。

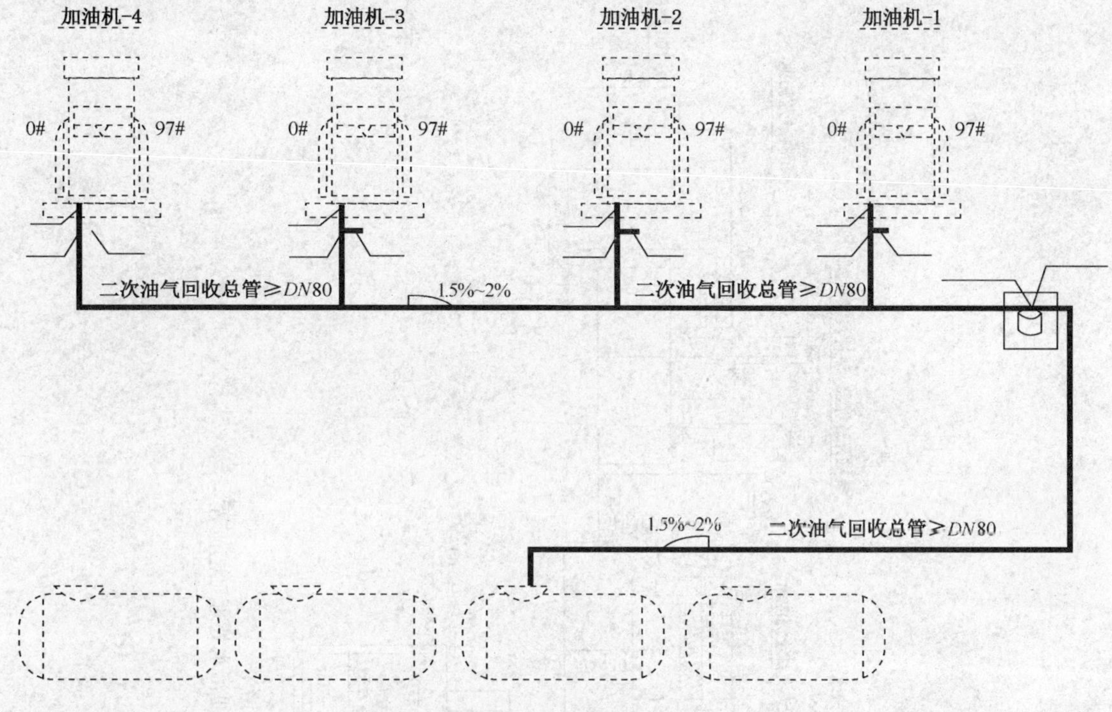

图 14－7　加油站二次油气回收工艺

14.4.2.5　加油站油气回收技术要点

一是与油罐相连通的所有管道均应坡向油罐。油气回收管道的坡度不宜小于 1%，且任何情况下不应小于 2%。当放坡坡度无法满足要求时，可在油气回收管道上加装集液罐，集液罐宜靠近埋地油罐设置。集液罐油气回收管道出口应高于进口。二是当多台汽油加油机共用 1 根油气回收管道时，油气回收管道直径不宜小于 *DN*80。三是在加油机的基座（底盆）油气回收连接管端口应安装 1 个用于连接液阻检测装置或密闭性检测装置的三通接头。三通接头连接检测装置的端口应与检测装置的软管接头相匹配（一般为内螺纹连接，公称直径 25mm），便于检测，不检测时应封闭。

14.5　某油库含油污水处理工艺实例

图 14－8 是某油库含油污水处理工艺流程图。具体分为以下几个部分：含油废水 →二级隔油沉淀（隔油沉淀池 1 →隔油沉淀池 2）→污水提升泵 → 气浮装置（两级气浮）→ 斜管沉淀池 →二级吸附（核桃壳过滤器 →活性炭过滤器）→监测排放池→排放。

（1）隔油沉淀池

含油污水通过管道汇总经格栅过滤较大的杂质后进入隔油沉淀池 1。污水进入隔油沉淀池 1 需滞留 24 小时，使油和污水进行初步分层。然后打开隔油沉淀池 1、2 间的连通闸阀，将污水放到隔油沉淀池 2。进入隔油沉淀池 2 的污水，需要稳定 12 小时左右，利用潜水泵把经隔油后的污水提升进入气浮池。隔油沉淀池 2 的出水属于原水，含油量通常在 200mg/L 以内，COD 通常在 1000 mg/L 以内。

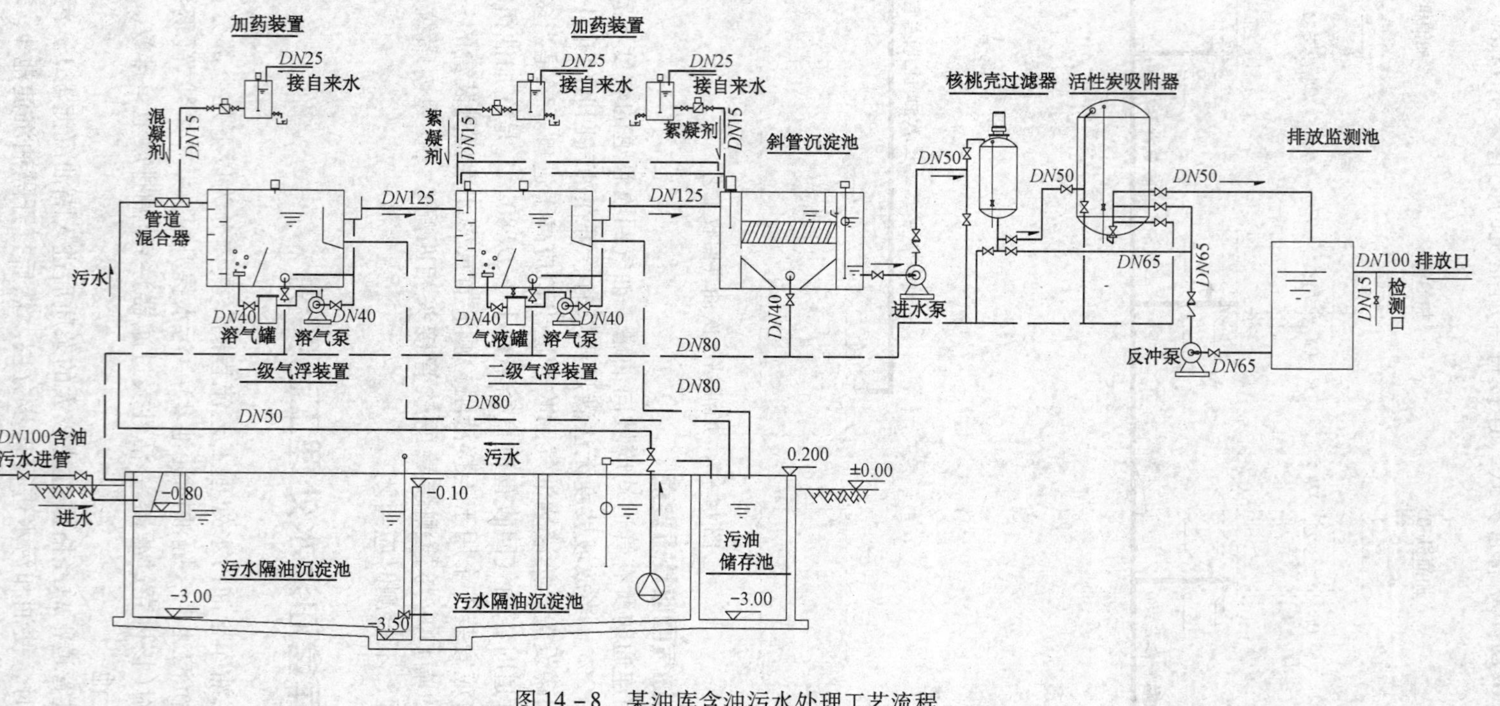

图 14－8　某油库含油污水处理工艺流程

隔油沉淀池表面的浮油，通过浮球/筒式撇油机收集。收集的污油可存放在污油存放池内。

（2）二级气浮

污水在进入气浮池前加入油聚凝剂混合，然后进入气浮释放室。本工艺采取“部分回流水加压溶气气浮工艺”，上部浮油经刮渣机撇入集油斗进入污油存放池。二级气浮后，污水含油量通常在20mg/L以内，COD通常在300 mg/L以内。

（3）斜管沉淀池

斜管沉淀池的作用是使气浮与加絮凝剂的污水，在该池内进一步沉淀絮凝物。气浮池出水自流进入斜管沉淀池进行沉淀分离。污水首先进入沉淀池前的混合反应区，在此加入絮凝剂搅拌，再进入斜管沉淀区，污水自下而上经过斜管层，上部清液汇入沉淀堰流入中间水箱，沉淀物沉入下部集污斗。斜管沉淀池出水含油量通常在15mg/L以内，COD通常在200 mg/L以内。

（4）二级吸附

斜管沉淀池中间水箱污水由提升泵加压送入核桃壳过滤器和活性炭吸附器，对污水中微量油品进行吸附，进一步除去油污等杂质。二级吸附后，排放监测池内水的含油量通常在10mg/L以内，COD通常在100 mg/L以内。

（5）反冲洗工艺及其他

当核桃壳过滤器和活性炭吸附器的吸附性能下降后，可以利用排放监测池内的水对核桃壳过滤器和活性炭吸附器进行反冲洗。反冲洗后的污水进入隔油沉淀池。反冲洗的周期通常为3~6个月。如反冲洗后，仍不能达到理想的吸附性能，则需要更换核桃壳和活性炭。活性炭的更换周期一般为5年。

二级气浮、斜管沉淀池，都有管线与隔油沉淀池连接。主要是将沉积在气浮池、斜管沉淀池底部的杂质排入隔油沉淀池。隔油沉淀池需要定期清洗，沉淀的固体污泥需定期处理。

第 15 章　职业卫生

职业卫生包括职业病危害前期预防、劳动用工及职业健康检查管理、作业场所管理、职业病诊断与管理、环境危害因素监测与评价、职业健康教育与培训、基础资料及管理等内容。

15.1　职业卫生与职业危害概述

15.1.1　职业卫生定义

《职业安全卫生术语》(GB/T 15263)中，职业卫生被定义为：以职工的健康在职业活动中免受有害因素侵害为目的的工作领域及法律、技术、设备、组织制度和教育等方面采取的相应措施。

《职业卫生名词术语》(GBZ/T 224)中，职业卫生是指对工作场所内产生或存在的职业性有害因素及其健康损害进行识别、评估、以预测和控制的一门科学，其目的是预防和保护劳动者免受职业性有害因素所致的健康影响和危害，使工作适应劳动者，促进和保障劳动者在职业活动中的身心健康和社会福利。

15.1.2　职业危害因素

职业危害因素是引发职业病的原因，造成职业病损，还有一定的作用条件和接触者的特殊个体特征。它分为：

1. 生产工艺过程中的危害因素

生产工艺过程中的危害因素主要分为有毒物质(如苯、氯、硫化氢、一氧化碳等)，生产性粉尘(如有机粉尘、煤尘、石棉尘、矽尘等)，生物(白僵蚕孢子、枯草杆菌蛋白酶)，物理(异常天气条件：高温、高湿、低温；异常气压：高、低气压；噪声；振动；电离辐射；非电离辐射：紫、红外线、激光)。

2. 工作过程中的有害因素

工作过程中的有害因素包括：工作组织和制度不合理，工作作息制度不合理；精神心理性职业紧张；工作强度过大或生产定额不当，长时间处于不良体位或者使用不合理工具等。

3. 工作环境中的有害因素

工作环境中的有害因素包括：自然环境中的因素，如炎热季节的太阳辐射，寒冷季节的低温；厂房建筑或布局不合理，有毒与无毒作业未分区。

(1) 作业条件。人员接触有害因素的机会或频率，经常接触，受危害的可能性就大。同时与接触方式、接触时间长短、接触强度等相关。

(2) 个体特征。不同个体发生职业病机会和程度有所差异。遗传因素、年龄与性别差异、其他疾病、防护意识、营养不良、心理和行为因素等。

15.2 石化销售企业职业危害辨识与防控

石化销售企业存在的主要职业危害因素有化学因素和物理因素。化学因素有汽油、柴油、煤油等；物理因素有噪声、高温。其中苯、酸、碱以及其他少量化学试剂主要在化验室使用。

15.2.1 职业病危害前期预防

1. 建设项目职业卫生“三同时”管理

对新建及改、扩建工程建设项目，必须做好职业卫生“三同时”管理工作，建立相应的建设项目职业危害评价档案。

建设项目在可行性论证阶段，应开展职业危害预评价。建设项目在初步设计阶段，设计单位应充分考虑和落实职业危害预评价报告中提出的有关建议和措施，并编制职业危害防治专篇。职业卫生管理部门应参加建设项目的设计审查，按有关规定做好报批工作。

建设项目在竣工验收前，应进行职业危害控制效果评价工作，并按国家有关规定办理职业危害防护设施竣工验收手续。取得职业危害防护设施验收批复文件后，方可投入生产和使用。

不得将产生职业危害的作业转移给不具备职业危害防护条件的单位和个人。不具备职业危害防护条件的单位和个人也不得接受产生职业危害的作业。

2. 建立相应的职业病危害评价档案

按照国家有关法规的要求，建设项目在可行性论证阶段，要开展职业病危害预评价的有关工作，并按有关规定报批。建设项目在设计阶段，设计单位应充分考虑和落实职业病危害预评价报告中提出的有关建议和措施，企业应同时建立相应的职业病危害评价等档案。

3. 做好职业病危害控制效果评价工作

建设项目在竣工验收前，应进行职业病危害控制效果评价工作，并按国家有关规定办理职业卫生验收手续，对不符合职业安全卫生标准和职业病防护要求的职业卫生防护设施，必须整改直至达标，否则不得投入生产。

4. 做好职业病危害事故应急救援预案

建立健全企业职业病危害事故应急救援预案，每年至少进行一次应急救援模拟演练，同时进行讲评并持续改进。

5. 建立职业病危害事故报告制度

建立职业病危害事故报告制度。发生严重职业病危害情况和中毒事故时，应及时报告集团公司和地方主管部门，准确提供有关情况，并配合做好救援救护及调查工作。

6. 做好个人防护用品管理工作

做好设备管理和操作规程训练，防止在作业过程中出现跑、冒、滴、漏，做好防噪、防油气外泄设施的管理、使用、维护和检查，确保其处于完好状态，未经主管部门允许，不得擅自拆除或停止使用；各单位要根据作业人员接触职业病危害因素的具体情况，为职工提供有效的个体职业卫生防护用品。各单位要建立职业卫生防护设施及个体防护用品管理台账。

7. 做好职业卫生隐患管理

对可能造成职业病或职业中毒的作业环境、导致职业病危害事故发生或扩大的职业卫生隐患，应纳入企业安全隐患治理计划。

15.2.2 作业场所管理

（1）定期监测作业场所职业病危害。油库、加油站要建立作业场所职业病危害因素监测与评价考核制度。定期将生产作业场所职业病危害因素进行检测与评价，并将检测评价结果存入单位职业卫生档案，定期向所在地卫生行政部门汇报，并向员工公布。

（2）加强工艺设备管理，杜绝或减少跑、冒、滴、漏。企业应加强对工艺设备的管理，对易产生泄漏的设备、管线、阀门等应定期进行检修和维护，杜绝或减少跑、冒、滴、漏。企业在生产活动中，不得使用国家明令禁止或可能产生严重职业病危害的设备和材料。

（3）不符合职业卫生标准的作业场所立即采取控制措施。各单位对不符合国家职业卫生标准和卫生要求的作业场所要立即采取措施，加强现场作业防护，提出整改方案，积极进行治理。对严重超标且危害严重又不能及时整改的生产场所，必须停止生产运行，采取补救措施，控制和减少职业病危害。

（4）在可能产生职业病危害岗位设置警示标识和警示说明。在可能产生严重职业病危害作业岗位的醒目位置设置警示标识和中文警示说明，警示说明应当阐明产生职业病危害的种类、后果、预防及应急救治措施。

（5）在卸、发油区或化验室设报警、冲洗应急设施。油库在卸油区或发油区至少要设一个冲淋装置，以防止因意外事件导致油品溅入人体或眼部时冲淋。加油站冲淋装置借用洗手间自来水或给车辆加水装置。化验室设一个冲眼装置。在关键要害部位要设置警示标识、报警设施。油库、加油站要设防护急救器具专柜，设置应急撤离通道。所有应急设施做好定期检查和记录。

（6）严禁使用不明性能的物料和试剂。生产岗位职工必须按规定正确使用防护用品，严禁使用不明性能的物料、试剂和仪器设备，严禁用有毒有害溶剂洗手和冲洗作业场所。

（7）加强对检维修场所的职业卫生管理。对存在严重职业危害的生产装置，在制订停车检修方案时，应有职防人员参与，提出对尘、毒、噪声、射线等的防护措施，确定检维修现场的职业卫生监护范围和要点。对存在严重职业危害的装置检维修现场应严格设置防护标志，应有相关人员做好现场的职业卫生监护工作。

加强检维修作业人员的职业卫生防护用品的配备和现场冲洗设施完好情况的检查。

（8）加强外来检修人员职业卫生管理。对承担检维修的特殊工种（放射、电焊、高空作业等）人员，必要时需组织检维修前体检，发现健康状况不适者，应立即通知不得从事该项工作，避免职业伤害。

（9）加强对劳动防护用品使用情况的检查监督。要加强对劳动防护用品使用情况的检查监督，凡不按规定使用劳动防护用品者不得上岗作业。

15.2.3 职业病危害因素监测点设置和检测要求

石化销售企业油库、加油站、长输管道站场存在汽油、噪声等有害因素的特定作业场所，均需要设置职业病危害因素监测点。

1. 油库

油库需要检测的职业病危害因素有：汽油、噪声，油品质检化验室使用的有害化学试剂：苯、酸等。油库监测点设置原则：

（1）所有在用油库都要设点检测。

（2）铁路收发槽车和接卸船舶的输油泵房应设监测点，监测点的设置位置应在运行汽油泵旁。

（3）铁路槽车收发栈桥应设置监测点，监测点应设置在收发频率最高的鹤管旁。

（4）公路收发油台监测点应设置在收发作业频率最高的鹤管旁。

油库需要设置的监测点如表 15－1 所示。

表 15－1　油库监测点设置要求

作业区域	监测点设置要求	检测项目
输油泵棚（房）	1. 在运行的汽油泵旁设置 1 个检测点 2. 噪声声级在 80dB（A）以上的输油泵棚、消防泵房、发电机房等需要设置噪声监测点	汽油 、噪声
铁路装油栈桥	每一栈桥设 1 个监测点	汽油
公路收发油台	设置 1 个监测点	汽油
化验室	涉及汽油、酸、碱、苯的主要操作位设点	汽油、苯（使用时）、盐酸（使用时）

2. 加油站

加油站需要监测车用汽油油气危害情况。加油站监测点设置原则：每个加油站至少设置 1 个监测点。加油站监测点设置见表 15－2。

表 15－2　加油站监测点设置要求

作业区域	监测点设置要求	检测项目
加油机	加油站设置 1 个监测点，加装油气回收装置的加油站可不设点	汽油

3. 长输管线场站

长输管线场站应检测的职业病危害因素有：汽油、噪声。长输管线监测点设置如表 15－3所示。

表 15－3　长输管线场站监测点设置要求

作业区域	监测点设置要求	检测项目
输油泵棚	1. 输油泵棚设置 1 个监测点 2. 噪声声级在 80dB（A）以上的输油泵棚（消防泵棚）需要设置噪声监测点	汽油、噪声

4. 监测周期

特定作业区域油气浓度，每年监测一次。

物理因素监测。噪声监测：每半年监测一次，若工艺设备及防护措施变更时，应随时监测。高温监测：每年工期内最热月测量一次。其他物理因素：每半年监测一次。

5. 监测点管理

监测点确定后，应绘制工作场所职业病危害因素监测点分布图、填写监测点登记表、设置职业病危害因素监测点公示牌。监测点的认可、变动和取消，须经上级主管部门的审核和批准。

15.3 个体防护

个体防护通过作业人员穿戴针对具体作业场所的专用防护用品达到对作业人员的职业健康保护。从事有毒有害岗位作业，必须佩戴个人防护用品，如安全帽、安全带、绝缘护品、防毒面具或防尘口罩等。

个体劳动防护用品，是指由企业为员工配备的，使其在劳动过程中免遭或者减轻事故伤害及职业危害的个人防护装备，是员工在生产过程中安全与健康的一种辅助性措施，包括一般劳动防护用品和特种劳动防护用品。

1. 一般劳动防护用品

指从事普通劳动所需穿戴和配备的防护用品，包括工作服、工作鞋、雨衣、雨鞋(雨靴)及毛巾、香皂、肥皂、洗衣粉、洗发水等。

2. 特种劳动防护用品

指从事接触有毒有害危险作业等劳动必须穿戴和配备的劳动防护用品，包括安全帽、安全带、绝缘护品、防毒面具(包括空气呼吸器等)、防尘口罩、护目镜、耳塞(罩)、耐油手套等。

3. 劳动防护用品配备

根据《个体劳动防护用品配备标准》(GB/Tl 1651)和中国石化集团公司《个体劳动防护用品配备标准》，油库、加油站和质检室均应配备劳动防护用品。

15.4 职业健康管理

15.4.1 建立职业健康管理制度

1. 建立职业危害防治责任制度

主要负责人对本单位作业场所的职业危害防治工作全面负责，职业卫生管理部门负责监督管理与考核，各级工会组织依法维护职工享有的职业卫生保护权利，组织实施对本单位职业病防治工作的民主管理和群众监督，人力资源、财务、供应、生产、技术和设备等管理部门在其岗位责任制中应列入相关的职业卫生责任条款，协助做好职业卫生工作。

建立、健全职业卫生管理网络，建立、健全各项职业危害防治制度和岗位职业健康操作规程，按规定进行职业危害申报和办理职业卫生安全许可证。

2. 建立职业卫生工作例会制度

制订计划，研究工作，布置任务，通报有毒有害作业场所监测、职业健康监护、职业卫生宣传教育及劳动防护检查考核、职业卫生隐患检查及治理等情况。

按照《工商保险条例》(国务院第 375 号令)规定，依法参加工伤保险，确保员工能合法享受工伤保险的有关待遇。

职业卫生和职业病防治工作所需经费(包括个体防护用品费、防暑降温费、职业健康检查和有毒有害疗养费、职业病诊疗康复伤残费、仪器设备购置费、监测费、职业卫生宣传教育费、培训费、职业危害治理费、职业危害事故调查费等)应列入企业年度资金计划，专款专用，其经费支出在生产成本和人工成本中列支。

3. 建立职业危害事故报告制度

发生职业危害事故时，应及时报告主管部门，采取有效措施，减少或消除职业危害因素，防治事故扩大。对遭受职业危害的作业人员，及时组织救治。

4. “抓四率，建四档”

（1）四率：职业健康检查体检率要达到100%，作业场所职业病危害因素监测率要达到95%，作业场所职业病危害因素监测点合格率要达到95%，建设项目“三同时”审查验收率要达到100%。

（2）“四率”的具体内容及要求：

① 职业健康检查体检率：100%

$$\text{体检率} = \frac{\text{实际体检人数}}{\text{应体检人数}} \times 100\%$$

② 作业场所职业病危害因素监测率：95%

$$\text{监测率} = \frac{\sum \text{实测点数}}{\sum \text{应测点数}} \times 100\%$$

③ 作业场所职业病危害因素监测点合格率：95%

$$\text{合格率} = \frac{\sum \text{合格点数}}{\sum \text{实测点数}} \times 100\%$$

④ 建设项目“三同时”审查验收率：100%

$$\text{审查验收率} = \frac{\text{开展“三同时”项目数}}{\text{新建改扩建项目总数}} \times 100\%$$

（3）四档：职业卫生档案，职业健康监护档案，职业卫生教育培训档案，个体防护用品发放登记档案。

15.4.2 用工管理及职业健康检查管理

工作过程中直接接触汽油、甲醇、酸、碱、苯操作和接触噪声、高温等职业危害因素的职工均为监护对象。

1. 告知可能产生的职业病危害和后果

企业在与员工签订劳动合同时，应将工作过程中或工作内容变更时可能产生的职业病危害、后果、职业卫生防护条件等内容如实告知职工，并在劳动合同中写明，不得隐瞒。职工在上岗前要做好 JHA 分析，要让岗位员工知晓岗位风险和防范措施。JHA 可以按工种几人合并同做，但必须由当事人签名认可，并存档备案。

2. 维护职业卫生防护设施和个人防护用品的责任和义务

所有员工都有维护本单位职业卫生防护设施和个人职业卫生防护用品的责任和义务，发现职业病危害事故隐患及可疑情况，应及时向有关单位和部门报告，对违反职业卫生和职业病防治法律法规以及危害身体健康的行为应提出批评、制止和检举，并有权提出整改意见和建议。

3. 油库、加油站员工要定期进行健康检查

应对从事存在职业危害因素的作业人员和特种作业人员进行上岗前、在岗期间、离岗前和退休前职业健康检查。油库、加油站员工在上岗前、在岗期间每年要进行一次与职业病有关项目的检查。（必检项目有：血常规、尿常规、肝功能、肝脾 B 超、心电图、胸部 X 射线检查。企业不得安排未进行职业性健康检查的人员从事油品作业，不得安排有职业禁忌症者从事禁忌的工作。职工在准备调离或脱离所从事的职业病危害作业岗位前，应进行离岗时职业健康检查。如最后一次职业健康检查是在离岗前的90日内，可视为离岗时职业健康检查。

对职业健康检查中查出的职业病禁忌症以及疑似职业病者，患者所在企业应根据职防机构提出的处理意见，安排其调离原有害作业岗位、治疗、诊断等，并进行观察。

4. 建立健全职工职业健康监护档案

各单位职业卫生管理部门应按规定建立健全职工职业健康监护档案，并按照国家规定的保存期限妥善保存。档案内容应包括员工的职业史、既往史、职业病危害接触史、职业健康检查结果和职业病诊疗等个人健康资料、相应作业场所职业病危害因素检测结果。

对在生产作业过程中遭受或者可能遭受急性职业病危害的职工应及时组织救治或医学观察，并记入个人健康监护档案。

企业要严格执行国家有关女工劳动保护的相关要求，安排工作时应充分考虑和照顾女工生理特点，不得安排女工从事特别繁重或有害妇女生理机能的工作，不得安排孕期、哺乳期（婴儿一周岁内）女工从事对本人和胎儿、婴儿有危害的作业；不得安排生育期女工从事可能引起不孕症或妇女生殖机能障碍的有毒作业。

15.4.3 职业健康教育与培训

用人单位应建立职业健康教育培训制度，各级作业人员都必须熟悉本岗位职业卫生与职业危害防治职责，掌握本岗位及管理范围内职业危害情况、治理情况和预防措施。单位安全和教育培训主管部门要结合生产实际，通过举办专题培训班和学习讲座等形式，每年至少组织一次对作业人员进行职业卫生专业知识和法律法规的教育培训工作。将职业卫生作为安全三级教育的重要内容，纳入安全三级教育培训考核之中，认真实施。基层生产班组每季度在安全会安排一次职业卫生知识学习活动，并做好记录。

生产岗位管理和作业人员必须熟练掌握使用、维护职业卫生防护设施和个体职业卫生防护用品，深入了解相关物料的性质以及对健康危害、相关设备操作和潜在危险等必备知识，掌握生产现场中毒自救互救基本知识和技能，开展相应的演练活动。从事接触职业危害作业岗位的人员，上岗前必须接受职业卫生和职业病防治法规教育、岗位劳动保护知识教育及防护用具使用方法的培训，经考试合格后方可上岗作业。

用人单位要做好清罐或含油设备检维修前的职业卫生教育和培训，结合清罐或检维修过程中可能产生、接触到的职业危害因素和急性中毒事故，重点掌握自我防护要点和急性职业危害事故情况下的紧急处理技能。

15.4.4 职业病诊断、鉴定管理

1. 职业病的诊断与鉴定

职业病的诊断与鉴定工作应统一管理。发现职业病疑似病人，基层单位应如实提供有关职业卫生情况，由上级部门按法定程序进行职业病诊断、鉴定。

2. 对职业病病人的管理

企业要加强对职业病病人的管理，职业病病人实行登记报告管理制度。确诊是职业病病人时，要按有关规定向地方政府卫生行政部门和集团公司安全环保局等报告。

企业要安排职业病患者进行医疗和疗养。对在医疗后被确认为不宜继续在原岗位作业或工作的，由安全管理部门提出调整岗位意见后，由有关部门和单位按有关规定办理。

职业病患者的诊疗、康复和复查等费用以及伤残后有关待遇和社会保障，应依照国家《职业病诊断与鉴定管理办法》、《劳动能力鉴定职工工伤与职业病致残登记》(GB/T 16180)等规定执行。

对疑似职业病的职工应及时进行诊断，在其诊断或者医学观察期间的费用按职业病待遇办理，同时在此期间不得解除或者终止与其订立的劳动合同。

15.4.5 职业病基础资料及管理

职业病基础资料包括职业卫生档案、职业健康监护档案、职业卫生教育培训档案、个体防护用品发放登记档案等。

1. 职业卫生档案

职业卫生档案每年复核一次。分为年度报表、季度报表。主要有：单位概况、职工接触职业病危险因素统计表、职业卫生专业技术人员情况表、工作场所职业病危险因素监测点分布图、职业病危险因素分布统计汇总表、工作场所监测结果汇总表、工作场所噪声监测结果报告表、高温作业监测结果报告表、职业健康检查统计表、职业健康检查异常结果处理报告表、职业病登记表、职业禁忌登记表、职业卫生防护设施一览表、建设项目职业卫生“三同时”登记表、职业卫生隐患及治理情况登记表等。

2. 职业健康监护档案

职业健康监护档案包括职工健康监护档案和单位职业健康监护管理档案。

职工职业健康监护档案包括：职业健康检查表、职业健康检查结果及处理情况、职业病诊疗相关资料。

单位职业健康监护管理档案包括：职业健康检查年度计划、职业健康监护委托书、职业健康检查机构资质证书、职业健康检查结果报告和评价报告、职业病报告卡、职业病患者和职业禁忌证者的处理记录、在职业健康监护中提供的其他资料和职业健康检查机构记录整理的相关资料、卫生行政部门要求的其他资料。

职业健康监护档案管理。企业应有专人管理并按规定长期保存。职工或者其近亲属、委托代理人、相关的卫生监督检查人员有权查阅、复印职工的职业健康监护档案，企业应当如实、无偿提供，并在所提供的复印件上签章。

3. 职业卫生教育培训档案

职业卫生教育培训档案包括教育培训计划、教育培训组织部门、时间、地点、内容、授课教师、考核成绩、学员签字等。

4. 个体防护用品发放登记档案

个体防护用品发放登记档案包括个体防护用品年度配备计划、发放的个体防护用品名称、规格型号、有效期、领用人签字等。

5. 其他资料

包括：职业卫生技术服务机构资质资料、职业卫生管理网络、职业卫生工作计划、总结、会议记录等其他资料。

参 考 文 献

1. 曾多礼，邓松圣，邓玲莉．成品油管道输送技术．北京：石油工业出版社，2002.
2. 夏于飞，张国忠，卜文平．成品油管道的运行与技术管理．北京：中国科学技术出版社，2010.
3. 杨有启，钮建英．电气安全工程．北京：首都经济贸易大学出版社，2000.
4. 李悦，杨海宽编．电气安全工程．北京：化学工业出版社，2004.
5. 胡建华编著．油品储运技术．北京：中国石化出版社，2005.
6. 陈国华编著．水体油污染治理．北京：化学工业出版社，2002.
7. 严进，金文斌编．废水处理工培训教材．北京：化学工业出版社，2009.
8. 陶雪主编．工作场所职业危害因素监测技术．北京：中国劳动社会保障出版社，2010.
9. 张龙连主编．职业病危害与健康监护．北京：中国劳动社会保障出版社，2010.